U0731247

精品课程配套教材
21世纪应用型人才培养"十三五"规划教材
"双创"型人才培养优秀教材

生产系统建模与仿真

主　编　吴　斌　周　媚　金　爽
副主编　董　敏　赵钧铎

中国海洋大學出版社
CHINA OCEAN UNIVERSITY PRESS
·青岛·

图书在版编目（CIP）数据

生产系统建模与仿真／吴斌，周媚，金爽主编. —青岛：
中国海洋大学出版社，2018.3
ISBN 978-7-5670-1706-1

Ⅰ.①生… Ⅱ.①吴… ②周… ③金… Ⅲ.①生产管理–系
统建模②生产管理–系统仿真 Ⅳ.①F273–39

中国版本图书馆 CIP 数据核字（2018）第 035949 号

出版发行	中国海洋大学出版社
社　　址	青岛市香港东路 23 号　　　　邮政编码　266071
出 版 人	杨立敏
网　　址	http://www.ouc-press.com
电子信箱	155167920@qq.com
订购电话	010-82477073（传真）　　　电　话　010-82477073
责任编辑	赵　冲
印　　制	三河市鑫鑫科达彩色印刷包装有限公司
版　　次	2018 年 3 月第 1 版
印　　次	2018 年 3 月第 1 次印刷
成品尺寸	185 mm×260 mm
印　　张	15.75
字　　数	332 千
印　　数	1—10000
定　　价	36.00 元

版权所有　侵权必究
告读者：如发现本书有印装质量问题，请与印刷厂质量科联系。
联系电话：010-82477073

前 言
Preface

　　随着市场竞争的日趋激烈，企业生产系统日趋向柔性化、数字化、智能化、集成化方向发展，对系统的规划设计和运行管理也变得越来越复杂。利用系统建模与仿真技术，可以在计算机上快速再现一个复杂生产系统的状态，模拟其动态行为，分析该生产系统配置是否合理，系统功能能否满足要求，进而为生产系统的设计、改善及优化提供决策支持。学术界和企业界均高度重视对系统建模与仿真技术的研究与应用。

　　本书结合"中国制造2025"对人才培养提出的要求，强调教学内容的系统化、智能化、实践性，在阐述生产系统建模与仿真的基本概念、原理和方法的基础上，主要介绍了当前主流的建模技术，尤其是智能化建模方法；然后结合生产企业的实践应用，详细介绍了各类生产系统模型。全书理论体系完整，并在主要章节给出了大量建模与仿真的案例。

　　全书共分八章。第一章主要介绍了系统、仿真和模型的基本概念和相互关系，阐述了生产系统的概念、特征等，并给出了应用案例。第二章分析了离散事件系统的基本要素和仿真程序的基本结构，阐述了基本的建模原理。第三章详细介绍了各种生产系统建模方法，如活动循环图法、Petri网理论、Agent理论、神经网络方法等，并给出了应用案例。第四章主要介绍了各种常用的生产系统模型及其求解算法，包括TSP问题模型、背包问题模型、生产调度问题模型、切割与布局问题等，并阐述了这些模型的分类及应用领域。第五章阐述了系统仿真的调度策略、仿真时钟的推进机制，介绍了蒙特卡洛仿真的基本原理。第六章介绍了系统仿真中的随机数和随机变量产生方法。第七章阐述了系统建模与仿真的校核、验证与确认的基本概念和常用方法。第八章阐述了仿真语言和仿真软件的发展历程，介绍了常用的几种仿真软件的特点。结合具体案例，详细阐述了Flexsim的仿真优化使用方法。

　　本书由吴斌、周媚、金爽担任主编，由董敏、赵钧铎担任副主编。具体分工如下：第1、2、6、7章由吴斌编写；第3、4、5章由周媚、金爽编写；第8章由董敏、赵钧铎编写。最后由吴斌负责全书的总纂工作。

本书的编写得到江苏省重点专业建设项目、南京工业大学创新团队等项目资助。研究生郭晶晶、李玉和王超在教材编写中做了大量工作，在此表示衷心的感谢！在教材编写过程中参考了大量文献，在此谨向原文献作者表示感谢！

本书可作为机械、管理、计算机等相关学科学生用书，也可供从事生产制造、物流规划等相关领域的技术及管理者参考。由于作者水平有限，书中难免有不妥之处，敬请读者批评、指正。

编者

2018 年 3 月

目　录

Contents

第 1 章　绪论 ·· 1

1.1　系统、模型与仿真的基本概念 ······························· 1

1.2　系统建模与仿真的一般步骤 ································· 8

1.3　生产系统及其建模分析 ····································· 10

1.4　生产系统建模与仿真案例 ··································· 13

思考与练习 ··· 16

第 2 章　生产系统建模理论 ··· 17

2.1　离散事件系统及其模型分类 ································· 17

2.2　离散事件系统建模的基本要素 ······························ 18

2.3　系统建模的原理及步骤 ····································· 20

2.4　系统建模的逻辑思维方法 ··································· 24

2.5　系统建模的一般方法 ······································· 30

思考与练习 ··· 32

第 3 章　生产系统建模方法 ··· 33

3.1　活动循环图法 ··· 34

3.2　Petri 网建模方法 ··· 37

3.3　Agent 建模方法 ··· 48

3.4　神经网络建模方法 ··· 58

3.5　层次分析法 ··· 69

3.6　排队论方法 ··· 76

3.7　库存系统模型 ··· 90

思考与练习 ··· 101

第 4 章　常用的生产系统模型 ··· 103

4.1　TSP 问题模型 ··· 103

4.2　背包问题模型 ··· 108

4.3　指派问题模型 ··· 111

4.4 切割与布局问题模型 ·· 118

4.5 车辆路径问题模型 ·· 125

4.6 生产调度问题模型 ·· 133

4.7 项目调度问题模型 ·· 141

思考与练习 ·· 149

第 5 章 生产系统仿真方法 ·· **151**

5.1 系统仿真程序的基本结构 ·· 151

5.2 系统仿真的调度策略 ·· 153

5.3 仿真时钟推进机制 ·· 165

5.4 蒙特卡罗方法 ··· 171

5.5 离散事件系统仿真的一般步骤 ··· 174

思考与练习 ·· 176

第 6 章 随机数与随机变量的产生 ·· **178**

6.1 随机数的生成及其性质 ·· 178

6.2 几种常用的随机数发生器 ·· 179

6.3 随机数发生器的性能检验 ·· 182

6.4 随机变量的生成方法 ·· 185

思考与练习 ·· 191

第 7 章 系统建模与仿真的校核、验证与确认 ····························· **192**

7.1 校验、验证及确认概述 ·· 192

7.2 建模与仿真校核、验证的基本方法 ····································· 202

思考与练习 ·· 214

第 8 章 面向生产系统的仿真软件 ·· **215**

8.1 仿真语言与仿真软件的发展 ·· 215

8.2 主流生产制造系统仿真软件介绍 ·· 218

8.3 Flexsim仿真软件的使用及案例 ··· 226

思考与练习 ·· 246

参考文献 ··· **247**

第1章

绪 论

1.1 系统、模型与仿真的基本概念

1.1.1 系统、模型与仿真

1.1.1.1 系统

系统的思想源远流长，系统实践在人类文明史上写下了不胜枚举的篇章。"系统"一词最早由古希腊哲学家德谟克利特在他的著作《宇宙大系统》中提出，书中认为"任何事物都是在关联中显现出来的，都是在系统中存在的，系统关联规定每一事物，而每一关联又能反映系统关联的全貌"。亚里士多德的"整体大于部分之和"则是具有整体论和目的论内涵的系统观。柏拉图赋予系统以完美的静止状态或永恒的"思想"内涵。中国古代的系统思想则在老子的《道德经》中得到高度概括和提炼。《道德经》中的"道"和"一"超越了时空界限，在某种意义上可以和"系统"画等号。

埃及金字塔的建造是人类运用系统思想改造自然的光辉典范。埃及金字塔中最大的胡夫金字塔，约建于公元前2580年，塔高146.59米，塔基边长230米，由230万块石块砌成，平均每块重2.5吨，像一辆小汽车那样大，而大的甚至超过15吨。据推算，这座金字塔耗费了20多万人20年的时间才完成。如此庞大的工程，没有系统的思想指导是不可能完成的。公元前250年，我国战国时期的秦国蜀郡太守李冰主持修建的都江堰水利工程也是利用了系统的思想。该工程由鱼嘴分水堤、飞沙堰和宝瓶口三个工程构成。鱼嘴位于岷江中心，把江水分为内江和外江，内江灌溉，外江分洪。飞沙堰位于内江西岸，利用流体动力学原理，用于溢洪排沙；宝瓶口位于内江东岸，协助飞沙堰调节水量。都江堰设计思想的巧夺天工，使其2000多年来一直灌溉成都平原，成就了"天府之国"的美谈。

由于系统具有十分丰富的内涵，国内外学术界从不同角度对系统进行研究，给出不同的定义。本书采用我国著名学者钱学森先生的定义："系统是由相互作用、相互依赖的若干组成部分结合而成、具有特定功能的有机整体。"由上述定义可知，系统具有

以下几个特点：①系统是由两个或两个以上要素组成的整体。需要指出的是，要素和系统是一组相对概念，它取决于具体的研究对象及其范围。②系统构成要素之间具有一定的联系和秩序，并在系统内部形成特定的结构。③系统具有边界。④系统具有特定功能，具有存在的价值和作用。

系统类型多种多样。大到宇宙空间，小到DNA结构都可以把它们抽象为"系统"；系统既可以由不同的实体构成，也可以是概念的或逻辑的系统；也就是说，系统不仅可以是有形的物理系统，也可以是无形的概念系统，或是这两者的组合。例如，生产系统中生产设备、生产工件等就是有形的物理系统，而支撑生产系统运行的生产调度计划、物料控制策略等是抽象的、逻辑的，它是一种无形的逻辑系统。

例1-1：某一机械加工车间拥有下列设备：普通车床9台、铣床5台、外圆磨床3台、专用检验机2台。而该加工车间加工多种产品，其中A产品的加工涉及普通车床4台、铣床1台、外圆磨床1台、专用检验机1台，如今需要运用生产系统建模与仿真技术对A产品的生产过程进行仿真研究。首先需要明确的就是所建模型的范围，这就是系统的界定，从研究的对象来看，该系统的研究对象是A产品的生产过程，也就是说，我们应当将涉及与A产品生产相关的生产设备、生产资料作为构成系统的元素予以描述，而与A产品生产无关的生产设备及生产资料就没有必要进行建模，也不应该是系统中的元素。所以，针对该问题的系统就是由生产A产品的普通车床4台、铣床1台、外圆磨床1台、专用检验机1台以及生产物资所构成的一个系统。注意，不是加工车间中的所有设备都是系统建模的对象。

一个系统以特有的表征和内在特性而区别于其他系统，这主要是由构成系统的四个方面内容确定的。实体就是存在于系统中的每一项确定的物体，是系统的具体对象，确定了系统的构成、边界；所谓属性就是实体所具有的每一项有效特性，是描述实体特性的信息（常以状态和参数表征）；活动指随着时间推移，系统内部发生的任何变化过程，定义了系统内部实体之间的相互作用；环境表示系统所处的界面状况，包括那些影响系统而不受系统直接控制的全部因素。表1-1总结了构成系统的四个方面内容实例。

表1-1 构成系统的四个方面内容实例

	工厂系统	导弹系统
实体	车间、部门、订单、零件、成品	弹体、传感器、弹上计算机、舵系统、导引头等
属性	产品类型、订单数量、设备性能、设备数量等	舵偏角、航向、速度、控制特性、高度、质量等
活动	各个车间的生产过程	舵面的偏转、弹体对舵面的偏转响应等
环境	市场、原材料供应、劳动力等	温度、压力、风、电磁等

系统可以分为离散系统和连续系统两大类。离散系统是指系统状态随时间呈间断性变化，或者说在有限的时间里发生跳跃性变化（如图1-1（a）所示）；连续系统则

是指系统状态随时间呈连续变化（如图 1-1（b）所示）。不过连续系统和离散系统并没有绝对的界限。就如在一个生产系统中，小批量生产时可以看作离散系统；大量生产时，又可以做连续系统处理。所以决定一个系统属于哪类并非系统本身，而是以研究目的。现实生活中，还存在许多系统的例子。

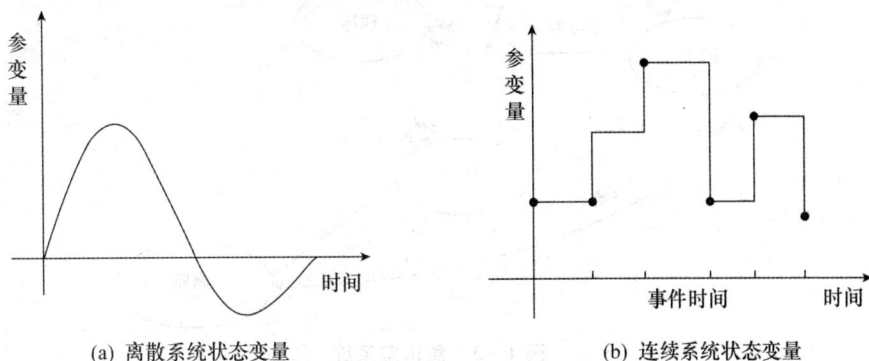

(a) 离散系统状态变量　　　　　　(b) 连续系统状态变量

图 1-1　连续系统与离散系统

　　例 1-2：一个电压－数字的转换系统，当计数器所表示的数值经 D/A 电路变成电压后，与输入电压进行比较，比较器的输出将反映出三种可能情况：相等、大于和小于。门控电路将根据相应的情况开放或关闭脉冲源送来的脉冲信号，使具有可逆计数功能的计数器做增量、减量或保持的操作，其结果是系统的数字将随时与输入电压的大小一致。

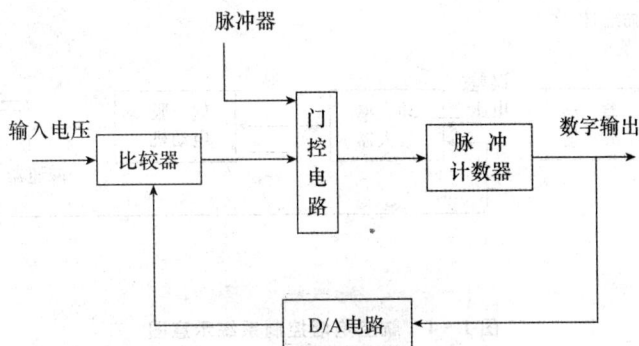

图 1-2　电压－数字的转换系统

　　例 1-3：一个简单的急诊室系统，它表示一个由护士、病房及医生构成的排队系统。病人根据病情从重到轻，依次分为 1～5 类，按一定的到达规律随机地来到急诊室就医。对于 1 类紧急病人，将直接送入急诊病房等待获得病床后就诊，2～5 类病人在通过护士的检查、办理挂号及做必要的记录后，2～4 类病人都进入病房，5 类病人在护士处便可得到医疗服务，不必进入病房便可离院。这五类病人在护士和医生处所得到的医疗服务是不同的，在护士、病床及医生的框外加有符号，表示病人在得到服务前需要进行排队等待。显然，排队的情况将取决于病人到达的频繁程度，也取决于护士、医生及病床的数量以及所花费的服务时间。

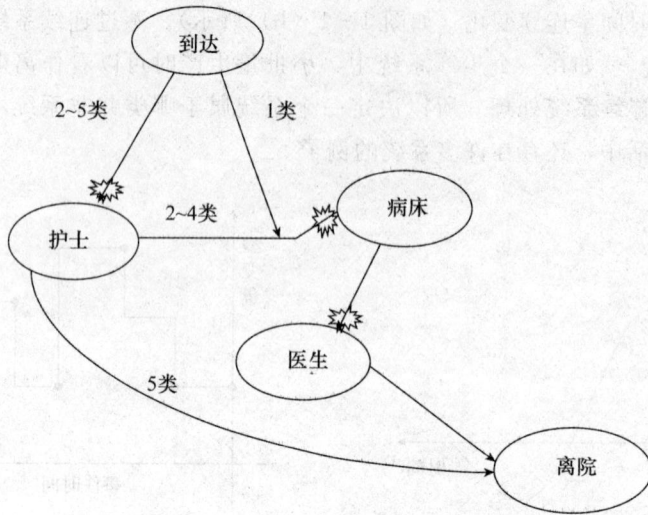

图 1-3　急诊室系统

例 1-4：航空炮塔控制系统如图 1-4 所示。炮塔轴的方向是系统的输出量，瞄准具轴的方向为输入量，电位器 R_1 和 R_2 用来测量两轴之间的误差角，当误差角不为零时，差动放大器将产生误差信号，该信号经过功率放大后，驱动伺服电动机转动，以减小误差角，达到随时瞄准的状态。

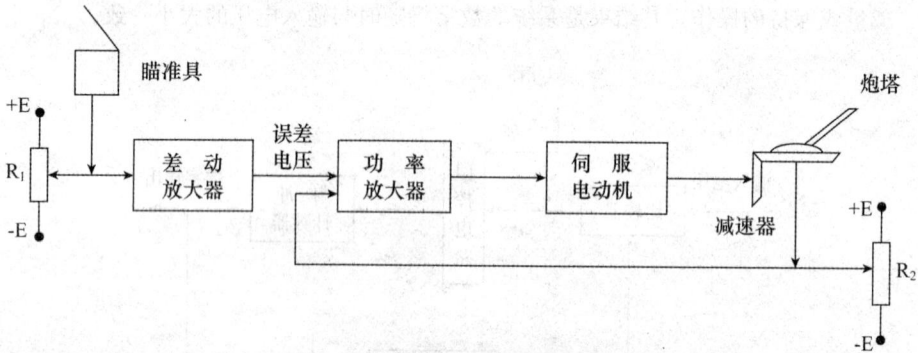

图 1-4　航空炮塔控制系统示意图

以上列举的事例都符合系统的定义，因而都可以运用仿真技术加以研究。但是，前文所列举的 3 个系统各有其特殊性，例 1-2 涉及的是一个既有离散量（脉冲电路及计数器），也有连续量（电压比较器）的混合系统；例 1-3 所列举的急诊室系统，所涉及的病人、护士、医生的活动是不连续的，我们称其为离散系统；例 1-4 表示的系统所需要研究的物理量是连续量，我们称其为连续系统。对于连续的和离散的两种不同系统，所采用的仿真方法将有很大的不同。

1.1.1.2　模型

模型被定义为"用于研究目的的系统的表示"，是对系统的特征要素、有关信息和变化规律的一种抽象表述。它反映系统的某些本质属性，描述了系统各要素间的相互关系、系统与环境之间的相互作用。总结起来，模型就是通过抽象、归纳、演绎、类比等方法以了解系统的结构和行为，并用适当的表现形式描述出来的简洁的模仿品。我们日常生活中的建筑模型、汽车模型、原子模型以及经济分析中所使用的文字、符号、图表、曲线虽然描述形式不同，都有以下共性。

①它们都是被研究对象的模仿或者抽象；

②它们都是由与研究问题有关的、反映被研究对象某些特征的主要因素构成的；

③反映被研究对象有关因素间的相互联系，体现系统的整体特征。

角度不同模型的分类方法也有多种。按照模型的形式有抽象模型和形象模型，按模型的规模有宏观模型和微观模型 2 种，按模型中变量的性质可以分为动态模型和静态模型、连续模型和离散模型、确定性模型和随机性模型等。在此，我们只按模型的形式对模型进行细分。

（1）抽象模型。抽象模型是指用概念、原理、方法等非物质形态对系统进行描述所得到的模型。抽象模型如用数学方法描述的模型、用逻辑关系描述的框图、用类比方法描述的类比模型等一般来说是没有具体的物理结构的。这类模型具有只反映系统的本质特征的特点，从模型表面上已看不出系统原型的形象，只是与系统在本质上相似。这种模型又可以分为数学模型、图形模型、概念模型以及计算机模型。

（2）形象模型。形象模型分为模拟模型和实物模型。模拟模型是用一种原理上相似而控制处理容易的系统，代替或近似描述另一种系统。前者称为后者的模拟模型，它一般有两种类型：一种是可以接受输入并进行动态表演的可控模型，如对机械系统的电路模拟，可用电压模拟机械速度、电流模拟力、电容模拟质量；另一种是用计算机和程序语言表达的模拟模型，以模拟内部结构不清或因素复杂的系统，例如物资集散中心站台数设置的模拟、组装流水线投料批量的模拟等。

实物模型是将现实系统加以放大或缩小后的表示，故也称为比例模型。这类模型看起来与现实系统基本相似，例如飞机用的风洞模型、教学用的原子模型、化工实验车间等都是实物模型，但不是所有系统都可以得到实体模型，只是一些具有实物实体的系统才能建立实物模型。因此实物模型在实际运用中具有一定限制，并不如数学模型那样应用广泛。

1.1.1.3 仿真

为开发新系统或分析、研究已有系统的性能特征，通常需要进行实验。可以直接在实际系统上进行实验或者在系统的模型上进行实验。与直接在系统上进行实验相比，基于模型的实验具有以下优点：①新系统还处于开发阶段，尚没有可供实验的真实系统，此时只能对模型做实验。例如，新型飞机、汽车等新产品的研制等。②对真实系统的实验可能会引起系统故障或破坏，给系统、环境、操作人员及其用户等带来危害或产生重大损失。例如，采用新技术的火箭、卫星以及载人飞船的发射，电力系统、铁路机车调度系统的操作培训等。③为得到系统真实的性能指标，往往需要进行多次实验，使得基于实物的实验成本高、实验周期长。④实验条件的一致性是保证实验结果的准确性和可信性的重要条件，基于实物的实验在此方面存在较大难度。

因此依据真实系统构造一个模型，在模型上做实验成为对系统进行分析、研究的一种十分有效的手段。先建立系统的模型，然后在模型上进行实验这一过程就称为系统仿真。1989年，中国系统仿真学会工作报告中给出了我国对仿真可信度最高的定义："应用数学模型、相应的实用模型的装置、计算机系统、部分实物的仿真系统，对某一给定系统进行数学模拟、半实物模拟、实物模拟，以便分析、设计、研究这种给定系统。"

根据模型的物理属性，系统仿真可以分成物理仿真、数学仿真和物理—数学仿真。物理仿真是按照真实系统的物理性质构造系统的物理模型，并在模型上进行实验。如研制新型飞机时，一般先对按比例缩小的飞机模型进行风洞实验，以验证飞机的空气动力学性能。数学仿真是按照真实系统的数学关系构造系统的数学模型，并进行实验。例如国家或地区人口增长预测和经济发展预测等。物理—数学仿真就是对系统的一部分构造数学模型，另一部分构造物理模型，然后将它们连接成系统模型进行实验，也称为半实物仿真。例如，航空、航天仿真训练器，发电厂调度仿真训练器，铁路调度仿真训练器等。

根据仿真中所用计算机的类型，系统仿真又可以分为模拟仿真、数字仿真和混合仿真。根据仿真的研究对象，系统仿真可以分成连续系统仿真、离散事件系统仿真和混合系统仿真。由此看出系统、模型和仿真三者之间有密切的关系。系统是研究的对象，模型是系统的抽象，仿真通过对模型的实验以达到研究系统的目的，三者之间的关系可用图1-5来描述。

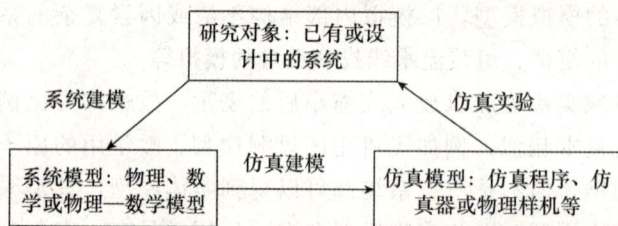

图1-5　建模与仿真的要素之间的关系

从应用的角度来看，仿真是一个设计和建立实际系统或所设想系统的模型的过程，以便通过数值实验来更好地理解系统在给定条件下的行为。仿真可以再现系统的状态、行为及性能，用于分析系统配置是否合理、性能是否达到要求，预测系统可能存在的缺陷，为系统的设计提供决策支持和科学依据。现代仿真技术大多是在计算机支持下进行的，因此，系统仿真往往借助于专门的计算机软件来模仿实际系统的运作，进而来研究各种不同的系统模型，尤其在研究复杂系统时效果更为显著。计算机仿真的特点是它可以为各种不同的实际系统提供方便且灵活多变的数学模型，而且在这个数学模型上进行实验，经济、安全、周期短、见效快。这种特点使得计算机仿真技术作为系统分析设计的一种手段和工具，已经广泛地应用于几乎所有的工程与非工程领域。

1.1.2 系统建模与仿真的应用

仿真是分析、评价和优化系统性能的一种技术手段。与运筹学（优化）模型等相比，仿真模型无须对系统做过多简化，能更真实地反映系统结构和性能特征。优化模型通常仅给出优化结果，而仿真可以再现系统的动态运行过程。目前，计算机仿真已广泛应用于开发产品和研制制造系统，成为系统方案论证、规划设计、参数及性能优化研究的有效工具。表1-2总结了仿真技术在新产品开发及生产系统中的应用。

表1-2 仿真技术在新产品开发及生产系统中的应用

阶段	应用内容
概念化设计	对产品或生产系统的设计方案进行技术、经济分析及可行性论证
设计建模	建立零部件及生产系统模型，以判断产品造型、结构及物理特性是否满意
设计分析	仿真分析零部件及生产系统的运动学、静力学、动力学、可靠性等性能
设计优化	优化系统材料、结构、配置及参数，实现系统性能的优化
制造	通过对加工、装配及生产工艺的仿真，评价系统的生产工艺和生产成本等
样机实验	通过虚拟样机实验，分析系统的动态性能指标，并调整系统结构及参数，实现性能的改进及优化

对生产企业而言，建模与仿真技术提高企业的竞争力有以下几个优势。

（1）有利于提高产品及生产系统的开发质量。

市场竞争的加剧和相关技术的发展，产品及系统全生命周期的综合性能（如交货期、质量、成本及服务）最优成为设计的核心准则。但是直接实验往往成本过高或者难以重现产品全生命周期内各种复杂的环境。仿真可以有效克服上述缺点，在产品未实际开发出来之前，通过仿真研究其在各种情况下的表现，保证产品的综合性能更优。

（2）有利于缩短产品的开发周期。

传统的产品开发遵循设计、制造、装配、样机实验等串行开发模式。产品开发复杂性大、成功率低、周期长。采用计算机仿真技术，可以在计算机上完成产品的概念设计、结构设计、工艺和装配设计的模拟，提高设计的成功率，缩短产品开发周期。波音公司在开发777机型时，采用全数字化设计方法，使该机型的开发周期从原来的9～10年缩短为四年半。波音777实现全数字化生产，充分体现了计算机仿真的强大作用。

（3）有利于降低产品及生产系统的开发成本。

数字化虚拟样机可以代替实际样机进行某些实验，能够显著降低企业的开发成本。如汽车的碰撞测试，传统的实物实验，通常会毁坏几辆甚至十几辆汽车。基于计算机仿真软件进行汽车的碰撞仿真实验，可以减少实车的实验次数，甚至取消实车实验，大大降低了成本。目前，福特、奔驰、宝马等汽车巨头都采用了基于网络系统的研发模式，并行开发模式取代传统的串行模式。产品从概念设计阶段开始，直到样机的性能实验以及改进、优化等所有环节都通过仿真技术在计算机和网络环境中进行，极大加快了产品研发速度，降低了研发成本。同时，国内一批家电、汽车、船舶制造企业也广泛采用仿真技术进行产品研发。其中奇瑞汽车在计算机仿真领域的突出成就，被中国 CAE 组委会授予"2008 年中国 CAE 领域突出贡献奖"。

（4）可以完成复杂产品或系统的操作培训。

对于复杂的产品或技术系统，操作人员必须经过严格培训。若以真实的产品或系统进行培训，成本极高且风险巨大。采用计算机仿真技术，节约成本且安全可靠。例如飞行员驾驶训练用的飞行仿真器包括计算机系统、六自由度运动系统、视景系统等，其成本远低于实飞的成本，且安全性高。据统计，利用波音 747 飞行仿真器训练飞行员，如果每天按 20h 架次飞行训练计算，一年至少可以节约燃油 30 万 t。由于核电站特殊的安全性要求，核电站的操作人员的培训不能直接在核电站上进行，而必须在仿真器上进行。仿真器的控制台操作板与真实系统的操作板完全一致，只是反应堆、涡轮发电机等装置是用计算机仿真的。核电站仿真器用来训练操作人员以及研究异常现象及故障的排除处理，这对保证安全运转是十分重要的。

除生产系统外，系统建模与仿真技术还广泛应用于军事、工程建设、管理、物流、交通运输、商务、商业等领域。表 1-3 列举了系统建模与仿真技术的部分应用。

表 1-3　系统建模与仿真技术的应用领域

应用领域	应用举例
机械制造	汽车发动机加工工艺优化、冲压件加工质量评估、机床传动系统可靠性评价、摩托车装配线瓶颈工序分析、轧钢厂生产流程优化、虚拟制造
半导体制造	半导体制造中的在制品控制、晶圆生产工艺及参数优化、晶圆生产线的调度优化
工程与项目管理	水电站选址、港口建设项目效益评估、机场建设调度优化、项目工期预测、项目环境评估、项目成本预算、项目的技术可行性论证
军事	武器效能仿真、新型装备操作、虚拟现实的三维作战环境构建、后勤保障系统评估、多兵种联合作战效果分析、载人航天飞船发射全过程仿真
物流及供应链管理	企业最佳库存分析、企业供应链优化、车站进出站口规划、企业物资采购计划、图书馆及教学楼布局优化、汽车销售配送中心选址
交通运输	飞机航班和公交车辆调度、新机场选址、城市消防通道优化、运输企业效益评价、天然气管线优化
商业、服务及社会系统	超市收银台数量优化、银行网点布局、医院诊疗系统优化、食堂布局、天气预报、区域人口数量预测

1.2　系统建模与仿真的一般步骤

系统建模与仿真的过程就是建立系统模型并通过模型在计算机上的运行来对模型进行检验和修正，使模型不断趋于完善的过程。所有仿真研究如同计算机应用软件开发一样，都分为若干阶段。图 1-6 描述了系统建模与仿真研究的基本步骤。

（1）系统定义。在试图求解问题以前，要详细地定义系统，以明确的准则来描述

```
        ┌──────────────┐
        │   真实系统    │◄──────────┐
        └──────┬───────┘           │
               ▼                   │
        ┌──────────────┐           │
        │问题描述与目标分析│          │
        └──────┬───────┘           │
               ▼                   │
        ┌──────────────┐           │
        │    构造模型    │          │
        │  设定建模目标   │          │
        │  确定简化条件   │          │
        │  选择建模方法   │          │
        └──────┬───────┘           │
               ▼                   │
┌────────┐ ┌──────────────┐        │
│模型修改 │◄┤ 建立系统仿真模型│       │
│及确认   │ │  确定仿真精度   │       │
│        │ │选择仿真方法与环境│      │
└────────┘ │  编制仿真程序   │       │
           └──────┬───────┘         │
               ▼                   │
        ┌──────────────┐           │
        │仿真模型运行及结果分析│       │
        │   运行仿真程序   │         │
        │   处理仿真数据   │         │
        │   分析仿真结果   │         │
        └──────┬───────┘           │
               ▼                   │
          ╱─────────╲              │
       N ╱ 模型及仿真  ╲            │
      ◄─╲ 结果确认？   ╱            │
          ╲─────────╱              │
               │Y                  │
               ▼                   │
        ┌──────────────┐           │
        │    仿真应用    │          │
        └──────────────┘           │
```

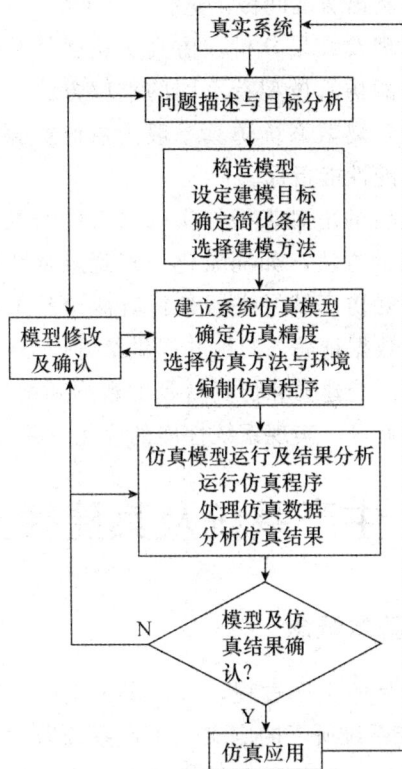

图 1-6 系统建模与仿真的基本步骤

系统目标及目标的衡量标准，描述系统的约束条件，还要确定研究的范围，即确定哪些实体属于要研究的系统、哪些属于系统的环境。

（2）建立系统的数学模型。在建立模型时要准确把握系统的结构和机理，提取关键的参数和特征，并采取正确的建模方法以保证所建模型和研究目的紧密联系，模型的性质要求和真实系统尽量接近，符合真实系统，反映问题的本质特征。同时要尤其注意，数学建模时不应追求模型元素与实际系统的一一对应关系，而应通过合理的假设来简化模型，关注系统的关键元素和本质特征。此外，应以满足仿真精度为目标，避免模型过于复杂，以降低建模和求解的难度。

为减少决策失误，降低决策风险，有必要对所建数学模型和仿真模型进行校核、修改及验证，以确保系统模型与仿真逻辑及结果的正确性和有效性。实际上，模型的校核、修改及验证工作贯穿于系统建模与仿真的全过程中。

（3）数据准备。数据准备必须收集所研究系统的输入、输出各项数据以及描述系统各部分之间关系的数据，包括收集数据和决定在模型中如何使用这些数据。收集仿真数据要花费很多的时间和费用，因此，必须进行有效观测，按照收集到的数据确定模型中随机变量的概率分布以及各项参数。

（4）模型转换。模型的转换是将系统的数学模型转换为计算机能够识别的数据格式（计算机高级语言或专用仿真语言）。模型是用程序设计语言编成的程序，为此必须在计算机高级语言和专用仿真语言之间做出选择。

（5）仿真实验与数据处理及结果分析。仿真实验就是对所建立的仿真模型进行数值实验和求解的过程。不同的仿真模型有不同的求解方法。例如离散事件系统的仿真模型通常是概率模型。因此，离散系统仿真一般为数值实验的过程，即测试当参数符合一定概率分布规律时系统的性能指标。

从仿真实验中提取有价值的信息来指导实际系统的开发，是仿真的最终目标。而且仿真技术中包括某些主观的方法，如抽象化、直观感觉和设想等，因此必须对仿真结果做全面的分析和论证。对仿真结果进行分析有两个基本目标：确定仿真实验中获得的信息是否充分，把仿真数据精简、归纳并提供给管理部门以辅助决策。

（6）优化和决策。根据系统建模和仿真得到的数据和结论，改进和优化系统结构、参数、配置、布局及控制策略等，实现系统性能的优化，并为系统决策提供依据。

1.3 生产系统及其建模分析

1.3.1 生产系统的基本概念

从系统的角度来考察产品的生产过程，就得出了生产系统的概念。按照国际生产工程科学院（CIRP）对生产系统所下的定义，生产系统即"生产产品的制造企业的一种组织体，它具有销售、设计、加工、交货等综合功能，并有提供服务的研究开发功能"。在这一定义的基础上，人们进一步地把供应商和用户也作为生产系统的组成部分纳入其中。

生产是一切社会组织的基本活动之一。作为企业系统的一个子系统，生产系统体现为一个有序地把各种生产要素的输入转换为产品的输出过程。它的基本框图如图1-7所示。

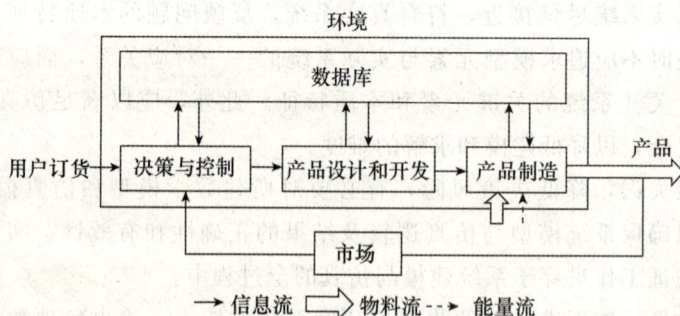

图1-7 生产系统的基本框图

方框内表示一个生产系统，方框外表示生产系统所处的外界环境。整个生产过程分为三个阶段：①决策和控制阶段，由工厂最高决策层根据生产动机、技术知识、经验以及市场情况，对所生产的产品类型、数量等做出决定，同时对生产过程进行指挥与控制。②产品设计和开发阶段。③产品制造阶段，在此阶段必须从外部输入必要的能源和物质（如材料等）。经过这三个阶段的生产活动，系统最后输出所生产的产品。产品输出后，应及时地将产品在市场上的竞争能力、质量评价和用户的改进要求等信息反馈到决策机构，以便使其及时地对生产做出新的决策。

整个系统由信息流、物料流和能量流连接起来。信息流主要是指计划、调度、设计和工艺等方面的信息；物料流主要是指原材料从加工、装配到成品的过程，包括检验、油漆、包装、储存和运输等环节；能量流主要是指动力能源系统。根据企业生产过程经营活动各方面的具体目标和活动内容，生产系统一般又可划分为供应保障子系统、计划与控制子系统和加工制造子系统等。

1.3.2 生产系统的特性分析

作为一类特殊的复杂的社会系统，生产系统具有如下的几个基本特性。

（1）集合性。生产系统是由多个可以相互区别的要素（或子系统）所组成的。

（2）相关性。生产系统内的各要素是相互联系的。构成生产系统的各要素（或子系统）正是通过这种联系，形成了生产系统的相对稳定的结构。

（3）多目标性。任何一个实际的生产，都是为完成特定的生产目标而存在的。或者说，它要实现一个或多个既定的目标，生产系统是多目标的，如交货期目标、调度性能目标、生产成本目标等，而且这些目标之间可能发生冲突。

（4）环境适应性。一个具体的生产系统，必须具有对周围环境变化的适应性。生产系统应是具有动态适应性的系统，表现为以最少的时间延迟去适应不断发展变化的环境：①生产系统总是处于生产要素（如原材料、能量和信息等）的不断输入和产品的不断输出这一动态过程中；②生产系统的各构成要素或子系统及其内部结构也处于不断的动态变化发展中；③特别是在激烈的市场竞争中，生产系统总是处于不断发展、不断更新、不断完善的过程中，以适应生存环境。

（5）反馈性。生产系统在运行过程中其输出状态如质量信息和生产资源的利用状况等，总是要不断地反馈到生产过程的各个环节中去，从而实现产品生命周期中的不断调节、改进和优化。

（6）动态随机性。生产系统中有很多偶然性的因素（如产品市场需求的波动等），使得生产系统表现出随机性的特性，这为解决生产控制等问题带来了极大的困难。

1.3.4 生产系统建模与仿真的主要内容

生产系统建模与仿真的主要内容可概括为以下几个方面。

（1）生产系统的规划设计。在一个新的生产系统建立时，往往要对该生产系统的方案设计进行评价。除了其他一些系统设计与评价方法外，仿真是最常用的一种方法。通过仿真，可以对新系统建立模型并动态执行，以帮助人们发现系统方案中存在的问题，寻求一个较优的方案。

（2）企业在生产运营中需要消耗大量的物资材料，这些物料的供应及仓储管理等问题是整个生产系统要解决的重要问题之一。不同的物料管理策略，会产生不同的效果。策略得当，可以保证物料适时、适量地供应，保障生产系统的均衡生产；反之，则可能造成生产物流的失调，或出现积压浪费，或出现供料不足。对各种物料管理策略进行仿真与建模分析，可以帮助人们确定出最适合的物料管理方案。

（3）生产计划模拟。企业在制定计划时，通常都要采用一些定量分析的方法来预测计划下达后的效果，对计划进行分析与评价。仿真则是众多定量分析方法中应用最为广泛的一种。

（4）生产系统协调。在多工序、多设备的复杂生产线中，由于各种加工工序生产节奏的不协调，往往会严重影响到生产系统的整体效率。借助于计算机仿真技术，人们可以迅速地找到生产过程中的瓶颈环节，并通过相应措施来消除瓶颈，以协调生产节拍，充分发挥现有生产设备和人力资源的潜力，从而实现系统生产的总体高效率。

（5）生产成本分析。仿真可以对生产的动态过程进行模拟分析，得到生产成本的相关生产系统建模与仿真统计数据。改变有关参数，并多次执行仿真过程，就能够帮助人们从中寻求降低成本、提高生产效率的较优方案。

此外，仿真还可以用于生产系统的可靠性分析、产品市场的预测及需求分析等。表1-4列举了仿真在生产系统中的几个应用实例。

表1-4 计算机仿真在生产系统中的应用实例

生产类型	生产中提出的问题	仿真目标	仿真后的改进建议	改进后的效果
家用电器生产	由于扩大生产，增加了设备和托盘，经常出现托盘积压和堵塞通道的现象	优化托盘数量	减少托盘的数量	减少了投资，保证了生产线的畅通
汽车配件生产	规划设计与生产线相配套的旋转实验台	优化实验台的工位数	建议每个旋转实验台设合适数量的工位	在满足生产要求的同时，实验台数量比原设计减少了
电话机生产	总装配以前的各种工序生产时间不协调，影响总装	协调各工序的生产节奏，减少在制品数	建议保证加工周期最短的工件优先加工	增加了产量，缩短了制造周期，减少了在制品数
PCB装配与检测线	每周更换一次产品品种，经常需要周末突击加班才能完成本周任务	制定日产量计划，合理分配每日工作量	制定出切实可行的日产量计划	增加了生产的透明度，每日生产负荷均衡，减少了在制品数
空调器生产	规划设计装配生产线	优化自动引导车数量	在提供不同利用率的情况下，设置不同的自动引导车数量	生产线投资有的放矢，避免了浪费

通过上述实例可以看出，仿真项目的目标各不相同，这主要由进行仿真项目的目的或原因确定的。总体上，仿真目标可以分为以下几类，如下表1-5所示。

表1-5 仿真目标

仿真目标	含 义
性能分析	分析系统的整体性能，如资源利用率、流动时间等
能力分析	评估系统的最大产能，系统当前配置是否满足性能要求（如产量等）
配置比较	根据给定的性能，对多个设计方案进行比较
约束分析	寻找影响系统性能的约束条件或瓶颈工位，并提出解决方案
优化	为达到指定的性能指标，如何设置系统的配置或参数
敏感性分析	寻找对系统性能影响最大的参数，分析参数变化对系统性能的影响
可视化	通过数值、图形或者动画等形式，描述系统的动态运行过程

通常，仿真项目都是多目标，这些目标可能兼容，也可能互相有矛盾，此时，需要根据具体的研究对象，确定仿真研究的核心目标。另一方面，根据仿真内容在生产系统中应用阶段的不同，可以将仿真分为设计决策和运行决策，表1-6给出了两种仿真设计的具体内容。

表1-6 设计决策和运行决策的具体内容

设计决策	运行决策
设计决策关注系统的结构、参数或配置的分析、规划、设计与优化，可以为下列问题的决策提供技术支持。 ①生产任务一定时，系统所需设备、工具、人员的类型和数量。 ②配置给定时，分析系统的最大生产能力、生产效率和经济效益。 ③生产设备的类型、数量、参数和布局优化。 ④生产线平衡分析与优化。 ⑤分析设备故障及维修安排对系统性能的影响。 ⑥确定复杂产品工艺的最佳安排。 ⑦优化产品销售体系，如仓储规模、配送中心选址等。 ⑧评估物流系统的资源配置、运行速度、存取货时间等参数设计。	运行决策关注系统运行过程中的生产计划、调度与控制，可以为以下问题提供决策支持。 ①给定生产任务时，制定作业计划，安排作业班次。 ②制定采购计划，优化采购成本。 ③优化车间调度及控制策略。 ④设备预防性维修的制定和优化。 ⑤库存决策，安全库存、补货策略等。

1.4 生产系统建模与仿真案例

连杆是汽车发动机的重要组成部分。本案例中的连杆生产线主要由三台数控机床（其中包括一台数控铣床、两台数控车床）、两台钻床、一台磨床、一台自动测量、一个检验台和成品测量仪以及两个工作台等组成，如图1-8所示。

连杆生产线特点分析

各工位及设备之间具有串联关系。当工件到达的速率大于工位的加工速率或某个

物料传送带	→	检验台	→	数控机床1	→	数控机床2	→	自动测量仪
接受毛坯		毛坯编号		铣端面及定位面		车法兰及法兰轴头		测量工件尺寸

工作台2	←	磨床	←	钻床2	←	钻床1	←	数控机床3
修边		磨油烟孔		钻油烟孔		钻质量中心孔		车主颈轴

检验台	→	工作台1	→	成品测量仪	→	成品区
FPI检验		清理毛刺、目测检验		产品尺寸测量		收集成品

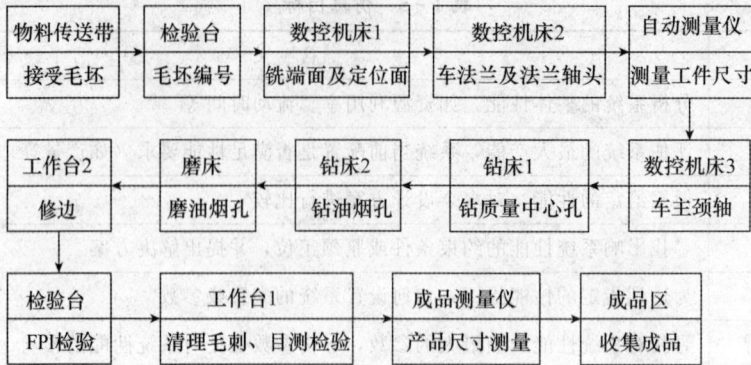

图 1-8 连杆生产线流程

工位的加工速率较低时，工件将会出现排队现象。排队队列越长，工件等待时间就越长，工位和设备的利用率就会降低，生产线的效率也随之下降。为减少排队等待现象，提高生产线的效率，要调整各工位及其设备的性能参数，使各工位的节拍相同或相近。也可以增加瓶颈工位设备的数量，形成并行工位。但是，盲目地调整参数或增加设备不仅会增加生产成本、造成设备闲置，还会形成新的瓶颈工位。通过仿真可以寻找连杆生产线的最合理配置，使生产线的配置和生产效率不断优化。

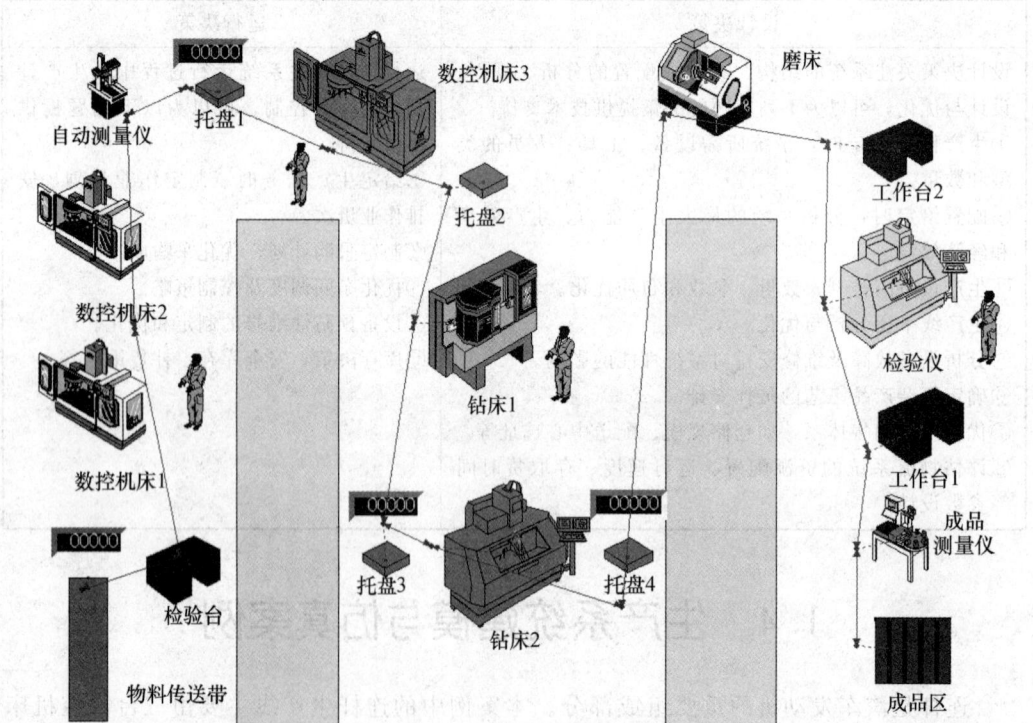

图 1-9 连杆生产线仿真模型

表1-7 加工实体的性能指标

实体名称	移动/%	等待/%	加工/%	堵塞/%
PW2000	0.22	66.98	4.33	28.47
PW4K94	0.23	65.77	5.06	28.94
PW4K100	0.21	63.86	7.41	28.52
PW4K112	0.22	63.15	9.14	27.49
PW6K	0.17	61.06	9.36	29.41

表1-8 各工位的性能指标及瓶颈位置分析

名称	运行时间/min	加工/%	准备/%	空闲/%	等待/%	堵塞/%	故障/%
检验台	130 592	0.15	0.00	56.67	3.34	39.84	0.00
数控机床1	172 513	26.46	0.00	0.84	0.00	71.11	1.59
数控机床2	172 324	28.27	0.00	0.97	0.24	68.83	1.69
自动测量仪	122 932	0.19	0.00	67.70	0.20	31.88	0.03
数控机床3	167 257	86.35	0.00	0.21	0.00	11.99	1.45
钻床1	122 759	23.12	0.00	66.94	0.00	8.45	1.49
钻床2	172 800	19.49	0.00	75.00	0.42	4.79	0.30
检验仪	115 496	11.52	0.00	83.23	0.05	4.77	0.43
工作台1	110 216	2.06	0.00	96.93	0.23	0.78	0.00
磨床	110 711	5.25	0.00	92.47	0.13	1.03	1.12
工作台2	109 489	0.15	0.00	99.52	0.32	0.01	0.00
成品测量仪	109 489	0.00	0.00	99.66	0.00	0.00	0.34

造成系统效率低的原因分析

（1）各工位的生产节拍相差较大。

（2）由于生产线的工位呈串联方式，前几个工位服务能力的不足导致了零件的等待和堵塞，也使得后续工位处于等待、空闲状态。

（3）检验台、数控机床1、数控机床2、自动测量仪等工位不能提供有效服务的能力，是该生产线的瓶颈工位。

连杆生产线的改进措施

为消除生产系统的瓶颈，提高系统的效率，将检验台的容量增加到3个，添加与数控机床1同型号的机床一台，另外增加一名操作工，以分担操作工1的任务，新操作工承担工件在物料传送带、检验台、新数控机床的工作，而操作工1只负责工件在数控机床1、数控机床2、自动监测仪和托盘1的操作，仿真模型中的其他参数和设置保持不变。

再次运行仿真模型，得到各实体的状态指标如表1-9所示。与表1-7相比，由于在瓶颈位置增加了平行工位和资源，连杆在生产线中处于加工状态的比率大幅度增加，处于等待状态的比率大幅下降。显然，在调整系统设置后，生产线的性能得到很大改善。

表 1-9 增加平行工位和资源后实体的性能指标

实体名称	移动/%	等待/%	加工/%	堵塞/%
PW2000	13.67	3.90	54.07	28.36
PW4K94	6.50	3.55	50.32	39.63
PW4K100	6.26	4.59	61.72	27.44
PW4K112	2.92	4.04	66.59	26.45
PW6K	2.23	1.78	71.84	24.15

对比表 1-7 和表 1-9 可以发现，虽然生产线的效率得到改善，但工件在系统中的堵塞率并没有大的改变。原因在于：工件到达（arrivals）模式不合理，进入系统的节拍与各工位的生产节拍不一致。调整工件的到达模式，再次运行仿真模型，得到实体的性能指标如表 1-10 所示。

表 1-10 调整工件到达模式后实体的性能指标

实体名称	移动/%	等待/%	加工/%	堵塞/%
PW2000	13.36	3.17	61.94	21.54
PW4K94	6.921	3.03	66.26	23.78
PW4K100	7.26	4.11	70.14	18.50
PW4K112	4.70	4.04	74.93	16.34
PW6K	3.77	1.59	79.92	14.72

思考与练习

（1）什么是系统？它的特征有哪些？以某一产品的生产线为对象，分析系统的组成、功能和边界，并阐述该系统是如何运作的。

（2）什么是连续系统和离散系统？它们有何区别？结合具体案例，分析连续系统和离散系统的特点。

（3）试举例说明模型的概念，并对比分析数学模型与计算机仿真模型的异同。

（4）如何理解"仿真是基于模型的活动"？

（5）系统、模型和仿真三者之间的关系是怎样的？这三者的关系在生产系统中如何应用？

（6）简述系统建模与仿真的特点和意义。

（7）试述生产系统的概念及其基本特征。

（8）通过 Internet 查询相关期刊、论文、新闻报道以及图片等，认识和了解计算机仿真技术在生产领域中的应用现状及其发展趋势。

（9）通过本章的学习，总结你对系统建模与仿真技术的认识。

第2章

生产系统建模理论

生产系统模型是生产系统实体的抽象描述，是生产决策和管理人员对生产系统进行有效分析、规划或决策的重要手段。现实中的大多数生产系统都属于一类特殊的离散系统，称为离散事件系统。对生产系统进行建模与仿真分析，必须了解离散事件系统的基本概念及离散事件系统建模的术语和基础理论知识。本章就离散事件系统及模型的分类进行简单介绍，然后介绍了离散事件系统建模的基本要素，并系统地阐述了系统建模的几种原理与方法。本章内容是后续各章节的基础，因此要求做到对知识要点的理解和掌握。

2.1 离散事件系统及其模型分类

如绪论中所述，根据系统状态是否随时间连续变化，可以将系统分为连续系统和离散事件系统两大类。与此相对应的是，系统模型也可分为连续时间模型和离散时间模型。离散事件系统指的是系统状态（或参数）只在一些特定时刻被观测并产生相应离散数据，即系统操作和状态只在离散时刻发生，且这些时刻常常是随机的（不确定的）。

离散事件系统在现实中广泛存在，举一个典型的例子，对于只有一个理发师的理发店，在正常工作时间内，如果没有顾客到达，则理发师空闲；如果有顾客到达，则理发师需进行理发服务；如果顾客到达理发店时，理发师正在为其他顾客服务，则新来的顾客需在一旁排队等候。显然，每个顾客到达理发店的时间是随机的，而理发师为每一位顾客的服务时间也是随机的，从而队列中的每一位顾客的等候时间也随机的。离散事件系统中发生的变化主要是断续的变化，如生活中银行、医院、车站售票厅的运作过程，生产中订单处理、机器故障、机械零件的生产车间及库存系统、汽车装配线等。

针对系统的分类，还可以按自然属性，将系统分为人造系统、自然系统；按运动属性，将系统分为动态系统、静态系统；根据系统中变量特性的不同，系统可分为确定性系统和随机系统。相对应的对于系统的模型，有很多分类方法，常见的分类方法主要有三种，分别是按照模型的形式、按照基本的数学描述以及对模型的求解方法分类。目前常见的系统模型主要有白箱、灰箱与黑箱模型，微观模型与宏观模型，集中参数模型与分布参数模型。

2.2　离散事件系统建模的基本要素

如前所述，离散事件系统状态的变化只发生在离散的时间点上。由于离散事件发生的时间通常是不确定的，这就使得系统状态的变化具有随机性。而实际生产中，市场的需求是随机的，订单的数量难以准确预测，库存、原材料成本、故障发生、维修成本等都具有随机性，这就要求生产企业具有动态的生产计划和调度能力。因此利用建模仿真技术可以获得系统动态性能的统计解，为此类系统的性能分析与优化提供理论依据，给生产制造系统的性能预测带来便利。

下面结合简单加工系统的例子来介绍离散事件系统建模与仿真中涉及的一些常用的基本元素。

如图 2-1 所示为一个简单加工系统。零件"毛坯"到达钻孔加工中心，在仅有的单台钻床上加工，然后离开。

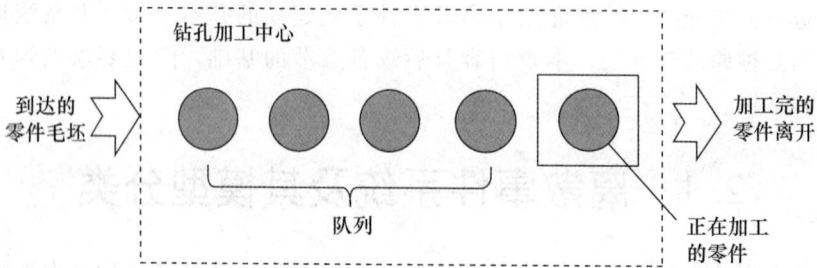

图 2-1　简单加工系统

实体（Entity）

实体是构成系统模型的三个基本要素（实体、属性、活动）之一，用系统论的术语，它是系统边界内的对象或要素。在离散事件系统中，根据实体在系统中的性质和作用，可分为临时实体与永久实体两类。在上述简单加工系统中，待加工的零件毛坯就是一类临时实体。它按照队列的流动进入钻床接受加工，加工过程结束后即离开，在系统中只存在一段时间，不会贯穿整个仿真过程。永久实体是指始终驻留在系统中的实体，如这里的钻床设备，只要系统处于运行状态，就一直处于系统中而不离开。

属性（Attribute）

可以用属性的集合来描述每个实体自身的状态和特性。如上述简单加工系统中，加工的钻床有它的具体名称、加工范围、加工精度、加工效率等属性，待加工的零件毛坯有零件编号、名称、几何尺寸、加工工序、加工的时间等属性。

对于一个客观存在的实体来说，其属性往往有很多，在系统建模与仿真中，通常只关注与研究目的和具体情况相关的系统性能及属性，而忽略其他次要的或与之无关的属性。例如，零件毛坯的编号、名称与加工生产关系不大，因此在简单加工系统中不必作为它的一个属性，而其到达时间、加工时间和离开时间是研究加工效率的重要依据，因此是简单加工系统仿真中零件毛坯的属性。

状态（State）

在某一时刻，系统中所有实体的属性的集合就构成了系统的状态，它包含了描述系统在任何时间所必需的所有信息。显然，系统状态是时间的变量。在生产系统中，状态变量可以是正在进行作业的操作工人数、等待服务队列中的工件数，或正在加工处理中的工件数以及下一个工件到达加工设备的时间等。此外，加工设备的忙、闲或设备故障等也可能是一种状态变量。

事件（Event）

事件是引起系统状态变化的起因和行为，因此可以看作是离散事件系统状态变化的驱动力。例如图2-1的简单加工系统中，可以把"一个待加工的零件到达系统"定义为一类事件——零件的到达；由于零件到达，系统的状态——机床设备的状态可能从"闲"变成"忙"（如果没有等待加工的零件），或者系统的另一个状态——等待加工的零件的队列长度发生变化（增加1）。此外，也可以定义"一个零件加工完毕后离开系统"为另一类事件——零件加工完离开，此事件可能使机床设备的状态由"忙"变为"闲"，同时零件的队列长度减1。

事件之间、事件与实体之间存在一定的关联性。事件的发生与实体类型相关联，一类事件的发生可能会引起其他事件的发生，也可能是其他事件发生的条件。

活动（Activity）

活动指的是实体在两个事件之间的持续过程，它标志着系统状态的转移。活动的开始与结束都是由事件引起的。如上述简单加工系统，零件毛坯从开始加工到加工结束可视为一个活动，在该活动中，钻床处于加工即"忙"的状态。

进程（Process）

进程由与某实体相关的若干个有序事件及活动组成，它描述了与之相关事件及活动间的逻辑关系与时序关系。在图2-1简单加工系统中，可以把一个毛坯零件到达系统、等待加工（排队）、开始加工、加工完离开系统看作一个过程。需要注意的是此处的进程概念与软件编程中的进程概念有一定的区别。事件、活动、进程三者之间的关系可以用图2-2表示。

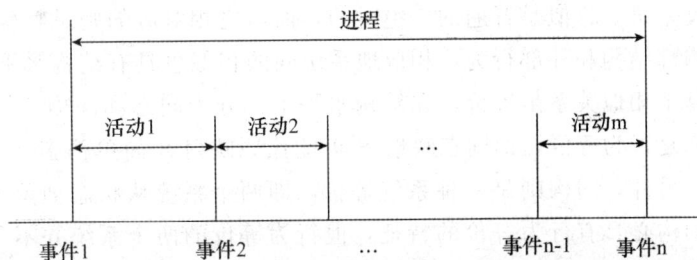

图2-2 事件、活动和进程之间的关系

仿真时钟（Simulation Clock）

仿真时钟是作为仿真过程的时序控制来表示仿真时间的变化。它是模拟实际系统运行所需的时间，并不是计算机执行仿真过程的时间。在离散事件仿真中，事件发生的时间具有随机性，因此仿真时钟的推进也具有一定的随机性，可以呈现跳跃性。即两个相邻事件之间的系统状态保持不变，仿真时钟可以直接跨过这段时间，由一个事件发生的时刻推到下一个事件发生的时刻。根据仿真时钟是按固定的长度向前推进或者是变化的节拍向前推进，仿真时钟的推进机制（Time Advance Mechanism）一般分为两种：固定步长时间推进机制（Fixed-Increment Time Advance Mechanism）和下次事件时间推进机制（Next Event Time Advance Mechanism）。

规则（Rule）

用于描述实体之间的逻辑关系和系统运行策略的逻辑语句和约定。规则就是用来描述实体之间、实体与仿真时钟之间的相互影响。如图 2-1 简单加工系统，零件这类实体与机床这类实体之间，机床是主动实体，零件是被动实体，机床的状态受零件的影响（作用），如果机床状态为"闲"，则它按照一定的规则去选择待加工的零件，如先到先加工（First In First Out，FIFO）、后到先加工（Last In First Out，LIFO）、加工时间最短的先加工（Shortest Machining Time，SPT），或优先级高（Highest Priority）的先加工等。同样地，如果车间中的多台机床空闲时，待加工零件也可以按照相同的规则去选择机床，如选择距离最近（Closest）的机床、加工效率最高（Highest Efficiency）的机床、加工精度最高（Highest Precision）的机床、加工成本最低（Lowest Machining Cost）的机床等。

由此可见，采用不同的规则将对系统性能产生重要影响。在系统建模与仿真中，可以有意识地设计一些调度规则，用来评价不同规则的影响，从中选出有利于系统性能优化的规则，这也是建模仿真研究的优势所在。

2.3　系统建模的原理及步骤

2.3.1　相似理论

相似是自然界广泛存在的一种重要认识现象，如几何相似、性能相似、行为相似等。从哲学角度来讲，相似是普遍的、绝对的，而与之相对应的则是特殊的、相对的。因为系统具有内部结构和外部行为，相应地系统间的相似也具有结构水平和行为水平。在行为水平上基本相似关系是等价；在结构水平上，分为同态和同构。如果有 S 到 S' 的同态，则它们是行为等价，即同态映射 S' 可能比原映射 S 简单得多，但它们在行为上都是相同的。另外，同构则是一种系统等价，即两个系统从状态抽象上看具有相同的内部结构。同构必具有行为等价的特征，但行为等价的两个系统并不一定具有同构关系。因此，系统相似无论具有什么水平，基本特征都归纳为行为等价。

若表征一个系统中现象的全部参量的值，可以由第二个系统中对应参量乘以不变的乘数得到，则两个现象为相似现象。其中，不变的乘数对于同一对应变量无论是在两系统的对应点上还是在相应时间上都应是相同的，故称为相似常数。显然，所有的相似常数全为 1，则是相同，将相同视为相似的特例。另外，所述参量值可以是数值、逻辑值、随机量值或模糊量值，这取决于描述现象所用的数学工具是数学、逻辑代数、概率论还是模糊数学。

相似的概念在科学研究及工程设计中具有十分重要的作用，特别是在现代科学实验工作中，总要应用相似概念及相似理论的问题。我们将相似简单地归纳为以下几种基本类型。

几何相似

相似的概念首先出现在几何学中。在几何学中，对应角相等、对应边成比例的两多边形相似。这样使结构尺寸缩小得到的模型称为缩比模型。由于其外形相似，又称为肖像模型。风洞中吹风实验的飞机、火箭模型以及水池实验中的船舶模型都是这样制造而成的。例如图 2-3 中的两个相似三角形，是指对应的尺寸不同但是形状一样的图形。

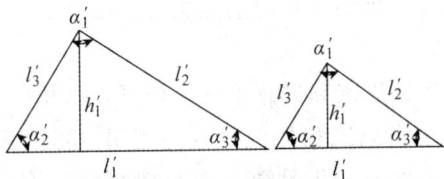

图 2-3 两个相似三角形

这两个相似的三角形具有各对应线段的比例相等、各对应角彼此相等的性质，即

$$\frac{l_1{}''}{l_1{}'}=\frac{l_2{}''}{l_2{}'}=\frac{l_3{}''}{l_3{}'}=\frac{h_1{}''}{h_1{}'}=\frac{h_2{}''}{h_2{}'}=\frac{h_3{}''}{h_3{}'}=C_1 \tag{2-1}$$

$$\alpha_1{}''=\alpha_1{}',\quad \alpha_2{}''=\alpha_2{}',\quad \alpha_3{}''=\alpha_3{}'$$

式中：C_1 为常数。

类似地，还有时间相似、速度相似、温度相似、动力学相似等。

模拟

用标准电压值（100V 或 10V）对应各物理量的最大绝对值，即引进变量比例尺，将数学方程转换成机器方程，以便使用模拟计算机进行运算。机器方程是数学方程的模拟，两者之间彼此相似。但机器方程中变量全是用电压表示的，而数学方程中的变量可以代表多种多样的物理量。由于其物理性质并不一样，因此也随之不同，那么变量比例尺可能不同。因此，模拟属于异类相似，又称为类似。

离散化

如果连续时间系统的输入信号为 $u(t)$，输出为 $y(t)$，则将 $u(t)$ 离散化得 $u(mT)$〔简称 $u(m)$〕。将 $u(m)$ 输入给一个离散时间系统，若它的输出 $y(m)$ 与 $y(t)$ 的采样值 $y(m)$ 相同（或相近似），则该离散时间系统称为与连续时间系统等价。离散化的方法有差分法、离散相似法、替换法和数值积分法，它们能把连续时间系统离散化为等价的离散时间系统，从而用数字计算机进行计算。

等效

控制系统的性能取决于其数学描述，也取决于其传递函数或频率特征，因此保证数学描述相同，或者保证传递函数或频率特征相同，构造各种仿真器或等效器。这种相似原则称为等效。

感觉相似

感觉相似涉及耳、眼、鼻、舌等感官和经验，但有人为因素的传递函数或频率特征，因此保证数学描述也十分困难，因为它随人而异，随作业而变，对于同一人员还随着时间而变。在这种情况下，最有效的办法就是人的参与，比如，人在回路中的仿真把感觉相似转化为感觉信息源相似。培训仿真器是如此作用，虚拟现实（VR）也是如此。

虚拟现实的核心是，用户一般借助于头盔（内含有显示器和立体耳机）进入三维声、像计算机产生的人造环境中，通过头、眼、手跟踪器以及数据手套等传感器感受人的操作和语音指令，进行人机环境双向信息交流。

思维相似

思维包括逻辑思维、形象思维和灵感思维，仿真技术相应有如下三种思维相似。

（1）逻辑思维相似。逻辑思维相似包含数理逻辑、形式逻辑、辩证逻辑、模糊逻辑等。当代数字计算机的工作原理正是建立在数理逻辑上的。只有反映各种不同类型的思维形式的知识问题，并且通过将其抽象化、形式化、符号化、程序化把问题"转化"为数理逻辑能够接受的形式，数字计算机才能发挥作用。用数理逻辑表示的知识，就是建立知识的逻辑符号系统，对符号公式进行判断和推理。早期专家系统基于逻辑的心理模型就是遵循逻辑思维相似原则制作的。

（2）形象思维相似。形象思维是人类大脑右半球的功能。在神经网络中，刺激信号的传递和响应时间是秒数量级，却能"一目了然"或"一听便知"地瞬时完成对大量外界输入信息的感受、识别、认知和控制等相应过程，这应该要归功于神经网络整体固有的大规模并行分布处理机制。显然，神经网络整体是包含及大量各司其职的专用神经网络的协同巨系统。

（3）灵感思维相似。灵感思维与人脑的生理组成成分密切相关，其原理与过程尚待进一步研究，这方面的相似并不多见。

生理相似

人体生理系统是一个相当复杂的系统，还有许多机理至今未弄清，因此，对整个人体进行分解研究是一种行之有效的方法。首先对其分系统、分器官进行建模，然后将各个部分通过输入与输出联系起来构成整个人体系统，如人体生理系统数学模型Human。

相似方式保证上述系统相似各个方面，其中主要有环境相似（如几何相似、参量比例相似等）、性能相似（如动力学相似、控制相应相似等）、感觉相似（如运动感觉信息相似、视觉相似、音响感觉相似等）和逻辑思维方法相似（如比较、综合、归纳）。

2.3.2 系统建模的原则及步骤

在系统分析中建立能较全面、集中、精确地反映系统状态、本质特征和变化规律的数学模型是系统建模的关键。在实际情况中，要求直接用数学公式描述的事物是有限的，在许多问题中模型与实际现象完全吻合的可能性也不是很大。系统分析下的数学模型只是系统结构和机理的一个抽象，只有在系统满足一些原则的前提下，所描述的模型才趋于实际。因此，建模一般应遵循以下原则。

（1）分离原则。系统中的实体在不同程度上都是相互关联的，但在系统分析中绝大部分联系是可以忽略的。

（2）假设的合理性原则。模型都是在一定的假设条件下建立的，假设的合理性关系到系统模型的真实性。

（3）因果性原则。要求系统的输入量和输出量满足函数映射关系，是数学建模的必要条件。

（4）输入量和输出量的可测量性、可选择性原则，对动态的模型还应当保证适应性原则。

系统建模的步骤大致划分为如下几个。

（1）准备阶段。面临复杂的系统，准备阶段是繁重而琐碎的，应弄清楚问题的复杂背景、建模的目的或目标，寻求建模方法和技巧，确定模型实现的方式。

（2）系统分析。①系统建模的目标。要将目标表述为适合于建模的相应形式，通常为模型中目标的最大化和最小化，如质量最好、速度最快、成本最低、耗能最少等。②系统建模的规范。规范化工作包括对问题有效范围限定、问题解决的方式和工具要求、结果形式与精度要求、使用要求等。③系统建模的要素。筛选出真正具有作用的元素，并注意它们的确定性与否及能否进行定量分析。④系统建模的关系及限制。通过对模型要素之间的各种影响、因果联系进行深入分析，筛选出对模型真正起作用的重要关系，找出对模型目标、模型要素和模型关系具有限制作用的各种局部性和整体性约束条件。

（3）模型构建。这是关于模型的形式化表示问题。对于复杂系统，通常需要用略图定性地描述系统，考虑到系统的原型往往比较复杂、具体，建模的过程必须对原型进行抽象化、简化，把反映问题本质的属性的状态、量纲及其关系抽象出来，简化非本质因素，使模型摆脱原型的具体复杂形态，假定系统中的成分和因素、系统环境的界定以及设定系统适当的外部条件和约束条件。

在建模的基础上进一步分析建模假设的各个条件。选择适当的数学工具和建模方法，建立刻画实际问题的数学模型。

（4）模型求解。构造数学模型之后，模型求解常常会用到传统和现代的数学方法。计算机模拟仿真是模型求解中最有力的工具之一。根据已知的条件和数据，分析模型的特征和结构特点，设计或选择求解模型的数学方法和算法，编写计算机程序与算法相适应的软件包，并借助计算机完成对模型的求解。

（5）模型分析与检验。依据建模的目的要求，对模型求解的数字结果，或进行稳定性分析，或进行系统参数的灵敏度分析，或进行误差分析等。

结合以上几个步骤，可以用框图的形式表示系统建模的步骤，如图 2-4 所示。

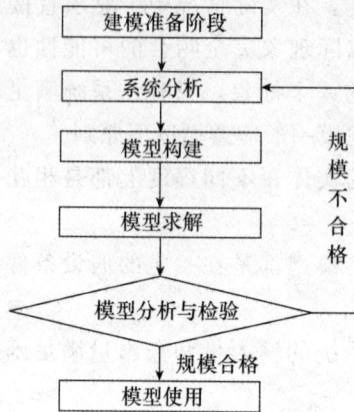

图 2-4　系统建模的主要步骤

2.4　系统建模的逻辑思维方法

建立系统模型是复杂的思维过程，它要求建模者具备扎实的专业知识，了解研究对象的结构、参数、运行和性能特征，还要求建模者掌握系统建模的基本方法，熟练应用相关的数学工具和方法。系统建模要求建模者具备以下能力：① 对研究对象的分析和综合能力；② 抽象和概括能力；③ 洞察和想象能力；④ 运用数学工具分析问题的能力；⑤ 设计实验验证数学模型的能力。

2.4.1　分析与综合

系统是由若干有机联系的要素构成的，各个要素之间相互联系、相互影响与制约，共同构成一个统一的整体。因此，分析系统要素以及要素之间的联系，然后在分析的基础上进行综合，是正确认识系统的必要条件。

分析（Analysis）是一个"化整为零"的思维过程。它将被研究对象的整体分解为不同部分、方面、要素、层次和功能模块，并且分别加以考察研究。分析是研究系统的基础，也是认识事物的必经阶段。分析的任务包括：① 分析构成系统的要素、结构及其属性；② 通过对系统运行过程的分析，确定系统要素之间的关系。

综合（Synthesis）是一个"积零为整"的思维过程。它将已有的关于研究对象的各个部分、方面、要素、层次和功能模块的认识联结起来，以便构成一个整体。综合不是系统要素、结构的简单累加，而是要在分析的基础上区分主次、去粗取精，以便从整体上把握系统的本质特征和运行规律，正确地认识系统。

分析与综合是揭示系统规律的基本方法之一。分析是综合的基础，分析的目的是为了综合，分析结果是综合的出发点。分析着眼于系统局部，得到的结果是关于系统各部分的信息，而不是关于系统整体的认识。若只分析而忽视综合，就会导致片面性。在实际应用中，认识系统的过程就是沿着"分析—综合—再分析—再综合"不断深化的过程。系统建模时，应先分析后综合，将二者有机地结合起来。

分析与综合案例——生命基本组成物质蛋白质

蛋白质是生命活动的主要体现者，没有蛋白质就没有生命。我们要了解蛋白质在生命活动中的这种地位和作用，就要知道它不仅包含碳、氢、氧、氮，还包括硫、磷、铁、碘、镁等元素，这些元素共同组成氨基酸，然后由许多氨基酸分子脱水组合成蛋白质，而且还要了解组成蛋白质的各种氨基酸的种类、变化多端的排列顺序，以及多种多样的空间结构，这样才能知道蛋白质的结构具有多样性的特点。

正是由于蛋白质的结构千差万别，它才能表现出多种功能，血红蛋白输送氧和二氧化碳，肌球蛋白引起肌肉收缩，激素起到调节作用，酶起到催化作用，核蛋白传递遗传信息，抗原抗体起到人体免疫作用。由此可见，只有从整体上掌握蛋白质结构多样性的特点，才能知道它所具有的功能，才能理解它在生命活动中的重要地位和作用。

对于生产制造系统的设计和评价，分析和综合具有同样重要的价值。例如，为判定数控机床的整体性能，需要将数控机床分为机床本体、伺服系统、数控系统、控制介质等基本部件，并进一步分解成零件，以便通过对机床基本要素的分析，完成对机床整体性能的评价。机床制造企业开发新型数控机床时，需要通过市场调研，获取用户需求、研究新的技术方案、分析生产成本、评估产品收益等，在此基础上拟定机床零部件组成、功能、结构及其接口等细节参数，逐步明确新机床开发的技术方案，是否通过对备选技术方案的分析和综合评价，选择综合性能最佳的可行方案。

2.4.2 抽象与概括

抽象（Abstraction）是指从某种角度抽取要研究系统的本质属性的思维方法。在数学中，抽象是指从研究对象或问题中抽取出数量关系或空间形式而舍弃其他属性对其进行考察的方法。数学中的概念、关系、定理、方法、符号等都是数学抽象的结果。采用建模与仿真技术研究系统时，需要建立系统的数学模型。因此，抽象思维是数学建模的基础之一。

概括（Generalization）是指把抽象出来的若干事物的共同属性总结出来进行考察的思维方法。抽象是概括的基础，概括是抽象的发展。高度的概括能使得对事物的理解更有一般性，所获得的理论或方法也更具有普遍的指导性。

抽象思维侧重于分析、提炼，概括思维则侧重于归纳、综合。

抽象与概括案例——哥尼斯堡"七桥问题"

18世纪，东普鲁士哥尼斯堡有条普莱格尔河横贯城区。河的中间有两个小岛（A和D），两个小岛通过七座桥梁与河两岸（B和C）联系起来（图2-5a）。

哥尼斯堡的大学生们提出这样的问题：一个人能否从任何一处出发，一次相继走遍这七座桥，并且每座桥只走一次，然后重新返回到起点？这就是所谓的"七桥问题"。大学生们现场进行了多次步行尝试，终无一人成功。于是，他们就写信给著名的数学家欧拉（Leonhard Euler，1707—1783），请他帮忙解决这个问题。

1736 年，欧拉开始研究人步行过桥问题，并将之抽象为一个"一笔画"问题：岛 A 和 D 无非是桥梁的连接地点，河的两岸 B 和 C 也是桥梁通往的地方，于是他将四个地点抽象成四个点 A、B、C、D，而将七座桥抽象成七条线段（图 2-5b）。这样，原来的"七桥问题"就被抽象成"能否一笔且无重复地画出图中图形"的问题。图 2-5b 就是经过抽象建立的"七桥问题"数学模型。

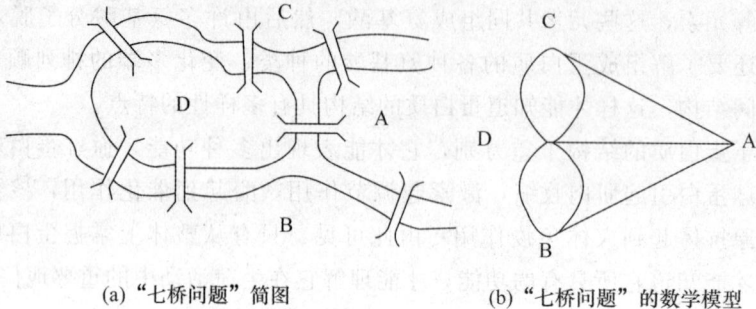

(a)"七桥问题"简图　　　　(b)"七桥问题"的数学模型

图 2-5　哥尼斯堡"七桥问题"

接着，欧拉考虑了"一笔画"的结构特征。按照"一笔画"中每一点交会的曲线段数的奇偶数来分，有以下几种。

（1）至多有两个点（即起点和终点）有可能通过奇数条曲线段。

（2）其他的任何一个中间点（交点），每次总是沿着一条曲线段到达这点，紧接着又必须沿另一条曲线段离开这点（用以满足"无重复"的要求）。因此，在这些中间点交会的曲线段必为偶数条。

（3）由于现在所要做的是封闭图形（即起点和终点必须重合），因此，可以一笔且无重复地画出某一图形的条件（充要条件）是：图中各中间点的曲线段总是偶数条。

然而，现在得出的图形中的四个交点 A、B、C、D 处所通过的曲线段都是奇数条，不符合"一笔画"所具有的特征。因此，可以断言该图形是不可能一笔且无重复地画出。也就是说，所谓的"七桥问题"不成立。

在上述案例中，欧拉运用了抽象方法，把具体的"七桥问题"提炼成相应的数学模型。该数学模型扬弃了具体对象的非本质属性（如小岛、河岸、桥等），仅保留了对象的本质特征，有利于揭示事物的本质特征及运行规律，也使所建的模型更具有代表性和通用性。

2.4.3　归纳与总结

归纳（Induction）是指从个别的事物、现象出发，通过感官观察、经验推理或数学推导等，得出关于此类事物或现象的具有普遍性结论的过程。归纳的前提是单个事实或特殊的情况，它建立在观察、经验或实验的基础上。归纳的意义在于：在一定条件下，将得出的结论应用于不同的应用对象，或避免犯类似的错误。

总结（Summarizing）是对某一阶段的工作、学习或思想中的经验或情况进行分析研究，从而做出带有规律性的结论。总结还是认识世界的重要手段，是由感性认识上升到理性认识的必经之路。

归纳与总结案例 1——达尔文与物种起源

达尔文在创立生物进化论的归纳过程中，就受到赖尔地质演化学说的启发。赖尔在 1830 年出版了《地质学原理》（第一卷），他在书中提出，地球表面的一切生活条件并非是一成不变的，而是缓慢地变化着的。恩格斯在谈到赖尔的这一思想对达尔文的重大影响时说："赖尔的理论，比他以前的一切理论都更加和有机物种不变这个假设不能相容。地球表面和一切生活条件的渐次改变，直接导致有机体的渐次改变和它们对变化着的环境的适应，导致物种的变异性。"达尔文在这种理论原则的启发下，于 1831—1836 年，参加了远洋航行考察，在考察过程中搜集了大量的动植物品种演化资料，并对它们进行归纳研究。达尔文在观察、搜集材料和对这些材料整理概括时，不是随意进行的，而是有目的地进行的，因而使他在归纳工作卓有成效，最后提出了物种起源的进化理论。后来达尔文自己也承认，"似乎我著作的书是从赖尔的头脑里出来的"。

归纳与总结案例 2——开普勒定律

自 1601 年起，德国天文学家开普勒（Johannes Kepler，1571—1630）采用数学方法研究行星运动，于 1609 年归纳出开普勒第一定律和开普勒第二定律。开普勒第一定律可表述为"各行星分别在大小不同的椭圆轨道上绕太阳运行，太阳位于这些椭圆的一个焦点上"，开普勒第二定律可表述为"对同一颗行星而言，太阳和行星之间的连线在相等的时间内扫过相等的面积"。

为进一步寻求行星运动周期与椭圆轨道尺寸之间的关系，开普勒又经过 9 年的反复计算和假设，于 1618 年发现了隐藏在大量观测数据后面的规律，归纳出"行星绕太阳运行周期（T）的平方与它们到太阳的平均距离（椭圆轨道长轴半径 a）的立方成正比"的结论，此即开普勒第三定律。

表 2-1　太阳系行星运行周期与椭圆轨道长半轴之间的关系

行星	运行周期	长轴半径 a	T^2	a^3
水星	0.241	0.387	0.058	0.058
金星	0.615	0.723	0.378	0.378
地球	1.000	1.000	1.000	1.000
火星	1.881	1.524	3.540	3.540
木星	11.862	5.203	140.700	140.850
土星	29.457	9.539	867.700	867.980

1619 年，开普勒在《宇宙的和谐》一书中介绍了第三定律。他在书中写道："认识到这一真理，超出了我最美好的期望。"开普勒的三大定律是天文学的一次革命，它彻底摧毁了托勒密复杂的本轮宇宙体系，完善并简化了哥白尼的日心宇宙体系，对后人

确认太阳系结构提供了理论依据，并为牛顿发现万有引力定律奠定了基础。

2.4.4 演绎与推理

演绎（deduction）是由一般到特殊的推理过程。它是一种由普遍性前提推导出特殊性结论的思维方法。演绎推理是严格的逻辑推理，其推理形式是从两个反映客观世界对象的联系和关系中进行判断从而得出新的判断。一般表现为大前提、小前提、结论的三段论模式。

演绎推理（deductive reasoning）的基本要求是：①大、小前提的判断必须真实；②推理过程必须符合正确的逻辑形式和规则。当推理形式和推理逻辑正确时，在真实的前提下通过演绎方法一定能得出正确的结论，不会出现前提真而结论假的情况。

按照前提与结论之间的结构关系，演绎推理可分为三段论、假言推理、选言推理以及关系推理等形式。

三段论

三段论是演绎推理中的一种简单判断推理。它由两个简单判断做前提和一个简单判断做结论组成。其中，第一个前提为"大前提"，第二个前提为"小前提"。例如："自然界中一切物质都是可分的。基本粒子是自然界的物质。因此，基本粒子是可分的。"这就是典型的三段论推理。正是由该演绎推理得出的结论，引导全世界的物理学家为剖析基本粒子结构、了解宇宙秘密而不断进行理论分析和实验研究。

从思维过程来看，任何三段论都必须具有大、小前提和结论，缺少任何一部分就无法构成三段论推理。但在具体的运用中，无论是说话还是写文章，常常把三段论中的某些部分省去不说。省去不说的部分或是大前提，或是小前提，或是结论。

假言推理

假言推理是以假言判断为前提的演绎推理。假言推理分为充分条件假言推理、必要条件假言推理和充分必要假言推理三种。

（1）充分条件假言推理的基本规则：若小前提肯定大前提的条件，则结论就肯定大前提的条件。例如：如果一个图形是正方形，那么它的四条边相等；这个图形的四条边相等，因此，它是正方形。若小前提否定大前提的条件，则结论就否定大前提的条件。例如：如果一个图形是正方形，那么它的四条边相等；这个图形的四条边不相等，因此，它不是正方形。

（2）必要条件假言推理的基本规则：若小前提肯定大前提的条件，则结论就要肯定大前提的条件。例如：只有选用优良品种，小麦才能丰收；小麦丰收了，所以，这块麦田选用了优良品种。若小前提否定大前提的条件，则结论就要否定大前提的条件。例如：育种时，只有达到一定的温度，种子才能发芽；这次育种没有达到一定的温度。因此，种子没有发芽。

根据规则，必要条件假言推理的肯定大前提条件式和否定大前提条件式都是无效的。例如，只有拥有作案动机，才会是案犯；某人确有作案动机，所以，某人定是案犯。只有学习成绩优良，才能做三好学生；小吴不是三好学生，所以，小吴学习成绩不是优良。

（3）充分必要假言推理的基本规则：若小前提条件肯定大前提条件，则结论就肯定大前提条件；若小前提条件否定大前提条件，则结论就否定大前提条件。

选言推理

选言推理是以选言判断为前提的演绎推理。选言推理分为相容的选言推理和不相容的选言推理。

（1）相容的选言推理的基本规则：否定一部分选言支，就要肯定另一部分选言支；肯定一部分选言支，不能否定另一部分选言支。

例如，金敏是教师或者是律师，她不是教师，所以，她是律师。这个推理是正确的。

金敏是教师或者是律师，她是教师，所以，她不是律师。这个推理是错误的。

（2）不相容的选言推理的基本规则：否定一部分选言支，就要肯定另一部分选言支；肯定一部分选言支，就要否定另一部分选言支。

例如：这场比赛，不是小李得冠军，就是小王得冠军；小李没有得冠军，所以，小王得冠军。

这次出去旅游，要么去桂林，要么去海南；去桂林旅游，所以，不去海南旅游。

英国科学家牛顿（Isaac Newton，1642—1727）以微积分方法为工具，应用演绎推理方法，在开普勒三定律和牛顿第二定律的基础上，推导出万有引力定律，从而定量地解释了许多自然现象。由于该演绎推理的前提正确、推理逻辑无误，万有引力被大量的实验数据所证实。

爱因斯坦曾说过："理论研究者的工作可分成两步，首先是发现公理，其次是从公理推出结论。"爱因斯坦还曾指出："科学发展早期所采用的方法以归纳为主，随着科学的发展而让步于探索性的演绎法。"

恩格斯曾经指出："正如分析和综合一样，归纳和演绎是必然相互联系着的。"诺贝尔奖得主杨振宁教授也曾说："中华文化有归纳法，可没有推演法（演绎法），而近代科学是把归纳法和推演法结合起来而发展的，推演法对于近代科学产生的影响无法估量。"

2.4.5 比较与类比

判定一个系统性能的优劣可以采用以下两种方法：① 通过实验手段直接测量，可得到系统性能的绝对值；② 通过将待研究对象与类似的已知系统做比较，从而得到系统性能的相对值。比较与类比（Comparison and Analogy）是指通过两个对象的某些相同或相似的性质，推断它们在其他性质上也有可能相同或相似的一种推理形式。

图2-6（a）是一个阻尼系数为 N、刚度系数为 K 的弹性-阻尼机械系统，图2-6（b）是一个电阻 R、电感 L 的电路系统。试建立人体肌肉的受力数学模型。研究人工智能和人工控制问题时常需要建立人体肌肉的受力模型。从受力伸缩运动角度讲，

人体肌肉类似于无源机械原件，即受力伸缩运动时将呈现弹性机械特点和摩擦原件发热效应〔图2-6（a）〕。因此数学表达式为。

$$f(t) = N\frac{\mathrm{d}y}{\mathrm{d}t} + Ky = Nv + K\int_{t_o}^{t} v\mathrm{d}t \qquad (2-1)$$

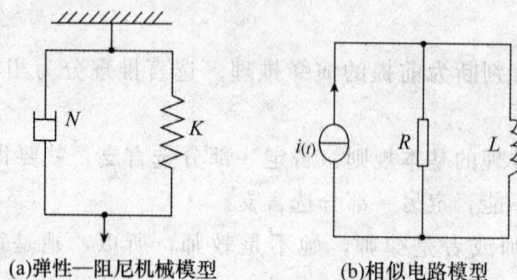

(a)弹性—阻尼机械模型　　(b)相似电路模型

图2-6　人体肌肉受力的相似模型

但通常为求解方便，总希望通过力学与电力系统相似关系得到相应的电路模型，如〔图2-6（b）〕。其数学表达式为：

$$i(t) = \frac{1}{R}u(t) + \frac{1}{L}\int_{t_o}^{t} u(t)\mathrm{d}t \qquad (2-2)$$

类比是一种创造性思维方法，同时也是人们认识和改造客观世界活动的常用方法。它能够启发人们提出科学假说，做出科学发现，为模型实验提供有效的逻辑思维。但是，由类比得出的结论并不完全可靠。因为类比的基础是已经掌握的事物属性，所以它是一种主观的和不充分的推理。要提高类比的可靠性，要力求做到：被比较对象的共有属性要尽可能地多，被比较的属性应该是对象最典型、最为核心和最为本质的属性。

2.5　系统建模的一般方法

当前，数学建模方法基本上可分为机理分析建模、实验统计建模和定性推理建模三种类型。具体使用的方法超过数十种，如机理分析法、直接相似法、系统辨别法、回归统计法、概率统计法、量纲分析法、网络图论法、图解法、模糊集论法、蒙特卡洛法、层次分析法、"隔舱"系统法、定性推理法、"灰色"系统法、多分面法、统计分析法及计算机辅助建模法等，具体内容可查阅相关文献。如何选择合理的建模方法并没有固定的程式，主要根据系统状况、建模目标、建模要求及实际背景确定。

2.5.1　概率统计法

系统建模和仿真时，模型的输入参数（如待加工零件的比例和到达时间、零件在不同工序的加工时间、设备故障停机时间等）都服从一定分布，系统的性能指标（如机床利用率、零件平均等待时间、车间生产率等）也具有随机性。要准确地描述模型的输入/输出参数，必须利用概率统计法。

概率统计法（probability statistics method）是以概率论为基础，通过观察、采集、处理和分析待研究系统的样本数据，从而推断出系统总体性能指标。

例 2-1：某空袭中，进入防空系统射击区的目标流是一个最简单流。其目标流的密度为 4 架/min。

试问：

（1）1min 内没有一架飞机进入的概率。

（2）1min 内至少有一架飞机进入的概率。

由题可知，空袭中进入防空系统射击区的目标流（飞机）是一个最简单流，即具有普通性和无后效性的平稳泊松事件流，根据概率论，该事件流在给定时间间隔 τ 内发生事件的次数 k 应服从泊松分布，即

$$p(k) = \frac{a^k}{k!} e^{-a} \text{ 且 } a = \lambda\tau$$

式中：λ 为事件流密度，a 为平均事件数，k 为事件数。

由此可得：

（1）$\tau = 1\text{min}$、$\lambda = 4$ 架/min、$a = \lambda\tau = 4$ 时，$P = e^{-a} = e^{-4} = 0.018$，即 1min 内没有一架飞机进入的概率是 0.018；

（2）$P = 1 - e^{-a} = 0.98$，即 1min 内至少有一架飞机进入的概率是 0.98。

2.5.2 机理分析法建模

机理分析法建模原理

机理分析法又称为直接分析法或解析法，是应用较为广泛的一种数学建模方法。一般是在若干简化假定条件下，以各学科专业知识为基础，通过分析系统变量间的关系和运动规律，而获得解析型数学模型。这种方法的实质是应用自然科学和社会科学中已证明是正确的理论、原理和定律或推论对研究系统的有关要素（变量）进行理论分析、归纳演绎，从而构造出系统的数学模型。

机理分析法建模步骤

机理分析法建模通常包含以下几个步骤：

（1）分析系统功能、原理，对系统做出与建模目标相关的描述。

（2）找出系统中的输入和输出变量。

（3）按照系统（元件、部件）遵循的物化（或生态、经济等）规律写出各部分的微分方程或传递函数等。

（4）消除中间变量，得到初步的数学模型。

（5）进行模型标准化。例如，微分方程应满足输入量与输出量多项式分别处于方程两端，变量按照降序排列，最高阶段的系数等于 1。

（6）进行验模（必要时要修改模型）。

实例

例 2-2：已知滤波电网络如图 2-7 所示，试建立其数学模型 $G(s) = \dfrac{U_c(s)}{U_r(s)}$。

解：（1）用复阻抗理论和电路原理列写网络各支路方程：

$$\begin{cases} U_r\ (s)\ -U_c\ (s) = \dfrac{1}{sC_1}I_1\ (s) \\[2mm] \dfrac{1}{C_1s}I_1\ (s) = I_2\ (s)\ R - I_1\ (s)\ R \\[2mm] U_r\ (s)\ = I_1\ (s)\ \left(R + \dfrac{1}{C_1s}\right) + I\ (s)\ \dfrac{1}{C_2s} \\[2mm] U_c\ (s)\ = I_1\ (s)\ R + \dfrac{1}{C_2s}I\ (s) \\[2mm] I\ (s)\ = I_1\ (s)\ + I_2\ (s) \end{cases}$$

（2）消去中间变量，得 $G\ (s) = \dfrac{U_c\ (s)}{U_r\ (s)} = \dfrac{R^2C_1C_2s^2 + 2RC_1s + 1}{R^2C_1C_2s^2 + \ (C_2 + 2C_1)\ Rs + 1}$。

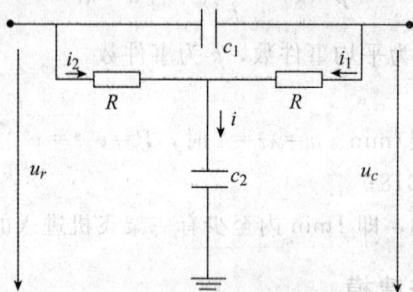

图 2-7 滤波电网络

思考与练习

1. 什么是离散事件系统？什么是连续系统？请给出具体案例，并分析两类系统在性能分析方法等方面的异同。

2. 离散事件系统建模与仿真中有哪些基本要素？请简要分析它们的含义。

3. 什么是活动进程？请简要分析事件、活动、进程三者之间的关系。

4. 什么是仿真时钟？常用的仿真时钟推进机制有几种？它在仿真模型中起到什么作用？分别适用于什么样的系统？

5. 建立系统模型的常用方法有哪些？结合具体案例进行分析。

6. 分别以下列系统为对象，分析系统中的实体、属性、活动、事件、进程、状态、变量以及规则等建模与仿真中的元素。

（1）银行。

（2）机械加工车间。

（3）理发店。

（4）火车站。

（5）食堂。

（6）医院。

（7）机械制造企业仓库。

第 3 章
生产系统建模方法

生产系统模型是生产系统实体的抽象描述，是生产决策和管理人员对生产系统进行有效分析、规划或决策的重要手段。生产系统有的属于连续系统，如电力生产、化工生产，这类系统的运行通常服从一定的物理定理（如电工学、力学）或广义物理规律（如经济学、人口学、生态学）等。连续系统的模型通常可以用微分方程或差分方程描述，并借助相关的数学理论进行求解，但更多的生产系统属于离散事件系统。离散事件模型中系统内部的状态变化是随机的，只在离散的随机点上发生变化，且状态在一段时间内保持不变。在建立离散事件模型时，只需考虑系统内部状态发生变化的时间点和发生这些变化的原因，而不用描述系统内部状态发生变化的过程。

对离散事件系统的研究最早可以追溯到排队现象和排队网络。20 世纪 70 年代以后，随着柔性制造系统、大规模计算机、通信网络等复杂离散事件系统的相继出现，推动了离散事件系统（Discrete Event Dynamic System，DEDS）理论的发展和形成。20 世纪 80 年代，哈佛大学的何毓琦教授首先提出了 DEDS 的概念，总结了 DEDS 系统具有以下特征。

（1）离散事件是构成系统的基本要素，也是导致系统状态演变并触发新事件的原因。

（2）离散事件发生的时刻受系统结构、参数、状态及外部环境的共同影响，具有随机性和不确定性，使得系统的变化也具有不确定性。

（3）研究 DEDS 系统的过程就是分析因离散事件发生而导致系统状态演变的过程，研究目标：控制不期望事件的发生，使事件按预定的时刻和顺序发生。

（4）DEDS 的运行和控制多基于人为的运行规则或决策逻辑，而不是物理学定律。

与连续系统相比，离散事件系统建模存在不少困难，主要表现在以下几个方面。

（1）离散系统的离散性、不连续性等本质特征，使其性能指标具有离散性。

（2）系统中随机性因素和概率化特征普遍存在。

（3）离散事件系统常具有分层和递阶特征。

（4）存在状态爆炸和计算可行性问题。

离散事件系统是一门正在发展中的学科，目前没有形成统一的和具有普适性的建模理论和方法。本章主要介绍了一些常用的建模理论和方法，如 Petri 网理论、Agent

理论、神经网络理论和层次分析法等。

3.1 活动循环图法

3.1.1 活动循环图法概念

活动循环图法（Activity Cycle Diagram，ACD）以图形直观地显示系统状态及其变化，具有直观形象、便于理解和分析等特点，在制造系统（如作业车间、柔性制造系统等）中的应用较为广泛。在 ACD 法中，系统中的每个实体都按照各自的循环方式发生变化——静止状态和活动状态，这两种状态在实体的循环中交替出现。ACD 法以圆圈（○）表示静止状态，以矩形（□）表示活动状态，以有向箭头（→）表示静止状态与活动状态之间的转换。当系统中有多个实体时，有向弧就要使用不同的颜色或线型，以示不同实体的区别。根据研究对象的不同，可以建立系统不同层次的 ACD 模型，即高层次模型可以进一步分解为低层次的模型。ACD 法认为，系统的状态就是全部个体状态变化的集合。因此，ACD 法注重"个体"的活动，个人活动在 ACD 法中占有重要地位。

在 ACD 法中，一个活动的发生需要满足一定条件，即所有前置队列中都有符合规则的、足够数量的令牌（Token）。一个活动可以同时发生多起（如车间的多台车床同时加工），活动的延续时间可以是常数，也可以是随机量，或者根据某种规律变化。采用 ACD 法建模时，常用的术语如下。

（1）实体：是指组成系统的各种要素，是 ACD 产生活动的主体。

（2）活动：表示实体正处于某种动作状态。活动的持续时间也称为周期。

（3）队列：用来表示实体处于静止或等待状态。

（4）实体的行为模式：实体的行为始终遵循"…→活动→队列→活动→…"的交替变化规则。

（5）直联活动和虚拟队列：如果在任何情况下，某一活动完成后，其后续活动就立即开始，则称后续活动为直联活动；直联活动与前面活动之间为一个等待时间为 0 的队列，即虚拟队列。

（6）合作活动：指一个活动要求有多于一个的实体参加才能开始。

3.1.2 ACD 法建模过程

下面以一个机械加工系统为例，阐述 ACD 法建模的基本过程。该加工系统有两个实体：一台半自动机床和一名操作工。工人负责安装工件和从机床上取下工件。工件安装完毕后，机床就可以自动地完成工件的加工。加工完毕，机床停止，直到工人安装一个新的工件，再开始下一个加工循环。

对半自动车床这类实体而言，有安装工件和加工两种活动，有空闲和准备就绪两种状态。建立机床的活动循环图如图 3-1 所示。同样地，如果一个工人负责安装工件这项任务，建立工人的活动循环图如图3-2所示。

在完成系统中各类实体的活动分析和绘制实体的活动循环图之后，就可以把各类实体的活动循环图集成起来，构成系统的活动循环图。图3-3表示该机加工系统的活动循环图，其中有向弧线"→"表示机床的活动循环，有向弧"--→"表示工人的活动循环图。图中 D 表示活动的延迟时间。

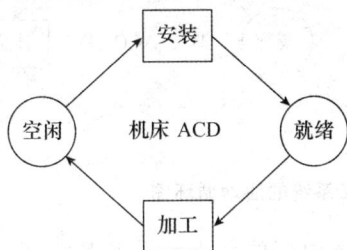

图3-1 机床的活动循环图　　　　图3-2 工人的活动循环图

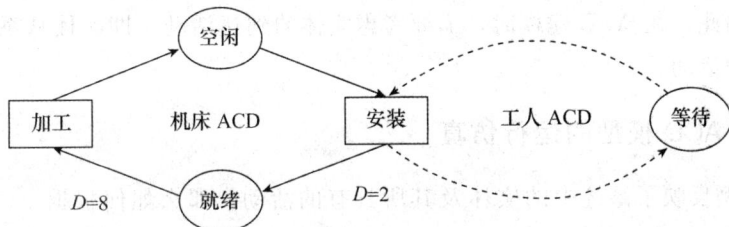

图3-3 机械加工系统的活动循环图

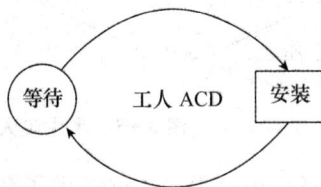

如果一个系统中实体间存在合作关系，则可以描述为合作性活动。对于合作性活动，只有当参与合作活动的实体都在该活动的前置队列中存在时，该活动才能开始。以图3-3所示的系统为例，如果要开始"安装"这一合作活动，则必须有一个工人在"等待"状态且有一台机床处于"空闲"状态。如果只满足一个条件，则另一个实体将在队列中等待，从而造成设备和资源的闲置浪费，系统的效率降低。

ACD法是根据实体类型建立的，与实体的数量无关。此外，即使系统中实体的类型和活动周期不同，只要系统的行为模式相同，就可以用同一个ACD图描述。因此，图3-3的ACD图既可以表示一个工人、单台机床的机械加工系统，也可以表示多个工人和多台机床的加工系统。为了表示系统中不同类型实体的数量，可在各实体名称后面以括号中的数字表示实体的数量，缺省值是1。如图3-4所示，表示的是由3台机床和1个工人的机械加工系统。

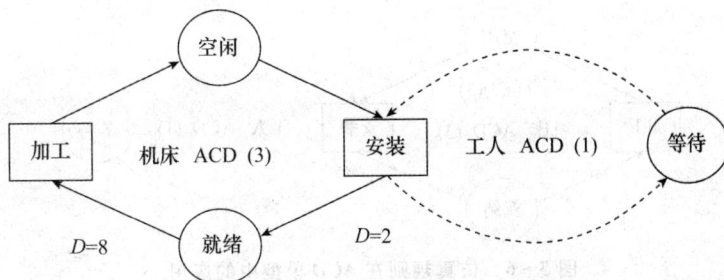

图3-4 有3台机床的机械加工系统循环图

此外，在 ACD 模型中，除了代表实物的实体之外，还存在所谓的逻辑实体。例如，如果图 3-3 中的工人实体除有"安装"活动外，还安排有"休息"活动，且每隔 2 小时工人将休息 10 分钟，则构建的 ACD 模型如图 3-5 所示。

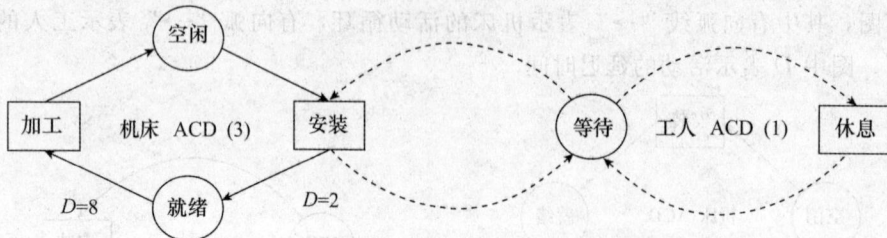

图 3-5　考虑工人休息的机械加工系统的活动循环图

在上述建模过程中，仅考虑了各类实体在系统内部的各类活动及其循环。在实际生活中，系统中的一些实体还会与周围环境发生交互作用，例如待加工的零件毛坯就来自环境。因此，在 ACD 建模时，需要考虑实体的到达活动，即实体从系统外越过边界进入系统的活动。

3.1.3　ACD 模型的运行仿真

ACD 模型反映了系统中的实体及其所具有的活动，那么如何根据 ACD 模型来模拟系统的运行过程呢？就图 3-5 中的工人而言，系统运行时他将面临"活动选择"问题，即当某一时刻"安装"和"休息"两个活动都可以开始时，究竟选择哪个活动作为下一个活动呢？

在系统仿真时，对上述问题可以通过定义活动的优先权和制定活动的规则等方法加以解决。优先权方法是根据活动的重要性给活动分配不同的级别，当两个活动可以同时发生时，优先级高的活动先安排。显然，对于多数机械加工系统，"安装"活动的优先级高于"休息"活动的优先级，这样当机床的前置队列为"就绪"时（表示机床可以利用），工人将先进行"安装"活动，只有在"安装"活动不能进行且符合"休息"活动的时间安排时，工人才能"休息"。如果"休息"活动的级别比"安装"活动的级别高，就可能会因为工人的"休息"活动而使得机床处于"空闲"状态，影响系统的效率。此外，还可以根据系统实际，制定控制系统运行的调度规则，合理地安排系统的活动次序，提高系统的运行效率。下面以图 3-6 所示的系统为例，分析规则在系统仿真中的作用。

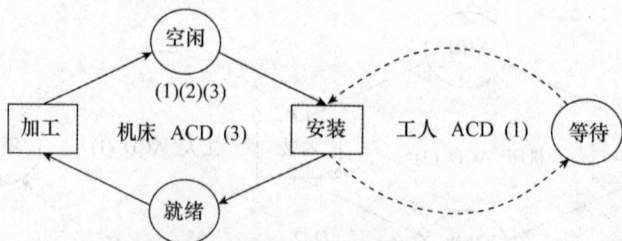

图 3-6　仿真规则在 ACD 模型中的应用

该系统包含三台机床和一个工人，初始三台机床都处于"空闲"状态，工人处于"等待"状态。如果三台机床的加工活动和"安装"活动的周期各不相同，系统运行时工人就面临应该先为哪一台机床执行"安装"服务或按什么顺序执行的问题。很明显，服务顺序的安排将影响系统的生产效率。在仿真模型中，可以定义规则，以确定服务的先后顺序。

ACD 法具有形象直观等优点，但也存在明显的缺点：①当系统结构复杂，实体数量众多时，ACD 模型将十分庞大和复杂，给建模与分析带来困难；②ACD 法只描述系统的稳态，而不研究系统的瞬态（如动作的开始、结束等）；③ACD 法缺乏定量的分析工具。上述缺点，限制了 ACD 法的推广应用。

3.2 Petri 网建模方法

1962 年联邦德国的卡尔·A. 佩特里（Carl Adam Petri）在他的博士论文《用自动机通信》中首次使用网状结构模拟通信系统。这种系统模型后来以 Petri 网为名流传。现在 Petri 网一词既指这种模型，又指以这种模型为基础发展起来的理论。有时又把 Petri 网称为网论（Net Theory）。Petri 网是一种可用图形表示的组合模型，同时又是严格定义的数学对象，借助数学开发的 Petri 网分析方法和技术，既可以用于静态结构分析，又可用于动态的行为分析。Petri 网系统以研究系统的组织结构和动态行为为目标，着眼于系统中可能发生的各种变化和变化间的关系。网论并不关心变化发生的物理和化学性质，只关心变化的条件及发生后对系统的影响。

50 多年来 Petri 网的理论和应用都有了长足的进步。其发展过程大体可分为三个阶段。20 世纪 60 年代，Petri 网的研究以孤立的网系统为对象，以寻求分析技术和应用方法为目标。这些内容统称为特殊网论（Special Net Theory）。此处"特殊"是与"一般"或"通用"比较而言，指的就是孤立的网系统个体。70 年代开始，通用网论的研究开始兴起，以佩特里为核心的一批科学家以网系统的全体作为对象，研究其分类及各类网之间的关系，发展了以并发论、同步论、网逻辑和网拓扑为主要内容的理论体系。80 年代以后，Petri 网进入综合发展阶段，以理论与应用的结合以及计算机辅助工具的开发为主要内容。目前，Petri 网理论仍在充实和发展中，已经广泛应用于自动化、机械制造、军事指挥等学科领域。

Petri 网建模具有以下优点：①具有简洁、直观和准确的图形化建模能力，能够定性描述和定量分析系统中并发、顺序、同步、冲突、共享等事件关系，具有很强的描述系统状态的能力。②具有严密的数学基础，Petri 网是建立在代数理论和语言理论等严格理论基础之上的一种模型，它不仅可以用于静态的结构分析，还可以用于分析系统有界性、活性及可重用性等动态行为。③以 Petri 网为基础，可以方便地生成系统控制、调度及仿真的逻辑代码，得到产量、设备利用率等系统性能指标。采用 Petri 网进行系统建模，可利用通用网论的思想将系统进行结构化建模，并与面向对象技术相结合，最大限度上简化设计。通过用形象式语言、代数等定性或定量方法来分析模型的可达性、公平性、有界性等一系列性质，提出对系统改善和改进的建议。目前已成为系统分析评价、调度控制、仿真等的决策支持工具。

3.2.1 Petri 网的基本概念

Petri 网是一种网状信息流模型，它的结构元素包括库所、变迁和有向弧。库所用于描述系统中资源的状态、条件或存放资源的场所等，例如机床空闲、缓冲区、仓库、工人等。变迁用于描述修改系统状态的事件或资源的消耗、使用等，例如切削加工、装配、维修等。变迁的发生需要满足一定的条件，受系统状态限制，一旦发生变迁，某些前置条件不再满足后，一些后置条件可能满足，系统的状态也会发生改变。连接库所和变迁的有向弧线表示系统状态与事件之间的关系。每一条有向弧有一个对应的权值，称为弧权，简称权。

除了库所、变迁和有向弧之外，在 Petri 网中，用令牌（Token）表示库所中拥有的资源数量，并且以库所中令牌数量的动态变化表示系统的不同状态。随着事件的发生，令牌可以按照弧的方向流动到不同的库所，从而动态地描述了系统的不同状态。如果一个库所描述一个条件，它能包含一个令牌或不包含令牌，当一个令牌表现在这个库所中时，则条件为真，否则为假。

一个 Petri 网模型的动态行为是由它的变迁规则决定的。如果一个变迁的所有输入库所至少包含一个令牌，那么这个变迁可发生。一个可发生的变迁导致从它所有输入库所中都清除一个令牌，在它的每一个输出库所中产生一个令牌。当使用大于 1 的权值时，每一个输入库所中都要包含至少等于连接权的令牌个数，这个变迁才可发生。要根据相连接的权值，在它每一个输出库所中产生相应令牌个数。变迁的发生是一个原子操作，在输入库所中清除令牌和在输出库所中产生令牌是一个不可分割的完整操作。

由于变迁的发生使令牌在库所中流动，因此不同时刻，令牌在各个库所中的分布不同，这种不同的分布称为标识（Marking），标识就相当于系统所处的状态。网模型的状态转换是局部的，它只跟事件的外延有关。它仅涉及一个变迁通过输入和输出弧连接库所的状态变化，这是网的一个关键特性。所有网模型的基础都是基于网的定义。下面给出 Petri 网的数学定义。

定义 3-1：一个三元组 $N=(P, T, F)$ 组成，其中 $P=\{p_1, p_2, \cdots, p_n\}$ 被称为库所（place）集，n 为库所数量；$T=\{t_1, t_2, \cdots, t_m\}$ 被称为变迁（transition）集，m 为变迁数量；$F \subseteq (P \times T) \cup (T \times P)$ 是有向弧集，三元组构成 Petri 网的充分必要条件是：

（1）$P \cup T \neq \varnothing$，规定了 Petri 网的非空性，表示网中至少有一个元素。

（2）$P \cap T = \varnothing$，规定了 Petri 网的二元性，表示库所和变迁是两类不同的元素。

（3）F 是一个 P 元素和 T 元素组成流关系集合，它建立了从库所到变迁、从变迁到库所的单方向联系，并且规定同类元素之间不能直接联系。

（4）$dom(F) \cup cod(F) = P \cup T$。其中 $dom(F)$ 和 $cod(F)$ 分别表示 F 中有序偶的第一个元素和第二个元素构成的集合，分别组成了 F 的定义域和值域。该条件规定了网中不能有孤立的元素。

Petri 网的形式化定义规定了 Petri 网的静态结构和组成，是 Petri 网理论的基础。形式化定义具有严密性、精确性、抽象性等优点，但不够直观形象，且不能够描述系统静态结构的全貌。因此，Petri 网还有图形化表示方法。通常，以一个圆圈（○）表示库所，一个矩形（□）或实线（│）表示变迁，由带箭头的弧（∪）表示有向弧集，用库所中的黑点表示库所拥有的资源数量。

定义 3 - 2：给定一个 Petri 网 $N=(P, T, F)$ 及一个顶点 $x \in P \cup T$。x 的前置集或输入集定义为 $^*x=\{y \in X \mid (y, x) \in F\}$，后置集或输出集定义为 $x^*=\{y \in X \mid (x, y) \in F\}$。若 x 是库所（变迁），则其前置集中的元素是输入变迁（库所），其后置集中的元素是输出变迁（库所）。

根据上述定义，图 3 - 7 所示的 Petri 网中，变迁 t_1 的前置集是 $\{P_1\}$，后置集是 $\{P_2, P_3\}$。变迁 t_2 的前置集是 $\{P_2, P_3\}$，t_2 的后置集是 $\{P_4\}$；变迁 t_3 的前置集是 $\{P_3, P_4\}$，t_3 的后置集是 $\{P_5\}$。以此类推，可以找出库所的前置集和后置集。

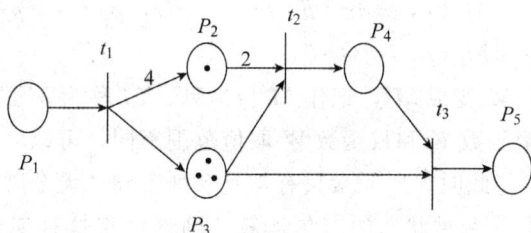

图 3 - 7 Petri 网的形式化表示

如果 Petri 网中的每一个变迁有且只有一个输入和输出库所，即 $\forall t \in T$，$|t^*|=|^*t|=1$，那么该 Petri 网为状态机。如果 Petri 网中的每一个库所有且只有一个输入和输出变迁，即 $\forall p \in P$，$|p^*|=|^*p|=1$，那么该 Petri 网为标记图。

定义 3 - 3：$N=(P, T, F)$ 是一个网。

（1）$K: P \rightarrow N \cup \{\infty\}$ 成为 N 上的容量函数。

（2）对于给定的容量函数 K，$M: P \rightarrow N_0$ 称为 N 的一个标识的条件是：$\forall p \in P$，$M(p) \leqslant K(p)$。

（3）$W: F \rightarrow N$ 称为 N 的权函数，它对各弧线赋权，用 $w(p, t)$ 或 $w(t, p)$ 表示 p 指向 t 或 t 指向 p 的权重。

其中，$N_0=\{0, 1, 2, \cdots\}$，$N=\{1, 2, \cdots\}$，∞ 表示无穷。弧线都用其权重来标注，如果权重是 1，则可以忽略。

Petri 网尊重资源有限的事实，代表资源分布的标识只能为每个库所指定有限多个资源，库所的容量也是有限的，按定义允许有些库所的容量为 ∞。这只表示这些库所的容量不会对系统的行为构成限制。权函数规定每个变迁发生一次引起有关资源数量上的变化，它要求对于任意 $(x, y) \in F$，$0<w(x, y)<\infty$。

定义 3 - 4：一个六元组 $\Sigma=(P, T, F, K, W, M_0)$ 构成 Petri 网系统的条件是：

（1）（P，T，F）构成 $\sum$ 的基网 N。

（2）K、W、M_0 依次为 N 上的容量函数、权函数和标识，M_0 称为 $\sum$ 的初始标识。系统运行过程中的标识用 M 标识。

以上给出了网系统从结构到资源的静态特征，下面再给出变迁发生的条件和结果，网系统的定义就完整了，网系统的动态规律称为变迁规则（Transition rule）。

定义 3-5： 变迁发生的条件

$$\forall p \in {}^*t : M(p) \geqslant w(p, t) \wedge \forall p \in t^* : M(p) + w(t, p) \leqslant K(p)$$

t 在 M 有发生权记作 $M\ [t>$，称为 M 授权 t 发生或 t 在 M 授权下发生。

定义 3-6： 变迁发生的后果

若 $M\ [t>$，则 t 在 M 可以发生，同时将标识 M 改变为 M 的后续 M'。对于任何 $p \in P$，则 M' 为

$$M'(p) = \begin{cases} M(p) - w(p, t) & p \in {}^*t - t^* \\ M(p) + w(p, t) & p \in t^* - {}^*t \\ M(p) - w(p, t) + w(t, p) & p \in {}^*t \bigcap t^* \\ M(p) & p \notin {}^*t^* \end{cases}$$

因 t 的发生将标识 M 变成 M'，记作 $M\ [t>M'$。M' 称为 M 的后续标识。

根据网系统的容量函数 K 和权函数 W 取值范围不同，可以将 Petri 网分为三类：

（1）$K=1$，$W=1$。此时库所元素只有"有令牌"和"无令牌"两种状态，因此可以理解为"真"与"假"两种状态的布尔运算。网论中将这种库所称为条件，与条件有关的变迁称为事件，由条件和事件构成的网称为基本网系统。

（2）$K=\infty$，$W=1$。这是传统上称为 Petri 网的网系统，又称 P/T 网（库所/变迁网）。

（3）K 和 W 为任意函数。这种系统通常称为库所/变迁系统（P/T 系统）。

P/T 系统中每个库所代表一种物质资源，容量则是容纳该种物质资源的能力，$K(p)$ 也是一种资源，一种容纳 P 类资源的空间资源，$w(p, t)$ 和 $w(t, p)$ 分别是变迁发生时占用和释放此类空间资源的数量，权函数代表着变迁对两类资源的依赖，一类是库所所明确描述的物质资源，另一类是由容量所隐含描述的空间资源。

3.2.2 Petri 网的性质

Petri 网作为数学分析工具，本身具有独特的性质。从所描述的生产系统的角度出发，这些性质能够确认系统的这些特性存在与否。系统的特性包括行为特性和结构特性。前者与初始标识有关，后者则与之无关，由 Petri 网的拓扑结构决定。

（1）可达性。此性质可用于描述生产系统的以下两种情况：①若系统按照特定的路线运行，能否达到期望的状态或出现不期望的状态，如生产计划验证问题；②要求系统达到一定的状态，确定系统以怎样的轨迹运行，如生产过程中的调度问题。可达性分析理论包括可达树和可达图等形式。利用可达树理论也可以分析系统的有界性、安全性等。

（2）有界性和安全性。有界性可检查系统是否有溢出的情况出现。若库所描述一

操作时，则其安全性可以确保正在进行的操作不会重复进行。

（3）活性。活性意味着在 M_0 的可达标识 $\forall M$ 下，$\forall t$ 总是可以通过某变迁序列的逐步激发获得激发。所以，若 Petri 网是活的，则表明不存在锁死。这个性质表明系统于 M_0 启动后，总是不会出现停滞状况。

（4）可逆性。可逆性说明模型能够自身初始化，自身能通过有限步骤从错乱状态恢复到初始状态。所以，当原 Petri 网模型是不可逆时，应使控制器控制使其可逆，若此法不可行，则需人为干预。另外，可逆性描述了系统的周期性，如重复生产系统。此特性和主宿状态及可逆性紧密相连。主宿状态指的是从所有状态都能够达到的状态，而可逆性其一特例是：当主宿状态为 M_0 时，则 Petri 模型是可逆的；若 Petri 模型中有一锁死，则此模型是不可逆的。

（5）守恒性。严格守恒说明令牌数量恒定。在实际生产系统中若令牌描述的是资源，则表明系统中资源数量是恒定的，符合资源不能凭空产生和消失的定律。从结构上看，严格守恒的 Petri 网中任一变迁的输入弧数量与其输出弧数量相等。而守恒意味着对于 $\forall M$，其加权的令牌数量恒定不变。

可达性、有界性、安全性、活性、可逆性及守恒性与其 M_0 有关，为 Petri 网的行为特性。若任意有限的 M_0，Petri 网同时具备这些性能，则分别称其为结构上可达的、结构上活的、结构上有界且安全的、结构上可逆的及结构上守恒的。

3.2.3　基本 Petri 网表示方法

在用 Petri 网对系统建模过程中，关键在于选择好模型的抽象程度，这种选择目前主要依靠对系统的分析和经验，下面是生产系统中一些常出现的基本 Petri 网表示方法（条件用 P 元素表示，事件用 T 元素表示）。

（1）顺序关系（Sequential Relation）。p_1 包含一个标记，变迁 t_1 启动，p_1 中的标记移到 p_2 中，导致 t_2 启动。p_2 中的标记移到 p_3 中，也就是表示事件 t_1 和 t_2 发生的顺序，如图 3-8 所示。顺序关系是最基本的事件关系。

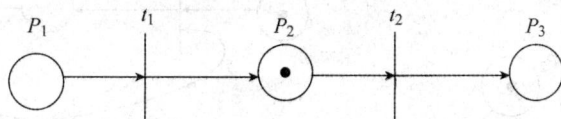

图 3-8　顺序关系

（2）并发关系（Concurrent Relation）。在 Petri 网模型中两个具备条件并且互不影响的事件 t_2 和 t_3 可以互相独立发生，变迁 t_1 启动，即事件 t_1 发生，p_1 中失去一个标记，p_2 和 p_3 同时各获得一个标记，这时变迁 t_2 和 t_3 都可以发生，且互不影响，称这种现象为并发，如图 3-9 所示。

（3）同步关系（Synchronization Relation）。变迁 t_1 有两重输入，即事件 t_1 只有在条件 p_1 和 p_2 都满足时，即 p_1 和 p_2 中都存在一个标记的时候，才能使 t_1 事件发生，如图 3-10 所示。

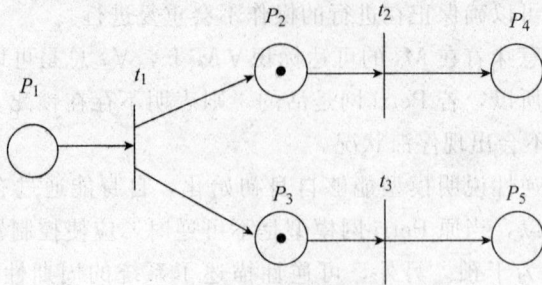

图 3 - 9   并发关系

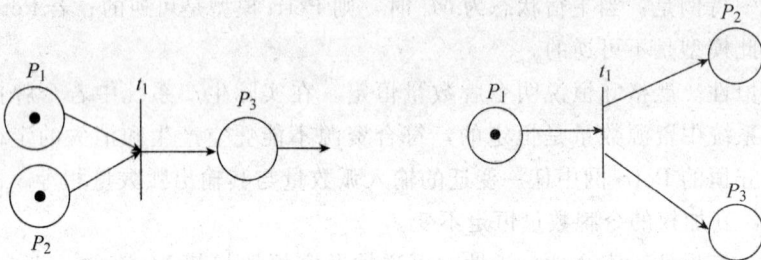

图 3 - 10   同步关系   图 3 - 11   冲突关系

（4）冲突关系（Relation in Conflict）。如果两个变迁至少共享一个输入位置，则两个变迁在结构上发生冲突，p_1 中有一个标记，从这个给定的初始条件看，t_1 和 t_2 都能启动，但不能同时启动，因为它们共享 p_1 中的同一资源。p_2 和 p_3 中只有一个能取得标记，也就是说变迁 t_1 和 t_2 是互相冲突的，只能在 t_1 和 t_2 间选择其中一个执行，这种现象称为冲突选择，如图 3 - 11 所示。冲突反映了模型中系统资源的竞争状况。

（5）混惑关系（Confusion Relation）。有时在一个 Petri 网中同时存在并发和冲突，而且并发的实施会引起冲突的消失或出现，称这种情况为混惑，如图 3 - 12 所示。事件的发生取决于它们的发生次序。在这种系统中，冲突忽隐忽现，使得系统很难控制。

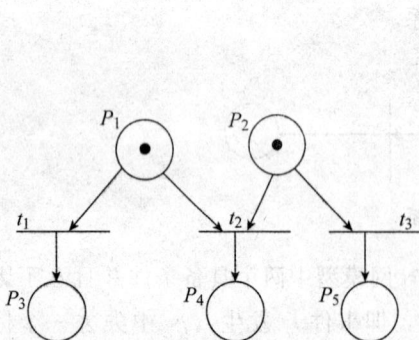

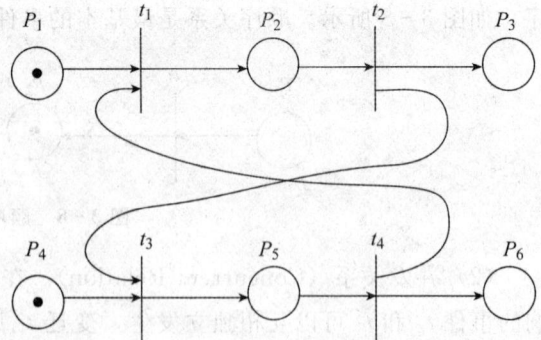

图 3 - 12   混惑关系   图 3 - 13   死锁关系

（6）死锁关系（Deadlock Relation）

死锁是由于多个进程竞争使用资源而造成的僵局现象。此时系统或局部会处于停滞状态，无法继续工作，如图 3 - 13 所示。如果没有外力作用或采取一定规则进行调度的话，会造成系统的全面瘫痪。因此，在系统运行中应尽早发现可能存在的死锁现象，并制定相应的规则以化解死锁。

3.2.4 Petri 网的分析方法

Petri 网是系统分析和设计的有力的工具，作为一种图形化的工具，Petri 网具有像流程图、块图和网络图一样的可视组件来构成系统的结构模型，并且用令牌数的变化来模拟系统的动态行为。图形化的表达方式可以使建模易于表达复杂的数学模型，并且让使用者易于理解模型。同时，Petri 网还可以用数学方式建立系统的状态方程、关联矩阵、代数方程等，便于建模并对模型进行分析。Petri 网理论提供了强大的分析方法，如可达图和覆盖树、状态方程和不变量分析法、极大代数分析法、结构分析法和Petri 网语言、计算机仿真分析法和状态矩阵法等。

可达图和覆盖树

可达图将所有标识及产生这些标识的变迁用一个图来表示，图中的节点表示标识，带箭头的连线或连接弧表示变迁，箭头的起点所连接的标识通过箭头所代表的变迁激发后，产生箭头末端所连接的标识。若 Petri 网是无界的或系统具有无限个状态，为了避免可达图无限扩展，可以用覆盖树来代替可达图。可达图可用于分析系统的可达状态、可逆性、活性、公平性和位置有界性等。覆盖树可以分析 Petri 网的有界性、部分活性等。可覆盖树方法的基本思想是枚举所有的可达标识或者可覆盖标识，它适用于所有的网类型。然而，由于"状态爆炸"问题，它只能用于小规模网的分析。

状态方程和不变量分析法

状态方程可用来分析 Petri 网中不依赖于初始条件而仅和网结构有关的特性，如结构有界性、结构公平性和可重复性等。状态方程法适合于事件图的性能分析。不变量有位置不变量（P-不变量）和变迁不变量（T-不变量）两种：前者反映部分位置令牌数的一种子加权守恒性，可用于研究 Petri 网的死锁性（活性）、互斥行为和错误恢复等；后者表示使状态回归的可能变迁序列，可用于分析 Petri 网的周期性和循环性等。不变量方法的缺点是在分析过程中信息可能丢失，它只适用于分析一般的 Petri 网模型，而且该方法用计算机处理会十分复杂。

语言分析方法

可用 Petri 网中可能出现的变迁序列来分析 Petri 网的性能。第一步为标识 Petri 网：每个变迁对应于字母表中的一个符号，变迁序列就对应了一个语言，可用于 Petri 网的规范和自动综合。语言分析法应用于理论上的定性研究，其缺点是可操作性差。

计算机仿真分析

通过计算机仿真，分析 Petri 网的有界性、活性、回复性等性能。下面简单介绍一下可达图分析法和关联矩阵分析法。

（1）可达树（可达图）分析法。给定一个以 M_0 为初始标识的网 Σ，通过变迁的发生可以得到许多"新"标识。从这些"新"的标识中，又可得到更多的标识。重复进行这个过程的结果可得到一棵树状图。节点就是从 M_0（根节点）产生的后继标识，弧代表从一个标识到另一个标识的变迁发生。然而，当用这种方法构建无界网的树状图时，树将无限增长。为保证树的有限性，引入无穷量 ω。根据下面的算法构造可达树。

Step1：把初始标识 M_0 作为根节点，并标以"new"。

Step2：当有"new"标识存在时，执行如下步骤：

Step2.1：选择一个新的标识 M。

Step2.2：如果 M 已经在 M 到 M_0 的路径上出现过，则给它标注"old"，然后转 Step2.1 重新选择一个"new"标识。

Step2.3：如果在标识 M 下没有变迁使能，则给它标上"dead-end"，然后转 Step2.1 重新选择一个"new"标识。

Step2.4：如果在标识 M 下有变迁使能，则对每个使能的变迁 t 执行如下步骤：

Step2.4.1：在标识 M 下，计算变迁发生后的标识 M'。

Step2.4.2：从根节点出发到标识 M，如果存在 M^* 满足对每个位置 P 有 $M'(P)$ $\geqslant M^*(P)$，且 $M' \neq M^*$，则对所有满足 $M'(P) \geqslant M^*(P)$ 的位置 P 的标记数 $M'(P)$，用 ω 表示。

Step2.4.3：把 M' 作为一个节点，从 M 到 M' 画一条有向弧，并给 M' 标注"new"。

（2）关联矩阵分析法。不变量是网系统的结构特性，即其基网及权函数的性质，与初始标识无关。描述系统结构一般用网的关联矩阵。

设 $\Sigma = (P, T, F, K, W, M_0)$ 是有限 P/T 系统，并假定其基网是纯网，即 $\forall x \in P \cup T: {}^* x \cap x^* = \varnothing$。由于 Σ 是有限的，令 $P = \{p_1, p_2, \cdots, p_n\}$，$T = \{t_1, t_2, \cdots, t_n\}$，即所有库存及变迁都是排好顺序的。

定义 3-7： 关联矩阵和状态方程

以库所集 P 为序标集的列向量 $V: P \to Z$ 称为 Σ 的 P 向量，其中 Z 是整数集；以变迁集 T 为序标集的列向量 $U: T \to Z$ 称为 Σ 的 T 向量；以 $P \times T$ 为序标集的矩阵 $C: P \times T \to Z$，其矩阵元素 $C(p_i, t_j) = W(t_j, p_i) - W(p_i, t_j)$。

将 $M_0[\alpha > M$ 写成等式 $M_0 + C \times U = M$，其中 α 是把 M_0 变成 M 的变迁序列，U 是 Σ 的 T 向量，则对 $t_i \in T$，$U(t_i)$ 等于 t_i 在 α 出现的次数，M_0 和 M 是 P 向量，$M_0 + C \times U = M$ 称为 Σ 的状态方程。

对于非纯网的 Petri 网，如果库所是同一个变迁的输入库所和输出库所，那么库所在输入矩阵和输出矩阵中的值将在关联矩阵中抵消，关联矩阵就不能反映出 Petri 网的真实结构。因此，对于非纯网，需要将其变换或约简成为纯网后才能用关联矩阵验证其性质。

虽然上述状态方程是一个线性代数方程，但求解方程的解有一定的困难，主要原因有如下两点：一是 Petri 网本身的内在非确定性特性，二是上述方程的解必须是非负正整数。利用状态方程，我们可以获得一个可达性问题的必要条件，而不能获得充分必要条件。

3.2.5 Petri 网的拓展

由于实际生产系统包括生产管理与控制，加工预装配、物料搬运与仓储，检验及测试等活动，这些活动大都是事件驱动，在空间和时间上是离散的，通常是异步不确定的。加上生产系统涉及的属性、参数较多，有大量的数据和时间信息，特别在市场经济的驱动下，使得生产系统中流程异常繁杂，虽然经典 Petri 网在建模方面具有严格的数学理论作为系统分析基础，但存在节点过多，建模能力弱等缺点。为了增强 Petri 网的建模能力，人们对经典 Petri 网进行了扩展，提出了多种扩展形式，以增强 Petri 网的建模能力。总体上，拓展形式主要分为两类：①以简化建模过程、增强建模能力为主，如着色 Petri 网、面向对象的 Petri 网。②开发用于 Petri 网的分析技术，以便从原系统得到更多信息，如赋时 Petri 网、随机 Petri 网等。下面介绍几种常见的扩展形式。

赋时 Petri 网

经典 Petri 网并没有考虑到时间，因为时间概念会限制 Petri 网结构表示现实系统行为的可能性，但是系统模型的定量分析又离不开时间参数（如机床的加工操作、物流设备的运行等）。经过不断的探索，人们在不改变 Petri 网结构的前提下引入时间参数，这样做既不影响 Petri 网结构描述系统行为的能力，又可以提供定量分析需要的时间参数。将时间引入 Petri 网有两种方式：一种是对每个库所关联一个时间参数，表示系统中的元素、系统局部或整个系统处于某个状态的时间；另一种是对每个变迁关联一个参数，表示事件的执行时间。目前多数采用后一种形式。因为 Petri 网模型代表一个系统，系统中一个事件的发生通常需要一定时间。

时间参数可以是一个固定值也可以是一个区间值。时间参数是固定值是指每一变迁与一个固定时间关联。时间参数是一个区间值是指每一个变迁与一个时间区间关联，该区间的最小值表示变迁的最小延迟时间，最大值表示变迁最大延迟时间，变迁只能在该区间内执行。对赋时 Petri 网进行分析时，当引入的时间参数是固定值时，一般对时间 Petri 网模型分析需先建立状态空间和马尔可夫链结构。当引入 Petri 网的时间参数是区间值时，按照令牌转移的顺序、变迁实施的顺序对时间 Petri 网模型进行分析，整体时间为变迁延迟时间的总和。

随机 Petri 网

赋时 Petri 网中的时间参数是一个确定的数值，不能满足生产系统随机性的建模需求。1981 年 Molly 等人将变迁和随机的指数分布延迟时间联系起来，提出了随机 Petri 网（Stochastic Petri Nets，SPN）的概念。根据变迁激发延迟时间分布的不同，可分为离散时间 SPN 和连续时间 SPN。随机 Petri 网赋予变迁一个随机的延迟时间，可以从概率论角度研究系统性能，在统计意义上计算系统各状态的概率及其持续时间。随机 Petri 网的性能分析多建立在其状态空间和马尔可夫链同构的基础上。但是马尔可夫过程要求参数服从指数分布，此外 SPN 的状态空间会随着问题规模的扩大而呈指数方式增加，使得马尔可夫过程模型的求解变得困难。

着色 Petri 网

经典 Petri 网建模方法除了缺少全局时间之外，Petri 网无论是对人、设备还是其他的实体，都用同一个小黑点来表示令牌。令牌在经典 Petri 网中仅仅表示系统中拥有的资源，不表示系统资源的形式；同样经典 Petri 网中的变迁也是一样的，仅用一个单一的小长方形来表示系统状态的改变，令牌资源存放地方的改变，并没有表达出系统状态改变方式的不同。没有区别的大量的令牌和变迁增加了模型理解的复杂性和验证的困难性。

着色 Petri 网对不同类型实体使用不同的染色，不同类型的变迁使用不同的染色，以此来减少模型的复杂度，增加人们的理解力。着色 Petri 网有以下优点：

（1）着色 Petri 网模型，给表示不同类资源着上不同的"染色"，不同状态改变方式的变迁着上不同的"颜色"，减少了模型中存放令牌资源的库所数量和变迁数量，方便模型的理解和模型的验证。

（2）着色 Petri 网不仅可以对顺序流程进行描述建模，还可以对并行、并发流程进行描述和建模。着色 Petri 网建模方法用令牌在库所中的分布状态来表示系统资源的分布情况，用容量函数、库所容量函数、发生权函数等参数来控制令牌是否可以发生转移。在并发流程中，如果初始标识小于库所容量函数，且大于并发变迁同时发生的发生权函数，则该并发流程可以实现。

（3）着色 Petri 网继承了经典 Petri 网的结构和图形化表示方法，既可以表示系统的状态，也可以表示系统状态的改变和资源的流动。令牌所在库所表示系统的当前状态，令牌从一个库所转移到另一库所表示系统状态的改变，变迁是系统状态改变的方式。

面向对象的 Petri 网

随着建模系统复杂程度的升高，用 Petri 网方法进行建模的模型复杂程度越来越高，模型正确性的验证分析难度增加，而且会出现空间状态爆炸情况。虽然出现了许多高级 Petri 网来解决模型复杂问题，例如着色 Petri 网，但并没有从本质上解决复杂系统建模困难问题。而且，Petri 网建模方法是基于面向过程的，它的非模块化设计使建立的模型无法重新利用，降低了模型的可重用性，增加了资源的浪费。尤其是对多品种小批量生产企业生产流程建模时，Petri 网建模方法不可重用性的劣势更加明显。

面向对象建模技术是用人类认识客观事物的思维方式对真实系统建模，把客观世界中的事物抽象成实体，用实体、关系、属性来表示真实系统中事物之间的关系。在建模时，为了减小系统模型的复杂性，可以采用抽象、封装和继承机制。当用 Petri 网理论描述面向对象系统时，可以用库所描述对象的属性和状态，用变迁和令牌传递表示对象的方法和对象之间的消息。Petri 网和面向对象技术的融合，已经成为 Petri 网发展的一个重要方向。

除了上述四种基本的扩展之外，还有它们的混合扩展 Petri 网，如着色赋时 Petri 网，面向对象的着色赋时 Petri 网等。

3.2.6　Petri 网的应用案例

Petri 网是一种图形演绎方法，应用 Petri 网分析系统故障就是将系统所不希望发生的事件作为顶库所,逐步找出导致这一事件的所有可能因素作为中间库所和底库所。故障树可以看作是系统中故障传播的逻辑关系,一般的单调关联故障树只含有与门和或门。故障树可以很方便地用 Petri 网表示,用 Petri 网的基本元素——库所和变迁的不同连接可以表示故障树模型的不同逻辑关系,如与门采用多输入变迁代替,或门采用两个变迁代替。Petri 网的图形表示方法更为形象、直观,可以表达故障的动态传递过程,可以充分利用图论的方法来解决故障模型的诊断推理问题。在故障树分析中,当一些底事件同时发生时,顶事件必然发生,能使顶事件发生的这些底事件的集合就称为割集。如果割集中的任一底事件不发生时,顶事件也不发生,则这样的割集称为最小割集。运用关联矩阵分析,可以很方便地求解故障树的最小割集。以一个简单的舰艇防空系统故障为例,找出其最小割集。其故障树模型及 Petri 网模型如图 3-14 和图 3-15 所示。

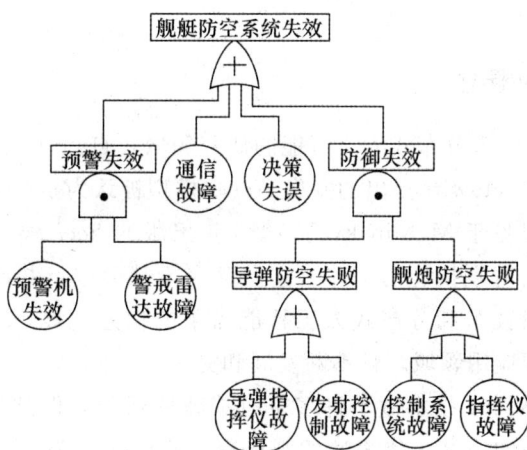

图 3-14 防空系统故障树

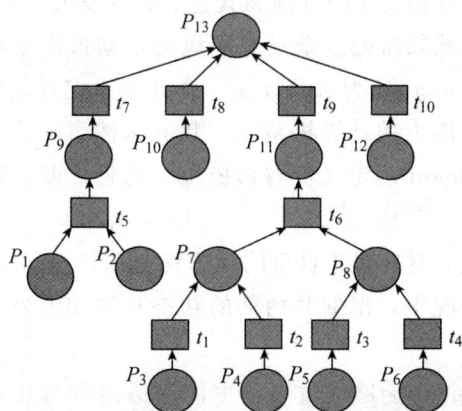

图 3-15 防空故障树对应的 Petri 网模型

根据图 3-15,可以写出其对应的关联矩阵,搜索此关联矩阵,可以得到系统的最小割集是 $\{P1,2\}$、$\{P10\}$、$\{P12\}$、$\{P3,P5\}$、$\{P4,P5\}$、$\{P3,P6\}$、$\{P4,P6\}$。

3.3 Agent 建模方法

目前的工业系统正向大型、复杂、动态和开放的方向转变，传统的工业系统和多机器人技术在许多关键问题上遇到了严重的挑战。分布式人工智能（DAI，Distributed Artificial Intelligence）与多智能体系统（MAS，Multi-Agent System）理论为解决这些挑战提供了一种最佳途径。智能体系统是分布式人工智能的一个重要分支，是 20 世纪末 21 世纪初国际上人工智能的前沿学科。其研究的目的在于解决大型、复杂的现实问题，而解决这类问题已超出了单个智能体的能力，将 DAT、MAS 充分应用于工业系统和多机器人系统的结果，便产生了一门新兴的机器人技术领域——多智能体机器人系统（MARS，Multi-Agent Robot System）。总的来说，多智能体系统领域正在蓬勃发展。

3.3.1 Agent 的概念

Agent 理论和技术作为分布式人工智能的研究领域，自 20 世纪 70 年代末出现以来得到飞速发展。1977 年 Hewitt 提出的并发 Actor 模型被认为是最早的 Agent 模型。而正式采用 Agent 一词可见于 M. Minsky 于 1986 年出版的 *Society of Mind* 一书，文中用 Agent 称呼一些具有特别技能的个体，它们存在于社会中，并通过竞争或协商求解矛盾。随着计算机网络技术和分布式人工智能需求的快速发展，Agent 和多 Agent 技术正式形成并进入工程应用领域，且不断发展和完善。

尽管研究者已对 Agent 技术做了许多卓有成效的研究，但到目前为止，对 Agent 的概念还没有形成统一的定义。代表性的观点有：Ferber 认为 Agent 是一个能在所处环境中活动的物理的或抽象的实体，这个实体拥有对环境的描述及与其他 Agent 通信的能力，其行为受其知识和信念支配并能和其他 Agent 交互。Maes 则认为 Agent 是一个可计算系统，能够通过感知所处复杂动态环境而自动做出动作从而完成设定的任务目标。Wooldridge 和 Jennings 认为 Agent 是一个处于一定环境中，为完成设计目标而具有灵活性和自动反应性能力的计算机系统，其灵活性意味着系统具有可靠性、前瞻性和社会性。虽然关于 Agent 的定义没有形成统一意见，但一般都认为 Agent 应该具有以下属性。

（1）自主性。它表现为具有属于自身的计算资源和局部对于自身行为控制的机制，能在无外界直接操作的情况下，根据其内部的状态和感知的外部环境信息，决定和控制自身的行为。

（2）社会交互性。Agent 能够通过某种主体通信语言与其它 Agent 进行信息的交换，并协同工作。

（3）反应性。Agent 能够感知外界环境，根据环境的变化及时做出响应以满足系统设计目标。

（4）推理性。外界环境是不断变化的，这要求 Agent 必须要根据环境的变化，对自身以及其他 Agent 的活动做出推理、判断，以支持自己的决定。

（5）学习和适应能力。Agent 能够依靠经验和知识来修改行为以更好地适应环境。

3.3.2 Agent 的模型结构

Agent 的基本功能就是感知外界环境，得到信息并对获得的信息按照某种技术进行处理，根据处理结果实施对环境的作用。Agent 通过感应器感知外界环境，通过效应器作用环境。Agent 的工作流程如下图 3 - 16 所示。首先 Agent 将感知的信息进行融合，即将外界信息变为自己能理解的信息，并根据新信息修改知识库，即改变 Agent 的内部状态。之后，信息处理就成为 Agent 的核心任务。信息处理的内容是 Agent 根据自己的知识和外界的信息选取特定策略做出具体动作的规划。最后，Agent 发出动作，采取行动达到自己的目标。根据 Agent 中是否利用符号性知识，可以将 Agent 的体系结构分为认知型 Agent、反应型 Agent 及混合型 Agent 三种。

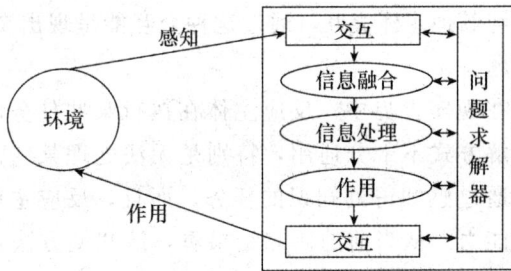

图 3 - 16 Agent 的工作流程

认知型 Agent

认知型 Agent（又称思考型或慎思型 Agent）是一个基于知识的系统，是从符号人工智能领域中直接沿袭而来的，如图 3 - 17 所示。这种 Agent 中包含显式表示的符号模型，并且其决策过程是通过逻辑推理、模式匹配和符号操作实现的。这种 Agent 保持了经典人工智能系统的特点，是一种基于知识的系统，其环境模型一般是预先实现的，形成主要部件的知识库。采用这种结构的 Agent 主要需解决两个基本问题：①转换问题，如何在一定的时间内将现实世界翻译成一个准确的、合适的符号描述；②表示/推理问题，如何用符号表示复杂的现实世界中的实体和过程，以及如何让主体在一定的时间内根据这些信息进行推理做出决策。

认知型 Agent 是具有内部状态的主动软件，它与具体的领域知识不同，具有知识表示、问题求解表示、环境表示、具体通信协议等。根据主体思维方式的不同，认知型 Agent 可以分为抽象思维主体、形象思维主体。抽象思维主体是基于抽象概念的，通过符号信息处理进行思维。形象思维主体是通过形象材料进行整体直觉思维，与神经机制的连接论相适应。

图 3－17　认知型 Agent　　　　　　图 3－18　反应型 Agent

反应型 Agent

与认知型 Agent 相对的是反应型 Agent 体系结构。这种类型的 Agent 中没有实际的模型和规划，仅有一些简单的行为模式，这些行为模式以刺激—反应的方式对环境的改变做出反应，如图 3－18 所示。反应主体的奇特之处不在于它的体系结构，而在于它能以一种简单的方式与其他主体交互，通过这种交互能呈现出全局复杂的活动模式，从而解决大型复杂的问题。

已有的实验表明，在现实世界中，反应主体在执行某些任务时优于传统方法。然而，反应主体的问题求解方式不十分通用，特别是无法处理某些需要通过推理或从记忆中获得知识，而不能通过感知得到知识的任务。而且，反应主体适应能力一般比较差，常常没有任何学习能力。从当前的研究结果看，认知型方法在 Agent 结构研究中居主导地位。而由于缺乏相应的开发方法，反应型系统的研究和应用尚处于初级阶段，有人建议用神经网络、遗传算法和机器学习等技术解决该类型系统的若干问题。许多研究者认为混合方法集中了两者的优点，是较佳选择。

混合型 Agent

随着研究的发展，人们发现纯粹的认知型或纯粹的反应型 Agent 都不是构造 A-gent 的最佳方式。因此，研究者们提出了混合型 Agent 的概念，试图以此来融合经典和非经典的人工智能技术，如图 3－19 所示。一种融合方式是在 Agent 系统中包含两个（或以上）子系统：一个是认知型子系统，含有用符号表示的世界模型，并用传统人工智能中提出的方法生成规划并进行相应的决策；另一个子系统为反应型，直接对环境中出现的一些紧急事件做出反应。通常，反应型子系统的优先级比认知型子系统高。

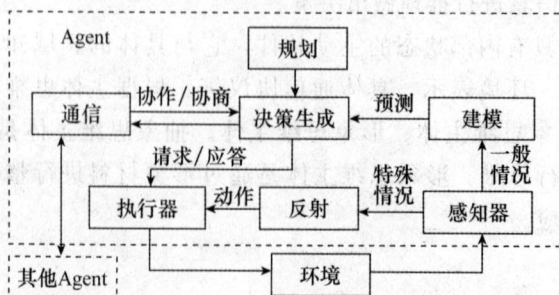

图 3－19　混合型 Agent

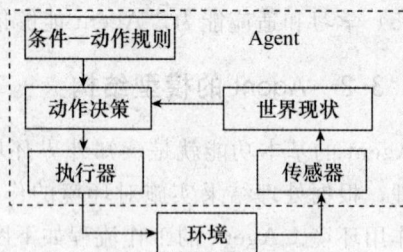

3.3.3　多 Agent 系统的概念和体系结构

多 Agent 系统（Multi-Agent System，MAS）是由多个具有自主性的 Agent 通过相互协作，共同完成目标的计算系统，各成员间是独立的、自治的，成员自身的行为和目标不受其他成员的限制，通过协商机制来解决各 Agent 间的矛盾和冲突。由于多 Agent 系统能够把复杂的问题简单化，而且能接受动态的知识，具有一定的智能性、适应性，同时 Agent 之间采用协作的机制，克服了单 Agent 能力有限的缺点。因此，多 Agent 系统技术在许多领域都得到广泛应用，尤其是一些复杂系统和开放系统，它以其自身的优势来解决其他技术无法解决的问题。

在多智能体系统中，数据是分散的，没有系统的全局控制。多智能体技术提供了一种适合分布式计算和不确定问题求解的新方法，这是因为多智能体系统放松了对集中式规划、顺序控制的限制，提供了分散控制、应急和并行处理的能力，并且它是一个高度交叉的研究领域，它吸取了不同领域的内容，如计算机科学、人工智能、经济学、社会学等。多智能体系统不同于传统的分布式处理系统，它要求系统中每个 Agent 及 Agent 之间的交流具有智能性和自组织能力（如推理、规划、学习等）。其主要特点如下：

（1）社会性。在 MAS 中，Agent 可能处于由多个 Agent 构成的社会环境中，拥有其他 Agent 的信息和知识，能通过 Agent 通信语言与其他 Agent 实施灵活多样的交互和通信，实现与其他 Agent 的合作、协调、协商等，以完成自身的问题求解或帮助其他 Agent 完成任务。

（2）自治性。在 MAS 中，一个 Agent 发出服务请求后，其他 Agent 只有同时具备提供此服务的能力和兴趣，才能接受动作委托。因此，一个 Agent 不能强制其他 Agent 提供某项服务。

（3）协作性。在 MAS 中，具有不同目标的各个 Agent 必须相互协同、协商来完成问题的求解。通常的协作有资源共享协作、生产者/消费者关系协作、任务/子任务关系协作等。

多智能体系统中的各智能体为了相互通信和交互，需要以一定的结构组织起来，这就是多智能体的体系结构。多智能体的体系结构描述了各智能体的功能、特性和行为规则，各智能体间的关系、通信方式、交互语言和规则，以及环境与智能体的行为和交互关系如何相互影响，等等。多智能体的体系结构分为层次型、分布型和混合型体系结构。

层次型体系结构

在层次型体系结构中，处于高层的和处于低层的智能体之间有着主仆和等级的关系，如图 3-20 所示。低层智能体通常只能拥有高层智能体分派给它的职能、资源和权力，并且具有向高层智能体汇报状态信息和提供资源的职责。高层智能体在其职权下可以依据低层智能体提供的信息进行决策，低层智能体有时具有建议权，但一般没有完全的决策权。通过这种树状的分布控制结构，将一个复杂的大问题分解成许多小问题来解决，可以很好地解决问题。这种结构，对于问题分工以及系统控制，有很多好处，但是，这种严格的控制结构会使系统的灵活性和反应能力降低。

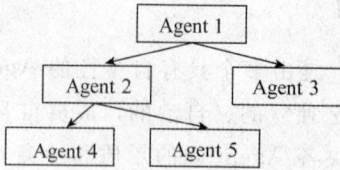

图 3 - 20　层次型结构

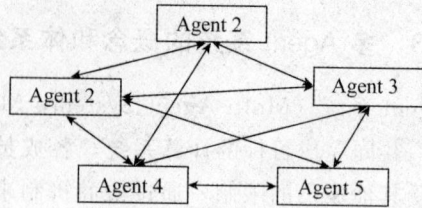

图 3 - 21　分布型结构

分布型体系结构

在分布式的体系结构中，各个 Agent 间地位平等，它们会进行交互协商，来决定自己的行为，其结构如图 3 - 21 所示。正是由于分布式的体系结构能较好地发挥出 Agent 的自主决策能力，因此它被大多数多 Agent 系统采用。总结下来，分布式体系结构的优点主要包括：①有效地解决了系统的复杂度问题；②各 Agent 的自主性提高了系统的容错能力；③结构的开放增强了系统的敏捷性和鲁棒性。可是这种结构也存在着一些缺点：①系统的通信量很大；②过度强调自治使系统缺少了全局观。

混合型体系结构

注意到分布式结构和层次结构的各自优缺点，很多学者开始尝试去设计能够融合这两种方式的新结构，这种新的结构既可以提高系统的全局能力，又能发挥各 Agent 的自治能力，我们将这种结构称之为混合型体系结构（又称联盟型体系结构）。结合的方式主要是对智能体之间的交互和控制关系进行改变。常见的有两种思路：一种思路是在分布型体系结构中允许存在局部的层次结构，从而实现局部的工作控制和优化。这种层次结构以多种形式存在，可以是物理上的，也可以是逻辑上的；可以是静态的，也可以是动态的。另一种思路是在层次型体系结构中允许各智能体之间超越上下级的关系进行通信。

3.3.4　多 Agent 系统通信、协调与协作

在开放的多智能体系统中，每个 Agent 都具有自主性，在求解和运行过程中会按照自己的目的、知识与能力进行活动，经常会出现矛盾冲突，其根源在于 Agent 间的知识不完备性、目标不一致性、不兼容性等方面。因此，MAS 中的 Agent 之间需要通信，进行协作与协调。多 Agent 系统通信是指不同 Agent 之间及 Agent 与环境之间的信息交互，从而进行协商与协作，共同完成目标。多 Agent 协作（cooperation）是指多个 Agent 通过协调各自的行为，合作完成共同的目标。多 Agent 协调（coordinating）是指具有不同目标的多个 Agent 对其目标、资源等进行合理安排，以协调各自行为，最大限度地实现各自目标。

多 Agent 系统的通信机制

在分布式系统中，一个 Agent 仅能通过影响其他 Agent 的行为来实现自己的意图。对其他 Agent 行为的影响通过通信来实现。多 Agent 系统的通信机制既包含底层传输协议也包含高层对话协议。对话协议用于说明对话的基本过程和响应消息的各种可能，传输协议是通信过程中的底层传输机制。常见的通信机制可分为以下四种：

（1）直接通信。通信 Agent 之间直接进行点对点通信。

（2）广播通信。Agent 通过广播的方式将消息传递给所有 Agent.

（3）联盟通信。当系统中的 Agent 数目太多时，完全采用直接通信的方式所需的代价是昂贵的。一种解决的方法是将多个 Agent 组织成联盟，每个联盟具有一个通信服务器，用于完成通信功能，即 Agent 之间不再直接通信，而是由通信服务器作为中介。

（4）黑板方式通信。所有的 Agent 在开辟的共享区域（或称为"黑板"）中，发布信息，读取信息。为了实现部分信息的保密性，通常将问题分为不同的抽象层次，而属于不同抽象层次的 Agent 对应不同的黑板访问权限。

为了使通信双方理解通信的内容，还需要一定的语言或协议的支持。目前国际上比较广泛使用的 Agent 通信语言有两种，即 KQML 语言和 KIF 语言。KQML（Knowledge Query and Manipulation Language，知识查询与操纵语言）是由美国 ARPA 的知识共享计划中提出，规定了消息格式和消息传送系统，为多 Agent 系统通信和协商提供了一种通用框架。KQML 分为三个层次：通信、消息和内容。通信层规定了全部技术通信参数，消息层规定了与消息有关的语言行为的类型，内容层规定了消息的内容。KIF（Knowledge Interchange Format，知识交换格式）是智能物理 Agent 基金 FIPA 制定的一种通信规范。FIPA 定义的语言具有支持和促进 Agent 行为的特性。这些特性包括目标驱动行为、自主决策动作过程、通过协商和委托进行对话、心智状态模型（如 BDI 等）以及对环境的需求和适应等。FIPA 定义了独有的消息类型，尤其是消息的格式和类型的定义。消息类型对本规范定义的语法则是一个参数，对整个消息动作和消息内容都赋予了一定的意义。

多 Agent 系统的协调

有效的协调是自主的 Agent 在 MAS 中达到目标的关键。MAS 中存在 Agent 相互依赖的行为时，由于有多个 Agent 的意图存在，当发生冲突时，就要进行协调。协调是保证多智能体系统中 Agent 合作的主要方法。通过协调多智能体系统中 Agent 的个体行为，使得多智能体系统的整体行为得到改进，提高系统的性能，或是减少系统的冲突。

多智能体系统的协调分为显式协调和隐式协调两种。显式协调是指 Agent 被设计成能够对可能的交互进行推理，必要时与其他 Agent 进行协商。隐式协调是指 Agent 被设计成遵循某局部的行为规则。目前多 Agent 协调方法主要有如下四种。

（1）基于集中规划的协调。如果 MAS 中至少有一个 Agent 具备其他 Agent 的知识、能力和环境资源知识，那么该 Agent 可作为主控 Agent 对该系统的目标进行分解，对任务进行规划，并指示或建议其他 Agent 执行相关任务。这种基于集中规划的协调方法特别适合于环境和任务相应固定、动态行为集可预计和需要集中监控的情况，如机器人协调和智能控制。

（2）基于协商的协调。当协商时，系统中没有作为规划的主控 Agent。协商是 Agent 交换信息、讨论和达成一致的方式。具体协商方法有合同网协商、功能精确的协作和基于对策论的协商等等。

（3）基于对策论的协调。此协调方法包括无通信协调和有通信协调两类。无通信协调是在没有通信的情况下，Agent 根据对方及自身的效益模型，按照对策论选择适当行为。在这种协调方式中，Agent 至多只能达到协调的平衡解。在基于对策论的有通信协调中可以得到协作解。

（4）基于社会规则的协调。这是一类以每个 Agent 都必须遵循的社会规则、过滤策略、标准和管理为基础的协调方法。这些规则对各 Agent 的行为加以限制，过滤某些有冲突的意图和行为，保证其他 Agent 必须具有的行为方式，从而确保本 Agent 行为的可行性，以实现整个 Agent 系统的社会行为的协调。

多智能体中的协作方法

协作，也就是合作，是 Agent 社会性的表现，就同人类一样，能够共同完成复杂的任务。多智能体的协作问题是多 Agent 系统研究的重点。多 Agent 系统协作方法主要有合同网协作方法、黑板模型协作方法、结果共享协作方法和功能精确的协同方法等。下面着重介绍合同网法的协作方法。

合同网方法的思想源自人们用于管理商品和服务的合同机制。其基本思想是：将任务的委派通过节点之间的招投标过程实现，在招投标过程中，利用通信机制对每个任务的分配进行协商，避免资源、知识等的冲突。即节点之间通过"招标—投标—中标"这一市场投标机制进行任务分配，使系统以较低的代价、较高的质量完成分布式任务。其实现过程是：当一个 Agent 有任务但无法独立完成任务而需要其他 Agent 协作时，就会将与任务相关的信息向其他 Agent 广播，发出招标通告，其他 Agent 接到任务发布消息后，会对自身解决该问题的能力属性和任务进行评估。如果有合适的任务，则书写标书，发出投标参数，成为投标者，发出招标信息的 Agent 收到其他 Agent 的标书后，评价各投标参数，选择最合适的 Agent 成为中标者，并向中标 Agent 发出中标通告，两者签订合同，中标接受并执行任务，如图 3-22 所示。

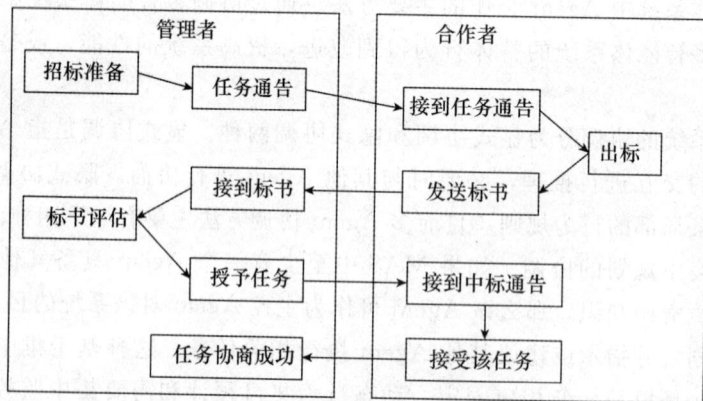

图 3-22 合同网协商过程

在这种协商方式中，系统中 Agent 可被分为管理者和执行者两种，不需要事先确定角色。在 Agent 之间具体协商过程中，每个担任的角色会发生变化。成为管理者的是发布任务招标书的，执行者则是收到任务招标信息并发送自身投标书的，这种特点增加了系统的灵活性，可以逐层地分配和分解待解决的任务，直到顺利完成。

合同网协商过程不仅灵活，还具有对性能衰减进行平滑的优点，如果执行者 Agent 出现意外不能完成中标任务时，管理者 Agent 可以终止合同，并再次进行招标，为任务寻找另外一个执行者 Agent。这一点在实际离散制造生产环境中很重要，如当加工设备发生故障时，管理者会为分配给该设备的任务重新寻找合适的新的加工设备，以提高系统的鲁棒性和可靠性。

3.3.5 Agent 建模方法举例——车间调度模型

建立多 Agent 的车间调度系统模型，需要分析在作业调度中涉及的车间对象以及它们之间的关系。在车间作业调度系统中，生产要素主要包括生产设备、工人、待加工的零件，还需要相应的调度算法和策略，使零件找到合适的设备和操作工人，如图3-23所示。

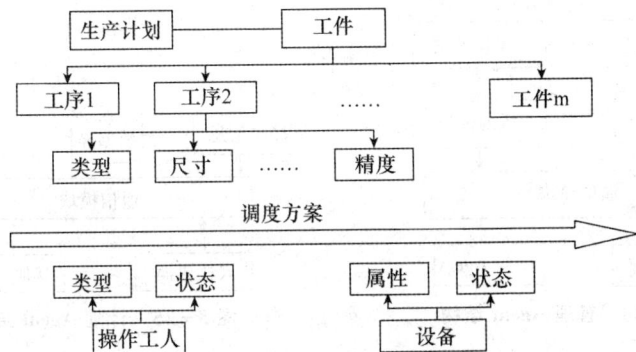

图 3-23 车间调度系统中的对象

车间作业调度过程具体如下：企业生产计划部门接到生产订单后，根据技术部门提供的产品工艺文件、仓库管理部门提供的物料库存信息等制定生产计划，并下达到生产车间。生产调度系统根据零件的工艺路线、生产现场加工设备和工人的状态，依据生产调度策略，安排零件的加工顺序，并为其分配合理的设备和操作工人，生成一个调度方案，达到在指定的时间内完成零件加工的目标。设备和工人接收到调度指令后，会根据调度方案对零件进行加工，当一批零件加工完成后进行质量检测，达到客户要求后，从生产系统中输出。但在加工过程中，会遇到影响正常生产的干扰事件，需要改变调度方案，对零件重新安排，并尽量缩小与原调度方案的差距。由此，可以得出车间作业调度系统的两个主要任务：一是为零件分配合适的加工设备，二是确定相应操作每个设备的工人。

建立基于多 Agent 的作业调度系统模型，需要将调度系统中涉及的物理实体 Agent 化，即抽象成为不同类型的 Agent，从而将调度系统映射为一个多 Agent 系统。根据对作业调度系统分析，将车间物理实体对应的 Agent 划分为：管理 Agent、计划 Agent、库存 Agent、工艺 Agent、任务 Agent、数据采集 Agent、设备 Agent、工人 Agent 和调度 Agent。

管理 Agent

管理 Agent 在整个系统中起到总管作用，其他 Agent 需要在管理 Agent 中进行注册，才能进行相互协作。管理 Agent 负责处理和统计一些全局性的信息，包括订单更改、任务的分配和管理、生产资源的利用、统计车间作业完成情况和产品质量数据等。根据上述管理 Agent 的功能和行为，不需要判断和推理能力，因此将其设计为反应型，结构模型如图 3-24 所示。

计划 Agent

与工艺 Agent 交互信息，根据得到的产品工艺信息（包括所需加工设备的类型和精度、加工时间等），确定需要的零件及之间的装配关系，并从任务 Agent 处获得零件目前加工状态，制定作业；与库存 Agent 交互，确定实际加工过程中所需物料信息。当有紧急订单时，计划 Agent 会根据计划编制知识库中的规则，给紧急订单一个较高的优先级。根据上述的功能和行为，计划 Agent 需要一定的分析和整合信息的能力，将其设计为认知型，结构模型如图 3-25 所示。

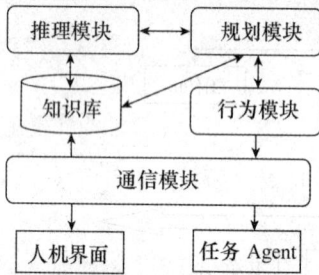

图 3-24　管理 Agent 结构　　　　图 3-25　计划 Agent 结构

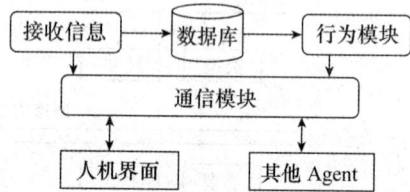

库存 Agent

在计划任务下达后与计划 Agent 进行交互，根据数据库中存储的原料信息、半成品信息和成品信息，为计划 Agent 提供需要的数据。库存主要行为是反馈行为，将其设计为反应型。

工艺 Agent

封装了每个产品的加工工艺路线和工艺参数等，提供给计划 Agent，并且可以根据反馈的现场零件质量信息和成品的质量问题，对工艺信息进行进一步的修正。工艺 A-gent 具有整合信息和智能分析的能力，因此被设计成认知型，如图 3-26 所示。

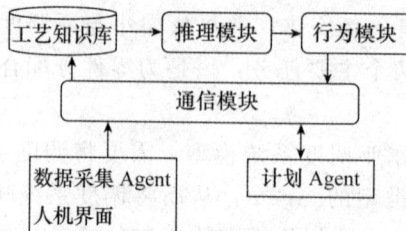

图 3-26　工艺 Agent 结构

任务 Agent

主要功能是对计划 Agent 传递来的生产任务根据产品类型进行分解，动态生成若干个子任务 Agent，每个子任务 Agent 都有确定的加工工序，传递给调度 Agent。任务

Agent 还从调度 Agent 中接受反馈信息，并向计划 Agent 反馈任务完成情况。每个子任务 Agent 会有未执行、执行中和完成三种状态。任务 Agent 功能和行为简单，将其设置为反应型。任务 Agent 的基本属性信息（任务类型、任务编号、状态等）及加工日志存储在数据库模块中。

数据采集 Agent

主要功能是为其他 Agent 提供原始数据源。通过无线传感器采集制造现场的数据。将采集到的设备状态数据反馈给设备 Agent，工人状态数据反馈给工人 Agent，质量数据和生产过程数据反馈给调度 Agent，数据采集 Agent 需要对车间环境快速响应，因此被设计成反应型。

设备 Agent

每个设备 Agent 代表车间的一个设备，根据数据采集 Agent 动态标定自身状态，并将当前的状态信息反馈给调度 Agent。与调度 Agent 进行交互，执行分配到自身的任务。当设备发生故障时，需要终止当前的加工任务，并通知任务 Agent 和管理 Agent。设备 Agent 主要是与其他交互，提供信息，并执行任务，因此被设计为反应型。

工人 Agent

根据数据采集 Agent 标定自身的状态，在数据库中记录现场工人操作信息，包括姓名、操作的设备类型、操作时间和当前状态等，调度 Agent 接收这些数据，动态地向工人 Agent 发布操作命令，工人 Agent 接收到指令后，执行分配到自身的任务。工人 Agent 不需要判断和推理能力，因此被设计为反应型。

调度 Agent

它是调度系统中的核心部分，在离散制造作业调度系统中，为了得到更优的调度结果，需要在算法库中封装调度算法和规则，调度 Agent 接收到任务 Agent 给定的任务后，根据任务的先后顺序对任务实时推进，并从设备 Agent 和工人 Agent 中得到两种资源状态信息，利用封装好的算法为未加工的任务分配合适的资源，确定工序在每台设备上开始加工时间、完工时间及相应的操作工人，然后将调度结果发送给各执行 Agent。同时还监测任务的执行情况，将调度情况反馈给任务 Agent。调度需要智能分析和推理能力，因此被设计为认知型 Agent，结构模型如图 3-27 所示。

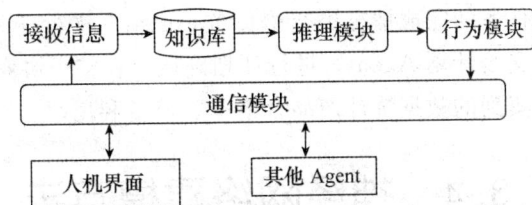

图 3-27　调度 Agent 结构

针对离散制造过程特点，结合 Agent 之间的协商方式及全局性能的要求，建立了混合型的多调度系统体系结构，如图 3-28 所示，综合了分布式和集中式的优点，支持横向和纵向的协商，具有良好的柔性，可以提高调度结果的准确性。同时，离散制造系统的信息交换量大，计划、调度和控制的难度高，实时事件的发生又对调度系统的响应能力和处理能力有较高的要求。作业调度系统中各 Agent 间的交互与协商过程非常重要，是实现系统目标的基础。因此，需要建立符合实际生产环境的协商机制。此处采用合同网协商策略，具体过程如图 3-28 所示。

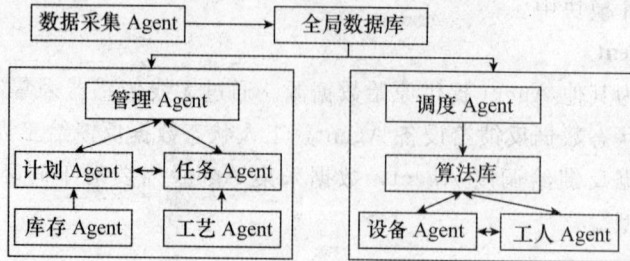

图 3-28　车间调度系统 Agent 模型

Step1：计划 Agent 从 ERP 的销售系统中获取订单，确定实际需要的产品和零件数目，然后计划 Agent 与库存 Agent 确定所需物料信息，从工艺 Agent 获取零件加工工艺信息和工艺参数，制定生产计划，下达给任务 Agent。

Step2：任务 Agent 根据零件类型，形成若干子任务 Agent，并向调度 Agent 发送调度请求消息。消息中包含任务数量、名称、完工时间、所需设备列表和加工约束条件等信息。

Step3：调度 Agent 根据下达的任务情况向所有设备 Agent 广播招标信息。设备 Agent 收到标书以后，需要先利用合同网机制与工人 Agent 交互，确定相应操作设备和工人，然后再向调度 Agent 投标。

Step4：设备 Agent 向工人发送招标信息，工人 Agent 收到标书以后，根据标书内容（设备类型、操作时间等）和从数据采集 Agent 获取的车间工人实时状态信息决定是否投标。设备 Agent 根据收到的标书进行评价，选择中标者。

Step5：确定相应操作设备和工人信息后，设备 Agent 向调度 Agent 投标。

Step6：调度 Agent 根据收到的标书和内嵌算法规则，选择中标者，签订合同，并将待调度的任务分配给中标的设备 Agent 和相对应的工人 Agent。

Step7：中标者执行生产任务，更新自身知识库，并将执行结果返回。任务完成后，调度 Agent 会将任务的完成情况提交给任务 Agent，进行任务完工确认，任务 Agent 再把完工信息提交给计划 Agent，进行计划确认。在整个协商过程中，管理 Agent 会根据数据 Agent 采集到的数据统计产品合格率、设备利用率、工人绩效。

3.4　神经网络建模方法

人工神经网络（Artificial Neural Network，ANN），是基于生物学中神经网络的基本原理，在理解和抽象了人脑结构和外界刺激响应机制后，以网络拓扑知识为理论基础，模拟人脑对复杂信息处理的一种数学模型。人工神经网络的研究始于 1943 年，美国心理学家 W. S. Mc Culloch 和数学家 W. A. Pitts 首先提出了 MP 模型，通过模仿人类大脑中的神经元与连接方式，实现了并行算术和逻辑运算。70多年来，人工神经网络的发展经历了高潮、低谷、再高潮这样一个过程。在 MP 模型提出之后，各国的专家、学者相继对这一领域开展了研究，形成了一个研究的高潮期，取得了一些突破与成果。但在 20 世纪 60 年代，神经网络的研究基本上停留在单层结构水平。M. Minsky 等仔细分析了以感知器为代表的神经网络系统的功能及局限后，于 1969 年出版了 *Perceptron* 一书，指出感知器不能解决高阶谓词问题。他们的论点极大地影响了神经网络的研究，加之当时串行计算机和人工智能所取得的成就，掩盖了发展新型计算机和人工智能新途径的必要性和迫切性，使人工神经网络的研究处于低潮。

1982 年，美国加州工学院物理学家 J. J. Hopfield 提出了 Hopfield 神经网格模型，引入了"计算能量"的概念，给出了网络稳定性判据，从而有力地推动了神经网络的研究。1985 年 BP 算法的出现，神经网络得到迅速推广，在各个领域得到了应用。21世纪的今天，随着基础研究的深入，人工神经网络的功能越发完善，性能越发稳定，在大数据处理、机器学习等领域得到广泛应用，如谷歌的 AlphaGo 即采用神经网络学习算法。

3.4.1　神经网络的基本原理

因为人工神经网络是对人和动物的神经网络的某种结构和功能的模拟，所以要了解人工神经网络的工作原理，我们首先要了解生物神经元。其结构如图 3-29 所示。

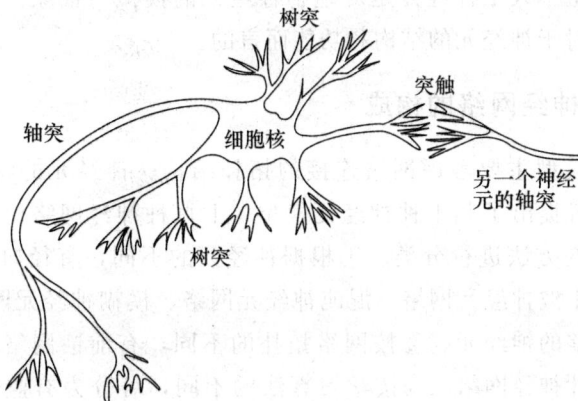

图 3-29　神经细胞结构

从图 3-29 可看出生物神经元它包括以下几部分：细胞体，由细胞核、细胞质与细胞膜组成；轴突，是从细胞体向外伸出的细长部分，也就是神经纤维，轴突是神经细胞的输出端，通过它向外传出神经冲动；树突，是细胞体向外伸出的许多较短的树枝状分支，它们是细胞的输入端，接受来自其他神经元的冲动；突触，神经元之间相互连接的地方，是神经末梢与树突相接触的交界面。

对于从同一树突先后传入的神经冲动，以及同一时间从不同树突输入的神经冲动，神经细胞均可加以综合处理，处理的结果可使细胞膜电位升高；当膜电位升高到某阈值（约 40mV），细胞进入兴奋状态，产生神经冲动，并由轴突输出神经冲动；当输入的冲动减小，综合处理的结果使膜电位下降，当下降到阈值时，细胞进入抑制状态，此时无神经冲动输出。"兴奋"和"抑制"，神经细胞必呈其一。突触界面具有脉冲/电位信号转换功能，即类似于 D/A 转换功能。沿轴突和树突传递的是等幅、恒宽、编码的离散电脉冲信号。细胞中膜电位是连续的模拟量。神经冲动信号的传导速度在 1～150m/s 之间，随纤维的粗细、髓鞘的有无而不同。

人的大脑中大约有 140 亿个生物神经元，它们通过 60 万亿个连接联成一个系统。每个神经元都具有独立的接收、处理和传递电化学信号的能力。这种传递由构成大脑通信系统的神经通路完成。单个神经元处理一个事件需要 10^{-3}s，而在硅芯片中处理一个事件只需 10^{-9}s。尽管在处理速度、传输速度等方面，大脑远不及计算机，但由于其强大的并行处理能力，所表现出的智能水平是计算机望尘莫及的。总之，随着对生物神经元的深入研究，揭示出神经元不是简单的双稳逻辑元件而是微型生物信息处理机和控制机。而人工神经网络的基本原理就是对生物神经元进行尽可能的模拟。当然，以目前的理论水平、制造水平、应用水平，其与人脑神经网络有着巨大的差别。

人工神经网络可看成是以人工神经元为节点，用有向加权弧连接起来的有向图。在此有向图中，人工神经元就是对生物神经元的模拟，而有向弧则是岁轴突—突触—树突对的模拟。有向弧的权值大小表示相互连接的两个人工神经元间相互作用的强弱。它的信息处理功能是由网络单元（神经元）的输入输出特性（激活特性）、网络的拓扑结构（神经元的连接方式）、连接权大小（突触联系强度）和神经元的阈值（可视为特殊的连接权）等决定。人工神经元是对生物神经元的模拟与抽象。抽象是从数学角度而言，模拟则是相对于神经元的结构和功能而言的。

3.4.2　人工神经网络的构成

人工神经网络模型主要考虑网络连接的拓扑结构、神经元的特征、学习规则等。到目前为止，研究者提出了几十种神经元模型、上百种神经网络模型。这些人工神经网络可以按照不同的方法进行分类。①根据神经元的不同，有径向基神经元（RBF）、同余神经元网络、小波神经元网络、混沌神经元网络、模糊神经元网络、形式神经元、激励函数自适应调整的神经元。②按网络拓扑的不同，有前馈网络、反馈网络、细胞神经网络、区组设计神经网络。③按学习算法的不同，可分为有监督学习、无监督学习和激励学习。同时，神经网络与其他的技术相结合，如模糊理论、混沌理论、粗糙集理论，在算法上与遗传算法、退火算法、免疫算法等相结合，产生了多种神经网络。比较常见的神经网络模型有：BP 神经网络、Hopfield 神经网络、RBF 神经网络、CMAC 神经网络及 KoHomen 自组织学习神经网络等。

3.4.2.1　人工神经元的数学模型

对于每一个人工神经元来说，它可以接受一组来自系统中其他神经元的输入信号，每个输入对应一个权，所有输入的加权和决定该神经元的激活状态。这里，每个权就相当于突触的"连接强度"。神经元在获得网络输入后，它应该给出适当的输出。按照生物神经元的特性，每个神经元都有一个阈值，当该神经元所获得的输入信号的累积效果超过阈值时，它处于激发态；否则，应该处于抵制态。为了使系统有更宽的适用面，希望人工神经元有一个更一般的变换函数，用来执行对该神经元所获得的网络输入的变换，这就是激活函数，也可称为激励函数或转换函数。

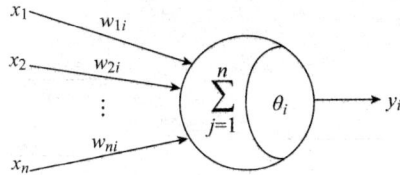

图 3-30 人工神经元

设 x_1，$x_2\cdots\cdots x_n$ 为神经元 i 的 n 个输入，w_{ji} 为第 i 个神经元与来自其他层第 j 个神经元之间的结合强度；u_i 表示神经元 i 的输入总和，θ_i 是神经元的阈值，y_i 是神经元的输出值，则神经元的输出方程为：

$$u_i(t) = \sum_{j=1}^{n} w_{ji}x_j - \theta_i \tag{3-1}$$

$$y_i = f\left[u_i(t)\right] \tag{3-2}$$

式中：$f(u_i)$ 是输入与输出之间的非线性函数，即激活函数。典型的激活函数有符号函数、阶跃函数、S 型函数等。

阶跃函数（图 3-31）

$$f(t) = \begin{cases} 1, & \text{若 } t \geq 0 \\ 0, & \text{若 } t < 0 \end{cases}$$

符号函数（图 3-32）

$$Sgn(t) = \begin{cases} 1, & \text{若 } t \geq 0 \\ -1, & \text{若 } t < 0 \end{cases}$$

Sigmoid 函数（图 3-33）

$$f(t) = \frac{1}{1+e^{-x}}$$

分段线性函数（图 3-34）

$$f(v) = \begin{cases} 1, & v \geq +1 \\ v, & +1 > v > -1 \\ -1, & v \leq -1 \end{cases}$$

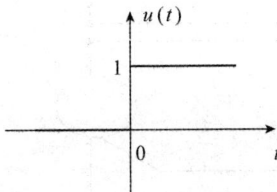

图 3-31 阶跃函数

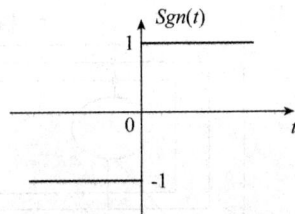

图 3-32 符号函数

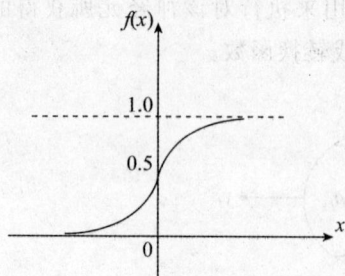

图 3-33 Sigmoid 函数

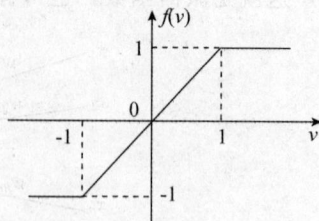

图 3-34 分段线性函数

除此之外，还有高斯函数、柯西函数、混沌函数等类型的神经元激活函数。

3.4.2.2 人工神经网络的拓扑特性

前面介绍了人工神经元模型，将大量的神经元进行连接可构成人工神经网络。神经网络中的神经元的连接方式与用于训练网络的学习算法是紧密结合的。

根据连接方式不同，我们可以简单将神经网络分为两大类：无反馈的前向神经网络和相互连接型网络（包括反馈网络），分别如图 3-35 和图 3-36 所示，图中我们用圆圈简单表示神经元基本模型。前向网络分为输入层、隐含层和输出层，各个层所含神经元数量可以不同。隐含层可以有若干层，每一层的神经元只接收前一层神经元的输出。而相互连接型网络的神经元相互之间都可能有连接，因此，输入信号要在神经元之间反复往返传递，从某一初态开始，经过若干次变化，渐渐趋于某一稳定状态或进入周期振荡等其他状态。

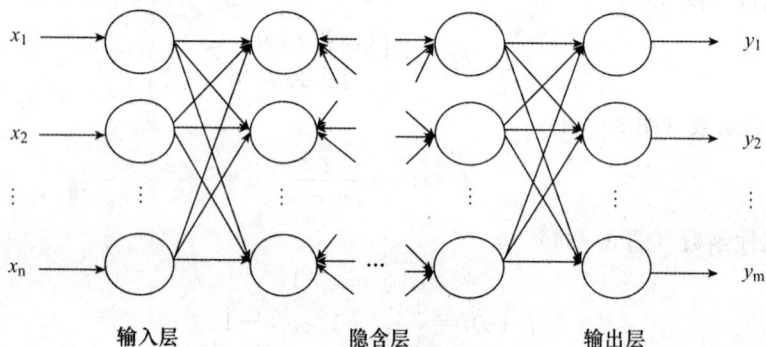

图 3-35 前向神经网络

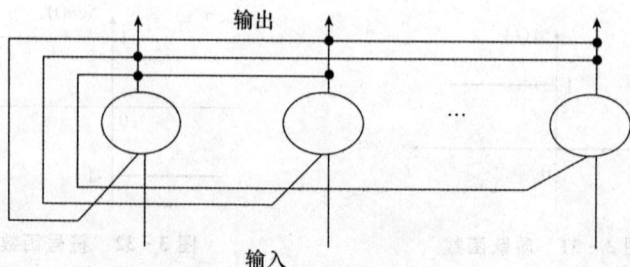

图 3-36 反馈型神经网络

3.4.2.3 人工神经网络的学习

人工神经网络最具有吸引力的特点是它的学习能力。人工神经网络的学习过程就是对它的训练过程：把样本向量构成的样本集输入到人工神经网络的过程中，按照一定的方式去调整神经元之间的连接权值，使得网络能将样本集的内涵（统计特性）以连接权值矩阵的方式存储起来，从而使网络在接受输入时，可以给出适当的输出。学习方式可分为有导师学习和无导师学习。

（1）无导师学习又称为非监督学习（Unsupervised Learning），它不需要目标，其训练集中只含一些输入向量，训练算法致力于修改权值矩阵，以使网络对一个输入能够给出相容的输出，即相似的输入向量可以得到相似的输出向量。Hebb 学习规则是最早被提出的无导师学习算法。Hebb 学习规则用于调整神经网络的突触权值，可以概括为以下几个方面。

①如果一个突触（连接）两边的两个神经元被同时（即同步）激活，则该突触的能量就被选择性地增加。

②如果一个突触（连接）两边的两个神经元被异步激活，则该突触的能量就被有选择地消弱或者消除。

Hebb 学习规则的数学描述：

$$\Delta w_{ij}(n) = \eta(x_j(n) - \overline{x}_j)(x_i(n) - \overline{x}_i) \tag{3-3}$$

其中，w_{ij} 表示神经元 x_i 和 x_j 的连接权值，$\overline{x}_i$ 和 $\overline{x}_j$ 分别表示神经元 i 和 j 在一段时间内的平均值；学习步骤为 n；η 是学习速率（正常数），它决定了在学习过程中从一个步骤进行到另一步骤的学习速率。公式 3-3 表示：

①如果神经元 i 和 j 活动充分时，即同时满足条件 $x_i > \overline{x}_i$ 和 $x_j > \overline{x}_j$ 时，连接权值 w_{ij} 增强。

②如果神经元 i 活动充分（即 $x_i > \overline{x}_i$）而神经元 j 活动不充分（即 $x_j < \overline{x}_j$）或者神经元 j 活动充分（即 $x_j > \overline{x}_j$）而神经元 i 活动不充分（即 $x_i < \overline{x}_i$）时，连接权值 w_{ij} 减小。

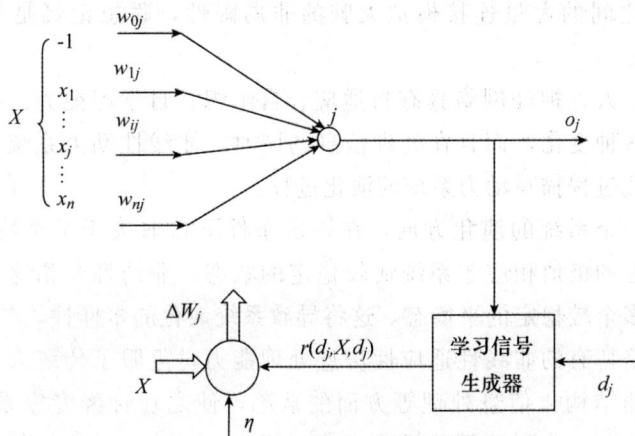

图 3-37 有导师学习过程（权值调整的一般情况）

（2）有导师学习又称为监督学习（Supervised Learning），要求用户在给出输入向量的同时，还必须同时给出对应的理想输出向量（期望输出）。有导师训练算法中，最为重要、应用最普遍的是 Delta 学习规则（纠错学习规则）。

首先我们考虑一个简单的情况：设某神经网络的输出层中只有一个神经元 i，给该神经网络加上输入，这样就产生了输出 $y_i(n)$，称该输出为实际输出。对于所加上的输入，我们期望该神经网络的输出为 $d(n)$，称为期望输出或目标输出。实际输出与期望输出之间存在着误差，用 $e(n)$ 表示。

$$e(n) = d(n) - y_i(n)$$

现在要调整连接权值，使误差 $e(n)$ 减小。为此，可设定代价函数或性能函数 $E(n)$。

$$E(n) = e^2(n)/2$$

反复调整连接权值使代价函数达到最小或使系统达到一个稳定状态（即突触权值稳定），就完成了学习过程。该学习过程称为纠错学习，也称为 Delta 学习规则。

w_{ij} 表示神经元 x_i 和 x_j 的连接权值，η 是学习速率，在学习步骤为 n 时对连接权值的调整为：

$$\Delta w_{ij}(n) = \eta e(n) x_j(n) \qquad (3-4)$$

得到 $\Delta w_{ij}(n)$ 之后，定义连接权值 w_{ij} 的校正值为：

$$w_{ij}(n+1) = w_{ij}(n) + \Delta w_{ij}(n)$$

式中：$w_{ij}(n)$ 和 $w_{ij}(n+1)$ 可分别看作是连接权值 w_{ij} 的旧值和新值

人工神经网络具有四个基本特征。

①非线性。非线性关系是自然界的普遍特性。大脑的智慧就是一种非线性现象。人工神经元处于激活或抑制两种不同的状态，这种行为在数学上表现为一种非线性关系。具有阈值的神经元构成的网络具有更好的性能，可以提高容错性和存储容量。

②非局限性。一个神经网络通常由多个神经元广泛连接而成。一个系统的整体行为不仅取决于单个神经元的特征，而且可能主要由单元之间的相互作用、相互连接所决定。通过单元之间的大量连接模拟大脑的非局限性，联想记忆是非局限性的典型例子。

③非常定性。人工神经网络具有自适应、自组织、自学习能力。神经网络不但处理的信息可以有各种变化，而且在处理信息的同时，非线性动力系统本身也在不断变化。经常采用迭代过程描写动力系统的演化过程。

④非凸性。一个系统的演化方向，在一定条件下将取决于某个特定的状态函数。例如能量函数，它的极值相应于系统比较稳定的状态。非凸性是指这种函数有多个极值，故系统具有多个较稳定的平衡态，这将导致系统演化的多样性。

人工神经网络特有的非线性适应性信息处理能力，克服了传统人工智能方法在模式、语音识别、非结构化信息处理等方面的缺陷，使之在神经专家系统、模式识别、智能控制、组合优化、预测等领域得到成功应用。人工神经网络与其他传统方法相结合，将推动人工智能和信息处理技术不断发展。近年来，人工神经网络正向模拟人类认知的道路上更加深入发展，与模糊系统、遗传算法、进化机制等结合，形成计算智能，成为人工智能发展的一个重要方向。

3.4.3　BP 神经网络及其应用

BP 神经网络是一种按误差逆传播算法训练的多层前馈网络，是目前应用最广泛的神经网络模型之一。BP 网络能学习和存储大量的输入－输出模式映射关系，而无须事前揭示描述这种映射关系的数学方程。它的学习规则是使用梯度下降法，通过反向传播来不断调整网络的权值和阈值，使网络的误差平方和最小。网络每一层的神经元只含有作为它们输入前一层的输出信号，网络输出层（终止层）神经元的输出信号组成了对网络中输入层（起始层）源节点产生的激励模式的全部响应，即信号从输入层输入，经隐层传给输出层，由输出层得到输出信号。由于无法知道隐藏层的任何神经元的理想输出值，因此如何估计网络隐藏层的神经元的误差一直困扰多层前向神经网络的应用。直到 1986 年，鲁姆尔哈特（Rumelhart）和麦克劳（Mccellan）提出误差反向传播算法（Back Propagation），成功解决了多层前向神经网络的学习问题，此后 BP 神经网络成为应用最为广泛的神经网络模型。

3.4.3.1　BP 神经网络的基本步骤

BP 算法利用输出层的误差来估计输出层直接前导层的误差，再用这个误差估计更前一层的误差，如此下去，就获得了所有其他各层的误差估计。这样就形成了将输出端表现出的误差沿着与输入信号传送相反的方向逐级向网络的输入端传递的过程。因此，人们将此算法称为向后传播算法，简称 BP 算法。

BP 学习过程可以描述如下。

（1）工作信号正向传播。输入信号从输入层经隐单元，传向输出层，在输出端产生输出信号，这是工作信号的正向传播。在信号的向前传递过程中网络的权值是固定不变的，每一层神经元的状态只影响下一层神经元的状态。如果在输出层不能得到期望的输出，则转入误差信号反向传播。

（2）误差信号反向传播。网络的实际输出与期望输出之间差值即为误差信号，误差信号由输出端开始逐层向后传播，这是误差信号的反向传播。在误差信号反向传播的过程中，网络的权值由误差反馈进行调节。通过权值的不断修正使网络的实际输出更接近期望输出。

下面以三层神经前向神经网络为例，介绍 BP 神经网络的设计过程。

（1）设计网络结构，确定神经元的转移函数、误差函数

神经元的转移函数选择为 Sigmoid 函数：

$$f(x) = \frac{1}{1+e^{-x}} = \frac{1}{1+\exp(-x)} \tag{3-5}$$

误差函数为：

$$E = \frac{1}{2} \sum_{K=1}^{N} (T_K - Y_K)^2 \tag{3-6}$$

如图 3-38，一个三层的前向神经网络：

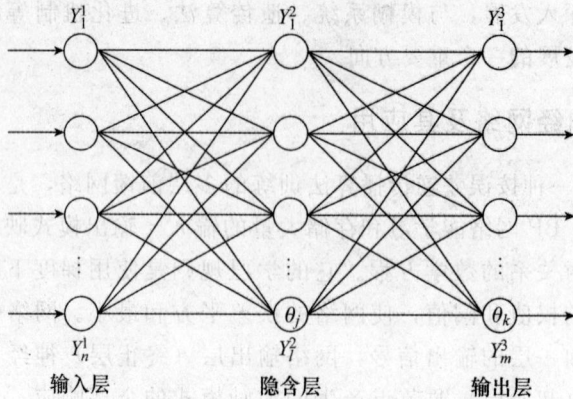

图3-38 三层的前向神经网络

图中，Y_i^1 为输入层节点 i 的输出，Y_j^2 为隐含层节点 j 的输出，Y_k^3 为输出层节点 k 的输出，T_k 为输出层节点 k 对应的校正信号，W_{ij} 为输入层节点 i 和隐含层节点 j 间的连接权值，W_{jk} 为隐含层节点 j 和输出层节点 k 间的连接权值，θ_j 为隐含层节点 j 的阈值，θ_k 为输出层节点 k 的阈值。

（2）初始化。

①设定学习次数 $t=0$；在 $[-1，1]$ 之间随机初始化网络权值和阈值，W_{ij} (t) $\in$ $[-1，1]$、W_{jk} (t) $\in$ $[-1，1]$、θ_j (t) $\in$ $[-1，1]$、θ_k (t) $\in$ $[-1，1]$。

（3）前向学习。

②输入一个学习样本 $(X_K，T_K)$，其中 $K \in \{1，2，\cdots，N\}$，N 为样本数。

③计算隐含层各节点的输出值：

$$Y_j^2 = f(\sum_{i=1}^{n} W_{ij} Y_i^1 - \theta_j) = f(\sum_{i=1}^{n} W_{ij} X_{Ki} - \theta_j) \qquad j \in \{1,2,\cdots,l\} \qquad (3-7)$$

④计算输出层各节点的输出值：

$$Y_k^3 = f(\sum_{j=1}^{t} W_{jk} Y_j^2 - \theta_k) \qquad k \in \{1,2,\cdots,m\} \qquad (3-8)$$

（4）逆向误差修正计算。

⑤输出层与隐含层连接权值修正量的计算：

$$\delta_k = (T_{Kk} - Y_k^3) Y_k^3 (1 - Y_k^3) \qquad (3-9)$$

⑥隐含层与输入层连接权值修正量的计算：

$$\delta_j = Y_j^2 (1 - Y_j^2) \sum_{k=1}^{m} \delta_k W_{jk} \qquad (3-10)$$

⑦利用⑤计算出的误差修正量 δ_k 来修正输出层与隐含层连接权值 W_{jk} 和阈值 θ_k。

$$W_{jk} (t+1) = W_{jk} (t) + \alpha \delta_k Y_j^2 \qquad (3-11)$$

$$\theta_k (t+1) = \theta_k (t) + \beta \delta_k \qquad (3-12)$$

⑧利用⑥计算出的误差修正量 δ_j 来修正隐含层与输入层连接权值 W_{ij} 和阈值 θ_j。

$$W_{ij} (t+1) = W_{ij} (t) + \alpha \delta_j Y_i^1 \qquad (3-13)$$

$$\theta_j (t+1) = \theta_j (t) + \beta \delta_j \qquad (3-14)$$

⑨如果全部学习样本未取完，则返回②。

⑩计算误差函数值 E，并判断 E 是否小于设定的误差上限，如果 E 小于误差上限，则算法结束；如果达到学习次数，则结束程序；否则更新学习次数 $t=t+1$。返回②。

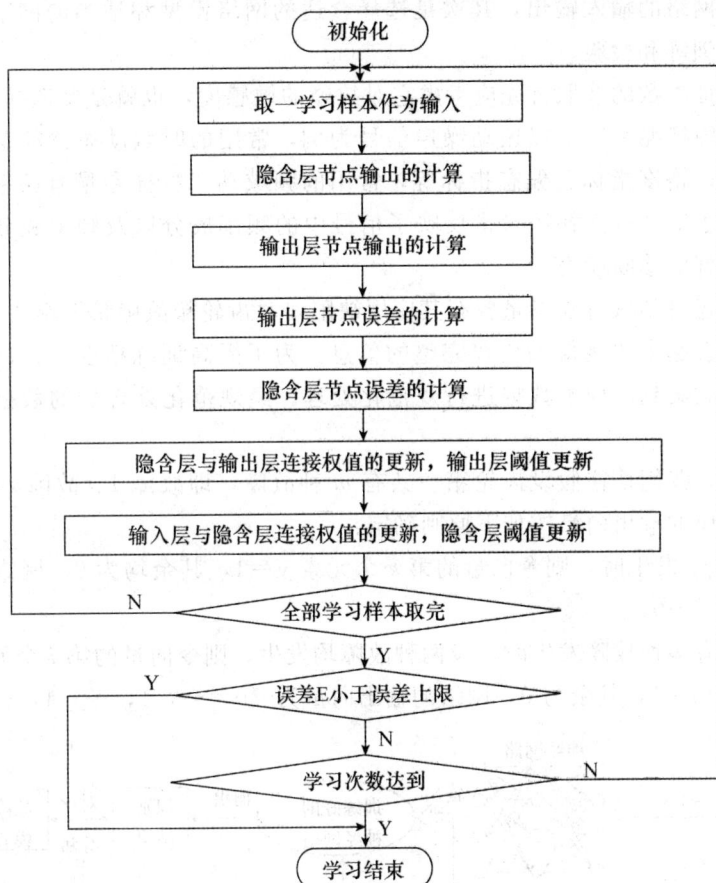

初始化

取一学习样本作为输入

隐含层节点输出的计算

输出层节点输出的计算

输出层节点误差的计算

隐含层节点误差的计算

隐含层与输出层连接权值的更新，输出层阈值更新

输入层与隐含层连接权值的更新，隐含层阈值更新

全部学习样本取完　N

误差E小于误差上限　Y

学习次数达到　N

学习结束

图 3－39　BP 神经网络的工作流程

3.4.3.2　基于 BP 神经网络的齿轮箱故障诊断

齿轮箱是应用最广泛的机械传动部件之一，是用来改变转速和传递动力的常用机械设备，所以齿轮箱的性能好与坏直接影响着整个机械设备的运行状态，由于齿轮箱工作环境恶劣，因此容易受到损害和出现故障。而其中的零部件如齿轮、轴、轴承等加工工艺复杂，装配精度要求高，且又常常在高速度、重载荷下连续工作，所以故障率往往较高。齿轮箱中一般都包含齿轮、滚动轴承等，而且这三类主要零件失效时产生的故障通常会相互影响。常见的齿轮失效形式有齿面断裂、齿面磨料磨损、齿面胶合和擦伤、齿面疲劳裂纹失效，滚动轴承最常见的故障有磨损失效、疲劳失效、腐蚀失效、断裂失效、压痕失效、胶合失效和其他故障，轴和轴承常见的失效形式有弯曲、较严重不平衡、连轴器连接不对称。齿轮箱最常用的诊断技术有振声诊断、振动诊断、抽样法诊断和声发射诊断。常用的齿轮箱故障诊断方法有统计识别法、函数识别法、模糊识别法和人工神经网络识别法等。其中人工神经网算法以其并行运算、多输入、

多层次、多输出、自学习等特点形成了一种全新的诊断方法，大大提高了学习速度和精度，并为机械的故障诊断开辟了更宽广的空间，如图 3-40 所示。

应用神经网络来进行齿轮的故障诊断具体包括三个方面的工作，首先是根据具体问题确定神经网络的输入输出，其次是选择合适的网络模型和适当的网络算法，最后是对网络进行训练和检验。

对故障特征参数的选取首先应考虑它对故障的敏感度，也就是要选择特别突出的、有代表性的故障征兆参数。以振动噪声信号为例，常用的时域动态特征参量有峭度指标、峰值指标、裕度指标、偏态指标等，常用的频域动态特征参量有频率方差、频谱重心、谐波因子等。这些特征参量反映了信号中的频率成分以及频率成分的能量大小情况，具有较好的诊断能力。

然而，上述时频域特征参量各有其应用缺陷，对齿轮箱故障诊断能力也各不相同，只有把它们综合起来才能得到比较完整的信息。为了提高训练精度，在进行网络训练之前应该对所收集到的样本数据进行规范化处理。经规范化处理后的数据即是神经网络的输入。

至于输出，我们往往假设齿轮箱一共有 m 种故障，即故障 1、故障 2……故障 m，则与样本相对应的输出向量按如下原则确定：

①当故障 y_k 发生时，则令向量的第 k 个元素 $y=1$，其余均为 0。网络的输出向量为 $\{0, \cdots, 1, \cdots 0\}$。

②当齿轮有多种故障发生时，设两种故障均发生，则令向量的第 i 个元素 $y_i=1$ 和第 j 个元素为 $y_j=1$，其余为 0，网络的输出向量为 $\{0, \cdots, 1, \cdots, 1, \cdots 0\}$。

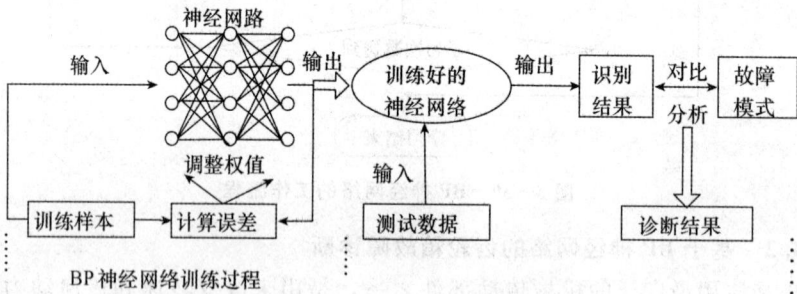

图 3-40 BP 神经网络故障诊断原理图

神经网络的各个参数对运行时间和决策结果具有至关重要的影响。P. V. Srihari 曾基于齿轮箱对训练次数，隐含层的层数和神经元的数量、学习率等参数进行了研究。他将收集到的 30 组齿轮箱故障数据中的 20 组用于训练网络，10 组用于测试，得出结果是：0.05~0.25 之间的学习率，0.15 为最佳。结构上，隐含层神经元为 9 个，可以得到较优化的结果。隐含层的层数对分类结果的精确性和运行效率有很大影响。在训练过程中对训练样本数据需要反复使用，对所有样本数据正向运行一次并反向修改后的连接权值称为一次训练，这样训练需要反复进行下去直至获得合适的映射结果。

3.5 层次分析法

层次分析法（The Analytic Hierarchy Process）简称 AHP，一种定性和定量相结合的、系统化、层次化的分析方法。该方法是美国匹兹堡大学教授托马斯·萨蒂（T. L. Saaty）于 20 世纪 70 年代初，在为美国国防部研究"根据各个工业部门对国家福利的贡献大小而进行电力分配"课题时，应用网络系统理论和多目标综合评价方法，提出的一种层次权重决策分析方法。由于它在处理复杂的决策问题上的实用性和有效性，很快在世界范围得到重视。它的应用已遍及经济计划和管理、能源政策和分配、行为科学、军事指挥、运输、农业、教育、人才、医疗和环境等众多领域。

AHP 算法是一种定性与定量相结合的决策分析方法。它是一种将决策者对复杂系统的决策思维过程模型化、数量化的过程。应用这种方法，决策者通过将复杂问题分解为若干层次和若干因素（如图 3 - 41），在各因素之间进行简单的比较和计算，就可以得出不同方案的权重，为最佳方案的选择提供依据。

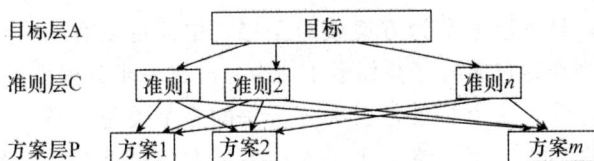

图 3 - 41 层次分析法的结构

3.5.1 层次分析法的基本原理

层次分析法的基本原理是依据具有递阶结构的目标、子目标（准则）、约束条件、部门等来评价方案，采用两两比较的方法确定判断矩阵，然后把判断矩阵的最大特征值相对应的特征向量分量作为相应的系数，最后综合给出各方案的权重（优先程度）。层次分析法主要用到了以下原理。

（1）测度原理。决策是从一组备选方案中选择理想的方案。它是在一定准则下通过"效用函数"值的最大化来实现的。要实现上述目标，首先要对各种因素进行测度。

（2）递阶层次结构原理。影响决策的各种因素之间往往存在自上至下、递阶、逐层支配的关系。

（3）排序原理。层次分析法将同层次的一组元素，通过两两比较，以确定各因素的相对重要性，最终得到权重矩阵。

（4）综合评价原理。以系统化的方法，综合评价各方案的总体性能。

3.5.2 层次分析法的步骤

AHP 算法的基本过程，大体可以分为如下五个基本步骤（如图 3 - 42）。

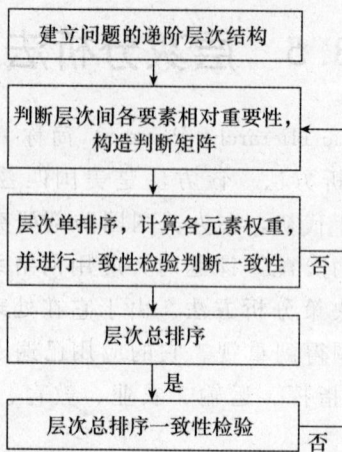

图 3-42 AHP 算法基本步骤

（1）建立递阶层次结构模型。在深入分析实际问题的基础上，将有关的各个因素按照不同属性自上而下地分解成若干层次，同一层的诸因素从属于上一层的因素或对上层因素有影响，同时又支配下一层的因素或受到下层因素的作用。最上层为目标层，通常只有 1 个因素；最下层通常为方案或对象层；中间可以有一个或几个层次，通常为准则或指标层。当准则过多时（譬如多于 9 个）应进一步分解出子准则层。

（2）构造判断矩阵。这个步骤是层次分析法的一个关键步骤。判断矩阵表示针对上一层次中的某元素而言，评定该层次中各有关元素相对重要性的状况。设有 n 个指标，$\{A_1, A_2, \cdots, A_n\}$，$a_{ij}$ 表示 A_i 相对于 A_j 的重要程度判断值。通常将比较结果分为 5 种等级，$\{$相同、稍强、强、明显强、绝对强$\}$，并将比较结果用 1～9 个数字尺度来进行定量化，给 a_{ij} 进行赋值，量化赋值的具体含义如下表 3-1 所示。

表 3-1　AHP 重要程度描述表

定性比较结果	数字定量
因素 A_i 与因素 A_j 相比，具有相同的重要性	1
因素 A_i 与因素 A_j 相比，前者重要性稍强	3
因素 A_i 与因素 A_j 相比，前者重要性强	5
因素 A_i 与因素 A_j 相比，前者重要性明显强	7
因素 A_i 与因素 A_j 相比，前者重要性绝对强	9
因素 A_i 与因素 A_j 相比，相对重要性处于上述等级之间	2、4、6、8

以矩阵形式表示为判断矩阵：

$$A = \begin{bmatrix} \dfrac{w_1}{w_1} & \cdots & \dfrac{w_1}{w_n} \\ \vdots & \ddots & \vdots \\ \dfrac{w_n}{w_1} & \cdots & \dfrac{w_n}{w_n} \end{bmatrix}$$

显然，对于任何判断矩阵都满足：

$$a_{ij} = \begin{cases} 1 & i=j \\ \dfrac{1}{aij} & i \neq j \end{cases} \qquad i, j=1, 2, \cdots, n$$

因此，在构造判断矩阵时，只需写出上三角（或下三角）部分即可。

（3）层次单排序。层次单排序的目的是对于上层次中的某元素而言，确定本层次与之有联系的元素重要性的次序。它是本层次所有元素对上一层次而言的重要性排序的基础。

若取权重向量 $W = [w_1, w_2, \cdots, w_n]^T$，则有：$AW = \lambda W$。

其中 λ 是 A 的最大正特征值，那么 W 是 A 的对应于 λ 的特征向量。从而层次单排序转化为求解判断矩阵的最大特征值 $\lambda_{\max}$ 和它所对应的特征向量，就可以得出这一组指标的相对权重。为了检验判断矩阵的一致性，需要计算它的一致性指标：

$$CI = \frac{\lambda_{\max} - n}{n - 1} \qquad (3-15)$$

当 $CI=0$ 时，判断矩阵具有完全一致性；反之，CI 愈大，则判断矩阵的一致性就愈差。为了检验判断矩阵是否具有令人满意的一致性，则需要将 CI 与平均随机一致性指标 RI（表 3-2）进行比较。一般而言，1 或 2 阶判断矩阵总是具有完全一致性的。对于 2 阶以上的判断矩阵，其一致性指标 CI 与同阶的平均随机一致性指标 RI 之比，称为判断矩阵的随机一致性比例，记为 CR。

$$CR = \frac{CI}{RI} < 0.1 \qquad (3-16)$$

通常来说，当 $CR<0.1$ 时，我们就认为判断矩阵具有令人满意的一致性；否则，当 $CR \geq 0.1$ 时，就需要调整判断矩阵，直到满意为止。

表 3-2　平均随机一致性指标 RI

阶数	1	2	3	4	5	6	7
RI	0	0	0.58	0.90	1.12	1.24	1.32
8	9	10	11	12	13	14	15
1.41	1.45	1.49	1.52	1.54	1.56	1.58	1.59

（4）层次总排序。利用同一层次中所有层次单排序的结果，就可以计算针对上一层次而言的本层次所有元素的重要性权重值，这就称为层次总排序。层次总排序需要从上到下逐层顺序进行。对于最高层，其层次单排序就是其总排序。

若上一层次所有元素 $A_1, A_2, \cdots, A_m$ 的层次总排序已经完成，得到的权重值分

别为 a_1，a_2，…，a_m。与 a_j 对应的本层次元素 B_1，B_2，…，B_n 的层次单排序结构为 $[b_1^i, b_2^i, …, b_n^i]^T$，这里，当 B_i 与 A_j 无联系时，$b_i^j = 0$。那么，得到的层次总排序，如表 3-3 所示。

表 3-3　层次总排序表

层次 A 层次 B	A_1　A_2　…　A_m a_1　a_2　…　a_m	B 层次的总排序
B_1	b_1^1　b_1^2　…　b_1^m	$\sum_{j=1}^{m} a_j b_1^j$
B_2	b_2^1　b_2^2　…　b_2^m	$\sum_{j=1}^{m} a_j b_2^j$
⋮	…　…　…	⋮
B_n	b_n^1　b_n^2　…　b_n^m	$\sum_{j=1}^{m} a_j b_n^j$

（5）一致性检验。为了评价层次总排序的计算结果的一致性，类似于层次单排序，也需要进行一致性检验。

$$CI = \sum_{j=1}^{m} a_i CI_j \tag{3-17}$$

$$RI = \sum_{j=1}^{m} a_j RI_j \tag{3-18}$$

$$CR = \frac{CI}{RI} \tag{3-19}$$

CI 为层次总排序的一致性指标，CI_j 为与 a_j 对应的 B 层次中判断矩阵的一致性指标；RI 为层次总排序的随机一致性指标，RI_j 为与 a_j 对应的 B 层次中判断矩阵的随机一致性指标；CR 为层次总排序的随机一致性比例。同样，当 $CR < 0.1$ 时，则认为层次总排序的计算结果具有令人满意的一致性；否则，就需要对本层次的各判断矩阵进行调整，从而使层次总排序其有令人满意的一致性。

应用层次分析法的时候需要注意，如果所选的要素不合理，其含义混淆不清，或要素间的关系不正确，都会降低 AHP 法的结果质量，甚至导致 AHP 法决策失败。为保证递阶层次结构的合理性，需把握以下原则：

①分解简化问题时把握主要因素，不漏不多。

②注意相比较元素之间的强度关系，相差太悬殊的要素不能在同一层次比较。

3.5.3　层次分析法的优点和局限性

层次分析法提出至今，在众多领域得到广泛应用，其优点主要体现在以下几方面。

（1）系统性。层次分析法把研究对象作为一个系统，按照分解、比较判断、综合的思维方式进行决策，成为继机理分析、统计分析之后发展起来的系统分析的重要工具。

（2）实用性。层次分析法把定性和定量方法结合起来，能处理许多用传统的最优化技术无法处理的实际问题，应用范围很广。同时，这种方法使得决策者与决策分析者能够相互沟通，决策者甚至可以直接应用它，这就增加了决策的有效性。

（3）简洁性。具有中等文化程度的人即可以了解层次分析法的基本原理并掌握该法的基本步骤，计算也非常简便，并且所得结果简单明确，容易被决策者了解和掌握。

层次分析的局限性主要表现在以下几个方面。

（1）只能从原有的方案中优选一个出来，没有办法得出更好的新方案。

（2）该法中的比较、判断以及结果的计算过程都是粗糙的，不适用于精度较高的问题。

（3）从建立层次结构模型到给出成对比较矩阵，人的主观因素对整个求解过程的影响很大，这就使得结果难以让所有的决策者接受。当然采取专家群体判断的办法是克服这个缺点的一种途径。

3.5.4　判断矩阵权向量的计算方法

对于高阶的成对比较阵，计算其特征值和特征向量相当困难。由于成对比较矩阵是通过定性比较得到的比较粗糙的结果，对它的精确计算是没有必要的，因此可以寻找更为简便的近似方法。

定理 3-1： 对于正矩阵 A（A 的所有元素为正），A 的最大特征根为正单根 λ，λ 对应正特征向量 w（w 的所有分量为正），则

$$\lim_{k \to +\infty} \frac{A^k e}{e^T A^k e} = w$$

其中 $e = (1, 1, \cdots, 1)^T$，w 是 λ 对应的归一化特征向量。

根据上述定理，在此给出几种计算特征根和特征向量的方法。

（1）幂法的步骤如下：

Step1：任取 n 维归一化初始向量 $w^{(0)}$。

Step2：计算 $\widetilde{w}^{(k+1)} = A w^{(k)}$，$k = 0, 1, 2, \cdots$。

Step3：归一化 $\widetilde{w}^{(k+1)}$，即令

$$w^{(k+1)} = \widetilde{w}^{(k+1)} / \sum_{i=1}^{n} \widetilde{w}_i^{(k+1)}$$

Step4：对于预先给定的精度 ε，当下式成立时

$$|w_i^{(k+1)} - w_i^{(k)}| < \varepsilon, \qquad i = 1, 2, \cdots, n$$

$w^{(k+1)}$ 即为所求的特征向量，否则返回 Step2。

Step5：计算最大特征值

$$\lambda = \frac{1}{n} \sum_{i=1}^{n} \frac{\widetilde{w}_i^{(k+1)}}{w_i^{(k)}}$$

（2）和法的步骤如下：

Step1：将 A 的每一列向量归一化得 $\tilde{w}_{ij} = a_{ij} / \sum_{i=1}^{n} a_{ij}$。

Step2：对 $\tilde{w}_{ij}$ 按行求和得到 $\tilde{w}_i = \sum_{j=1}^{n} \tilde{w}_{ij}$。

Step3：归一化 $\tilde{w} = (\tilde{w}_1, \tilde{w}_2, \cdots, \tilde{w}_n)^T$，得到 $w = (w_1, w_2, \cdots, w_n)^T$，其中 $w_i = \tilde{w}_i / \sum_{i=1}^{n} \tilde{w}_i$。

Step4：计算 A_w。

Step5：计算最大特征根的近似值，$\lambda = \frac{1}{n} \sum_{i=1}^{n} \frac{(Aw)_i}{w^i}$。

（3）根法

步骤与和法基本相同，只是将 Step2 改为对 $\tilde{w}_{ij}$ 按行求积并开 n 次方，即

$$\tilde{w}_i = \left(\prod_{i=1}^{n} \tilde{w}_{ij} \right)^{\frac{1}{n}}。$$

上述三种方法中，和法最简单。

3.5.3 层次分析法应用实例

问题描述：通信交流在当今社会显得尤其重要，手机便是一个例子，现在每个人手里都有至少一部手机。但如今生产手机的厂家越来越多，品种五花八门，如何选购一款适合自己的手机这个问题困扰了许多人。

目标：选购一款合适的手机。

准则：选择手机的标准大体可以分成四个：实用性、功能性、外观、价格。

方案：由于手机厂家有几十家，我们不妨可以将其归类：欧美（iPhone）、亚洲（三星）、国产（华为）。

解决步骤：

建立递阶层次结构模型

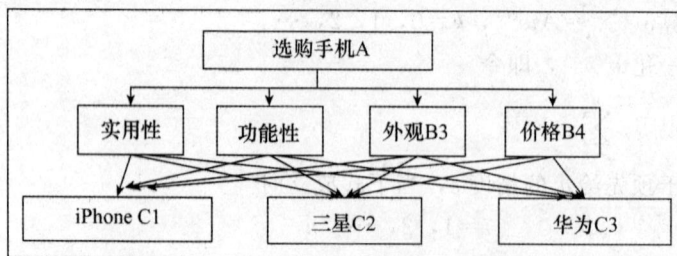

图 3-43　选购手机层次结构图

构造判断矩阵

表 3-4　判断矩阵 A—B

A	B1	B2	B3	B4
B1	1	3	5	1
B2	1/3	1	3	1/3
B3	1/5	1/3	1	1/5
B4	1	3	5	1

表 3-5　判断矩阵 B1—C

B1	C1	C2	C3
C1	1	1/3	1/5
C2	3	1	1/3
C3	5	3	1

表 3-6　判断矩阵 B2—C

B2	C1	C2	C3
C1	1	3	3
C2	1/3	1	1
C3	1/3	1	1

表 3-7　判断矩阵 B3—C

B3	C1	C2	C3
C1	1	3	6
C2	1/3	1	4
C3	1/6	1/4	1

表 3-8　判断矩阵 B4—C

B4	C1	C2	C3
C1	1	1/4	1/6
C2	4	1	1/3
C3	6	3	1

计算各判断矩阵的特征值、特征向量和一致性检验

用求和法计算特征值：

(1) $A = \begin{vmatrix} 1 & 3 & 5 & 1 \\ 1/3 & 1 & 3 & 1/3 \\ 1/5 & 1/3 & 1 & 1/5 \\ 1 & 3 & 5 & 1 \end{vmatrix}$，按列归一化后为 $\begin{vmatrix} 15/38 & 9/22 & 5/14 & 15/39 \\ 5/38 & 3/22 & 3/14 & 5/38 \\ 3/38 & 1/22 & 1/14 & 3/38 \\ 15/38 & 9/22 & 5/14 & 15/38 \end{vmatrix}$

(2) 按行求和并归一化后得 $W = (0.389 \quad 0.153 \quad 0.069 \quad 0.389)^T$

(3) 计算特征根：$AW = \begin{vmatrix} 1 & 3 & 5 & 1 \\ 1/3 & 1 & 3 & 1/3 \\ 1/5 & 1/3 & 1 & 1/5 \\ 1 & 3 & 5 & 1 \end{vmatrix} (0.389 \quad 0.153 \quad 0.069 \quad 0.389)^T$

$AW_1 = 1*0.389 + 3*0.153 + 5*0.069 + 1*0.389 = 1.582$，同理有

$AW_2 = 0.619$，$AW_3 = 0.275$，$AW_4 - 1.582$

(4) 计算最大特征根：

$$\lambda_{max} = \sum_{i=1}^{n} \frac{(AW)_i}{nW_i} = \frac{1.582}{4*0.389} + \frac{0.619}{4*0.153} + \frac{0.275}{4*0.069} + \frac{1.582}{4*0.389} = 4.044$$

（5）进行一致性检验：

$$C.I. = \frac{\lambda_{max} - n}{n-1} = \frac{4.044 - 4}{4-1} = 0.015$$

查同阶平均随机一致性指针（表 3-2 所示）知 $R.I. = 0.89$，

$$C.I. = \frac{C.I.}{R.I.} = \frac{0.015}{0.89} = 0.016 < 0.1，满足一致性要求。$$

同理可得剩余判断矩阵的特征根、特征向量、一致性检验。

判断矩阵 B1-C $W = (0.106 \quad 0.260 \quad 0.633)^T$，$\lambda_{max} = 3.039$，$C.R. = 0.033 < 0.1$

判断矩阵 B2-C $W = (0.6 \quad 0.2 \quad 0.2)^T$，$\lambda_{max} = 3$，$C.R. = 0$

判断矩阵 B3-C $W = (0.639 \quad 0.274 \quad 0.087)^T$，$\lambda_{max} = 3.054$，$C.R. = 0.047 < 0.1$

判断矩阵 B4-C $W = (0.087 \quad 0.274 \quad 0.639)^T$，$\lambda_{max} = 3.054$，$C.R. = 0.047 < 0.1$。

层次总排序

获得同一层次各要素之间的相对重要度后，就可以自上而下地计算各级要素对总体的综合重要度。

结论

由表 3-9 可以看出，三个方案的优劣排序是 C3＞C2＞C1，因此，对于大部分人来说，选购实用且价格便宜的国产华为手机是比较实惠的。

表 3-9　层次总排序表

层次	B1	B2	B3	B4	总排序权重
	0.389	0.153	0.069	0.389	
C1	0.106	0.6	0.639	0.087	0.211
C2	0.26	0.2	0.274	0.274	0.257
C3	0.633	0.2	0.087	0.639	0.531

3.6　排队论方法

日常生活中存在大量有形和无形的排队或拥挤现象，如旅客购票排队、市内电话占线等现象。造成排队的原因是到达服务机构的顾客数量超过服务机构提供服务的容量，也就是说顾客不能够立即得到服务而产生的等待。这里顾客可以是人，也可以是物，例如，在银行营业部办理存取款的储户、在汽车修理厂等待修理的车辆、在流水线上等待到下道工序加工的半成品、机场上空等待降落的飞机，以及等待服务器处理的网页等，都可以被认为是顾客。服务机构可以是个人，如理发员和美容师，也可以是若干人，如医院的手术小组。服务机构还可以是包装糖果的机器、机场的跑道、十字路口的红绿灯，以及提供网页查询的服务器等等。

　　在实际的工程应用中，想要完全解决排队现象并非易事。如果服务机构太少，会造成严重的排队现象，使顾客等待时间过长，影响服务质量和系统声誉，造成系统损失。如果盲目增加服务机构，不仅会增加成本，还会造成设备或人员的闲置浪费。因此，必须研究服务机构数量和服务质量之间的平衡，提升系统的运行效率和经济效益。

　　排队论（Queuing Theory），或称随机服务系统理论，是通过对服务对象到来及服务时间的统计研究，得出这些数量指标（等待时间、排队长度、忙期长短等）的统计规律，然后根据这些规律来改进服务系统的结构或重新组织被服务对象，使得服务系统既能满足服务对象的需要，又能使机构的费用最经济或某些指标最优。排队论是运筹学的重要分支，该理论起源于 20 世纪初的电话通话。1909 年丹麦数学工程师埃尔朗（A. K. Erlang）用概率论方法研究电话通话问题，从而开创了这门应用数学学科，并为这门学科建立了许多基本原则。20 世纪 30 年代苏联数学家欣钦把处于统计平衡的电话呼叫流称为最简单流。瑞典数学家巴尔姆又引入有限后效流等概念和定义。他们用数学方法深入地分析了电话呼叫的本征特性，促进了排队论的研究。50 年代英国数学家肯道尔（D. G. Kendall）提出嵌入马尔可夫链理论，以及对排队队形的分类方法，为排队论奠定了理论基础。20 世纪 70 年代后，排队论在各类生产和服务领域得到广泛应用，尤其在通信系统、交通系统、计算机、存储系统、生产管理系统等方面应用得最多。

3.6.1 排队系统的基本概念

　　不同的顾客与服务组成了各式各样的服务系统。一般的排队系统可以用图 3-44 描述。排队系统运行过程如下：①顾客按照一定的规则进入系统。如果服务台忙，则顾客按照一定的排队规则进入排队队列，等待服务。②当服务台空闲时，将按照一定的服务规则从排队队列中选择顾客，并为顾客服务。此外，顾客通常也有选择服务台的权利。③顾客在接受完所需要的服务后离开系统。

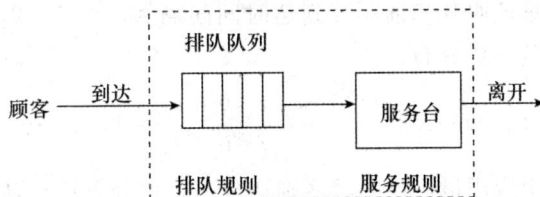

图 3-44　排队系统模型

　　通过上述分析可知，排队系统一般包含输入过程、排队过程和服务过程三个阶段，主要包含以下要素。

　　（1）顾客。等待服务的对象。如待加工的零件、存储的物品等。

　　（2）到达规则。顾客进入系统的规律。

　　（3）服务台（服务员）。提供服务的机构、设备或人。

　　（4）服务时间。顾客占用服务台的时间。根据顾客、服务内容的不同，服务时间存在多种变化规律。

（5）服务规则。服务台为顾客提供服务的规则。

（6）排队规则。顾客排队等待服务的次序。

（7）排队队列。按照一定排队规则排列的顾客群。

输入过程

输入过程也称到达过程。主要描述顾客的来源、类型、到达规则等。

（1）顾客的总数。顾客的数量可以是有限的，也可以是无限的。例如，到售票处购票的顾客总数可以认为是无限的，而某个工厂因故障待修的机床则是有限的。

（2）顾客到达方式。这是描述顾客是怎样来到系统的，他们是单个到达，还是成批到达。病人到医院看病是顾客单个到达的例子。在库存问题中，如将入库产品看作是顾客，那么这种顾客是成批到达的。

（3）顾客流的概率分布。或称相继顾客到达的时间间隔的分布。这是求解排队系统有关运行指标问题时，首先需要确定的指标。这也可以理解为在一定的时间间隔内到达 K 个顾客（$K=1,2,\cdots,L$）的概率是多大。顾客流的概率分布一般有定长分布、泊松流（最简单流）、爱尔朗分布等。

①定长分布。是指顾客有规则地等距到达，每隔时间 α 到达一个顾客。这时相继顾客到达间隔 ξ 的分布函数 $F(t)$ 为：

$$F(t)=P\{\xi\leqslant t\}=\begin{cases}1, & t\geqslant\alpha \\ 0, & t<\alpha\end{cases} \tag{3-20}$$

例如，生产自动线上产品从传送带上进入包装箱就是这种情况。

②泊松流。在长度为 t 的时间内到达 K 个顾客的概率 $V_k(t)$ 服从泊松分布，即：

$$V_k(t)=\mathrm{e}^{-\lambda t}\frac{(\lambda t)^K}{K!} \qquad K=0,1,2,\cdots \tag{3-21}$$

其中参数 $\lambda>0$ 为一常数，表示单位时间内到达顾客的平均数，又称为顾客的平均到达率。

对于泊松流，不难证明其相继顾客到达时间间隔 ξ_i，$i=1,2,\cdots$ 是相互独立同分布的，其分布函数为负指数分布：

$$F_{\xi_i}(t)=\begin{cases}1-\mathrm{e}^{-\lambda t}, & t\geqslant0 \\ 0, & t<0\end{cases} \qquad i=1,2,\cdots \tag{3-22}$$

泊松流是排队论中应用最广泛的顾客到达分布，该分布具有以下特点。

（a）平稳性。指在长度为 t 的时段内恰好到达 k 个顾客的概率仅与时段长度有关，而与时段起点无关。

（b）无后效性。指在任意几个不相交的时间区间内，各自到达的顾客数是相互独立的。通俗地说就是以前到达的顾客情况，对以后顾客的到来没有影响；否则就是关联的。

（c）单个性又称普通性。指在充分小的时段内最多到达一个顾客。

③爱尔朗分布。爱尔朗分布是指相继顾客到达时间间隔 ξ 相互独立，具有相同的分

布，其分布密度为

$$f(t) = \frac{\lambda k (\lambda k t)^{k-1}}{(k-1)!} e^{-\lambda k t} \qquad t \geq 0 \tag{3-23}$$

其中 k 为非负整数。

可以证明，在参数为 ξ 的泊松输入中，对任意的 j 与 k，设第 j 与第 $j+k$ 个顾客之间的到达间隔为 T_k（$T_k = \xi_1 + \xi_2 + \cdots + \xi_k$）。则随机变量 T_k 的分布必遵从参数为 ξ 的爱尔朗分布，其分布密度为：

$$f(t) = \frac{\lambda (\lambda t)^{K-1}}{(K-1)!} e^{-\lambda t} \qquad t \geq 0 \tag{3-24}$$

例如某排队系统有并联的 k 个服务台，顾客流为泊松流，规定第 i，$K+i$，$2K+i$ …个顾客排入第 i 号台（$i=1$, 2, $\cdots$, K），则第 K 台所获得的顾客流，即为爱尔朗输入流。

此外，爱尔朗分布具有很好的拟合性，当 $K=1$ 时将转化为负指数分布，当 K 增大时，爱尔朗分布的图形逐渐变为对称型，当 $K>30$ 时，爱尔朗分布近似于正态分布。当 $K \to \infty$ 时，爱尔朗分布是定长分布。因此，爱尔朗分布可以看成是完全随机和完全确定的中间型，它具有很广泛的适应性，在工程中应用得较广。

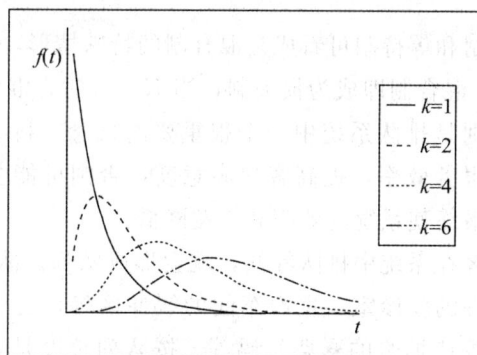

图 3-45 爱尔朗分布曲线

④一般独立分布。即相继顾客到达时间间隔相互独立、同分布，分布函数 $F(t)$ 是任意分布。这时要给出随机变量的均值和方差。

（4）顾客到达之间可以是独立的，也可以是关联的。如果以前的到达情况对后续顾客的到来没有影响，则称顾客到达之间是独立的；否则是相互关联的。

（5）顾客到达过程可能是平稳的，也可能是非平稳的。其中平稳是指到达的间隔分布及其参数与时间无关；否则称为非平稳。

排队过程

（1）排队规则。排队规则指到达排队系统的顾客按怎样的规则排队等待。一般可以分为损失制、等待制和混合制三大类。

①损失制。如果顾客到达排队系统时，所有服务台都已被先来的顾客占用，那么他们就自动离开系统永不再来。典型例子是，如电话拨号后出现忙音，顾客不愿等待而自动挂断电话，如要再打，就需重新拨号，这种服务规则即为损失制。

②等待制。这是指当顾客来到系统时，所有服务台都不空，顾客加入排队行列等待服务。例如，排队等待售票、故障设备等待维修等。

③混合制。这是等待制与损失制相结合的一种服务规则，一般是指允许排队，但又不允许队列无限长下去。具体说来，大致有以下三种。

（a）队长有限。当排队等待服务的顾客人数超过规定数量时，后来的顾客就自动离去，另求服务，即系统的等待空间是有限的。例如最多只能容纳 K 个顾客在系统中，当新顾客到达时，若系统中的顾客数（又称为队长）小于 K，则可进入系统排队或接受服务；否则，便离开系统，并不再回来。如水库的库容是有限的、旅馆的床位是有限的。

（b）等待时间有限。即顾客在系统中的等待时间不超过某一给定的长度 T，当等待时间超过 T 时，顾客将自动离去，并不再回来。如易损坏的电子元器件的库存问题，超过一定存储时间的元器件被自动认为失效。又如顾客到饭馆就餐，等了一定时间后不愿再等而自动离去另找饭店用餐。

（c）逗留时间（等待时间与服务时间之和）有限。例如用高射炮射击敌机，当敌机飞越高射炮射击有效区域的时间为 t 时，若在这个时间内未被击落，也就不可能再被击落了。

不难注意到，损失制和等待制可看成是混合制的特殊情形，如令 s 为系统中服务台的个数，则当 $K=s$ 时，混合制即成为损失制；当 $K=\infty$ 时，混合制即成为等待制。

综上所述，排队规则是排队系统中一个很重要的概念。科学、灵活地应用排队规则可以有效提升系统的服务效率，提高客户满意度，否则可能会导致顾客平均等待时间延长，满意度下降，最终使系统的效率和效益降低。

（2）排队队列。顾客在系统中排队等候，就会形成队列。队列可以是具体的位置，如银行中的等待区、医院的候诊室、生产车间的缓冲区等，也可以是抽象的，如路由器上等待转发的信息、等待抽奖的彩票号码等。按队列长度是否有限，可分为队长有限和队长无限两种情况。由于空间限制或者其他原因，一般系统都有队列容量的限制。在限度以内就排队等待，超过一定限度就按损失制处理。

顾客在系统排队，可以是单个队列，也可以是多个队列。对于多列排队的顾客有的可以相互转移，有的则不能（用栏杆等隔开）；有的排队顾客因等候时间过长而离开，有的则不能（如在高速公路行驶的汽车必须坚持到高速出口）。

服务过程

（1）服务台情况。具体有以下几种情况。

①服务台的数量。从数量上说，可以没有服务员，也可以有一个或多个服务员（服务台、窗口）。如超市的货架可以没有服务员，但交款时可能有多个服务员。

②服务台的结构形式。对多个服务台的系统，服务台可以是并行排列、串行排列或者混合排列。结合队列形式，可以构成多种形式的排队系统结构，如图 3-46 所示。

③服务方式。这是指在某一时刻接受服务的顾客数，它有单个服务和成批服务两种。如公共汽车一次就可装载一批乘客就属于成批服务。

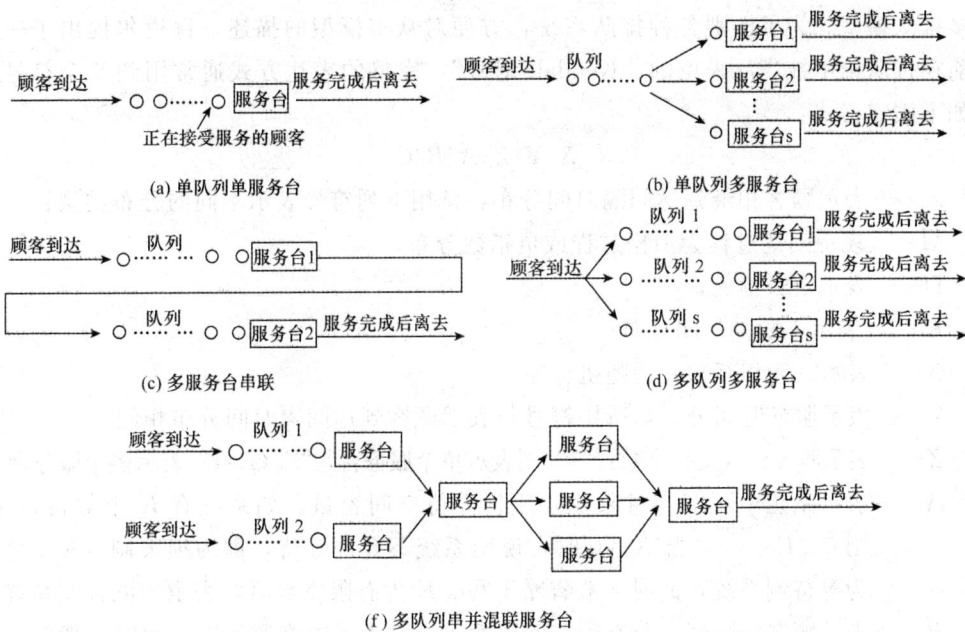

图 3-46 排队模型的结构形式

④服务时间的分布。一般来说，在多数情况下，对每一个顾客的服务时间是随机变量，其概率分布有定长分布、负指数分布、K 级爱尔朗分布和一般分布（所有顾客的服务时间都是独立同分布的）等等。负指数分布的概率密度函数如下：

$$f(t) = \begin{cases} \lambda e^{-\lambda t} & t \geqslant 0 \\ 0 & t < 0 \end{cases} \qquad (3-25)$$

它的分布函数是：

$$F(t) = \begin{cases} 1 - e^{-\lambda t} & t \geqslant 0 \\ 0 & t < 0 \end{cases} \qquad (3-26)$$

此外，对于生产系统而言，不同服务台的功能通常不同，即使是功能相同的服务台，它们的性能也有差异（如加工效率、加工质量等）。因此，工程实际中的排队系统更丰富。

（2）服务规则。常见的服务规则有如下四种。

①先到先服务（FCFS）。按顾客到达的先后顺序对顾客进行服务，这是最普遍的情形。

②后到先服务（LCFS）。在一些系统中也常用，如仓库中叠放的钢材，后叠放上去的都先被领走，就属于这种情况。

③随机服务。即当服务台空闲时，不按照排队序列而随意指定某个顾客去接受服务，如电话交换台接通呼叫电话就是一例。

④优先权服务。如老人、儿童先进车站，危重病员先就诊，遇到重要数据需要处理计算机立即中断其他数据的处理等，均属于此种服务规则。

3.6.2 排队系统的分类符号

根据输入过程、排队规则和服务机制的变化对排队模型进行描述或分类，可给出很多排队模型。为了区别各种排队系统，方便对众多模型的描述，肯道尔提出了一种目前在排队论中被广泛采用的"Kendall 记号"，完整的表达方式通常用到 6 个符号并取如下固定格式：

$$X/Y/Z/A/B/C$$

X——表示顾客相继到达间隔时间分布，常用下列符号表示不同的分布类型：

M——表示到达过程为泊松过程或负指数分布；

D——表示定长输入；

E_k——表示 k 阶爱尔朗分布；

G——表示一般相互独立的随机分布。

Y——表示服务时间分布，所用符号与表示顾客到达间隔时间分布相同。

Z——表示服务台（员）个数："1"则表示单个服务台，"s"（$s>1$）表示多个服务台。

A——表示系统中顾客容量限额，或称等待空间容量。如系统有 K 个等待位子，则 $0<K<\infty$，当 $K=0$ 时，说明系统不允许等待，即为损失制。$K=\infty$ 时为等待制系统，此时 ∞ 一般省略不写。K 为有限整数时，表示为混合制系统。

B——表示顾客源限额。分有限与无限两种，∞ 表示顾客源无限，此时一般 ∞ 也可省略不写。

C——表示服务规则，常用下列符号：

FCFS：表示先到先服务的排队规则；

LCFS：表示后到先服务的排队规则；

PR：表示优先权服务的排队规则。

例如：某排队问题为 $M/M/s/\infty/\infty/FCFS$，则表示顾客到达间隔时间为负指数分布（泊松流），服务时间为负指数分布，有 s（$s>1$）个服务台，系统等待空间容量无限（等待制）；顾客源无限，采用先到先服务规则。

某些情况下，排队问题仅用上述表达形式中的前 3 个、4 个、5 个符号。如不特别说明则均理解为系统等待空间容量无限、顾客源无限、先到先服务的等待制系统。

3.6.3 排队系统的性能指标

排队论研究的问题大体可分为统计问题和最优化问题两大类。统计问题是排队系统建模中的一个组成部分，它主要研究对现实数据的处理问题。在输入数据的基础上，首先要研究顾客相继到达的间隔时间是否独立同分布，如果是独立同分布，还要研究分布类型以及有关参数的确定问题。与之相类似，对服务时间也要进行相应的研究。排队系统的优化问题涉及系统的设计、控制以及有效性评价等方面的内容、有最少费用问题、服务率的控制问题、服务台的开关策略、顾客（或服务）根据优先权的最优排序等方面的问题。不管哪种问题，都需要了解排队系统的性能。

主要性能指标

研究排队系统的目的是通过了解系统运行的状况，对系统进行调整和控制，使系统处于最优运行状态。因此，首先需要弄清系统的运行状况。描述一个排队系统运行状况的主要数量指标有以下几个。

（1）队长。是指系统中的平均顾客数（排队等待的顾客数与正在接受服务的顾客数之和）。

（2）排队长。是指系统中正在排队等待服务的平均顾客数。

队长和排队长一般都是随机变量。我们希望能确定它们的分布，或至少能确定它们的平均值（即平均队长和平均排队长）及有关的矩（如方差等）。队长的分布是顾客和服务员都关心的，特别是对系统设计人员来说，如果能知道队长的分布，就能确定队长超过某个数的概率，从而确定合理的等待空间。

（3）等待时间。从顾客到达时刻起到它开始接受服务为止这段时间称为等待时间，它也是随机变量。等待时间是顾客最关心的指标，因为顾客通常希望等待时间越短越好。

（4）逗留时间。顾客在排队系统中的停留时间，即排队等待时间加服务时间。

对这两个指标的研究当然是希望能确定它们的分布，或至少能知道顾客的平均等待时间和平均逗留时间。

（5）忙期。指从顾客到达空闲的服务机构起，到服务机构再次成为空闲止的这段时间，即服务机构连续忙的时间。这是个随机变量，是服务员最为关心的指标，因为它关系到服务员的服务强度。

（6）闲期。与忙期相对的是闲期，即服务机构连续保持空闲的时间。在排队系统中，忙期和闲期总是交替出现的。

除了上述几个基本数量指标外，还会用到其他一些重要的指标，如在损失制或系统容量有限的情况下，由于顾客被拒绝，而使服务系统受到损失的顾客损失率及服务强度等，也都是十分重要的数量指标。表3-10给出了排队系统的常用指标。

表 3-10 排队系统常用的数量指标

	记　号	含　义
瞬时数量指标	$N(t)$	t 时刻系统中的顾客数（又称为系统的状态），即队长
	$N_q(t)$	t 时刻系统中排队的顾客数，即排队长
	$W(t)$	t 时刻到达系统的顾客在系统中的逗留时间
	$W_q(t)$	t 时刻到达系统的顾客在系统中的等待时间
统计数量指标	L_s	表示平均队长
	L_q	表示平均排队长
	W_s	表示平均逗留时间
	W_q	表示平均等待时间
其他指标	s	系统中并联服务台的数目
	$\lambda(1/\lambda)$	平均到达速度（平均到达时间间隔）
	$\mu(1/\mu)$	平均服务率（平均服务时间）
	ρ	服务强度，即平均到达率与平均服务率之比 $\rho=\lambda/(s\mu)$

上面给出的这些数量指标中，瞬时指标一般都是和系统运行的时间有关的随机变量，求这些随机变量的瞬时分布一般是很困难的。实际上相当一部分排队系统在运行

了一定时间后，都会趋于一个平衡状态（或称平稳状态）。在平衡状态下，队长的分布、等待时间的分布和忙期的分布都和系统所处的时刻无关，而且系统的初始状态的影响也会消失。因此，统计数量指标对我们的研究更有意义。

李特尔定律

李特尔（John D. C. Little）定律给出了系统的平均队长 L 和平均逗留时间 W 之间的重要关系，假设系统的容量是足够大，则：

$$L_s = \lambda W_s \tag{3-27}$$

如果平均服务时间为常数 $1/\mu$，则

$$W_s = W_q + \frac{1}{\mu} \tag{3-28}$$

$$L_s = L_q + \frac{\lambda}{\mu} \tag{3-29}$$

因此，对于四个统计指标，我们只要知道其中的一个，就可以根据上述公式，计算其他指标。

3.6.4 典型排队系统

M/M/1 排队系统

该系统表示输入为泊松过程，服务时间服从负指数分布，单服务台按照先到先服务原则的排队系统。我们假设到达率为 λ，服务率为 μ。若以 $P_n(t)$ 表示在时刻 t 的系统状态等于 n 的概率，那么在时间区间 $[t, t+\Delta t]$ 内，系统状态的变化由顾客的到达和离开确定。我们首先计算在时间区间 $[t, t+\Delta t]$ 内，有 1 位顾客到达的概率。指数分布的无记忆性告诉我们，有 1 位顾客的到达概率不依赖于系统处于状态 n 的时间长短，那么在时间区间 $[t, t+\Delta t]$ 内有 1 位顾客的到达概率为：

$$\int_0^{\Delta t} \lambda e^{-\lambda t} dt = 1 - e^{-\lambda \Delta t} \tag{3-30}$$

利用泰勒展开式：

$$e^{-\lambda \Delta t} = 1 - \lambda \Delta t + o(\Delta t) \tag{3-31}$$

所以，在时间区间 $[t, t+\Delta t]$ 内 1 位顾客的到达概率等于 $\lambda \Delta t + o(\Delta t)$。这说明在系统状态等于 n 的情况下的到达率 λ_n，$(n=1, 2, 3, \cdots)$ 等于系统的到达率 λ。则没有顾客到达的概率是 $1 - \lambda \Delta t$。

同理，在时间区间 $[t, t+\Delta t]$ 内有 1 位顾客服务完成，离开的概率是 $\mu \Delta t + o(\Delta t)$，没有离开的概率是 $1 - \mu \Delta t$。

系统状态等于 n 的概率可由下述四个事件构成，参见表 3-11 所示。

则在 $[t, t+\Delta t]$ 内，系统状态等于 n 的概率就表示为：

$$P_n(t+\Delta t) = (1-\lambda\Delta t)(1-\mu\Delta t)P_n(t) + \lambda\Delta t(1-\mu\Delta t)P_{n-1}(t) +$$
$$(1-\lambda\Delta t)\mu\Delta t P_{n+1}(t) + \lambda\Delta t\mu\Delta t P_n(t) \tag{3-32}$$

表 3 − 11 系统状态等于 n 的事件构成情况

方式	时刻 t 的状态	概率	$[t,\ t+\Delta t]$ 内发生的事件	发生的概率
1	n	$P_n\ (t)$	无到达，无离去	$(1-\lambda\Delta t)\ (1-\mu\Delta t)$
2	$n-1$	$P_{n-1}\ (t)$	到达一个，无离去	$\lambda\Delta t\ (1-\mu\Delta t)$
3	$n+1$	$P_{n+1}\ (t)$	无到达，离去一个	$(1-\lambda\Delta t)\ \mu\Delta t$
4	n	$P_n\ (t)$	到达一个，离去一个	$\lambda\Delta t\quad \mu\Delta t$

整理后得到下式

$$\frac{P_n\ (t+\Delta t)\ -P_n\ (t)}{\Delta t}=\lambda P_{n-1}\ (t)\ -\ (\lambda+\mu)\ P_n\ (t)\ +\mu P_{n+1}\ (t)\ +o'\ (\Delta t)$$

$$(3-33)$$

当 $\Delta t\rightarrow 0$ 时，$o'\ (\Delta t)\rightarrow 0$，有下列微分差分方程：

$$P'_n\ (t)\ =\lambda P_{n-1}\ (t)\ -\ (\lambda+\mu)\ P_n\ (t)\ +\mu P_{n+1}\ (t) \qquad (3-34)$$

我们可以证明当 $t\rightarrow\infty$ 时，$P'_0\ (t)\rightarrow 0$，$P'_n\ (t)\rightarrow 0$ 及 $P_n\ (t)\rightarrow P_n$，$n=0,\ 1,$

$2,\ \cdots$。并且 $\sum\limits_{n=0}^{\infty}P_n=1$。

$$0=-\lambda P_0+\mu P_1 \qquad (3-35)$$

$$0=\lambda P_{n-1}-\ (\lambda+\mu)\ P_n+\mu P_{n+1},\ n=1,\ 2,\ \cdots \qquad (3-36)$$

由上述公式，可以计算得到：

$$P_1=\frac{\lambda}{\mu}P_0,\ P_2=\left(\frac{\lambda}{\mu}\right)^2 P_0,\ P_n\left(\frac{\lambda}{\mu}\right)^n P_0,\ n=1,\ 2,\ \cdots$$

$$\left.\begin{array}{l} P_0=1-\rho \\ P_n=\ (1-\rho)\ \rho^n \qquad n\geq 1 \end{array}\right\}\ \rho=\lambda/\mu<1 \qquad (3-37)$$

根据上式，可以计算 M/M/1 排队系统的统计性能。

（1）平均对长

$$L_s=\sum_{n=0}^{\infty}nP_n=\sum_{n=0}^{\infty}n(1-\rho)\rho^n=(1-\rho)\rho\sum_{n=0}^{\infty}\frac{d}{d\rho}\rho^n=(1-\rho)\rho\frac{d}{d\rho}\sum\rho^n$$

$$=(1-\rho)\rho\frac{d}{d\rho}\frac{1}{1-\rho}=(1-\rho)\rho\frac{1}{(1-\rho)^2}=\frac{\rho}{(1-\rho)}=\frac{\lambda}{\mu-\lambda}$$

$$(3-38)$$

（2）平均逗留时间

$$W_s=\frac{L_s}{\lambda}=\frac{1}{\mu-\lambda} \qquad (3-39)$$

（3）平均等待时间

$$W_q=W_s-\frac{1}{\mu}=\frac{1}{\mu-\lambda}-\frac{1}{\mu}=\frac{\lambda}{\mu\ (\mu-\lambda)}=\frac{\rho}{\mu-\lambda} \qquad (3-40)$$

（4）平均排队长

$$L_q=\lambda W_q=\frac{\rho\lambda}{\mu-\lambda} \qquad (3-41)$$

M/M/1 排队系统的扩展

（1）队列容量有限的 M/M/1/N/∞

M/M/1/N/∞ 排队模型是设定系统的容量是有限的，即系统只能容纳有限数量的顾客。由于系统容量有限，当 $n > N$，顾客不再进入系统，其他条件同 M/M/1/∞/∞ 模型。其速率图如图 3-47 所示。

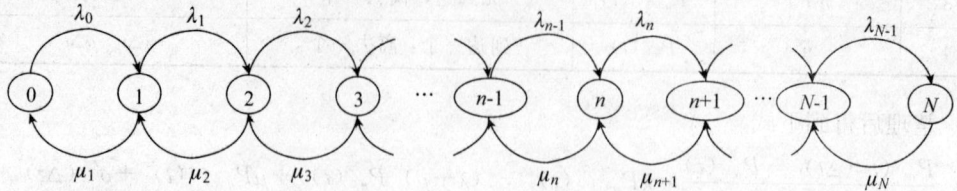

图 3-47 M/M/1/N 系统的速率图

该系统的主要指标计算公式如下表 3-12 所示（推导过程略）。

表 3-12 M/M/1/N 系统的数量指标

指标名称	计算公式	指标名称	计算公式
系统没有顾客的概率	$P_0 = \dfrac{1-\rho}{1-\rho^{N+1}}$	系统有 n 个顾客的概率	$P_n = \begin{cases} \dfrac{1-\rho}{1-\rho^{N+1}}\rho^n & n \leqslant N \\ 0 & n > N \end{cases}$
平均队长	$L_s = \dfrac{\rho}{1-\rho} - \dfrac{(N+1)\rho^{N+1}}{1-\rho^{N+1}}$	平均排队长	$L_q = L_s - (1-P_0)$
平均逗留时间	$W_s = \dfrac{L_s}{\lambda_{eff}}$	平均等待时间	$W_q = \dfrac{L_q}{\lambda_{eff}}$

其中，$\lambda_{eff} = \mu(1-P_0)$ 称为有效到达率，这是由于队长受限，真正进入服务系统的顾客要小于到达率 λ。

（2）顾客源有限的 M/M/1/∞/m 系统

M/M/1/∞/m 系统除顾客源有限制外，其余条件与 M/M/1/∞/∞ 系统相同。设顾客源数（设备数）为 m，系统中顾客数（等待维修和正在维修的设备数）为 n，故障率为 λ，平均服务率为 μ。其速率图如下图 3-48 所示。

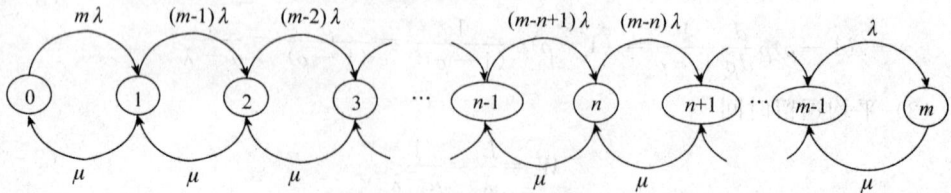

图 3-48 M/M/1/∞/m 系统速率图

稳态概率关系如下式所示：

$$\mu P_1 = m\lambda P_0$$
$$\mu P_{n+1} + (m-n+1)\lambda P_{n-1} = [(m-n)\lambda + \mu]P_n \quad (1 \leqslant n \leqslant m-1)$$
$$\mu P_m = \lambda P_{m-1}$$

利用上面一组差分方程，用递推方法，求得该系统的各项指标如下表 3 - 13 所示。

表 3 - 13　M/M/1/∞/m 系统数量指标公式

指标名称	计算公式	指标名称	计算公式
系统没有顾客的概率	$P_0 = \dfrac{1}{\sum\limits_{i=0}^{m} \dfrac{1}{(m-i)!} \left(\dfrac{\lambda}{\mu}\right)^i}$	系统有 n 个顾客的概率	$P_n = \dfrac{m!}{(m-n)!} \left(\dfrac{\lambda}{\mu}\right)^n P_0$ $(1 \leqslant n \leqslant m)$
平均队长	$L_s = m - \dfrac{\mu}{\lambda}(1-P_0)$	平均排队长	$L_q = L_s - (1-P_0)$
平均逗留时间	$W_s = \dfrac{L_s}{\lambda_e}$	平均等待时间	$W_q = \dfrac{L_q}{\lambda_e}$

其中 $\lambda_e = \lambda(m-L_s) = \mu(1-P_0)$。$m - L_s$ 为修理外的机器，λ_e 表示要修理机器的实际到达率；$1-P_0$ 为系统忙的概率，$\mu(1-P_0)$ 为系统忙的服务率。

例 3 - 1： 某车间有 5 台机器，每台机器的连续运转时间服从负指数分布，平均连续运转时间为 15 分钟。有一个修理工，每次修理服务时间服从负指数分布，平均每次 12 分钟。

求：（1）修理工空闲的概率；（2）5 台机器都出故障的概率；（3）出故障机器的平均台数；（4）等待修理机器的平均台数；（5）每台机器的平均停工时间；（6）每台机器平均等待修理时间。

解：此问题可以看作是一个 M/M/1/∞/5 排队系统。

$\lambda = 1/15$（台/分钟）　　　$\mu = 1/12$（台/分钟）　　　$\lambda/\mu = 0.8$

（1）修理工空闲的概率

$$p_0 = \left[\frac{5!}{5!}(0.8)^0 + \frac{5!}{4!}(0.8)^1 + \frac{5!}{3!}(0.8)^2 + \frac{5!}{2!}(0.8)^3 + \frac{5!}{1!}(0.8)^4 + \frac{5!}{0!}(0.8)^5\right]^{-1}$$

$$= 0.0073$$

（2）5 台机器都出故障的概率

$$p_5 = \frac{5!}{0!}(0.8)^5 p_0 = 0.287$$

（3）出故障机器的平均台数

$$L_s = 5 - \frac{1}{0.8}(1-0.0073) = 3.76 （台）$$

（4）等待修理机器的平均台数

$$L_q = 3.76 - 0.993 = 2.77 （台）$$

（5）每台机器的平均停工时间

$$W_s = \frac{5}{\frac{1}{12}(1-0.0073)} - 15 = 46 （分钟）$$

（6）每台机器平均等待修理时间

$$W_q = 46 - 12 = 34 （分钟）$$

M/M/s 排队系统及其扩展

(1) 标准的 M/M/s/∞/∞ 系统。标准的多服务设施排队系统规定如下条件：①顾客到达率为常数，服从泊松分布；②每台服务率为常数，服从指数分布；③单队排队，队长不受限制，排队规则 FCFS；④各服务台相互独立，不搞协作。

在多服务台排队系统中，如果系统中的顾客数 n 小于服务机构提供的服务台数量 s，排队系统就不会出现排队现象。在这种情况下，到达系统的顾客不需要排队等待，系统的整体服务效率等于 $n \times \mu$，闲置服务效率为 $(s-n) \times \mu$。如果顾客数 n 大于等于服务机构的服务台数量 s，排队系统的所有服务台都被占据，系统的整体服务效率等于 $s \times \mu$，它也是系统能够提供的最大服务效率。M/M/s/∞/∞ 系统的数量指标计算公式如下表 3-14 所示。

表 3-14　M/M/s 系统的数量指标公式

指标名称	计算公式	指标名称	计算公式
系统没有顾客的概率	$P_0 = \dfrac{1}{\left[\sum\limits_{n=0}^{s-1} \dfrac{(\lambda/\mu)^n}{n!} + \dfrac{(\lambda/\mu)^s}{s!} \left(\dfrac{1}{1-\lambda/s\mu} \right) \right]}$	系统有 n 个顾客的概率	$P_n = \begin{cases} \dfrac{(\lambda/\mu)^n}{n!} P_0 & 0 \leqslant n \leqslant s \\[2mm] \dfrac{(\lambda/\mu)^n}{s! \, s^{n-s}} P_0 & n > s \end{cases}$
平均队长	$L_s = L_q + \dfrac{\lambda}{\mu}$	平均排队长	$L_q = \dfrac{(\lambda/\mu)^s (\lambda/s\mu)}{s! (1-\lambda/s\mu)^2} P_0$
平均逗留时间	$W_s = \dfrac{L_q}{\lambda} + \dfrac{1}{\mu}$	平均等待时间	$W_q = \dfrac{L_q}{\lambda}$

(2) 有容量限制的 M/M/s/N/∞ 系统。对于容量有限的 M/M/s/N/∞ 系统，由于多于 N 个时不允许进入服务系统，故有：

$$C_n = \begin{cases} \left(\dfrac{\lambda}{\mu} \right)^n \dfrac{1}{n!} & n \leqslant s \\[3mm] \left(\dfrac{\lambda}{\mu} \right)^n \dfrac{1}{s!} \dfrac{1}{s^{n-s}} & s < n \leqslant N \\[3mm] 0 & n > N \end{cases} \tag{3-42}$$

采用类似的递推推导过程，可以得到该系统的数量指标计算公式如下表 3-15 所示。

表 3-15　M/M/s/N/∞ 系统数量指标公式

指标名称	计算公式
没有顾客的概率	$P_0 = \begin{cases} \left(\sum\limits_{n=0}^{s-1} \dfrac{\rho^n}{n!} + \dfrac{\rho^s (1-\rho^{k-s+1})}{s!(1-\rho_s)} \right)^{-1} & \rho_s \neq 1 \\[4mm] \left(\sum\limits_{n=0}^{s-1} \dfrac{\rho^n}{n!} + \dfrac{\rho^s}{s!} (N-s+1) \right)^{-1} & \rho_s = 1 \end{cases}$

指标名称	计算公式
系统有 n 个顾客的概率	$P_n = \begin{cases} \dfrac{\rho^n}{n!}P_0 & 0 \leqslant n \leqslant s \\[2mm] \dfrac{\rho^n}{s!s^{n-s}}P_0 & s < n \leqslant N \\[2mm] 0 & n > N \end{cases}$
平均排队长	$L_q = \begin{cases} \dfrac{P_0\rho_s\rho^s}{s!(1-\rho_s)}[1-\rho_s^{N-s+1}-(1-\rho_s)(N-s+1)\rho_s^{N-s}] & \rho_s \neq 1 \\[2mm] \dfrac{P_0\rho^s(N-s)(N-s+1)}{2s!} & \rho_s = 1 \end{cases}$
平均队长	$L_s = L_q + s + \displaystyle\sum_{n=0}^{s-1}\dfrac{(n-s)\rho^n}{n!}$
平均逗留时间	$W_s = W_q + \dfrac{1}{\mu}$
平均等待时间	$W_q = \dfrac{L_q}{\lambda_e}$

其中 $\rho = \lambda/\mu$ 　　 $\rho_s = \rho/s$ 　　 $\lambda_e = \lambda(1-P_N)$ 。

（3）有限顾客源的 M/M/s/∞/m 系统。设系统的顾客源为有限数 m ，每个顾客来到系统中接受服务后仍回到原来的总体，还有可能再来。这类有限排队系统的典型例子是 s 个工人共同看管 m 台机器，当机器出故障时即停下来等待修理，修好后再投入使用，且仍可能再出故障。该模型的推导过程与 M/M/1/∞/m 类似，其数量指标计算公式如下表 3-16 所示。

表 3-16　M/M/s/∞/m 系统的数量指标公式

指标名称	计算公式	指标名称	计算公式
系统没有顾客的概率	$P_0 = \left[\displaystyle\sum_{n=0}^{s-1}\dfrac{m!}{(m-n)!n!}\rho^n + \sum_{n=s}^{m}\dfrac{m!}{(m-n)!s!s^{n-s}}\rho^n\right]^{-1}$	有 n 个顾客的概率	$P_n = \begin{cases} \dfrac{m!}{(m-n)!}\rho^n P_0 & (1 \leqslant n \leqslant s) \\[2mm] \dfrac{m!}{(m-n)!s!s^{n-s}}\rho^n P & s < n \leqslant m \end{cases}$
平均队长	$L_s = L_q + \lambda_e/\mu$	平均排队长	$L_q = \displaystyle\sum_{n=s}^{m}(n-s)P_n$
平均逗留时间	$W_s = \dfrac{L_s}{\lambda_e}$	平均等待时间	$W_q = \dfrac{L_q}{\lambda_e}$

一般服务时间 M/G/1 模型

前面所讨论的排队模型都是顾客到达为泊松流、服务时间服从负指数分布的生灭过程排队模型，这类排队系统具有马尔可夫性，即由系统当前状态可推出未来的状态。但是如果达到的顾客流不是泊松流或服务时间不服从负指数分布时，则由系统的当前状态去推断未来状态，条件不充足，故须用新的方法来研究具有非负指数分布的排队系统。对于 M/G/1 系统，利用嵌入马尔可夫链推导出的 M/G/1 排队系统队长的计算公式称为波拉泽克—欣钦公式（Pollaczek-Khintching 公式，P-K 公式），其前提假设是：

（1）系统的输入参数为 λ 的泊松流。

（2）对每个顾客的服务时间 t 是独立同分布的随机变量，其期望值和方差分别为：

$$E(t) = \int_0^\infty t dF(t) = \frac{1}{\mu} \qquad Var(t) = \sigma^2 \qquad (3-43)$$

（3）其中 $\rho = \lambda/\mu < 1$。

可以证明，当系统达到稳定状态时，排队系统的数量指标公式如下表 3-17 所示。

表 3-17　M/G/1 系统数量指标公式

指标名称	计算公式	指标名称	计算公式
系统没有顾客的概率	$P_0 = 1 - \rho$	平均排队长	$L_q = \dfrac{\lambda^2 \sigma^2 + \rho^2}{2 (1-\rho)}$
平均队长	$L_s = L_q + \rho$	平均等待时间	$W_q = \dfrac{L_q}{\lambda}$
平均逗留时间	$W_s = \dfrac{L_s}{\lambda_e}$		

由上述公式可看出，系统的几个指标都仅仅依赖于 ρ 和服务时间的方差 σ^2，而与分布的类型没有关系，这是排队论中一个非常重要的结果。当服务率 μ 给定，方差 σ^2 减少时，平均队长和等待时间都将减少，于是，可通过改变 σ^2 来缩短平均队长。当 $\sigma^2 = 0$ 时，即服务时间为定长时，平均队长和等待时间可减到最小值，说明服务时间越有规律，等候的时间也就越短。

3.7　库存系统模型

3.7.1　库存系统概述

在日常生活和生产活动中，物资的供应量与需求量、供应时期与需求时期之间常存在不协调。为此，人们在供应和需求之间增加库存环节，将所需的物资存储起来，以备将来消费或使用，从而缓解供应和需求之间的不协调。

库存系统（Inventory System）就是指以储存的方式，解决供应与需求、生产与消费之间不协调性的现象与措施。库存系统是离散时间系统的重要类型之一。狭义的库存系统包括制造企业的原材料和在制品库存、百货商店的商品库存、水库蓄水量、银行现金储备、国家石油战略储备等。广义的库存系统还包括人力资源储备、教育和科研投入等。

库存管理对企业和区域经济发展具有重要意义。例如，制造企业的原材料库存太少，会造成企业停车待料和开工不足，不仅会给企业带来损失，还影响企业的服务水平；但是库存量过大，超出生产需要，又会造成资金和资源积压，积压商品还存在质量下降和贬值的风险。再如，雨季来临前水库的蓄水量也是值得研究的问题。蓄水量过少，当雨季降雨量偏少时会造成水库存水不足，影响发电、农田灌溉以及下游生产生活用水；蓄水量过大，当遭遇洪水时又会造成水位猛涨，可能引起泄洪不及，导致水坝垮塌，造成严重的经济损失。

对生产企业而言，降低库存不仅能带来成本的节约，还能发现很多生产管理中的问题：①经常性的产品制造质量问题。②工人的缺勤、技能训练差、劳动纪律松散和现场管理混乱问题。③供应商或外协厂家的原材料、外协件质量问题，交货不及时问题。④作业计划安排不当问题，生产控制制度不健全、预测不准问题。

显然，库存问题既具有普遍性，也表现出复杂性和多样性特征。库存系统要解决的基本问题是：①订购何种物料？②什么时候订货/再订货？③何时到货？④一次订货的数量是多少？

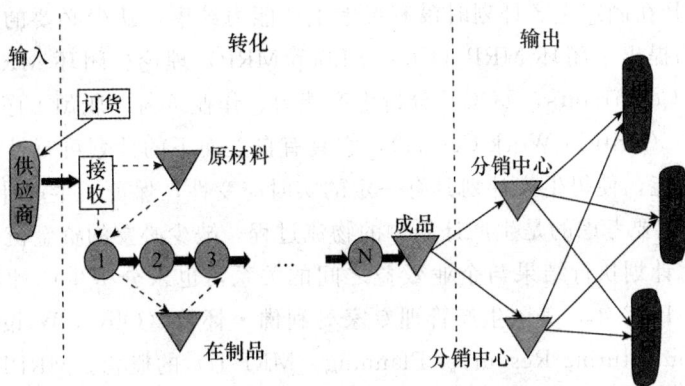

图3-49 从生产企业的物料流中看库存

库存有很多的分类方法。根据物料在生产中的作用分类，有原材料库存、在制品库存、维护—维修—作业（Maintenance-Repair-Operation，MRO）库存和产成品库存。其中原材料库存是已经购买，还未投产的物品存货。在制品是已经加工，还未完成的产品。通过减少循环时间，可以减小在制品库存。产成品是已经制造完成，正等待装运的存货。由于市场需求难以准确预测，相当数量的产品会以产成品库存形式存在。MRO库存是设备维护和维修需要而产生的，具有很大的不确定性。根据库存的功能，分为以下几种。

（1）周转库存（批量库存）。物料按批量来组织订货，由此形成的周期性库存。设置周转库存时要考虑：规模经济性、数量折扣等因素。

（2）安全库存（缓冲存货）。为防止缺货而设置的库存，一般是能够满足需求的最高点。用以应付突变的需求和供货延迟等情况，保证供应的确定性。

（3）运输库存。处于运输过程中的物料（成品、半成品、原材料）及两地之间的库存。运输库存取决于运输的时间。

（4）预期库存。由于需求的季节性和生产能力限制而需要进行提前储备的库存。设定预期库存存在一定风险。

根据需求和补充中是否包含随机性因素，库存系统可以分为确定型和随机型两种。库存管理的研究可追溯到 20 世纪初，始于确定型库存研究。30 年代，人们提出"订货点法"（Ordering Point Method）。订货点法以"库存补充"为原则，目的是使库存量不低于安全库存，以保证生产活动的正常进行，避免因库存不足而影响生产。订货点法比较适合于均衡消耗的场合，但是它未能考虑实际的物料需要，容易造成库存积压。60 年代，美国 IBM 公司的约瑟夫·奥利基（Joseph Orlicky）在分析产品结构和制造工艺的基础上，提出物料独立需求（Independent Demand）和相关需求（Dependent Demand）的概念，建立了上下层物料的从属关系和数量关系，并在此基础上提出新的库存管理理论——物料需求计划（Material Requirements Planning，MRP）。MRP 基于市场需求、产品结构、制造过程中的时间坐标以及库存信息等制定企业的生产计划和采购计划。

但是，MRP 在制定生产计划时没有考虑生产能力约束，缺少必要的计划可行性分析。为此，人们提出了闭环 MRP（Closed-Loop MRP）理论。闭环 MRP 采用约束理论（Theory Of Constraints，TOC）分析生产能力、作业负荷、瓶颈工序（Bottleneck）或关键工作中心（Critical Work Center），它具有自上而下的计划可行性分析和自下而上的执行反馈功能，使得生产计划具有一定的实时应变性，保证了生产计划的可靠性。

闭环 MRP 主要考虑的是生产计划中的物流过程，缺少必要的资金流动及财务成本分析，没有考虑计划执行结果与企业效益之间的关系，也未分析生产计划是否符合企业的发展目标。1977 年，美国生产管理专家奥利佛·怀特（Oliver Weight）提出制造资源计划（Manufacturing Resources Planning，MRP II）的概念。MRPII 以闭环 MRP 为基础，从企业的经营目标和整体效益出发，以生产计划为主线，增加财务与成本控制功能，通过对企业各种制造资源的计划和控制，实现了物流、信息流和资金流的集成管理，从而达到以资金流控制企业生产活动和物流活动的目的。

20 世纪 90 年代以后，在经济全球化和以互联网为代表的信息化技术的推动下，企业之间的竞争不断加剧，企业运作出现跨行业、跨地区和多业务融合等特征，它不仅要求企业对内部的制造资源进行管理，还要对供需链中的人、财、物、产、供、销等信息进行集成管理，以适应全球化市场竞争。MRPII 是以面向企业内部业务为主的管理系统，已不能适应全球化竞争、供需链集成管理的需求。1990 年，美国加特纳集团公司（Gartner Group Inc.）提出了企业资源计划（Enterprise Resources Planning，ERP）的思想。

ERP 建立在信息技术基础上，它面向全球市场和供需链管理，全面集成企业内外的相关资源和信息，实现资源的综合平衡和优化，是一种全方位和系统化的企业决策、计划、控制、经营管理平台。

3.7.2　库存模型的构成

库存系统模型应能反映库存问题的基本特征。库存系统模型的要素包括需求、补充、库存、费用以及库存策略等。

（1）需求（Demand）。库存的目的是满足需求。需求是库存的输出，它反映生产经营活动对资源的需要，即从库存中提取的资源量。随着需求的产生，库存将不断减少。

根据需求的时间特征，可以将需求分为连续性需求和间断性需求。其中，连续性需求是指需求随着时间的变化连续地发生，库存也随时间的变化连续地减少；间断性需求是指需求发生的时间很短，可以视为瞬间发生，与此相对应，库存的变化也呈跳跃式减少。根据需求的数量特征，可以将需求分为确定性需求和随机性需求。在确定性需求中，需求发生的时间和数量是确定的，如按合同规定的数量发生的需求等。随机性需求中，需求发生的时间或数量是不确定的，如因突发事件或自然灾害产生的需求等。对于随机性需求，一般要了解需求发生时间和数量的统计规律。

（2）补充（Replenishment）。补充是库存的输入。随着生产经营活动的进行，原有的库存不断减少，为保证生产经营活动不间断，库存必须得到及时补充。没有补充，或补充不足、不及时，将会导致库存消耗完毕，影响正常的生产活动。补充可以是从企业外采购，也可以是企业内生产。如果是企业外采购，从订货到货物进入库存往往需要一定的时间，称为采购时间。因此，由于订购时间的存在，为保证库存得到及时补充，必须提前订货，需要提前的时间称为订货提前期（Lead Time For Ordering）。

（3）库存（Inventory）。企业的生产经营活动总要消耗一定资源，由于资源供给与需求在时间和空间上的矛盾，通常需要存储一定数量的资源。这种为满足后续生产经营的需要而存储的资源就称为库存。需求、补充和库存是库存系统的三要素，它们共同构成如图 3-50 所示的动态循环系统。

图 3-50　库存系统的基本要素关系

（4）费用（Cost）。在库存理论中，常以费用作为评价和衡量存储策略优劣的依据。库存系统发生的费用通常包括存储费用、采购费用、缺货费用以及生产费用等。

存储费用包括储存资源占用的资金利息、保险以及使用仓库、货物损坏贬值等费用。一般地，存储费用与物资的存储数量以及时间长度成正比。采购费用也称订货费，它的构成包括订购费用（如手续费、电信费、差旅费）和物资进货成本（如货款、运费等）两部分。其中，订购费用与订货次数有关，与订货数量无关；物资进货成本与订货数量有关。缺货费用是指当库存物资不能满足需求时所造成的损失，如机会损失、停工待料损失、延期交货的额外支出以及不能履行合同而缴纳的罚款等。生产费用是指自行生产所需物资的费用，包括原材料和零部件成本、加工费用、装配费用以及生产组织费用等。

（5）库存策略（Inventory Strategy）。库存策略是指决定在什么情况下对库存进行补充、什么时间补充以及每次补充多少等的规则或方法。常用的库存策略包括以下几种。

①t—循环策略。不论实际的库存状况如何，总是每隔一个固定的时间 t，就补充固定的库存量 Q。显然，该策略只用于需求恒定的情况。

②$(t，S)$ 策略。每隔一个固定的时间 t 补充一次，补充数量以补充一个固定的最大库存量 S 为标准。因此，每次补充的数量是不固定的，需要根据实际库存量而定。当库存余额为 I 时，补充的数量为 $Q=S-I$。

③$(s，S)$ 策略。设库存余额为 I，若 $I>s$，则不对库存进行补充；若 $I\leqslant s$，则对库存进行补充，补充的数量为 $Q=S-I$。补充后达到最大库存量为 S。s 称为订货点。

④$(t，s，S)$ 策略。在不少情况下，需要通过盘点才能得知实际库存。若每隔一个固定的时间 t 盘点一次，得到当时库存为 I，再根据 I 是否超过订货点 s，决定是否订货、订货多少等。这种库存策略称为 $(t，s，S)$ 策略。

库存系统中，库存量因需求而减少，随补充而增加。若以时间 t 为横轴，以实际存储量 Q 为纵轴，就可以绘制出库存量随时间的动态变化规律，称为库存状态图，如图 3-51 所示。当已知单位时间内的物资需求、订货提前期 T（采购时间）、订货批量以及安全库存量时，就可以计算出订货点。在订货点处下订单，当所采购的物资到达仓库时，就可以使物资回复到最大库存。显然，在订货提前期不变的前提下，如果物资的需求增加，为保证生产经营活动的正常进行，需要将订货点升高，即提前订货；反之，如果物资需求减少，则订货点可以降低。此外，根据图 3-51，还可以分析订货提前期、安全库存、采购批量或最大库存等参数对订货点的影响。

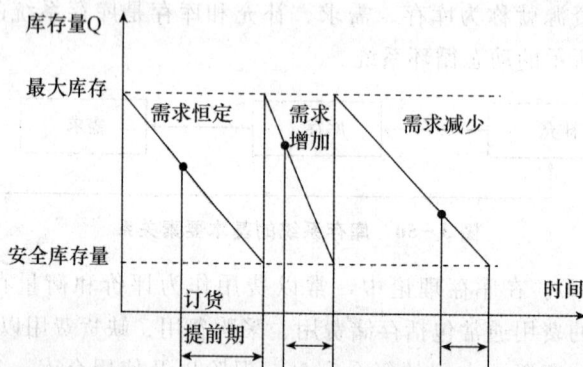

图 3-51 库存状态图

库存状态图是研究库存系统的重要工具。值得注意的是，即使是同一个库存问题，采用不同的存储策略，也会得到不同的库存状态图。制定库存策略时既要考虑减少物资的存储量，以减少存储费用，又要尽量减少库存的补充次数，以减少采购费用。当物资的需要量一定时，存储量越少则补充次数就越多，而补充次数越少则意味着存储量越大。因此，两者之间经常是相互矛盾的。如何在两者之间寻求平衡与统一，是库存决策时需要解决的重要问题。实际上，平均费用最低或盈利的期望值最大是衡量库存策略优劣与否的最主要标准。

在确定库存策略时，一般先要把实际问题抽象为数学模型，对复杂的问题或条件进行简化，以便反映问题的本质特征；再用数学方法求解模型，得出数量型结论。总体上，可以将库存系统模型分为两大类：确定型模型，即模型中的数据均为确定的数值；随机型模型，即模型中含有随机变量。

3.6.3　确定型库存模型

基本经济订货批量模型

基本经济订货批量模型是一种最简单的库存模型，这一模型是建立在如下假设基础上的：①单一的库存品；②不允许缺货，即缺货损失无穷大；③采购时间很短，可以近似地看作"0"，即一旦采购库存立刻得到补充；④每次的采购费用为常数，不随采购数量的多少而改变；⑤需求是连续稳定的，即假设需求速度（单位时间的需求量）为常数；⑥单位资源在单位时间的存储费用为常数。

从某一时点开始（不妨假设此时的存储量为"Q"），随着需求连续而稳定地发生，存储量将以速度 R 下降，当存储量降为"0"时（由于采购时间为零，所以不需要提前采购），为了确保需求的连续性必须进行第一次采购，若采购批量为"Q"，库存立即恢复到初始状态。此后，库存量仍以速度 R 下降，从而导致第二、第三次采购，如此循环下去。库存状态变化如下图 3-52 所示。

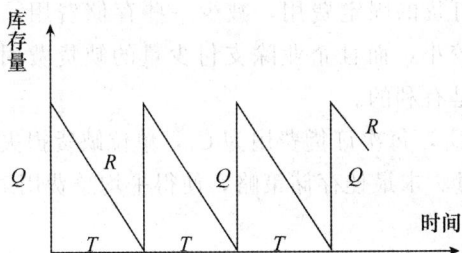

图 3-52　经济订货批量模型的库存状态

假定每隔时间 t 补充一次库存，则订货量必须满足 t 时间的需求 Rt；设订货量为 Q，则 $Q = Rt$，一次订货费用为 C_3，货物单价为 K，则订货费用为 $C_3 + KRt$。t 时间的平均订货费用为 $C_3/t + KR$，单位时间的存储费用为 C_1，则 t 时间内的平均存储费用为 $\dfrac{C_1 Rt}{2}$，t 时间内总库存费 $C(t)$：

$$C(t) = \frac{C_1 Rt}{2} + KR + \frac{C_3}{t} \tag{3-44}$$

余下的问题，就是当 t 取何值时 $C(t)$ 最小，对上式求导。

$$\frac{dC(t)}{dt} = \frac{C_1 R}{2} - \frac{C_3}{t^2} = 0 \ \text{得到} \ t_0 = \sqrt{\frac{2C_3}{C_1 R}} \tag{3-45}$$

即每隔 t_0 时间订一次货，可使 $C(t)$ 最小。订货量是：

$$Q_0 = Rt_0 = \sqrt{\frac{2C_3 R}{C_1}} \tag{3-46}$$

上述模型是库存研究中最基本的模型，式（3-46）就是库存论中著名的经济采购批量（Economic Ordering Quantity，EOQ）公式，也称经济批量公式。注意，式

（3-46）中并未包括货物的价格，这是由于单位时间内货物的需要量 R 与货物的单价 K 均为确定的量，即二者的乘积为常数，所以货物自身的价值并不会影响经济批量 Q_0 的取值，具体关系曲线如图 3-53 所示。

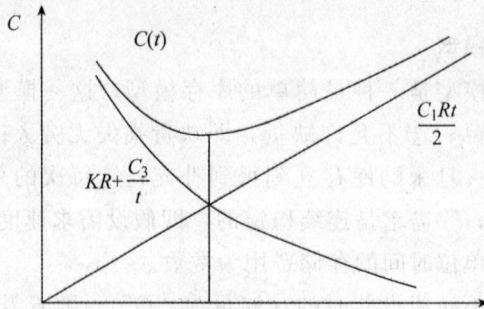

图 3-53　库存费用与订货周期关系曲线

允许缺货的经济采购批量模型

允许缺货的经济采购批量模型的假设与前述模型的假设基本相同，但是它允许缺货，并将缺货损失定量化。由于允许缺货，企业可以在库存降至零后，再等一段时间后订货，从而减少每次订货的固定费用，减少一些存储费用。一般地，当顾客遇到缺货时不受损失，或损失较小，而且企业除支付少量的缺货费用也无其他损失，这时发生缺货现象可能对企业是有利的。

设单位存储费用为 C_1，每次订货费用为 C_3，单位缺货损失（缺货费）为 C_2，R 为需求速度，S 最大库存量。求最佳存储策略，使得平均总费用最小。根据下图 3-54 可以建立费用方程：

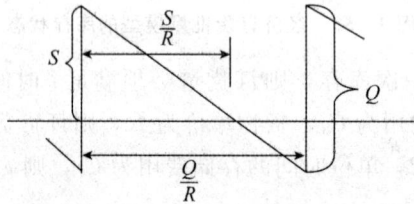

图 3-54　库存状态

$$C\ (t,\ S) = \frac{1}{t}\ \left[C_1\ \frac{S^2}{2R} + C_2\ \frac{(Rt-S)^2}{2R} + C_3\right] \tag{3-47}$$

利用对多元函数求极值的方法求 $C\ (t,\ S)$ 的最小值，可以得到

$$t_0 = \sqrt{\frac{2C_3\ (C_1+C_2)}{C_1 R C_3}} \tag{3-48}$$

$$S_0 = \sqrt{\frac{2C_2 C_3 R}{C_1\ (C_1+C_2)}} \tag{3-49}$$

$$C_0 = \sqrt{\frac{2C_1 C_2 C_3 R}{C_1+C_2}} \tag{3-50}$$

在允许缺货的条件下，最优存储策略为间隔 t_0 时间订一次货，订货量为 Q_0，用 Q_0

中的一部分补足所缺货物,剩余部分 S_0 进入库存。因此,在相同的时间内,允许缺货的订货次数比不允许缺货时的订货次数要少。

生产批量模型

库存的补充并非总是能瞬间完成的,有时它是一点点逐渐进行的。如果库存的货物不是从外部买入的,而是自己内部生产的,情况就是如此。因为库存补充从外部买入转为内部生产,所以相应的采购批量也改为生产批量,其模型称为生产批量模型。

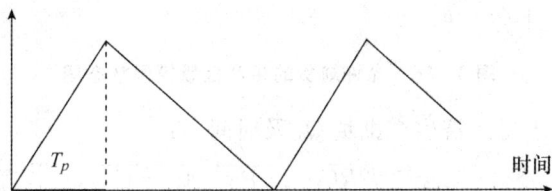

图 3-55 生产批量模型状态图

生产批量模型与采购批量模型非常相似,它的库存动态如图 3-55 所示。图中加重标以 T_p 的粗线段表示生产持续的时间,当然在此期间需求也在连续而稳定地进行,生产的产品一部分满足需求,一部分作为存货进入存储过程。让 P 表示生产率,且有 $P>R$。不失一般性,假设分析过程从"0"库存开始;由于此时生产与需求同时进行,所以库存的净增长率为 $P-R$,库存将连续增加 T_p 这么长时间,T_p 就是生产完一批货物所需的时间。如果仍然用 Q 表示生产批量,那么有 $T_p=\dfrac{Q}{P}$,所以最大库存量 T_p($P-R$)$=Q\left(1-\dfrac{R}{P}\right)$。有了最大的库存量表达式,即可进一步建立起平均库存量的表达式及费用方程。将费用率方程对生产批量 Q 求导并令该导数为"0",可求得经济生产批量 Q_0 及时间 t_0:

$$Q_0=\sqrt{\frac{2RC_3}{C_1}}\sqrt{\frac{P}{P-R}} \tag{3-51}$$

$$t_0=\sqrt{\frac{2C_3}{RC_1}}\sqrt{\frac{P}{P-R}} \tag{3-52}$$

允许缺货的生产批量模型

该模型的假设条件除允许缺货外,其余条件皆与生产批量模型相同。其库存动态如图 3-56 所示。

取 [0,t] 为一个存储周期,[t_1,t_3] 为生产周期(即一批产品生产所持续的时间),[0,t_2] 时间里存储量为"0",B 为最大缺货量。

$$B=R\times t_1=(P-R)(t_2-t_1),\text{即 } t_1=\left(\frac{P-R}{P}\right)t_2$$

$$S=(P-R)(t_3-t_2)=R(t-t_3),\text{即 } t_3=\frac{RT}{P}+\left(1-\frac{R}{P}\right)t_2$$

平均费用表示成 t 和 t_2 的函数:

$$C(t,t_2)=\frac{1}{t}\left[\frac{C_1R(P-R)(t-t_2)^2}{2P}+\frac{C_2R(P-R)t_2^2}{2P}+C_3\right] \tag{3-53}$$

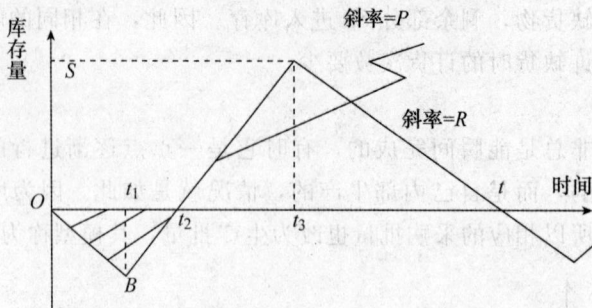

图 3-56 允许缺货的生产批量模型状态图

对其求偏导，可求得经济生产批量 Q_0 及时间 t_0：

$$Q_0 = \sqrt{\frac{2RC_3}{C_1}}\sqrt{\frac{P}{P-R}}\sqrt{\frac{C_1+C_2}{C_2}} \qquad (3-54)$$

$$t_0 = \sqrt{\frac{2C_3}{RC_1}}\sqrt{\frac{P}{P-R}}\sqrt{\frac{C_1+C_2}{C_2}} \qquad (3-55)$$

例 3-2：某厂每月生产需要甲零件 100 件，该厂自己组织该零件的生产，生产速度为每月 500 件，每批生产的固定费用为 5 元，每月每件产品存储费为 0.4 元，允许缺货，单位缺货的月费用为 1.6 元，求经济生产批量和生产间隔期。

解：已知 $R=100$，$P=500$，$C_1=0.4$，$C_2=1.6$，$C_3=5$。

$$Q_0 = \sqrt{\frac{2RC_3}{C_1}}\sqrt{\frac{P}{P-R}}\sqrt{\frac{C_1+C_2}{C_2}} = \sqrt{\frac{2\times100\times5\times500\times(0.4+1.6)}{0.4\times400\times1.6}} \approx 63（件）$$

$$t_0 = \sqrt{\frac{2C_3}{RC_1}}\sqrt{\frac{P}{P-R}}\sqrt{\frac{C_1+C_2}{C_2}} = \sqrt{\frac{2\times5\times500\times(1.6+0.4)}{100\times0.4\times(500-100)\times1.6}}$$

$$\approx 0.39（月）\approx 12（天）$$

除上述模型外，还有考虑货物价格与订货批量之间关系的库存模型等。工程应用时，库存模型中是否需要时间，完全取决于实际问题。值得注意的是，绝对意义上的不允许缺货或补充不需要时间的假设并不存在，需要根据具体情况进行客观分析。

3.6.4　随机型库存模型

在市场经济条件下，库存模型中的参数大多不是固定不变的常量。例如，某产品的市场需求量、原材料的采购价格、采购周期以及生产费用等。它们的统计规律（如概率分布、参数等）可以通过对历史资料的统计分析来确定。随机型库存模型就是指需求或补货时间等参数为随机型因素的库存模型。显然，对于随机型库存系统，有必要采用新的库存策略。常用的库存策略有以下几种。

（1）定期订货法。订货的数量需要根据上一个周期末剩下货物的数量来进行决定。若剩下的数量少，就可以少订货；若剩下的货物数量较多，就可以少订或不订货。

（2）定点订货法。当库存降低到某一规定的数量时即订货，不再考虑间隔的时间，每次订货的数量不变。上述规定的数量称为订货点。

（3）混合订货法。将定期订货和定点订货法综合起来，隔一段时间检查一次库存，如果存储量高于数值 s，则不订货；若存储量低于 s，则订货补充库存，订货量要使得库存量达到 S。这种策略也可以简称为（s，S）库存策略。

下面以"报童问题"（Newsboy Problem）为例，介绍随机型库存系统的特点和分析方法。报童每天销售的报纸数量是一个随机变量。订货量不足，会造成缺货损失；订货量过大，若不能及时出售，又会造成过剩损失。因此，报童需要确定每天应订购多少份报纸，以便获得更高的收益。

在实际应用中有许多与之相似的库存问题。例如，为一场球赛应准备多少"热狗"、为一年一度的圣诞节应准备多少圣诞树等。事实上，报童在一天内卖的每一张具体的报纸对研究问题并不重要，重要的只是一天下来到底卖了多少，所以我们可以不对时间段内的一些细节加以考虑。报童问题的最显著特征就是它的批量决策是一次性的。报童问题中的需求尽管是不确定的，但必须知道批量过大和批量过小后果间的适当关系。用 c 代表单位货物的采购价，s 代表货物售出价；那么 $s-c$ 就代表售出单位货物的利润额。用 v 代表单位货物的残值，如果过剩的货物完全报废，v 的值为零；有时 v 的取值也可能为负，比如当过剩的货物需要付费处理时就是如此。然而，在任何情况下都应存在 $c > v$，因为如果不是这样，就可以从过剩的货物中获得收益，从而得出批量越大越好的结论。$c-v$ 被称为单位过剩货物的损失。用 Q 来代表采购批量；用 a 代表每次采购的固定费用；用 p 表示顾客需求没有被完全满足时的单位缺货损失；用 D 代表不确定的需求，其概率分布为 $P_D(x)$，表示需求为 x 的概率。显然，需求 x 与采购批量 Q 之间存在以下两种关系：$x \leqslant Q$ 和 $x > Q$，下面就这两种情况分别进行讨论。

当 $x \leqslant Q$ 时，x 单位的货物能以 s 的价格销售掉，剩余的 $Q-x$ 将以 v 的价格处理掉。由于每次的采购费用为 $a + cQ$，所以收益的表达式应为：

$$P(Q \mid x) = sx + v(Q-x) - a - cQ \tag{3-56}$$

当 $x > Q$ 时，所有 Q 单位的货物都能以 s 的价格销售掉。在此情况下，虽然不存在剩余货物的问题，但却造成了缺货损失，所以此时收益的表达式应为：

$$P(Q \mid x) = sQ - p(x-q) - a - cQ \tag{3-57}$$

由式（3-56）和（3-57）可以得出一个包含各种情况的期望收益表达式。期望收益即各种情况下的收益以其发生概率为权重的代数和，即：

$$E[P(Q)] = \sum_{x=0}^{Q} (sx + vQ - vx - a - cQ)P_D(x) +$$
$$\sum_{x=Q+1}^{+\infty} (sQ - px + pQ - a - cQ)P_D(x) \tag{3-58}$$

整理有

$$E[P(Q)] = \sum_{x=0}^{Q} [(s-v)x + vQ]P_D(x) + \sum_{x=Q+1}^{+\infty} [(s+p)Q - px]P_D(x) - a - cQ \tag{3-59}$$

至此，剩下的问题就是寻找能使 $E[P(Q)]$ 达到最大值的 Q 了。尽管从逻辑上来讲 x 和 Q 都是整数型的量；但在此我们仍然将它们处理成连续型的量，这将给整个问题的求解以及解的表示带来极大的方便。为此，原来求和的形式必须由积分的形式来代替，同时 $P_D(x)$ 也应变为随机变量 x 的概率密度函数 $f(x)$。变化后的表达式为：

$$E[P(Q)] = \int_0^Q [(s-v)x + vQ]f(x)dx + \int_Q^{+\infty} [(s+p)Q - px]f(x)dx - a - cQ$$

$$(3-60)$$

这是一个关于 Q 的连续函数，其图形如图 3-57 所示。

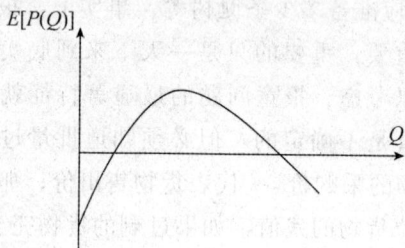

图 3-57　$E[P(Q)]$ 与 Q 的关系示意图

将莱布尼兹公式应用于式（3-60），可得 $E[P(Q)]$ 的微分形式：

$$\frac{dE[P(Q)]}{dQ} = v\int_0^Q f(x)dx + (s+p)\int_Q^{+\infty} f(x)dx - c \qquad (3-61)$$

因 $f(x)$ 是一个密度函数，所以：

$$\int_Q^{+\infty} f(x)dx + \int_Q^{+\infty} f(x)dx = 1 \qquad (3-62)$$

令 $\dfrac{dE[P(Q)]}{dQ} = 0$ 并整理有：

$$0 = v\left[1 - \int_Q^{+\infty} f(x)dx\right] + (s+p)\int_Q^{+\infty} f(x)dx - c$$

$$c - v = (s+p-v)\int_Q^{+\infty} f(x)dx \quad \int_Q^{+\infty} f(x)dx = \frac{c-v}{s+p-v} \qquad (3-63)$$

除非拥有关于 $f(x)$ 的进一步信息，否则式（3-63）就是批量 Q 的最严密表达式了。虽然上式作为 Q 的解是不够理想的，但它确实可以表明 Q 的取值。式（3-63）左侧的积分可被解释为需求超过 Q 的概率，即最优批量的确定应使顺利售空的概率等于 $\dfrac{c-v}{s+p-v}$。无论什么时候，Q 总是由以其为下限的需求累积分布等于一个固定的代数式来决定的，因此这种解也被称为转折点比率策略。下面我们用例子说明这一模型的应用。

例 3-3：假设报童以每张 8 角的价格购进报纸，以每张 15 角的价格出售，如果报纸过剩，报童可以以每张 1 角的价格退回给报社。由于报童进报过少不会造成直接的缺货损失，所以缺货损失定为"0"。再假设需求是以 150 为期望值、以 25 为标准差的正态分布，试求报童最佳的进报量。

解：根据题意，已知 $c=8$、$s=15$、$v=1$、$p=0$、$f(x)=\dfrac{1}{25\sqrt{2\pi}}e^{-\frac{(x-150)^2}{2\times 25^2}}$

需要求解 Q，将已知量带入公式（3-63）

$$\int_{Q}^{+\infty} f(x)dx = \frac{c-v}{s+p-v} = \frac{8-1}{15+0-1} = 0.5$$

即在 Q 的右侧密度函数下方的面积应该为 0.5。根据正态分布的对称性可得采购批量 $Q=150$（等于期望值），即最优的进报批量刚好与需求的期望值相等。

现假设报童找到了一个愿出 5 角的价格购买其剩余报纸的厂商，即假设 v 从 1 增至 5，此时的转折点比变为：

$$\int_{Q}^{+\infty} f(x)dx = \frac{c-v}{s+p-v} = \frac{8-5}{15+0-5} = 0.3$$

即最优采购批量增至其右侧的密度函数下方的面积只有 0.3。通过查阅正态分布表可知 $Q=150+0.52\times25=163$。即，由于降低了过剩的损失（风险），所以采购批量有所增加。采购的固定费用 a 并没有在转折点比率中出现，也就是说 a 并不会影响 Q 的取值。然而，对 Q 的影响 a 有时也会扮演一个重要的角色，当 a 大到使最优期望收益变为负值时，最优策略将变为根本不从事这一商业活动。

思考与练习

1. 结合具体的生产系统或服务系统，分析离散事件系统的基本特征。

2. Petri 网理论中建模的基本元素有哪些？它们有什么含义。

3. 如图 3-58 所示，一生产单元由两台机器（M_1 与 M_2）组成，它们共用一机器人 R 上下工件。输入传输带输送载有工件的托盘（1 个托盘上仅载 1 个工件），机器人 R 从其上抓取工件并装载到机器 M_1 上；机器人 R 将成品从机器 M_2 上卸下并送到输出传输带上，由其送走。两台机器间有一缓冲区，可存放两个中间工件。共有 3 个托盘可使用，工件安装在

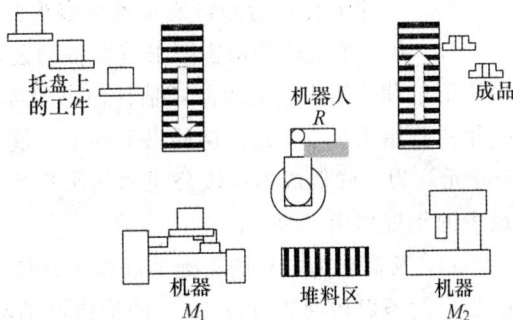

图 3-58　物流传输系统

其中之一上，先后由机器 M_1 与 M_2 加工。加工完毕后，托盘与成品自动脱离，然后转载新的工件，再回到输入传输带上。用 Petri 网建立该系统的模型。

4. Agent 的结构类型有哪些？多 Agent 的体系结构有哪些？

5. 多 Agent 系统的通信、协调与协作机制有哪些？

6. BP 算法的基本思想是什么？它存在哪些不足之处？

7. 神经网络的学习算法有哪些？

8. 如何在黄山、桂林、厦门三个旅游地中按照景色、费用、居住条件等因素选择

合适的出游地点？

9. 某加油站只有一个加油管，据估计，来到的汽车服从泊松分布，并且以 0.5 辆/分钟的速度到达，加油站院内可容纳 10 辆汽车，而再来的汽车排在院外等候，每辆汽车加油的平均时间为 1.5 分钟，服从负指数分布，计算如下运行指标：

（1）加油站空闲的概率；

（2）排队等候加油而还未加上油的顾客平均数；

（3）汽车在加油以前排队等候的平均时间；

（4）排队等候的汽车数超过院内容量的概率。

10. 某个美容店有 1 位美容师，留有 3 个等待服务的座位。顾客来到时看到 3 个等待的座位都有人时，便会离去。已知顾客到达的时间间隔和美容时间均服从负指数分布，平均到达间隔时间为 80 分钟，平均服务时间为 50 分钟。试求任一顾客期望等待时间和潜在的顾客损失率。

11. 有两个油泵的加油站，平均加注一辆汽车需要 1.2min，平均每小时有 80 台汽车前来加油。到达时间服从泊松分布，服务时间间隔服从指数分布。要求确定：

（1）预期在加油站的汽车数；

（2）预期汽车在加油站停留多长时间；

（3）某个油泵空闲的概率。

12. 某工厂生产载波机需电容元件，正常生产每日需 600 个，每个存储费 0.01 元/周，订购费每次为 50 元，问：

（1）经济订货量为多少？

（2）一年订购几次？（一年按 52 周计）

（3）一年的存储费和订购费各是多少？

13. 有一个生产和销售图书馆设备的公司，经营一种图书馆专用书架，基于以往的销售记录和今后市场的预测，估计该书架今年一年的需求量为 4 900 个。存储一个书架一年的费用为 1 000 元。这种书架的生产能力为每年 9 800 个，组织一次生产的费用为 500 元。为了降低成本，该公司如何组织生产？要求求出最优的生产量、相应的周期、最少的年度费用、每年的生产次数。

14. 某商店为今年的圣诞节准备圣诞树，每棵的进货价为 50 元，售价为 70 元，未能售出的圣诞树商店可以 40 元的价格返销给生产商。已知销售量 x 是一个服从泊松分布的随机变量，即存在 $P(x) = \dfrac{e^{-\lambda}\lambda^x}{x!}$。据以往经验，需求的期望值 $\lambda = 6$，问该商店应采购多少棵圣诞树？

第4章

常用的生产系统模型

4.1　TSP 问题模型

4.1.1　TSP 问题概述

旅行商问题（Traveling Salesman Problem，TSP）又称旅行推销员问题、货郎担问题，简称 TSP 问题，是最基本的组合优化问题。该问题是在寻求单一旅行者由起点出发，通过所有给定的需求点之后，最后再回到原点的最小路径成本。TSP 问题的最早研究始于欧拉，他在 1759 年研究了骑士周游问题，即对于国际象棋棋盘中的 64 个方格，走访 64 个方格一次且仅一次，并且最终返回到起始点。1948 年美国 RAND 公司积极推进 TSP 问题的研究，他们在研究中发现该问题的求解复杂度非常高，并且随着原始数据的增加，问题难度会以指数的形式无限增长。因此，TSP 问题成为了组合优化领域中一个典型的难题，也吸引了众多学者研究。Dantzig 等人在 1959 年建立了 TSP 问题的数学规划模型。

同样的问题，在中国还有另一个描述方法：一个邮递员从邮局出发，到所辖街道投邮件，最后返回邮局，如果他必须走遍所辖的每条街道至少一次，那么他应该如何选择投递路线，使所走的路程最短？这个问题称为中国邮递员问题（Chinese Postman Problem，CPP），由我国学者管梅古教授于 1962 年提出，并且给出了问题的求解算法。

随着理论和科技的发展，对 TSP 问题的研究不断深入，并取得了许多成果，但还存在许多尚待解决的问题，目前该问题已经被归入 NP（Non-Deterministic Polynomial）完全类问题的范畴。TSP 问题作为一个具有重要理论意义和广泛应用价值的组合优化问题，在农业、工业、商业、国防，特别是交通路线等方面存在大量的应用，因此受到了诸多领域研究者们的关注。

4.1.2　TSP 问题的模型

对于 n 个城市的 TSP 问题，总共有 $\dfrac{(n-1)!}{2}$ 条巡回线路。当 n 很大时，线路的数目

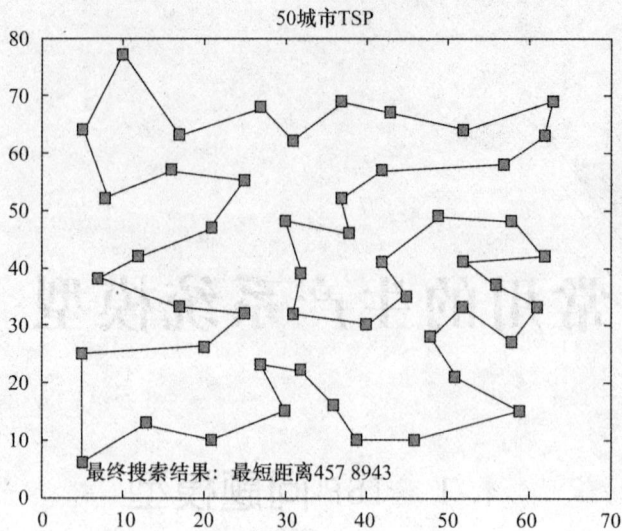

图 4-1 TSP 问题优化结果

将成为天文数字，此时想要精准地求出其全局最优解，以目前的技术条件来说是十分困难的。

TSP 问题的数学模型：在一个正权图 $G=(V, E)$ 中，顶点的集合为 $V=\{1, 2, \cdots, n\}$，各点之间的连线集合为 E，已知各顶点连线之间的距离（$c_{ij}>0$，$\forall i, j\in V$），TSP 要求 G 的哈密尔顿（Hamilton）回路上的消耗达到最小值。定义如下决策变量：

$$\min Z = \sum_{i\neq j} c_{ij} x_{ij} \qquad (4-1)$$

$$\text{s. t.} \begin{cases} \sum_{j\neq i} x_{ij} = 1 & i \in V \\ \sum_{i\neq j} x_{ij} = 1 & j \in V \\ \sum_{i,j\in S} x_{ij} \leqslant |S|-1 & S \in V \\ x_{ij} \in \{0,1\} & i,j \in V \end{cases} \qquad (4-2)$$

x_{ij} 是决策变量，当从城市 i 到 j 的边在路线上时，$x_{ij}=1$，否则为 0。前两个约束意味着对每个顶点而言，仅有一条边进出，第三个约束则保证了没有任何子回路解的产生。其中 S 是 V 的非空子集，$|S|$ 表示集合 S 中所含图 G 的顶点个数。

4.1.3 TSP 问题的分类

旅行商问题按不同的分类方法可以分成为不同的类型。

（1）根据距离矩阵分类。当 $c_{ij}=c_{ji}$ 时，问题被称为对称型旅行商问题。反之，称为非对称型旅行商问题。非对称型旅行商问题可以化为对称型旅行商问题，用对称型的方法求解。

在 TSP 问题中，任意三点之间距离满足三角形不等式时，该问题称为三角型旅行商问题。三角形不等式在很多情况下是自动满足的，如：只要距离矩阵是由同一度量矩阵导出的即可。一般而言，现实生活中的大多数问题都满足三角形不等式，它是旅行商问题中的一种主要类型。个别不满足的，也可转换成其闭包问题，它们的旅行商问题解是等价的。所谓闭包，是指是｛1，2，…，n｝的完全图中，c_{ij} 是边 $(i，j)$ 的距离，则 c_{ij} 是 $i→j$ 的最短路长。当 c_{ij} 是欧氏距离时，则称为欧氏距离的旅行商问题。显然此类问题既是对称型旅行商问题也是三角型旅行商问题。

（2）根据优化目标分类。①瓶颈 TSP 问题。瓶颈 TSP 问题与经典的 TSP 类似，仅目标不同，其优化目标是巡回线路中经过的最长距离最短，即最小化瓶颈距离。这类情形体现在那些并不追求总巡回线路最短，而只希望在巡回线路中每次从一个地点至另一个地点的单次行程尽可能短的应用问题。②多目标 TSP 问题。若各边弧上有 m 个权值，则使得哈密尔顿圈上相应的 m 个目标值都尽可能小的解就称为多目标旅行商问题的（Pareto）有效解。如实际问题中常常需要考虑：路程最短、时间最少、费用最省、风险最小等等多方面的因素。③最小比率 TSP 问题。该问题假设从一个城市走到另一城市可以获得某种收益，优化目标是使回程的总行程与总收益之比最小。这种优化目标类似于人们日常生活中经常使用的费用效益比，比单纯使用总行程更有实际意义。

（3）根据优化目标分类。①最小哈密尔顿链的问题。这是起点和终点不同的旅行商问题，TSP 问题的算法都可略做修改，用于求解该类问题。②多人 TSP 问题。由多人完成环游的旅行商问题。该问题可转换成等价的单人问题，只需将起点 1 改为 m 个虚拟点，其间用边连接，距离为充分无穷大。③依次排序 TSP 问题。这类问题是非对称旅行商问题，在给定的一系列顶点和距离矩阵下，寻找最短从顶点 1 到顶点 n 的哈密尔顿链，同时满足某些顶点要在另一些顶点之前被连接这一限制。

4.1.4　TSP 问题的求解算法

求解算法概述

目前针对 TSP 问题求解的算法很多，大致可以分为三类：精确算法、启发式算法和智能优化算法。精确算法又称为最优化算法，指能够通过有限的计算和推理得到优化问题的最优解的算法。研究得比较多的精确算法有：分支定界法（Branch and Bound Approach）、割平面法（Cutting Planes Approach）、网络流法（Network Flow Approach）、动态规划法（Dynamic Programming Approach）等。这一类算法能够得到问题的精确解，计算复杂度很大，只能用来求解小规模的问题，较大规模的问题求解时间过长，因而不能很好地满足实际应用的需要。

启发式算法意为通过对过去经验的归纳推理以及实验分析来解决问题的方法。启发式方法要求分析人员必须运用自己的感知和洞察力，从与研究问题有关而比较基本的模型及算法中寻求其间的联系，从中得到启发，去发现适于解决该问题的思路和途径。用启发式方法解决问题时强调"满意"，常常是得到满意解，决策者就认为可以了，而不去一味地追求最优性。这是由于一方面很多问题不存在严格最优解（例如目标之间矛盾的多目标问题）。另一方面对有些问题，得到它的最优解所花的代价太大，从实际决策的角度出发，有时要求最优解没有意义。目前常用的启发式算法有插入型启发式算法（最近插入、最远插入）、贪婪算法、Clark&Wright 算法、交换算法（2-Opt，3-Opt，or-Opt 等）等。

智能优化算法是人们基于"仿生拟物"思想，在人工智能领域开发的新算法。目前有上百种的各类智能优化算法，其中应用较为广泛的是禁忌搜索（Tabu Search，TS）算法、模拟退火算法（Simulated Annealing，SA）、遗传算法（Genetic Algorithms，GA）、粒子群算法（Particle Swarm Optimization，PSO）、蚁群算法（Ant Colony Algorithm，ACO）、人工蜂群算法（Artificial Bee Colony Algorithm，ABC）、人工神经网络（Artificial Neural Network，ANN）、引导领域搜索算法（Guided Local Search）、随机适应贪婪算法（Greedy Randomized Adaptive Search）、门槛接收法（Threshold Accept algorithm）等。

启发式算法介绍

TSP 问题的启发式算法有很多，大致分为三类：构造启发式算法、插入启发式算法和改进启发式算法。对于构造启发式算法，最典型的是贪婪算法和 Clark&Wright 算法。插入启发式算法有最邻近插入法、最远插入法、最小插入法等。改进启发式算法主要是对前两种产生的线路进行改进，主要有 2-Opt、3-Opt、Or-Opt 等。下面我们主要介绍几种常用的启发式算法。

（1）贪婪算法。贪婪算法首选随机选择一个城市作为起点，然后依次从未访问的城市中，选择离当前城市最近的城市作为下一个访问地。贪婪算法的流程如图 4-2 所示。

Step1：随机选择一个城市 i 作为起点。

Step2：从未访问的城市中选择距离 i 最近的城市 j 作为下一个要访问的城市。

Step3：将 j 作为当前城市，从未访问的城市中选择距离 j 最近的城市 z 作为下一个要访问的城市。

Step4：重复上述过程，直到所有城市都被访问。

图 4-2 贪婪算法的流程

（2）最邻近插入法。插入型算法可按插入规则的不同而分为若干类，其一般思想为：通过某种插入方式选择插入边 $(i，j)$ 和插入点 k，然后将 k 插入 $(i，j)$ 之间，形成线路 $\{\cdots，i，k，j，\cdots\}$。重复上述过程形成回路。在具体实施中，可以将出发点取遍各点而得到多个解，从中选择最好的一个，但这样增加了算法的时间复杂度。对于最邻近插入法，即选择最邻近的点插入，具体算法步骤如下：

Step1：随机取城市 O 作为起点。

Step2：找到离 O 最近的节点 l，构成局部线路 $O-l-O$。

Step3：从未访问的点中，找到距离已形成的局部线路上最近的点 v。

Step4：在局部线路中寻找待插入的弧 $(i，j)$，使其满足 $c_{iv}+c_{vj}-c_{cj}$ 最小，将 v 插入 $(i，j)$ 之间。

Step5：返回 Step3，直到所有的节点被访问。

图 4-3 最邻近插入的流程

最远插入法、最小插入法与最邻近法的过程类似，区别在于选择的标准不同，一个是寻找距离最远的点插入，一个是寻找插入后距离增加最少的点。

（3）r-Opt 算法。r-Opt 算法一般是对构造算法和插入算法产生的线路进行改进的算法。它是由 Lin 等人（1965）提出的，主要用于对称型旅行商问题的求解。其核心思想是对给定的初始回路，每次通过交换 r 条边来改进当前的解。通常，r 增大可以使改进的结果更优秀。但是，通过大量的仿真实验，发现 3-Opt 比 2-Opt 好，但是 4-Opt 和 5-Opt 却并不比 3-Opt 优秀，但计算量却增大很多。r-Opt 的算法流程如下图 4 - 4 所示。

Step1：根据一定的规则求出每个顶点的候选顶点集，人为地规定该顶点只能和候选集中的顶点相连接。
Step2：先构建一个初始可行解。
Step3：对每一个顶点轮流进行 r-opt 交换，直到无法改进当前解为止。
Step4：输出当前的解作为结果。

图 4 - 4　r-Opt 的算法流程

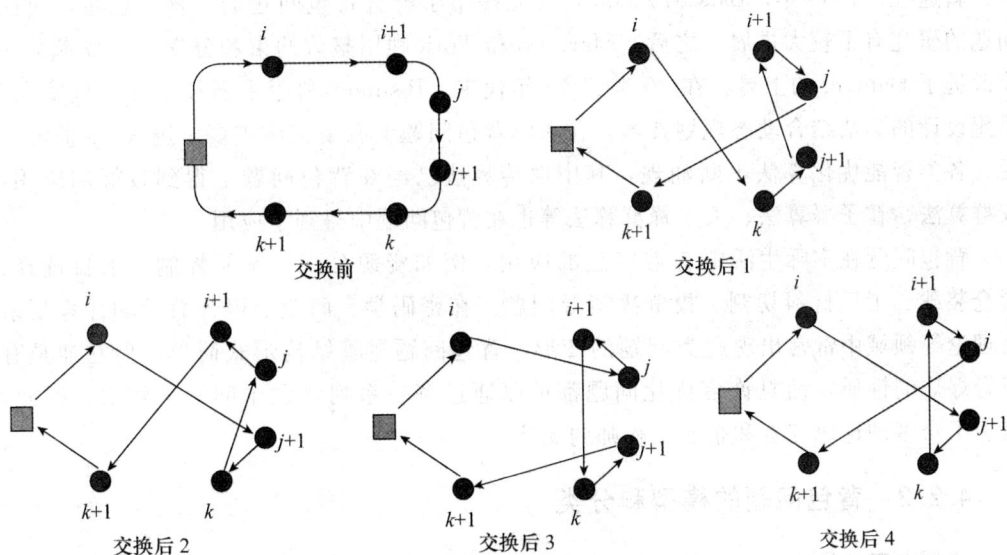

图 4 - 5　3-Opt 的示意图

4.1.4　TSP 的应用领域

　　TSP 问题除了广泛应用在与路径相关的如送餐问题、快递取送问题等，还在望远镜伺服电机控制、搜索太空行星、人类基因测序等领域有应用。TSP 应用最为广泛的则是在生产制造领域，如印刷电路板的钻孔问题。印刷电路板上有大量小孔，用来装载计算机芯片和导通各层电路板之间的连接。在制造过程中，自动钻孔机在特定位置之间移动，找出使钻头移动时间最短的路线，就是 TSP 问题的经典应用，通常相当于几百到几千个城市的 TSP 问题。利用 TSP 问题的高效算法，可以将电路板生产线的产量提高 10% 左右。与此类似的，半导体芯片内的激光刻蚀点位的优化，也可以转化为 TSP 问题，该问题的规模相当于 10 万个城市的 TSP 问题。此外，数控机床刀具的切割线路优化、半导体器件的测试、3D 打印设备的雕刻线路优化等问题，都可以转化为

TSP 问题。

4.2 背包问题模型

4.2.1 背包问题概述

背包问题（Knapsack Problem）是典型的组合优化问题，是 NP 完全问题。Dantzig 在上世纪 50 年代中期首先进行了开创性的研究，利用贪心算法求得了一个理想解，得出了 0－1 背包问题最优解的上界。在随后的二十几年里，背包问题研究没有取得太大进展，该上界也未得到改进。直到 1974 年，Horowitz 和 Sahni 首先利用分支定界技术设计出有效算法求解背包问题，并提出了背包问题的可分性，提出了求解该问题的一条新途径。1980 年，Bals 和 Zemel，首先提出了解答背包问题的"核"思想，使该问题的研究有了较大进展。之后，Martello 和 Toth 利用整数约束和分支定界技术第一个改进了 Dantzig 的上界。在 20 世纪 90 年代末，Pisinger 利用平衡技术和"核膨胀"思想设计的算法结合动态规划技术，在求解背包问题上有了实质进展。进入 21 世纪以后，各类智能优化算法不断涌现，其中遗传算法已经在背包问题上得到较好的应用，蚁群算法、粒子群算法、人工蜂群算法等也在背包问题中得到了应用。

背包问题在实际生活中有着广泛的应用，例如资源分配、预算控制、项目选择、货仓装载、工厂材料切割、投资决策等问题。在密码学、商业、组合数学和计算复杂性理论等领域中常常出现此类问题的变形。背包问题尽管结构形式简单，但它却具有组合爆炸的性质，而且许多优化问题都可以通过解一系列背包子问题来解决。因此，吸引了众多理论研究者和企业工程师的关注。

4.2.2 背包问题的模型和分类

背包问题的模型

背包问题可以描述为：有 n 物品，一个最大承受重量为 C 的背包，每件物品的价值是 p_j $(j=1, 2, \cdots, n)$，物品的重量是 w_j $(j=1, 2, \cdots, n)$，要求在不超过背包最大承受重量的前提下，使装载的物品总价值最高。该问题的数学模型如下：

$$\max \quad z = \sum_{j=1}^{n} p_j x_j \tag{4-3}$$

$$\text{s.t.} \quad \sum_{j=1}^{n} w_j x_j \leqslant C \tag{4-4}$$

$$x_j = 0 \text{ 或 } 1 \quad j \in N = \{1, 2, \cdots, n\} \tag{4-5}$$

式中 x_j 是决策变量，当物品 j 被选中，$x_j=1$，否则为 0。由于 x_j 的取值只能是 0 或者 1，因此该问题也称为 0－1 背包问题。

背包问题的分类

（1）有界/无界背包问题。在基本的 0－1 背包问题中，有一个隐含的约束条件，即每个物品只能取一次。当把此约束条件去掉时，即是无界背包问题，又称为完全背包问题。当约束条件是每个物品至多取 b_i 次时，该问题称为有界背包问题。

（2）多选择背包问题。多选择背包问题（Multi-choice Knapsack Problem，MKP），有时也称为分组背包问题，是一种有附加约束条件的背包问题，该问题带有互不相关的多选择约束。即将物品分成 m 组，每组中的物品互相冲突，从每组中只能选择一种物品，在所选物品的总重量不超过的背包重量约束的情况下，使得背包中的物品总价值最大。在实际的生产中，产品结构的"质量—成本"优化、汽车组装、房屋装修维修等问题都可以归结为该问题。例如：一个产品由 m 个零部件组成（m 类），每个零部件由多个备选件组成（一类中不同的物品），每个备选件都有一个质量权重（相当于费用）和成本（相当于重量），产品的设计成本不能超过目标成本（相当于背包的承重），问题是在不超过目标成本的前提下，选择什么样的零部件，才能使所装配的产品的质量最优（质量等级最高）。

（3）多约束背包问题。多约束背包问题（Multi-constrained Knapsack Problem，MKP）也称为多重背包问题或者多维背包问题。在多约束背包问题中，有多个背包存在，同时带有约束条件（重量、尺寸、可靠性等）。这时不仅要确定选择哪个物品放入背包，而且要确定放入哪个背包。实际中的资源配置问题、货物装载问题等都是该问题的应用。例如，在资源受限的情况下，生产哪些产品的组合能使利润最大的问题。产品相当于物品，资源相当于不同的背包，产品消耗的资源相当于放入不同背包时所表现出来的重量。

（4）多约束多选择背包问题。该问题是问题（2）和（3）的混合问题，不仅有背包的约束还有物品选择的约束，是极难求解的问题。

（5）有依赖的背包问题。在此类背包问题中，物品之间存在某种"依赖"关系。假如物品 A 依赖于 B，在选择物品时，如果选择了物品 A 那么必须选择物品 B。如果 A、B 互相依赖，那么当选择 B 时，也必须选择 A。在有依赖的背包问题中，物品由若干主件（不依赖于任何别的物品的物品）和若干附件（依赖于某主件的物品）组成。

此外，还有一些其他背包问题的类型，如广义多维多选择背包问题、找零钱问题、最大子集合问题等，这里不再一一列举。

4.2.3 背包问题的求解算法

背包问题的研究发展至今，研究者已经提出众多算法进行优化求解。与 TSP 问题类似，主要分为精确算法、启发式算法和智能优化算法。精确算法有枚举法、回溯法、递归法和动态规划算法等，启发式算法有贪婪算法、分支定界算法等，智能优化算法有遗传算法、蚁群算法、粒子群算法等。下面主要介绍递归法和贪婪算法。

递归法

在背包问题的递归解法中，每次选择一个项，假设可以递归地找到装载剩余背包的最优方式。假设容量大小为 C 的背包，对于可用的每一项 i，可以把 i 放入背包的同时使其他项有最优方式装载，来得到一种最优解。简单地说最优装载方式就是已经找到或将要找到大小为 C-item [i] . size 的更小背包的最优装载方式。这种解法利用了最优决策原理，一旦做出决策，就不需要改变。一旦知道如何装载较小容量的背包，并获得最优集合，不论考虑的下一个项是什么，我们都不需要重新检查这些问题。递归算法描述如下。

假设那些项都是大小和值的结构，并由 $typedef\ struct\ \{int\ size;\ int\ val;\}\ Item;$ 定义。同时，有一个类型为 $Item$ 的长度为 N 的数组。对于每一个可能项，递归计算包含哪一项得到的最大值，然后找出所有这些值的最大值。算法的伪代码描述如图 4-6 所示。

```
int knap (int cap, int i)
{
  int k, space max, t;
    for (k=i, max=0; k<N, k++)
      if ( (space=cap−items [i]. size) >=0)
        if (t=knap (space, i+1) +items [i]. val) >max)
          max=t;
        return max;
}
```

图 4-6　递归算法伪码

递归算法本身是一种深度优先的穷举算法，所以不适合大规模问题的求解。

贪婪算法

贪婪算法通过一系列的选择得到问题的解，在每次都做出在当前状态下看来是最好的选择，也就是希望通过局部最优达到整体最优。这种启发式的策略并不是总能够获得最优解，然而在许多情况下能达到预期目标。贪婪算法类似于动态规划法，在对问题求解时，首先把问题分解成若干个子问题，它从上而下，依次利用贪婪准则。通过每步的贪婪选择就可得到一个问题的最优解。当然，贪婪算法所做出的决策只利于求解局部最优解，而不是全局最优解，但是贪婪算法比动态规划算法要快得多，它节省了为找全局最优解而必须穷尽所有解所耗费的大量时间。贪婪算法与动态规划法的不同之处在于，贪婪算法的当前选择可能要依赖已经做出的所有选择，但不依赖于有待于做出的选择和子问题。而动态规划法的当前选择不仅依赖已经做出的所有选择，而且还依赖于有待于做出的选择和子问题。

贪婪算法求解背包的过程是：先将物品按价值密度的值降序排列，然后依次将物品放入背包内，直至超出背包最大容纳量为止。算法的描述如图 4-7 所示。

Step1：求出每个物品的价值密度 $r_j = p_j/w_j$，$j=1, 2, \cdots, n$。
Step2：根据价值密度，进行非升序排序 $r_1 \geq r_2 \geq \cdots \geq r_n$。
Step3：从当前未标记的物品中，选择价值密度最大的物品，如果其重量未超过背包的剩余重量，则将其标记为选中物品，并更新背包的剩余重量。
Step4：重复 Step3，直到没有物品可以放入背包为止。

图 4-7　贪婪算法求解背包问题

4.3　指派问题模型

4.3.1　指派问题概述

在生产管理中，决策者总是希望能够对人员进行最佳分配，以最大限度地发挥他们各自的工作效率。例如，某部门有 n 项不同的任务，需要 n 个人去完成，而该部门恰好有 n 个人可以分别去完成其中的任何一项。但由于任务的性质和每个人的知识、能力、经验等各不相同，各人去完成各项不同任务的效益（或所费时间或所花费用）就有差别。那么这 n 项任务如何分配给这 n 个人去完成，才能使完成所有任务的效益最高（总时间或总费用为最小等）呢？这就是典型指派问题（Assignment Problem，AP）或分配问题。

指派问题是指在满足特定指派要求的条件下，优化匹配两个或多个集合，使指派方案总体效果最佳。指派问题在 1952 年首先出现在 Votaw 和 Orden 的文章中。1955年，Kuhn 用匈牙利算法对指派问题进行了求解，此后指派问题获得了长足的发展。指派问题发展出了很多变型，如瓶颈指派问题、广义指派问题、二次指派问题、半指派问题等等。

指派问题的应用范围十分广泛，其应用领域主要有车间调度计划和运输调度计划。车间调度计划中的指派问题有：给机器指派任务、给工人安排作业、给机器安排工人等等。运输调度计划中的指派问题有：给仓库安排车辆、给客户指派运输车辆、给客户指定供货工厂等等。此外，指派问题还用于设备布置、人力计划、资金预算计划、机场停机位置指派、通信卫星在地面各个接收站之间的时间分配等方面。

4.3.2　指派问题的分类

指派问题涉及优化匹配两个或者多个集合，而问题的维度指的是需要匹配的元素集合的个数，目前研究的大部分指派问题只涉及两个集合，也就是两维度的指派问题。当只有两个集合时，一般称这两个集合为"任务"和"代理"，根据任务和代理之间对应方式的不同，两维度的指派问题可分为一对一指派问题和一对多指派问题。对于多维度的指派问题，因为研究较少，此处将其归类为其他指派问题类型。

4.3.2.1　一对一指派问题类型

在一对一的指派问题中，每一个任务只能安排给一个代理，同时每一个代理至多只能被安排一个任务。这类指派问题的应用范围最为广泛，相应的研究也最多，经典指派问题及其相应的变型基本都属于这类指派问题。下面将介绍几种一对一的指派类型。

经典指派问题

经典指派问题即上节一开始提到的问题，在 n 个任务和 n 个代理中找到一个一对一的匹配方法，目标是使安排任务的总成本最小。经典的例子包括给机器安排任务、给工人安排作业、给机器安排工人等。

K-基数指派问题

K-基数指派问题是经典指派问题的一个变型，是由 Amico 和 Martello（1997）提出。在这个变型中有 m 个代理和 n 个任务，但是只有其中 k 个代理和任务需要被指派，其中 k 小于 m 也小于 n。该问题在实际中也经常遇到，例如指派工人给机器，但是只有一部分工人和机器需要被安排。同时，这个模型还可以用于解决某些问题的子问题，如用于通信卫星在不同的地面接收站之间传输信息时的时间分配问题。

瓶颈指派问题

瓶颈指派问题（The Bottleneck Assignment Problem，BAP）与经典指派问题的区别在于问题的目标不同。经典指派问题的目标是指派总成本最大或者最小，而瓶颈指派问题的目标则是使最大指派成本最小，或者最小指派成本最大。如在紧急的情况下，把军用物资从仓库运输到指定的地点，使其中最长的物资运输时间最小。

平衡指派问题

瓶颈指派问题的目标是某种指派的最大价值最小，或是某种指派的最小价值最大，但是这个目标却没有考虑到其他指派的价值。平衡指派问题试图同时兼顾两个目标，使最大指派价值和最小指派价值之差最小化。平衡指派问题在现实中的应用很多，例如为一种由多个零件组成的产品选择供应商时，为使所有的零件尽可能在同一段时间更换，就要使各个零件的最长失效时间和最短失效时间之差最小；又如为了比较不同治疗方法的疗效，安排病情严重程度不等的病人组成实验组，目的就是让实验组的"平均"严重程度的最大值和最小值尽可能地接近。

半指派问题

经典指派问题的一个关键假设是待指派的代理和任务都是独一无二的，而在半指派问题中，所有的代理都是独特的，而一些任务是相同的，或者所有的任务都是独特的，而一些代理是相同的。半指派问题经常应用于人力资源调度、资金预算和工程计划中。如在海军人事调度时，一条特定的船可能需要几个处于同一技能水平的无线通信操作者。一般来说，半指派问题中由于某些任务或者代理相同，在求解时相比其他指派问题相对简单，大规模的复杂半指派问题也能较快地求得最优解。

二次指派问题

二次指派问题（The Quadratic Assignment Problem，QAP）常用于解决设施布置问题，如在 n 个可选位置中选择 m 个作为设施地点。QAP 问题和经典指派问题的目标略有不同，其在计算设施布置成本时主要考虑设施布置后两两之间的相互影响成本。比如车间布置时，要考虑两个工位之间转移货物的成本。所以在这类指派问题中，如何确定此影响成本是重点，也是难点。

4.3.2.2 一对多指派问题类型

在一对多的指派问题中，每个任务只能安排给一个代理，而一个代理可以同时被安排多个任务。这类指派问题的应用范围也很广泛，相应的指派类型也比较多，下面将介绍几种常见的模型。

广义指派问题

广义指派问题（The Generalized Assignment Problem，GAP）是一对多指派问题中的最基本类型。因为一个代理同时安排几个任务，所以广义指派问题在模型约束上比经典指派问题多了一项代理能力约束，模型的目标不变。广义指派问题广泛应用于车辆路径问题、固定成本选址问题、柔性制造系统的分组和负荷问题、工程调度问题等一系列领域。

多资源广义指派问题

多资源广义指派问题（The Multiple Resource GAP，MRGAP）是 GAP 问题的一个变型。它在 GAP 原有的代理能力约束之外新增了一项约束，这项约束根据具体问题的不同而不同。例如在设计配送系统时考虑车辆路径约束，在制定多阶段生产计划时考虑订单的选择带来的提早成本和外包成本等，或制定生产计划时考虑在不同机器上分配生产任务时产生的机器启动成本等等。

瓶颈广义指派问题

瓶颈广义指派问题（The Bottleneck GAP，BGAP）和一对一指派类型中的瓶颈问题类似，只是修改了 GAP 问题的目标。根据目标不同又把 BGAP 分为两种类型，一种 BGAP 的目标是使指派结果中的最大指派成本最小化，这类模型可以应用于政府部门的建模决策，如分配各个城市区域到各服务中心（医院、学校等），使各区域到其服务中心的最远距离最小化。第二种 BGAP 的目标是使指派后所有代理中的最大指派成本最小化。

非平衡时间最小化指派问题

非平衡时间最小化指派问题（The Imbalanced Time Minimizing Assignment Problem）是 BAP 问题的一个变型。在这个模型中，代理数少于任务数，因此必然有一些代理要执行多个任务。问题假设所有的代理都同时开始处理任务，而同一个代理的多个任务则按顺序进行。该指派模型的目标是最小化所有任务完成的总时间。

4.3.2.3　其他指派问题类型

某些指派问题涉及优化匹配三个或三个以上的集合，这就是多维度的指派问题。例如安排一批任务给工人和机器进行生产，又如安排学生和教师在各个不同的时段到不同的教室上课等都属于多维度的指派问题。下面对几种不同类型的多维度指派问题进行介绍。

三维平面指派问题和三维轴向指派问题

三维平面指派问题（The Planar Three-Dimensional Assignment Problem）和三维轴向指派问题（The Axial Three-Dimensional Assignment Problem）是由 Gilbert 和 Hofstra 在 1988 年提出的。这两种指派类型比较相似，区别仅在于指派变量的组合方式不同。在三维平面指派问题中，先是确定其中一个变量，随后在其他两个变量之间发生指派。如会议安排计划，在每个指定的会议时间段，客户和供应商之间发生指派问题；而对于所有的会议时间段，客户和供应商的指派又有一个总量约束。在三维轴向指派问题中，先是把两个变量组合，随后这个组合变量和第三个变量之间发生指派。

如在车间调度中，在指定任务的情况下，只能由一个工人和一个机器来完成此项任务。

平衡三维指派问题

该指派问题和一对多指派问题类型中的非平衡时间最小化指派问题类似，目标都是使完成所有任务的总时间最小。区别在于非平衡时间最小化指派问题是两维度的指派问题，且任务数量和代理数量不相等，而在平衡三维指派问题中，有三个元素数量相等的集合需要被指派，并且指派是一一对应的，如安排 N 个工人在 N 个机器上完成 N 项任务。

多阶段指派问题

多阶段指派问题（Multi-Period Assignment Problems）一般是在两个维度指派问题的基础上增加一个时间维度，即指派发生在好几个时间段，要求总体指派效果最佳。如安排一个车间调度周计划，对每天的任务和机器进行指派，要求使这周的总体指派效果最佳。

4.3.3　指派问题的数学模型

由于指派问题类型众多，其数学模型也各式各样，本节根据上一节的分类，每一类介绍一个基本模型。

经典指派问题模型

经典指派模型是一对一指派问题的原始模型，其中有 n 个代理和 n 个任务需要被指派，代理和任务一一对应，模型的目标为指派总成本最小。若 i 表示代理，j 表示任务，c_{ij} 表示代理 i 安排任务 j 的指派成本，则经典指派问题数学模型表示如下：

$$\min \sum_{i=1}^{n} \sum_{j=1}^{n} x_{ij} c_{ij} \tag{4-6}$$

$$\text{s. t.} \sum_{i=1}^{n} x_{ij} = 1 \quad j = 1, 2, \cdots, n \tag{4-7}$$

$$\sum_{j=1}^{n} x_{ij} = 1 \quad i = 1, 2, \cdots, n \tag{4-8}$$

$$x_{ij} = 0 \text{ 或 } 1 \tag{4-9}$$

式中，x_{ij} 是决策变量，当代理 i 被安排任务 j，则 $x_{ij} = 1$，否则为 0。约束（4-7）表示一个任务能且只能被安排到一个代理，约束（4-8）表示一个代理能且只能被安排一个任务。

经典指派问题的数学模型只要稍加变化就能成为很多其他一对一指派类型的模型。如瓶颈指派类型模型只要将目标改成 $Min \max \sum_{i=1}^{n} \sum_{j=1}^{n} x_{ij} c_{ij}$，约束条件不需要改变。平衡指派问题也是类似情况。

广义指派问题模型

广义指派问题模型是一对多指派问题的一般模型。广义指派问题中有 m 个代理和 n 个任务需要被指派（$n > m$），其中一个任务只能指派给一个代理，而一个代理可以被指派多个任务。模型的目标也是指派总成本最小。若 i 表示代理，j 表示任务，c_{ij} 表示

代理 i 安排任务 j 的指派成本，a_{ij} 表示任务 j 分配给代理 i 暂用的容量，V_i 代表代理 i 的总容量，则广义指派问题数学模型表示如下：

$$\min \sum_{i=1}^{m} \sum_{j=1}^{n} x_{ij} c_{ij} \tag{4-10}$$

$$\text{s. t.} \sum_{i=1}^{m} x_{ij} = 1 \qquad j = 1,2,\cdots,n \tag{4-11}$$

$$\sum_{j=1}^{n} a_{ij} x_{ij} \leqslant V_i \qquad i = 1,2,\cdots,n \tag{4-12}$$

$$x_{ij} = 0 \ or \ 1 \tag{4-13}$$

式中，x_{ij} 是决策变量，当代理 i 被安排任务 j，则 $x_{ij}=1$，否则为 0。约束（4-11）表示一个任务能且只能被安排到一个代理，约束（4-12）表示一个代理被安排到的所有任务占用的容量总和不能超过该代理的总容量。

类似于经典指派模型的变型，改变广义指派模型的目标或者对约束稍加变化，就能衍生出其他一对多的指派模型。多资源广义指派问题不改变广义指派模型目标，仅在约束项中新增一项其他资源的约束，如车辆路径约束。

三维轴向指派问题

目前研究的多维度指派问题模型一般为三个维度的指派问题模型，其中三维轴向指派问题和三维平面指派问题最为典型，这里介绍一下三维轴向指派问题。

假设安排 p 个任务给 m 个工人和 n 台机器（$p<m<n$），要求每个任务必须安排给工人和机器，而一个工人和一台机器最多只能被安排一个任务。若 i 表示工人，j 表示任务，k 表示机器，c_{ijk} 表示工人 i 和机器 j 执行任务 k 的成本，则三维轴向指派问题的模型如下：

$$\min \sum_{i=1}^{m} \sum_{j=1}^{p} \sum_{k=1}^{n} x_{ijk} c_{ijk} \tag{4-14}$$

$$\text{s. t.} \sum_{i=1}^{m} \sum_{j=1}^{p} x_{ijk} \leqslant 1 \qquad k = 1,2,\cdots,n \tag{4-15}$$

$$\sum_{j=1}^{p} \sum_{k=1}^{n} x_{ijk} \leqslant 1 \qquad i = 1,2,\cdots,n \tag{4-16}$$

$$\sum_{i=1}^{m} \sum_{k=1}^{n} x_{ijk} = 1 \qquad j = 1,2,\cdots,p \tag{4-17}$$

$$x_{ijk} = 0 \ 或 \ 1 \tag{4-18}$$

式中，x_{ijk} 是决策变量，当代理 i 和机器 k 被安排任务 j，则 $x_{ijk}=1$，否则为 0。约束（4-15）表示一台机器最多只能被安排到一个任务，约束（4-16）表示一个工人最多只能被安排到一个任务，约束（4-17）表示一个任务能且只能被安排到一个工人和一台机器。

4.3.4 指派问题的求解算法

指派问题可以看作一类特殊的运输问题，其求解算法也分为精确算法、启发式算法和智能优化算法。精确算法有枚举法、匈牙利算法、分支定界算法等；启发式算法有拉格朗日松弛法、变深搜索启发式算法（Variable-Depth-Search Heuristic）等，智能优化算法有遗传算法、禁忌搜索算法、人工蜂群算法等。本节主要介绍匈牙利算法的流程。

匈牙利算法是由美国数学家 W. W. Kuhn（库恩）在 1955 年提出的，利用了匈牙利数学家 D. Konig（康尼格）证明的两个定理。匈牙利算法主要用来求解经典指派问题模型，对于其他模型，则需要首先进行模型的标准化，即增加"虚拟任务"或"虚拟工人"使任务数与工人数相等，成为标准模型。对于某些目标最大化的指派问题，则需要将其转化为最小化问题才能使用匈牙利算法。

经典指派问题的目标函数是 $\min \sum_{i=1}^{n} \sum_{j=1}^{n} x_{ij} c_{ij}$，其中

$$C = \begin{bmatrix} c_{11} & c_{12} & \cdots & c_{1n} \\ c_{21} & c_{22} & \cdots & c_{2n} \\ \cdots & \cdots & \cdots & \cdots \\ c_{n1} & c_{n1} & \cdots & c_{nn} \end{bmatrix}$$ 称为系数矩阵（效率矩阵），$$X = \begin{bmatrix} x_{11} & x_{12} & \cdots & x_{1n} \\ x_{21} & x_{22} & \cdots & x_{2n} \\ \cdots & \cdots & \cdots & \cdots \\ x_{n1} & x_{n1} & \cdots & x_{nn} \end{bmatrix}$$ 称为

解矩阵（决策矩阵）。

定理 4-1： C 是效率矩阵，若可行解 X^* 的 n 个 1（在解矩阵的不同行不同列上）对应的 c_{ij} 都为 0，则 X^* 是最优解。

定理 4-2： 若将指派问题系数矩阵的每一行及每一列分别减去各行及各列的最小元素，则新问题与原分配问题有相同的最优解，只有最优值差——常数。

定理 4-3： 系数矩阵 C 中独立 0 元素的最多个数等于能覆盖所有 0 元素的最少线数。

定义 4-1： 在系数矩阵 C 中，处在不同行不同列的一组 0 元素，称为独立 0 元素组，其中每个元素称为独立 0 元素。

由定理 4-1 和 4-2 可知，可对原效率矩阵变换为含有很多 0 元素的新效率矩阵，而最优解保持不变，在新效率矩阵中，我们关心独立的 0 元素。若能找出 n 个独立的 0 元素，则令解矩阵相应位的 x_{ij} 取 1，则就能找到问题的最优解。匈牙利法的主要步骤如下。

Step1：变换系数矩阵，使在各行各列都出现 0 元素。

Step1.1 从矩阵 C 的每行元素减去该行的最小元素；

Step1.2 再从所得矩阵的每列中减去该列最小元素。

Step2：在变换后的系数矩阵中确定独立 0 元素。以最少数目的水平线和垂直线划去所有的 0 元素。如果所用的直线等于行或列数，则结束指派。否则继续。

Step3：找到没有被划去的最小的元素，所有没有被划中的元素减去这一最小值。在被直线覆盖的元素中出现负元素，为消除负元素，则要加上这一最小值，再返回到第二步。最后根据零元素的位置，确定最优分配方案。

例 4-1： 某商业公司计划开 5 家新商店，商业公司决定由 5 家建筑公司分别承建。

已知建筑公司 A_i（$i=1$，$2\cdots5$）对新商店 B_j（$j=1\cdots5$）的建筑费用报价 c_{ij}，如表 4-1 所示。试求：商业公司对 5 家建筑公司如何分配任务，才能使总的建筑费用最少？

表 4-1　报价表

	B_1	B_2	B_3	B_4	B_5
A_1	4	8	7	15	12
A_2	7	9	17	14	10
A_3	6	9	12	8	7
A_4	6	7	14	6	10
A_5	6	9	12	10	6

解：第一步：构造系数矩阵 $C=\begin{bmatrix} 4 & 8 & 7 & 15 & 12 \\ 7 & 9 & 17 & 14 & 10 \\ 6 & 9 & 12 & 8 & 7 \\ 6 & 7 & 14 & 6 & 10 \\ 6 & 9 & 12 & 10 & 6 \end{bmatrix}$，然后各行各列减去最小的

元素，使每行每列都出现 0 元素。

$$C=\begin{bmatrix} 4 & 8 & 7 & 15 & 12 \\ 7 & 9 & 17 & 14 & 10 \\ 6 & 9 & 12 & 8 & 7 \\ 6 & 7 & 14 & 6 & 10 \\ 6 & 9 & 12 & 10 & 6 \end{bmatrix} \rightarrow \begin{bmatrix} 0 & 4 & 3 & 11 & 8 \\ 0 & 2 & 10 & 7 & 3 \\ 0 & 3 & 6 & 2 & 1 \\ 0 & 1 & 8 & 0 & 4 \\ 0 & 3 & 6 & 4 & 0 \end{bmatrix} \rightarrow \begin{bmatrix} 0 & 3 & 0 & 11 & 8 \\ 0 & 1 & 7 & 7 & 3 \\ 0 & 2 & 3 & 2 & 1 \\ 0 & 0 & 5 & 0 & 4 \\ 0 & 2 & 3 & 4 & 0 \end{bmatrix} = C'$$

第二步：圈 0。对只有一个未标记的 0 元素的行或列，用记号 O 将该 0 元素圈起，然后将被圈起的 0 元素所在列或行的其他未标记的 0 元素用记号/划去，如图 4-8 所示。

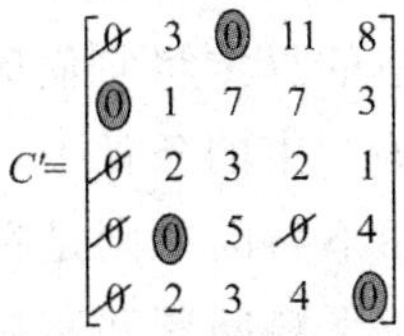

图 4-8　圈 0 示意图

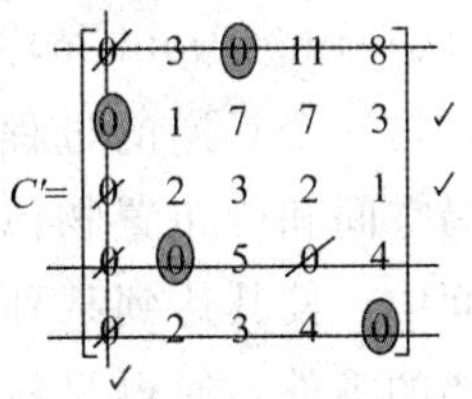

图 4-9　打示意图√

第三步：打√。①对不含圈 0 的行打√。②在打√的行中，对所有 0 元素所在列打√。③在所有打√的列中，对圈 0 所在行打√。④重复②③步，直到不能打√为止。⑤对未打√的每一行画一横线，对已打√的每一列画一纵线，即得到覆盖当前 0 元素的最少直线集，如图 4-9 所示。

$$C'' = \begin{bmatrix} 0 & 3 & 0 & 11 & 8 \\ -1 & 0 & 6 & 6 & 2 \\ -1 & 1 & 2 & 1 & 0 \\ 0 & 0 & 5 & 0 & 4 \\ 0 & 2 & 3 & 4 & 0 \end{bmatrix} \qquad C''' = \begin{bmatrix} 1 & 3 & 0 & 11 & 8 \\ 0 & 0 & 6 & 6 & 2 \\ 0 & 1 & 2 & 1 & 0 \\ 1 & 0 & 5 & 0 & 4 \\ 1 & 2 & 3 & 4 & 0 \end{bmatrix}$$

第四步：未被直线覆盖的元素中出现 0 元素，将 C' 第二和第三行所有元素减去最小元素 1，得到 C''。第一列元素出现负值，对其所有元素 +1，得到 C'''；回到第二步圈 0。判断五个 0 元素独立，最终得到问题的解：

$$X = \begin{bmatrix} 0 & 0 & 1 & 0 & 0 \\ 0 & 1 & 0 & 0 & 0 \\ 1 & 0 & 0 & 0 & 0 \\ 0 & 0 & 0 & 1 & 0 \\ 0 & 0 & 0 & 0 & 1 \end{bmatrix}$$

最优指派方案：$A1-B3$，$A2-B2$，$A3-B1$，$A4-B4$，$A5-B5$，最小费用 $7+9+6+6+6=34$。

4.4 切割与布局问题模型

4.4.1 切割与布局问题概述

切割与布局问题（Cutting and Packing Problem，C&P 问题）是研究最早、应用最广泛的组合优化问题之一。最早的 C&P 问题可以追溯到 1831 年高斯研究的布局问题，上世纪 30 年代，苏联经济学家 Kantorovich 发表的关于一维下料问题的研究，被认为是关于该问题最早的论文。上世纪 60 年代 Gilomore 和 Gomory 研究了一维和二维的切割问题，并给出了线性规划方法求解。此后 C&P 问题进入快速发展阶段，研究者提出了各类模型和算法，到目前为止，C&P 依然是计算机科学、工程技术科学、管理科学最热门的研究领域。

下料问题（Cutting Problem）与布局问题（Packing Problem）实质上是由一对对偶问题构成的，是一个互逆的过程，很难有一个严格的界定将它们区分开来。布局问题是指给定布局空间和待布置物体，在满足不重叠等约束的条件下，将待布物体完全摆放到布局空间中，使其达到某种性能指标最优。而下料问题则是在将给定的原材料上切割成所需要的零件，使得材料利用率最高。由于下料问题和布局问题互为对偶问题，两者在建模和求解时具有相似的特点，因而学者一般将它们视为同一问题进行讨论，并统称为切割与布局问题。

切割与布局问题一般具有相同的结构，德国学者 Wascher 将其归纳如下：给定两组元素，一组大的布局空间（输入、供给）和一组小的物品（输出、需求）。这两组元素可以是一维、二维、三维或是更高的维度。选择一些或所有物品组成若干个团体，并将这些团体在满足几何约束的条件下放入其中一个布局空间中。几何约束主要包括两个方面，所有待布物体必须完全放置在布局空间中且不能重叠。一个给定的一维或多维目标函数需要优化。形式上，五个子问题需要同时解决以获得"全局"最优解：布局空间的选择问题、物品的选择问题、物品的组合问题、物品的团体摆放到布局空间中的问题以及考虑到几何约束物品在布局空间中的摆放问题。

切割与布局问题应用范围极为广泛，在生产制造、计算机应用、物流运输等众多领域都有应用。在生产制造领域，如服装、家具、机械等行业，需要各种原材料进行裁切，涉及一维、二维，矩形、不规则形状等多种类型的下料问题。在计算机领域中，从底层的内存管理，到大规模集成电路的布线，并行计算中多处理器的任务调度和云计算中虚拟资源的存储、文件的分配等均与切割与布局问题相关。在物流领域，集装箱货物装载、飞机机舱装载、码头轮渡装配、铁路列车车厢货物装箱，这些都是切割与布局问题的演变。在日常生活中，报纸的版面布局、电视节目单的制作、房间家具的摆放布置，甚至还有一些与数学相关的智力游戏如棋盘类游戏、方块类游戏等，统统是 C&P 问题的延伸。也就是如何在给定的平面或空间中，尽可能合理地摆放或者裁剪出尽可能多的小平面或者小空间。

4.4.2　切割与布局问题的分类

切割与布局问题应用广泛，不同的应用背景有着不同的布局环境和布局要求，由此造成切割与布局问题种类繁多，这给研究和应用造成了不必要的麻烦，因此需要对切割与布局问题中的众多子问题进行分类归并。Dyckhoff 在 1990 年首先提出了一个基于切割与布局问题基本逻辑结构的分类学方法，统一了当时的概念使用，并引导了学者对一般性问题的研究。然而，近些年来切割与布局问题的迅速发展使其不再适应于现在问题的分类。Wascher 基于 Dyckhoff 的分类方法，引入新的分类标准对切割与布局问题进行分类，主要分为：背包问题（Knapsack Problem）、布局问题（Open Dimension Problem）、下料问题（Cutting Stock Problem）、装箱问题（Bin Packing Problem）。背包问题上节我们已经介绍过，下面主要介绍一下其他几种问题。

布局问题

布局问题是要将所有待布物体完全放入一个或多个布局空间中。其最大的特点在于给定布局空间至少在一个维度上可以拓展，即在该维度上其尺寸是可以变化的，其他维度是事先给定的。由于待布物体给定并且必须都放入布局空间中，因而该问题的目标是最小化变化维度的尺寸。在布局问题中，由于实际工程应用的需要，很多学者对待布物体为圆形的问题进行研究。更多的学者研究的是传统的矩形待布物体的布局，其中又可分为二维和三维布局问题的研究。相对圆形和矩形的待布物体而言，不规则形状的布局问题是最难的。如报纸的版面布局、车间的布局、钟手表机芯的布局、卫星仓的布局、舰船动力式的布局等，都是此类问题。

下料问题

下料问题是将近似相同的待布物体完全从指定的布局空间中裁剪下来，目标是使用的布局空间的尺寸、价值或数量最小。在这类问题中，布局空间的各个尺寸是固定的，其数量、形状是否相同并不在考虑的范围内。下料问题根据布局空间的尺寸，分为一维、二维和三维问题；根据待布物体的形状，分为规则形状（圆形、矩形等）和不规则形状。下料问题与其他问题很重要的不同，很多时候受到加工工艺要求的约束，如在大量有关矩形物体布局问题，尤其是板材加工业的一刀切问题，所谓一刀切是指在一矩形上每切一刀必须将该矩形切割成两个子矩形。

装箱问题

装箱问题与下料问题相似，都是把待布物体从尺寸固定的布局空间中裁剪下来。布局空间的数量、形状没有要求。由于布局空间供应充足，因而其待布物体必须都放入布局空间中，而其目标是最小化使用的布局空间的尺寸、数量或价值。与下料问题不同的是，装箱问题中的待布物体具有多样性，即待布物体的形状不同，这点与背包问题类似。

综上所述，切割与布局问题是非常复杂的问题，同时又具有广泛的实际应用。因此，切割与布局问题得到理论界和企业界的广泛关注。切割与布局问题的复杂性主要体现在以下几个方面。

（1）布局空间和待布物体的建模。涉及怎样描述布局空间及待布物体的几何特征和非几何特征。布局物体不限于是矩形、圆形、六面体或圆柱等简单几何形体，也可能是不规则形状，甚至还包括某些非几何的特征。

（2）布局过程的建模——描述布局问题的约束和求解目标。布局约束包括几何、物理、工艺、动力学等约束，求解目标往往是多目标优化决策。这些约束和目标有些可用数学模型描述，有些则成非结构化或病态结构，无法用数学描述。另外，布局过程涉及大量人类专家的认知活动，包括求解和决策活动。其中有些可以找出规律性，表示为知识并用一定形式化的方法描述，例如规则集。但也有相当部分的人类布局专家的认识活动无法用模型来表示。

（3）布局问题的求解困难。由于约束条件多、问题规模大，是非常典型的 NP 问题，高效的求解算法一直是研究的热点。

限于章节篇幅，本书以装箱问题为例，介绍切割与布局问题的基础知识，布局问题和下料问题是其对偶问题，相关的模型和算法都可以借用。

4.4.3 装箱问题的模型及分类

装箱问题涉及多学科、多领域的知识，属于复杂的组合最优化问题，被广泛应用于生产实践中。由于不同的应用可能有不同的目标和约束条件，因此出现了各种各样的装箱问题。本节从不同角度对装箱问题进行了分类。

根据物体的空间维度划分

（1）一维装箱问题。经典的一维装箱问题可以描述为：给定一个正数 c 和一组 $J = \{a_1, a_2, \cdots a_n\}$ $0 < a_i \leqslant c$，$\forall i$。寻求一种划分方法将 J 分成一些互不相交的子集 B_i，使得 $J = B_1 \bigcup B_2 \bigcup \cdots \bigcup B_m$，满足 $\sum_{a_i \in B_j} a_i \leqslant C$ $\forall j$，使 m 为满足这一要求的最小整数。

一维装箱问题的数学模型如下：

$$\min \sum_{i=1}^{n} y_i \tag{4-19}$$

$$\text{s. t.} \sum_{j=1}^{n} a_j x_{ij} \leqslant c y_j \qquad i = 1, 2, \cdots, n \tag{4-20}$$

$$\sum_{i=1}^{n} x_{ij} = 1 \qquad j = 1, 2, \cdots, n \tag{4-21}$$

$$x_{ij} = 0 \text{ 或 } 1 \qquad y_i = 0 \text{ 或 } 1 \tag{4-22}$$

式中 x_{ij} 和 y_i 是决策变量。当 $x_{ij} = 1$ 表示第 j 个物品放入第 i 个箱子，否则是 0。$y_i = 1$ 表示第 i 个箱子被使用，否则是 0。约束 4-20 表示放入一个箱子的物品数总重量不能超过箱子的重量；约束 4-21 表示一个物品只能放入一个箱子中。一维装箱问题有着广泛的实际背景，如钢条、铅管、电缆、原装纸卷等一维线材的切割问题和物件加工问题都可归结为一维装箱问题。

（2）二维装箱问题。在二维装箱问题中，被装物体的形状可以是矩形、三角形、圆形和其他一些不规则形状，但是研究最为广泛的是二维矩形装箱问题，该问题又可以分为如下两类。

①2SP（Two-dimensional Strip Packing Problem）。这类问题是假设箱体的宽度一定、长度无限，要求将所有的物品装入箱子中而使得占用的箱子长度最小。在具体装填时，每个物品也有直角装填、定向等限制。在服装厂，制衣服的布匹通常都是卷起来的，可以看成一个宽度固定长度不限的二维箱子，如何用最短的布匹裁剪出需要的衣服，这就是一个 2SP 问题。

②2BP（Two-dimensional Bin Packing Problem）。这类问题箱体的长度和宽度一定，但数量是无穷的，要求将所有的物品装入箱子中而使用的箱子数量最少。设用户需要一些矩形钢板做零部件，而钢铁厂出产的原材料通常都是标准大小的钢板，如何裁剪最少量的原材料以满足用户的需求，这就是一个 2BP 问题。

对 2SP 问题，若设每个物体的长度都相等，限制装填方式为直角定向，则问题退化为一维装箱问题；对 2BP 问题，若设每个物体的宽度与箱子宽度相等，则该问题也退化为一维情形。二维装箱问题在实际生活中有着广泛应用，如板材的切割（金属板、木板、玻璃、大理石板等）和服装剪裁等问题、建筑业中的房间布局、工业中的模板布局（Template Layout）、新闻排版、集成电路布图设计及其他一些工程设计等。

（3）三维装箱问题。三维装箱问题与二维装箱问题类似，也可以分为最小长度装箱（Strip Packing）和柜体装箱（Bin Packing）。由于增加了一个维度，物品的叠加、反转等约束条件的增加，使问题的求解异常复杂。目前三维装箱问题是学术界研究的热点和难点。三维装箱问题有着广泛的应用背景，如运输行业的集装箱货物装载、飞机装舱、码头装货等，机械行业中的钟表等布局，航空、航天工业中导弹仓的布局，以及建筑、电子、造船业和纺织业等诸多领域。

根据装箱物的形状分类

（1）规则物体的装箱。包括二维规则物体的装填和三维规则物体的装填。规则物体是指具有规则外形的物体，二维的主要有三角形、圆形和矩形等，三维的主要包括圆柱体、长方体等。在目前装箱问题的研究中，研究较多的仍然是规则物体的装箱问题，如原料切割问题、工业应用中的底盘装载问题和三维布局中的集装箱的货物摆放问题等。

（2）不规则物体的装箱。包括二维和三维不规则物体的装箱。不规则物体是指具有任意几何形状的物体。不规则物体的装箱问题在工业生产中大量存在，但同时也是难度最大的装箱问题。二维不规则物体的装箱，如服装样本的下料、皮革下料等；三维不规则物体的装箱，如向具有任意几何形状的容器中放置任意几何外形的装箱物体，并满足特定的约束条件，达到装箱目标最优。从文献资料中可以看出，许多研究者利用人工智能方法求解该类复杂问题。该问题的求解算法基本上都是启发式的。

根据箱体到达的情况

（1）在线装箱问题。如果待装箱物品是实时到达，在装入之前只能根据前面到达物品的信息进行装载，而不知道后续物品的信息，这类问题称为在线装箱问题。在实际应用中，有许多装载物有在线特性，例如对从传送带上下来的物体进行装载。很多一维、二维在线装箱问题都采用层的思想。层由沿箱子宽度放置的一列物品组成，也就是说箱子是由层中最大高度的物品来分割的。典型方法包括高度递减首次适配法（FFDH）、高度递减下次适配法（NFDH）、高度递减最佳适配法（BFDH）、改进的高度递减首次适配法（IFFD）等。尽管这些方法都很相似，但是每个算法都是用不同的策略决定将物品放在哪里。

（2）离线装箱问题。对物品装箱之前就已经得到所有物品信息，这种情况下的装箱问题称为离线装箱问题。该问题广泛地出现在集装箱装载、原料切割等应用中。

装箱问题的其他推广

装箱问题在实际生活有着极高的应用背景，在上述分类的基础上，目前又出现了很多变形的装箱问题。

（1）向量装箱问题。在该问题中，给定一批物品，物品和箱子都是 D 维的，箱子的每一维长度为1，要求装在箱子里的物品每个分量之和不超过1，求最少的箱子数。

（2）盒装箱问题。该问题也是 D 维问题，其中箱子是 D 维正方体，所有物品不能旋转，也不能重叠，目标是使用的正方体最少。

（3）变尺度装箱问题。变尺度装箱问题是经典一维装箱问题的推广。假设有一个物品集以及尺寸不同的箱子，箱子的数量无穷多，各个物品的大小都要小于最大箱子的尺寸，目标是把所有的物品放到上述箱子里，并且使用过的箱子的总尺寸最小。

（4）染色装箱问题。在此类问题中，待装物品除了尺寸的约束，还有颜色的区别，通常要求装入同一个箱子内的物品是同色的，在此约束下使用的箱子数量最少。此类问题在并行计算、多处理器任务调度、资源分配以及包装等问题中有着广泛应用背景。除此之外，还有箱覆盖问题、脆度装箱问题等类型的扩展。

4.4.4 装箱问题的求解算法

装箱问题类型繁多，求解算法也是非常丰富。尤其是启发式算法，研究者对不同类型的装箱问题，提出了各类的启发式算法，下面主要针对一维和二维装箱问题，给出几种经典的启发式算法。

一维装箱问题的求解算法

设物品 J_1，J_2，$\cdots$，J_n 的长度分别为 w_1，w_2，$\cdots$，w_n，箱子 B_1，B_2，$\cdots$，B_n 的长均为 C。

（1）下次适应算法（Next Fit，NF）。该算法按顺序依次处理各物品，首先将 J_1 放入 B_1 中，如果 $w_1 + w_2 \leqslant C$，表示 J_2 能够放入 B_1 中，则将 J_2 放入 B_1 中，否则关闭 B_1。打开一个新的箱子 B_2，将 J_2 放入 B_2。然后按照相同的方法依序处理各物品，在处理物品 J_i 时，只考虑当前打开的箱子是否能装下 J_i，而不考虑之前已经关闭的箱子。

下次适应算法的性能较差，对它进行改进，对物品 J_i 的不同放置策略分别得到首次适应算法（First Fit，FF）、最佳适应算法（Best Fit，BF）等。

（2）首次适应算法（FF）。该算法与 NF 算法开始的过程类似，但在处理物品 J_i 时，如果已经打开的箱子有 B_1，B_2，$\cdots$，B_h，则从 B_1 开始查找，找到的第一个能够放下 J_i 的箱子 B_i，则将其放入该箱子。如果没有找到，则重新打开一个新箱子。

FF 算法相比 NF 算法，每次需要查找所有已经打开的箱子，判断是否当前的物品能够放入。算法时间比 NF 长，但平均优化结果比 NF 好。

（3）最佳适应算法（BF）。BF 算法与 FF 算法不同之处在于，在处理物品 J_i 时，如果已经打开的箱子有 B_1，B_2，$\cdots$，B_h，则从 B_1 开始查找，找到的所有能够放下 J_i 的箱子，并比较剩余容积，选择剩余容积最小的 B_i，将其放入该箱子。如果没有找到，则重新打开一个新箱子。

上述算法都是按照物品的顺序进行处理，既可以用于在线装箱问题，也可以用于离线装箱问题。针对离线装箱问题，降序首次适应算法（First Fit Decreasing，FFD）和降序最佳适应算法（Best Fit Decreasing，BFD）两种算法很典型。其原理很简单，首先将所有物品根据其长度按降序排序，然后根据 FF 或者 BF 算法进行装箱。这两种算法的性能要优于 FF 算法和 BF 算法。

二维装箱问题的求解算法

一维装箱问题的算法比较简单，也容易理解。二维装箱问题由于维度的增加，物体可以旋转等，使问题的求解非常复杂。这里我们介绍两种最常用的算法，主要介绍其算法思想，具体的算法过程，有兴趣的同学可以去网上下载。Bottom Left（BF）算法和 Bottom Left Fill（BLF）算法是二维装箱问题中最著名且被引用最多的方法。这两种算法都是按照物体的顺序依次装箱。BF 算法的放置策略是：首先将选中的物体放在箱子的右上角，然后尽量向下向左做连续移动，直到不能移动为止。图 4-10 显示了 BL 算法中物体的大致移动过程。从算法的移动过程中可以看出，该算法虽然简单，但是可能会产生很多不被利用的空洞，所谓空洞指四面都有物品包围的未装填区域。为了改进这个缺点，人们提出 BLF 算法。该算法保留了 BL 算法中记录所有位置点的思想，以知道物体都可以放在哪些地方。放置一个物体时，算法首先选择最低最左边（首先考虑最低点，如果高度相同则选择最左边的）的位置点进行放置，并检查该物体是否与其他物体有重叠，如果没有重叠就将物体放置在此，并更新保存位置点列表；否则尝试下一个位置点，直到物体没有任何重叠发生地放在某一个位置点为止。图 4-11 是对 BL 和 BLF 算法进行比较的一个实例。从对第五个物体的装填可以看出，两种算法的最大区别就是：BL 算法在装填过程中出现的空洞永远不可能被填充，而 BLF 算法通过记录所有可能的位置点就避免了这一问题。

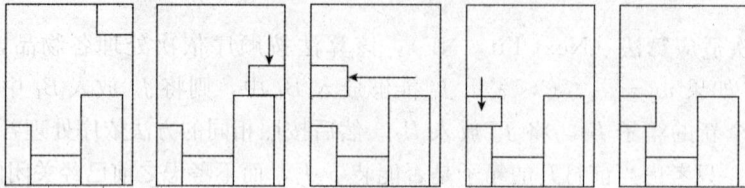

图 4-10　BL 算法的装箱示例

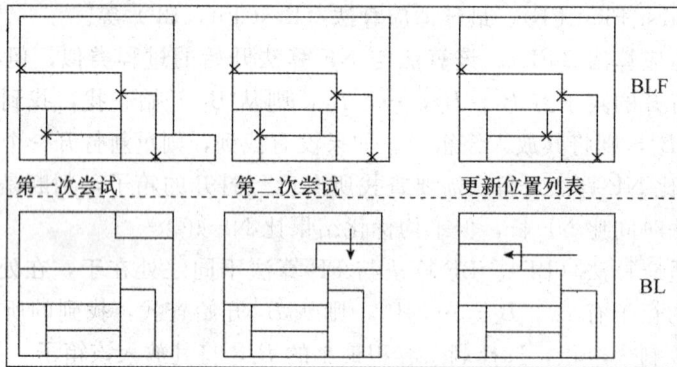

图 4-11　BL 与 BLF 两种算法的比较

4.5　车辆路径问题模型

4.5.1　车辆路径问题概述

车辆路径问题（又称车辆调度问题，Vehicle Routing Problem（VRP）或 Vehicle Scheduling Problem（VSP）），通常可以描述为：对一系列装货点或卸货点，组织适当的行车线路，使车辆有序地通过它们，在满足一定的约束条件（如货物需求量、发送量、交发货时间、车辆容量等限制）下，达到一定的目标（如路程最短、费用最少、时间最少、使用车辆最少等）。一般认为不涉及时间的是路径问题，涉及时间的是调度问题。车辆路径问题的示意图如下图 4-12 所示。

根据车辆路径问题的定义可知，车辆路径问题涉及的各因素如下表 4-2 所示。目前已知的研究模型，是对这些因素一种或几种的组合，而忽略其他因素建立的。随着社会的发展，VRP 也在不断发展变化，一些新要素可能会出现并对研究起着至关重要的作用，如仓储配送一体化优化的库存路径问题（Inventory Routing Problem）等。

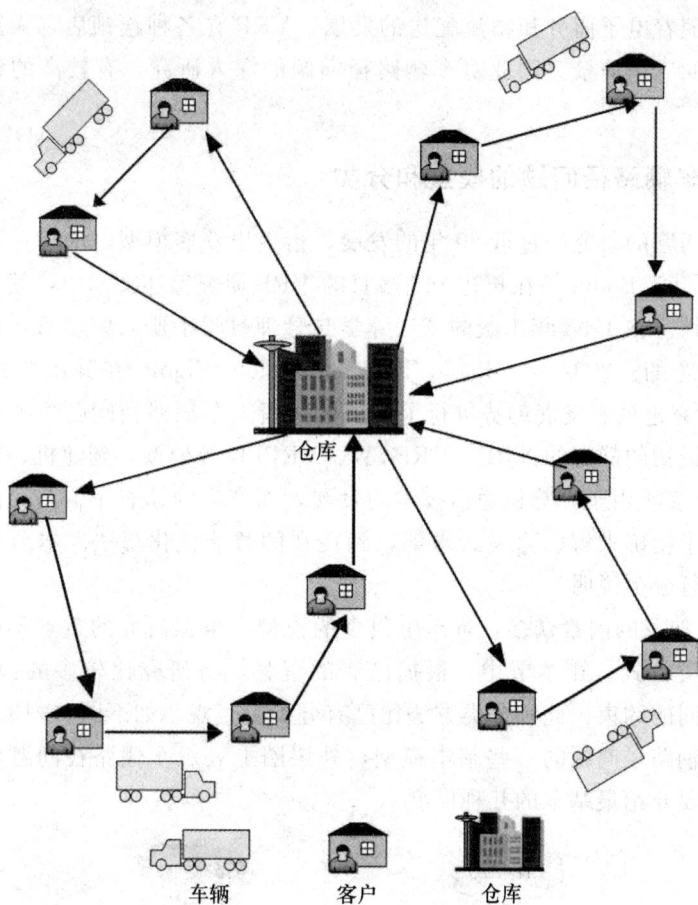

图 4-12　车辆调度示意图

表 4-2　车辆路径问题构成要素

组成要素	属性
仓库	单一仓储/多仓储
客户	有时间窗/无时间窗、送货/收货、单计划期/周期计划、确定性需求/不确定性需求、静态/动态需求、客户间有需求约束、客户间的优先顺序等
车辆	车辆的载重、容积，多车型/单一车型，每型车辆数目的限制，有/无行驶里程（或时间）的限制等
道路网	无向网络、有向网络、静态网络/动态网络/不确定网络、行驶费用等
运输安排的要求	客户只能由一辆车服务/客户可由多辆车服务、车辆需返回仓库/车辆不返回仓库、车辆返回同一仓库/车辆可返回不同的仓库（对于多仓情况）等
优化目标	最小化总运输成本（包括车辆数和行驶里程）、最小化客户等待时间、最大化客户满意度等。

　　车辆路径问题是由 Dantzig 等人于 1959 年首先提出，经过近 50 年的研究，已成为运筹学与组合优化领域的前沿和研究热点课题。现实生产和生活中，邮政投递问题，飞机、铁路车辆、水运船舶及公共汽车的调度问题，电力调度问题等都可以抽象为车

辆路径问题。随着电子商务和物流配送的发展，VRP 在各种连锁店、大型商场、快递等领域有广泛的应用前景。因此对车辆路径问题的深入研究，有较高的科学意义和工程应用价值。

4.5.2 车辆路径问题的模型和分类

车辆路径问题的研究经过近 50 年的发展，衍生出众多模型，求解算法更是层出不穷。早在 1983 年，Bodin 等在长达 140 多页的 VRP 研究综述文章中，就列举了 699 篇相关的参考文献。在 1995 年出版的《运筹学与管理科学手册》中，第八卷就是专门讨论车辆路径问题的。2002 年，Paolo Toth 和 Daniele Vigolu 在其出版的著作中，对 VRP 的最新研究进展和发展趋势进行了全面的分析。车辆路径问题的模型随着相关科学的发展，从最初的静态的 VRP、VRPTW、VRPPD 等模型，到随机、模糊车辆路径问题，到近 10 多年由于计算机通信技术的发展，而产生的动态车辆路径问题，求解方法也同样经历了精确求解、启发式求解，到现在的智能优化算法。本节对一些研究比较多的模型进行分类说明。

VRP 问题涉及的因素众多，可产生很多的模型。根据研究的重点不同，这些模型存在不同的分类方式。在本节中，根据已有的资料，将研究比较多的模型提取出来，然后再加入不同的约束，此种分类方法比已有分类更直观。如下图 4-13 所示，内层圈内显示的是车辆路径问题的一些基本模型，外层圈上表示车辆路径问题的一些衍生模型。在这里主要介绍最基本的几种模型。

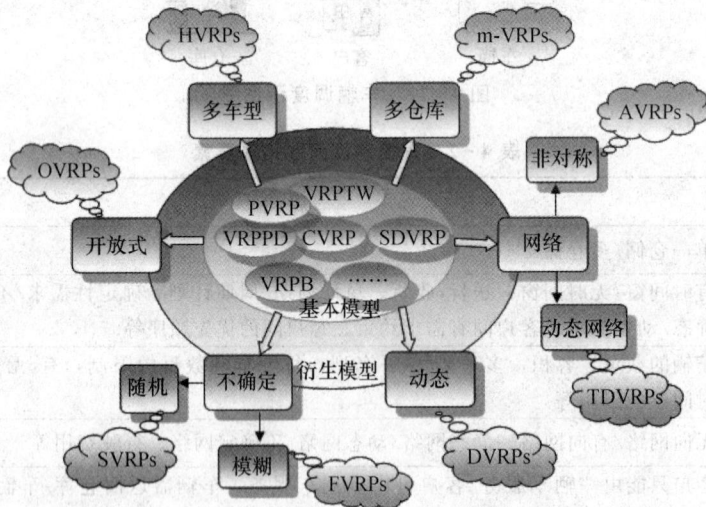

图 4-13 车辆路径问题的分类

有能力约束的车辆路径问题（Capacitated Vehicle Routing Problem，CVRP）

有能力约束的车辆路径问题，简称车辆路径问题。此模型是车辆路径问题的基本模型。该模型约束少，一般仅对车辆的载重和行驶的时间（或距离）有约束。此模型研究的时间最长，取得的成果最多，大量的精确算法、启发式算法用于求解此问题，其他模型的各种求解算法也大多衍生于此。

有能力约束车辆路径问题的模型如下：假定配送中心最多可以用 K（$k=1,2,\cdots K$）辆车对 L（$i=1,2,\cdots L$）个客户进行运输配送，$i=0$ 表示仓库。每个车辆载重为 b_k（$k=1,2,\cdots K$），每个客户的需求为 d_i（$i=1,2,\cdots L$），客户 i 到客户 j 的运输成本为 c_{ij}（可以是距离、费用等），优化的目标是使用车辆最少和行驶距离最短。定义如下变量：

$$y_{ik}=\begin{cases}1 & 客户\ i\ 由车辆\ k\ 配送 \\ 0 & 其他\end{cases}$$

$$x_{ijk}=\begin{cases}1 & 车辆\ k\ 从\ i\ 访问\ j \\ 0 & 其他\end{cases}$$

有能力约束车辆路径问题的数学模型如下表示：

$$\min Z=\sum_{k=1}^{K}\sum_{i=0}^{L}\sum_{j=0}^{L}c_{ij}x_{ijk} \tag{4-23}$$

$$\sum_{i=1}^{L}d_i y_{ik}\leqslant b_k \quad \forall k \tag{4-24}$$

$$\sum_{k=1}^{K}y_{ik}=1 \quad \forall i \tag{4-25}$$

$$\sum_{i=1}^{L}x_{ijk}=y_{jk} \quad \forall j,k \tag{4-26}$$

$$\sum_{j=1}^{L}x_{ijk}=y_{ik} \quad \forall i,k \tag{4-27}$$

$$\sum_{i,j\in S\times S}x_{ijk}\leqslant |S|-1 \quad S\in\{1,2,\cdots,L\} \quad \forall k \tag{4-28}$$

$$x_{ijk}=0\ 或\ 1 \quad \forall i,j,k \tag{4-29}$$

$$y_{ik}=0\ 或\ 1 \quad \forall i,k \tag{4-30}$$

约束（4-24）保证每辆车的能力约束，约束（4-25）保证每个客户都被服务，约束（4-26）（4-27）保证客户是仅被一辆车访问，约束（4-28）消除子回路，（4-29）（4-30）表示变量的取值范围。

有时间窗约束的车辆路径问题（Vehicle Routing Problem with Time Windows, VRPTW）

此模型是在有能力约束模型的基础上加入了时间窗约束，时间窗的加入使此模型贴近实际情况，且求解难度增加很多，此模型是目前研究最多的模型，大量的智能优化算法都是针对此模型提出的。每个客户有最早的服务时间和最迟的服务时间作为约束条件。时间窗又分为软时间窗（不满足时间窗约束时，给予惩罚）与硬时间窗（不满足时间窗约束，即为不可行解）两类。

带取送货的车辆路径问题（Vehicle Routing Problem with Pick-up and Delivery, VRPPD）

这类问题分几种情况。一种是客户不仅需要货物，还要返回货物。为了简化问题，一般认为返回的货物不在客户间交换，而都运回仓库。这种情况在有回收物流的企业中经常出现，如啤酒、纯净水企业，需要送货，同时回收空瓶。一种是需要将货物从取货点客户取走，送到相应的卸货点客户，在这种情况下，客户间的顺序有前驱后继关系，同时相应的客户要配对，即在同一辆车上面。实际生活中的残障人士的接送问题（Handicapped person transportation problem）、邮包快递的收送问题都属于此类问题。

周期性的车辆路径问题（Periodic Vehicle Routing Problem，PVRP）

周期性车辆路径问题是对 VRP 的扩展，VRP 研究的是对车辆的日安排，而 PVRP 是对车辆的一个周期内多日的安排。在一个周期内，每个客户在满足需求的前提下，最少被服务一次，也可以是多次。此类问题多出现在食品、能源等行业中，在牛奶收购、成品油配送等方面在国外有成功的应用实例。在一般的 PVRP 中，假设顾客每天的需求是固定的且已知。PVRP 可以看作是一个多层组合优化问题。第一层优化目标是为每个顾客产生一组可行的服务时间组合；第二层的主要任务是为每个客户选择一个可能的服务组合，从而确定每天车辆服务的客户；第三层是在确定的客户后，求解一个标准的有能力约束车辆路径问题。

分散配送车辆路径问题（Split Delivery Vehicle Routing Problem，SDVRP）

分散配送与一般车辆路径问题的不同之处在于允许一个客户被两辆或者多辆车配送，该问题是标准车辆路径问题的一个松弛问题，最早由 Dror 和 Trudeau 在 1989 年提出的。在 VRPSD 中，顾客点的需求可以同时被几个车辆分割来服务，在考虑顾客点分割服务时，总的车辆数或车辆旅行费用可以得到减少。该问题的求解算法多用启发式算法。下面通过例子来说明。

如下图 4-14 所示，假设三个顾客点的需求分别为 $d_1=3$，$d_2=4$，$d_3=3$；客户与仓库之间的距离为 $c_{0i}=10$，$i=1$，2，3；客户间的距离 $c_{12}=c_{23}=1$，$c_{13}=2$。车辆的载重为 5。对于有能力约束车辆路径问题，对应的最优解为：车辆数为 3，车辆的行驶里程为 60，如图 4-14a 所示。对于 VRPSD 问题，则对应的最优解为：车辆数是 2，车辆的行驶里程为 42，如图 4-14b 所示。可以看出，放宽约束后的 VRPSD 问题节约了车辆数和总的行驶距离。

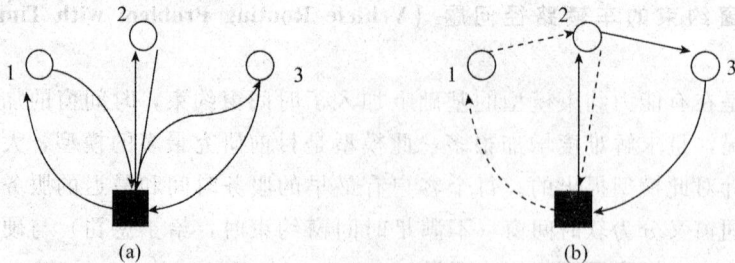

图 4-14　分散配送示意图

带回程载货的车辆路径问题（Vehicle Routing Problem with Backhaul，VRPB）

在此模型中，客户的需求分为两类，一种是需要配送货物，一类是收取货物，在配送的过程中，需要首先服务配送货物的客户，然后再取货。在进行规划时，充分考虑车辆容积的限制。对于可行解除了满足CVRP的约束条件，还必须满足以下三个可行性约束：①送货可行性，每条线路上去程顾客点的需求之和不大于车辆的装载能力；②取货可行性，每条线路上回程顾客点的需求之和不大于车辆的装载能力；③装货可行性，在路线中任一顾客点，不能违反车辆的装载能力约束。一些学者研究了不同类型的VRPB问题的扩展，如带时间窗的VRPB、多车场的VRPB等。本质上，此类模型是带取送货的车辆路径问题（VRPPD）的一种特例。

在上面介绍的基本模型的基础上，针对实际企业中不同的情况，考虑不同的约束条件，形成了众多的车辆路径问题的衍生模型。如多仓库、多车型、随机、模糊、动态、开放式等车辆路径问题。

4.5.3　车辆路径问题的求解算法

车辆路径问题的求解算法同样分为精确算法、启发式算法和智能优化算法。精确算法有分支定界法、割平面法、网络流法、动态规划的方法等。启发式算法分为构造启发式算法、两阶段启发式算法和改进启发式算法。智能优化算法包括禁忌搜索算法、模拟退火算法、遗传算法、粒子群算法、蚁群算法和人工神经网络等。下面主要对几种典型的启发式算法进行介绍。

构造启发式算法

构造启发式算法根据一些准则，每一次将一个不在线路上的点增加进线路，直到所有的点都被安排进线路为止。该类算法的每一步，把当前的线路构形跟另外的构形进行比较并加以改进，后者或是根据某个判别函数（例如总费用）会产生最大限度节约的构形，或是以最小代价把一个不在当前构形上的需求对象插入进来的构形。比较著名的构造启发式算法如节约法（Saving Algorithm），如图4-15所示。

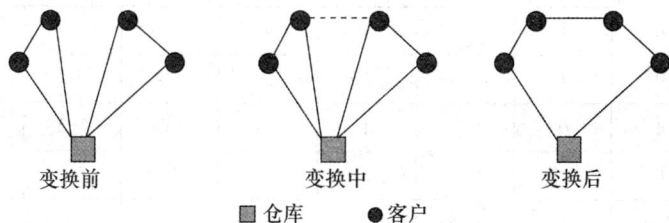

图4-15　节约法示意图

节约算法是Clark和Wright于1964年提出来求解车辆路径问题的算法，该方法是一种基于节约准则的车辆路线逐步构造算法，其核心思想是：首先将每个顾客看作一条线路，形成线路$0-i-0$。然后根据三角形的性质，进行线路合并，构造$0-i-j-0$，如图4-15所示。计算客户i和j连接在一条路线上的费用"节约值"，如公式4-31所示。

$$s_{ij}=c_{i0}+c_{j0}-c_{ij} \tag{4-31}$$

s_{ij}越大表示把i和j连接在一起时总路程减少得越多。构造线路时，根据s_{ij}从大到小排序，具体步骤如图4-16所示。

Step1：计算任意两客户间的节约值 s_{ij}，将 s_{ij} 从大到小排序。

Step2：依次选取当前最大的 s_{ij}。

Step3：考察 s_{ij} 中的 i 和 j，在满足车辆载重的前提下，检查是否满足下列条件：

①若客户 i 和 j 均不在已构成的线路上，则可连接客户 i 和 j，得到线路 $0-i-j-0$。

②若客户 i 或 j 在已构成的线路上，但不直接与仓库相连，则可以连接，得到线路 $0\cdots-i-j-0$ 或 $0-i-j-\cdots0$。

③若客户 i 和 j 在已构成的不同线路上，且不直接与仓库相连，则可以连接，得到线路 $0\cdots-i-j-\cdots0$。

④若客户 i 和 j 在已构成的相同线路上，则不进行连接。

Step4：转 Step2，直到所有客户均已分配完成。

图 4-16　节约法算法流程

由于节约算法的原理简单且易实现，目前已经成为很多 VRP 经典启发式算法和现代启发式算法中产生初始解的算法。节约法的缺点之一是在开始阶段试图构造一条好的路线，而在以后的改进比较少。Gaskell 和 Yellow 提出一种改进算法，其节约费用如下计算：

$$s_{ij}=c_{i0}+c_{j0}-\lambda c_{ij} \quad (0\leqslant\lambda\leqslant1) \tag{4-32}$$

其中 λ 越大，越强调连接两点间的距离。研究表明，当 $\lambda=0.4$ or 1.0 能取得比较好的结果。此外，很多学者研究了许多改进算法，主要来减少计算量和优化存储的，但目前的计算机，这些算法的改进是很微小的。

例 4-2：一个有 8 个客户、1 个配送中心、两辆车（每辆的载重量都为 8 吨）的物流配送系统，客户与客户之间的距离如下表 4-3 所示。试用节约法求解配送线路。

表 4-3　各个客户之间距离

客户编号	0	1	2	3	4	5	6	7	8
0	0	4	6	7.5	9	20	10	16	8
1	4	0	6.5	4	10	5	7.5	11	10
2	6	6.5	0	7.5	10	10	7.5	7.5	7.5
3	7.5	4	7.5	0	10	5	9	9	15
4	9	10	10	10	0	10	7.5	7.5	10
5	20	5	10	5	10	0	7	9	7.5
6	10	7.5	7.5	9	7.5	7	0	7	10
7	16	11	7.5	9	7.5	9	7	0	10
8	8	10	7.5	15	10	7.5	10	10	0
需求量（吨）	0	1	2	1	2	1	2	2	2

解：首先根据公式（4-31）计算客户之间的节约值，如下表 4-4 所示。

表4-4 客户间的节约值

S_{ij}	1	2	3	4	5	6	7	8
1	0	3.5	7.5	3	19	6.5	9	2
2		0	6	5	16	8.5	14.5	6.5
3			0	6.5	22.5	8.5	14.5	0.5
4				0	19	11.5	17.5	7
5					0	23	27	20.5
6						0	19	8
7							0	14

从节约值中，选择最大节约值对应的客户，$S_{57} = 27$，对应的是客户5和7，这两个客户都没有分配，因此生成第一条线路 0-5-7-0，此时该线路的载重是3吨。然后接着当前最大的节约值，$S_{56} = 23$，客户5已经在线路上，客户6的货物量是4吨，可以插入线路中，则线路成为 0-6-5-7-0，该线路的载重是7吨。

重复上述过程，可以得到另一条配送线路：0-1-3-4-8-2-0，此线路的载重是8吨。总的线路长度是83.5。

两阶段启发式算法

学者们通过对构造算法的研究，认为由构造算法求得的解可以被进一步改进，为此提出了两阶段法。第一阶段构造可行解；第二阶段通过对客户的调整，在始终保持解可行的情况下，力图向最优目标靠近，每一步都产生另一个可行解以代替原来的解，使目标函数的值得到改进，一直持续到不能再改变目标函数值为止。两阶段算法又可分为两类：

（1）先安排线路后分组的方法（Route First Cluster Second）。这种方法首先构造一条或几条很长的线路（通常不可行），它包括了所有需求对象，然后再把这些很长的线路划分成一些短而可行的线路。具体进行时，一般是先解一个经过所有客户的旅行商问题，形成一条线路，然后根据一定的约束（如车辆容量等）对它进行划分。

（2）先分组后安排线路的方法（Cluster First Route Second）。这种方法先把节点和弧按需求进行分组，然后对每一组设计一条经济的线路。如 Gillert 和 Miller 的 Sweep 算法，其目的在于形成需求点的径向区域，从车场发出的射线扫过这个区域，使不超过车辆容量的需求点组成一个区域，一个区域就是一个组，当形成一系列这样的组后，再对每一组中的各点安排线路。比较著名的两阶段法有 Sweep 扫描法和 Fisher 等的广义分配算法。

扫描算法是 Gillett 和 Miller 于1974年提出的，算法基本的思想是：通过旋转一个以车场为中心的射线的方式逐步将顾客点分组，直到分组不满足约束条件（车辆载重能力以及旅行时间约束），然后算法开启新一轮的扫描，直到平面上面所有的点都被扫描了，然后算法单独地求解每一个车辆路线（对应问题为 TSP）。扫描算法用极坐标表示客户点，将极角值从小到大排序，具体算法流程如图4-17所示。

Step1：选择一辆未使用的车辆 k。

Step2：选择具有最小角度的未访问的客户，在满足约束条件的情况下，将它分配给车辆 k。如果超过车辆的载重，启用一辆新车。重复该步骤，直到所有客户分配完成。

Step3：通过各种算法优化每条车辆线路。

图 4 - 17　扫描法流程

Fisher 和 Jaikumar 提出的广义分配算法，首先通过求解一个广义指派问题来确定可行的顾客点分组，然后借助于 TSP 算法来确定每个分组所对应的车辆路线。广义分配算法的流程如图 4 - 18 所示。

Step1：选取种子客户 j_k 初始化分组 k。

Step2：对每一个分配给第 k 个分组的客户 i，计算费用 c_{ij}。

$$c_{ijk} = \min \{c_{0i} + c_{ijk} + c_{j0}, \ c_{0j_k} + c_{j_ki} + c_{i0}\} - (c_{0j_k} + c_{j_k0})$$

Step3：解决以 c_{ij_k}、顾客需求 d_i 和车辆载重 Q 构成的广义指派问题。

Step4：对于每一个分组，按照 TSP 问题优化算法。

图 4 - 18　广义分配算法流程

改进启发式算法

改进启发式算法一般是对构造算法和两阶段法求得的结果进行改进的算法。有针对单条路线改进的 2-Opt、3-Opt、or-Opt 等，这些算法在前面 TSP 问题我们已经介绍过。还有针对多条线路的串交换（String Cross、String Relocation）等方法，如图 4 - 19，4 - 20 所示。

串交换包括 String Cross、String Exchange 和 String Relocation，主要针对多条线路进行线路间的客户交换和分配。其中：String Cross 是线路间单个客户交换，类似于客户间的 2-Opt；String Exchange 是线路间多个客户的交换；String Relocation 是将一些客户从一条线路移至另一条线路。

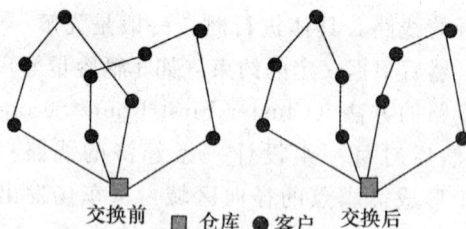

交换前　■仓库 ●客户　交换后

图 4 - 19　String Cross 示意图

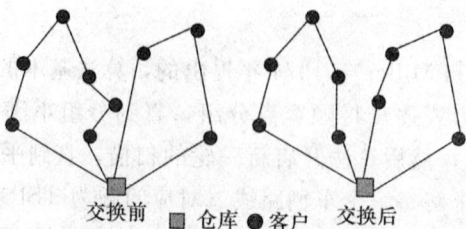

交换前　■仓库 ●客户　交换后

图 4 - 20　String Relocation 示意图

4.6 生产调度问题模型

1954 年，Johnson 研究了两台机床的流水车间调度问题，这标志着生产调度理论研究的开始。由于调度问题的理论价值和实用意义，在后来的 60 年多中，有 3 万多篇关于调度问题的文献发表。生产调度问题一般可以描述为针对某项可以分解的工作，在一定的约束条件下，如何安排其组成部分操作所占用的资源、加工时间及先后顺序，以获得产品制造时间或者成本等最优。这里所说的资源有很多形式，可以是准备好的原材料、厂房里空闲的设备，也可以是可用的计算机网络资源、正在待命的工作人员等等。需要达到的目标也多种多样，如最小化最后一项任务的完工时间、最小化超过工期的工件数量、最大化机器的利用率等等。生产调度是一个决策过程，在石油化工产业、钢铁产业、制药产业、电力产业、轻工业等实际工业生产系统中扮演着非常重要的角色。合理的生产调度策略能够帮助企业在较短的时间和较低的成本开销下，生产出满足顾客需求的高质量产品，极大提高生产效率，增加产品利润，增强综合实力。近 20 年来，国际生产工程学会（CIPR）曾总结了 40 种先进的制造模式，无论哪一种制造模式都是以优化的生产调度为基础的。有关资料表明，制造过程 95% 的时间消耗在非制造过程中，因此制造过程的调度技术，将在很大程度上影响制造的成本和效率。有效的调度方法与优化技术的研究，对于先进制造企业的现代化具有重要的实际意义。

与此同时，在理论研究中，生产调度问题作为一类十分典型的组合优化问题，对于这些典型的 NP 问题，使用一般的优化方法对它们进行求解已经很难得到令人满意的结果，而对一些极为复杂的问题，甚至根本求不出有效的解。因此采用有效的新型优化方法来解决这些问题具有十分重要的理论意义。

4.6.1 生产调度问题描述及分类

生产调度问题的描述

调度问题虽然最早是由生产过程提出，但是现在其他领域也有着广泛的应用，如交通运输、航空航天、企业管理和医疗卫生等行业。生产调度问题是在一定的时间内，进行可用共享资源的分配和生产任务的排序，以满足某些指定的性能指标，简单地说，生产调度问题就是按时间分配资源来完成任务的问题，具体见图 4-21，4-22 所示。

实际生产中，待解决的生产调度问题往往是上千台机器、每月上千个订单的大规模调度问题，而其所涉及的工厂资源包括原料、设备加工、存储、运输、人力、资金、能源等。资源的详细分配受到产品的生产工艺的限制。

影响调度问题的因素很多，正常情况下有产品的投产期、交货期、生产能力、加工顺序、加工设备和原料的可用性、批量大小、加工路径、成本限制，这些都是所谓的约束条件。有些约束条件是必须满足的，如交货期，生产能力等，而有些约束条件达到一定的满意度即可，如生产成本等。这些约束在进行调度时可以作为确定性因素来考虑；而对于设备故障、原料供应变化、生产任务变化等非正常情况，都是事先不

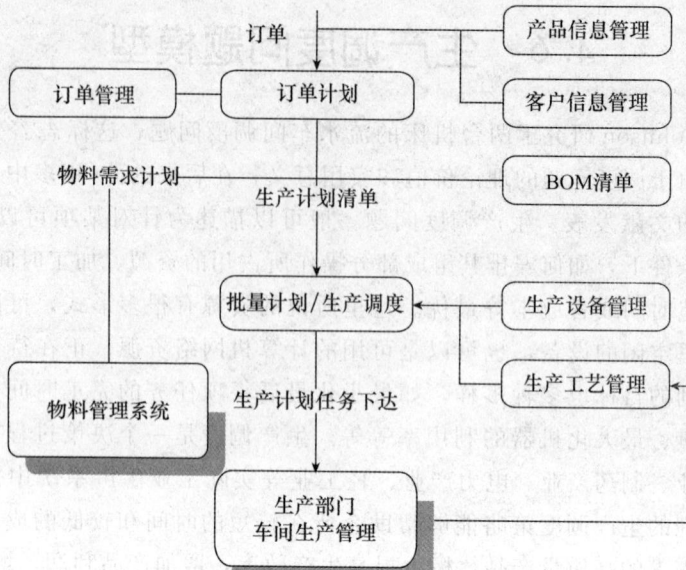

图 4-21　生产调度在制造企业中所处的地位

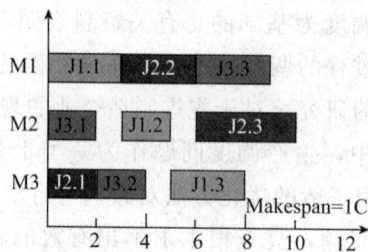

图 4-22　调度结果甘特图

能预见的，在进行调度时一般作为不确定因素来考虑。

生产调度的性能指标可以是成本最低、库存费用最少、生产周期最短、设备利用率最高等。实际生产调度的性能指标大致可以分为三类。

(1) 最大能力指标。包括最大生产率、最短生产周期等，它们都可以归结为在固定的产品需求下，最大化生产能力以提高经济效益。调度问题的主要目标为提高生产设备的利用率，缩短产品的生产周期，使工厂生产能力最大。

(2) 成本指标。包括最大利润、最小运行费用、最小投资、最大收益等等，其中收益指产品销售收入，运行费用包括库存成本、生产成本和缺货损失等。

(3) 客户满意度指标。包括最短的延迟、最小提前或者拖期惩罚等。在传统的调度中，一般以平均流通时间最小、制造周期最短、满足交货期为调度目标，而在实际生产中，由于提前完成的产品必须保存到交货期，而拖期产品必须交付违约金。因此，在实际调度中经常考虑提前或者拖期惩罚。

生产调度问题同时也受到工厂管理方法的影响，在不同的管理方法下，调度问题的优化目标、优化策略及其数学模型均不同，几乎每一个生产环境都是唯一的，很难用一个生产环境的调度方案，去解决另一个生产环境的生产调度。由于生产环境的动态性、生产领域知识的多样性、调度问题的复杂性，必须将人、数学方法和信息技术结合起来进行生产领域调度问题的研究。

总之，实际生产系统的生产调度具有多约束包括工艺条件约束、加工能力约束等，多目标必须同时考虑多个冲突目标的优化等，不确定加工数据或生产环境的随机性等，大规模工件和机器数量庞大、调度解空间随问题规模增长而指数增长等、计算复杂，数学模型难以建立又难以求解、性能评价费时甚至不准确等，多极小等特点，目前虽然对生产调度问题的研究已取得了较大的进展，但还很不成熟。

生产调度问题的分类

生产调度问题的分类方法很多，按照生产过程是连续的、间歇的、还是离散的，相应地，生产调度问题可以分为面向机加工等离散操作的车间调度问题，和面向流程工业生产过程的间隙生产调度或者称为批处理调度问题。而按照考虑时间尺度不同，生产调度问题可以分为生产计划和车间调度。其中生产计划主要涉及产品的需求以及为生产该产品所需要的资源的粗分配，侧重于经营计划和生产能力的平衡，考虑的时间范围较长，主要包括年度计划、季度计划和月度计划等，计划的周期可以根据市场等情况的变化随时做出调整。而车间调度则是在较短的时间内进行，最主要的任务是对下达到车间的生产作业进行安排与资源的具体分配，涉及实际生产环境的各种约束。

按照资源约束种类和数量划分，生产调度问题可以分为单资源调度、双资源调度和多资源调度。其中单资源调度指只有一种资源制约着车间的生产能力，单资源一般指车间生产环境中，只有机床设备的数量不能满足所有可加工工序立即被加工的要求。双资源调度同时有两种资源制约着车间的生产能力，通常这两种资源是机床设备和工人或工具。多资源调度同时有两种以上的生产所需资源制约着车间的生产能力，这些资源包括员工、机床设备、机器人、物料运送系统和辅助资源，如货盘、夹具和刀具等。

根据优化准则，生产调度可以分为基于调度成本和性能指标的两大类。调度成本包括生产条件调整和变动的固有成本、产品变化和加班加点的费用、存货成本、材料短缺或未能供应造成的成本，以及动态条件下对原有生产安排进行调整的成本等。调度问题的典型性能指标包括：①基于加工完成时间的性能指标，如最短最大流经时间、最短总流经时间、最短最大完成时间等；②基于交货期的性能指标，如最短最大推迟完成时间、最短最大拖后时间、最短总拖后时间、最少拖后工件数等；③基于库存的性能指标，如最短最大机器空闲时间等；④多目标综合性能指标，如最短流经时间与总拖后时间的综合指标、最短最大完成时间与总拖后时间的综合指标等等。在实际生产中，通常综合考虑成本和性能两方面因素。

根据生产环境的特点，可分为加工时间及相关参数为已知确定量的确定性调度和加工时间及相关参数为随机变量的不确定性调度。而根据加工任务后被加工工件的特征，可分为静态调度和动态调度。其中：静态调度是指所有任务在加工前，根据调度目标，采用某些算法进行调度；而动态调度是指在实际生产中根据生产情况的变化对原先做好的任务安排进行实时的再调整。进行动态调度的主要原因是，由于设备故障等随机扰动和系统各个生产环节的误差等原因，造成了实际生产进度与静态调度计划不符。

车间调度问题的描述

车间调度问题是生产调度问题中最复杂，也是实际生产过程中最常见的一类问题。目前研究的生产调度问题中，车间调度问题占了80％。车间调度问题可以简单地描述为 n 个工件在 m 台机器上进行加工的问题，每一个工件都有其特定的若干个加工工序，每个加工工序都可以在某一台或几台固定的机器上面进行加工，且相应的加工时间已知。只有当前一个工序加工完毕之后，后一个工序才能开始加工，称为工件的工艺约束。在某台机器上面进行加工的所有工序，只有当前一个工序加工完毕之后，才能进行另一个工序的加工，即一台机器不能同时加工多个工件，称为机器能力约束。车间调度问题的目标就是在满足工件的工艺约束和机器能力约束的条件下，合理地安排每个工件的各工序所需要的机器，同时确定在每台机器上进行加工的所有工序的先后顺序，使相应的性能指标达到最优。

车间调度问题一般分为单机调度问题、并行机调度问题、开放式车间调度问题、Flow Shop 调度问题和 Job shop 调度问题。

（1）单机调度问题指车间加工环境中只有一台机器，它是最简单的一类调度问题。

（2）并行机调度问题可以描述为加工环境中，有 m 台完全一样的机器，n 个工件均只有一个工序，此 n 个工件都能在 m 台机器中的任何一台上进行加工。

（3）开放式车间调度问题是指工件的加工没有特定的路线约束，同一工件各个工序的先后关系是任意的。在这样的前提下，要获得一个可行调度是相当容易的，并且工序先后关系的任意性也使可行调度的种类大大增加。但是当调度问题规模较大时，要从可行调度解空间中搜索到最优或次优调度仍然十分困难。

（4）Flow Shop 调度问题指所有工件的工艺路线一致，但在每台机器上加工的工序的先后顺序不同。对于每台机器上加工的工序的先后顺序相同的一类调度问题，则称为置换调度问题。流程工业如化工、石油加工等是流水车间的典型例子。流水车间调度问题是作业车间调度问题的一个特例，它是在作业车间调度问题的基础上统一了工件的加工路线，因而比一般的作业车间调度问题要大大简化。

（5）Job shop 调度问题描述为各工件的工艺路线也不同，是比 Flow Shop 更为广泛的一类调度问题。在工件加工路线约束和设备能力约束的双重限制下，Job shop 调度问题成为生产调度问题中最难的问题。

以上几类调度问题都经过了一定程度的简化，在实际的车间调度中，往往存在着更复杂的情况，如带有并行机的 Job shop 调度问题、混合 Flow Shop 调度问题，此两类问题综合了并行机问题、Job shop 和 Flow Shop 调度问题的特点，既要考虑每个工件的每个工序所选用的加工设备，同时还要考虑每台设备上工序的加工顺序，其模型的建立和求解比单一问题更加复杂。随着科学技术的发展，在生产过程中计算机集成制造系统的出现，加工设备具有了越来越高的柔性，一台加工中心上可以通过更换刀具而从事多个加工工序的操作，这样就使得工件在加工时存在多条可供选择的工艺路线，即所谓的柔性调度，柔性调度一般分解为两级子问题，上一级子问题为工件对于加工路径的选择，下一级子问题为加工路径确定之后，每台机器上工件加工顺序的确定。

4.6.2 车间调度问题的模型

Flow Shop 问题的数学模型

经典 Flow Shop 调度问题可以描述为：m 台机器 M_j（$j=1, 2, \cdots, m$），n 个待加工工件 J_i（$i=1, 2, \cdots, n$），每个工件 J_i 都包括一系列工序 $O_{i,j}$（$j=1, 2, \cdots, m$）。工序 $O_{i,j}$ 必须在机器 M_j 上加工，且加工时间为 $p_{i,j}$。同一时刻一台机器只能加工一个工件，同一时刻一个工件也只能在一台机器上加工。调度的目标是确定每台机器上工件的加工顺序和开工时间，使得工件完工时间 C_i 的某一目标函数值 $f(C_i)$ 最小。Flow Shop 调度问题的数学规划模型如下：

$$\min f(C_i) \tag{4-33}$$

$$\text{s. t. } t_{i,k} - t_{i,k-1} \geqslant p_{i,k-1} \quad i=1, \cdots, n; \ k=2, \cdots, m \tag{4-34}$$

$$t_{i,1} \geqslant 0 \quad i=1, 2, \cdots, n \tag{4-35}$$

$$t_{j,k} - t_{i,k} + H(1-x_{ijk}) \geqslant p_{i,k} \quad i=1, \cdots, n-1; \ j=i+1, \cdots, n; \ k=1, \cdots, m \tag{4-36}$$

$$t_{j,k} - t_{i,k} + Hx_{ijk} \geqslant p_{i,k} \quad i=1, \cdots, n-1; \ j=i+1, \cdots, n; \ k=1, \cdots, m \tag{4-37}$$

$$C_i = t_{i,m} + p_{i,m} \quad i=1, \cdots, n \tag{4-38}$$

$$x_{ijk} \in \{0, 1\} \quad i, j=1, \cdots, n; \ i \neq j; \ k=1, \cdots, m \tag{4-39}$$

其中决策变量 $t_{i,k}$ 表示工件 J_i 在机器 M_k 上的开工时间；x_{ijk} 为二进制变量，表示机器 M_k 上工件 J_i 和 J_j 的加工顺序。如果机器 M_k 上工件 J_i 在 J_j 之前加工，则 $x_{ijk}=1$；否则 $x_{ijk}=0$。H 为一充分大的正整数；目标函数（4-33）为工件完工时间 C_i 的一个正则函数，通常是最小化最大完成时间。加工顺序约束（4-34）保证每个工件的工序必须在前一道工序完工后才能开始加工。到达时间约束（4-35）保证每个工件必须在工件投入生产线之后才能开始加工，通常假设每个工件的到达时间均为 0。机器能力约束（4-36）和（4-37）保证同一时刻每台机器最多只能加工一个工件。Flow Shop 调度问题相当于在约束（4-34）—（4-38）构成的可行解集内搜索一个解，使得目标函数（4-33）最小。

Job Shop 问题的数学模型

经典 Job Shop 调度问题可以描述为：m 台机器 M_j（$j=1, 2, \cdots, m$），n 个待加工工件 J_i（$i=1, 2, \cdots, n$），每个工件 J_i 都要经过一组工序 $O_{i,j}$（$j=1, 2, \cdots, m$）加工完成。工序 $O_{i,j}$ 必须在机器 M_j 上加工，且加工时间为 $p_{i,j}$。每个工件的工艺路径已知且不同，一个工序一旦开始加工则不允许中断。同一时刻每台机器最多只能加工一个工件，同一时刻每个工件也最多只能在一台机器上加工。我们希望确定每台机器上工件的加工顺序和开工时间使得与工件完工时间 C_i 的某一目标函数值 $f(C_i)$ 最小。Job Shop 调度问题的数学模型如下所示：

$$\min f\ (C_i) \tag{4-40}$$

$$\text{s. t. }\ t_{i,s_i(k)}-t_{i,s_i(k-1)}\geqslant p_{i,s_i(k-1)}\qquad i=1,\cdots,n;\ k=2,\cdots,m \tag{4-41}$$

$$t_{i,s_i(1)}\geqslant 0\qquad i=1,2,\cdots,n \tag{4-42}$$

$$t_{j,k}-t_{i,k}+H\ (1-x_{ijk})\geqslant p_{i,k}\qquad i=1,\cdots,n-1;\ j=i+1,\cdots,n;\ k=1,\cdots,m \tag{4-43}$$

$$t_{j,k}-t_{i,k}+Hx_{ijk}\geqslant p_{i,k}\qquad i=1,\cdots,n-1;\ j=i+1,\cdots,n;\ k=1,\cdots,m \tag{4-44}$$

$$C_i=t_{i,s_i(m)}+p_{i,s_i(m)}\qquad i=1,\cdots,n \tag{4-45}$$

$$x_{ijk}\in\ \{0,1\}\qquad i,j=1,\cdots,n;\ i\neq j;\ k=1,\cdots,m \tag{4-46}$$

其中 $s_i\ (k)$ 表示工件 J_i 第 k 道工序加工所在的机器标号，$t_{i,k}$ 表示工件 J_i 在机器 M_k 上的开工时间；x_{ijk} 为二进制变量，表示机器 M_k 上工件 J_i 和 J_j 的加工顺序。如果机器 M_k 上工件 J_i 在 J_j 之前加工，则 $x_{ijk}=1$；否则 $x_{ijk}=0$。H 为一充分大的正整数；目标函数（4-40）为工件完工时间 C_i 的一个正则函数，通常是最小化最大完成时间。加工顺序约束（4-41）保证每个工件的工序必须在前一道工序完工后才能开始加工。到达时间约束（4-42）保证每个工件必须在工件投入生产线之后才能开始加工，通常假设每个工件的到达时间均为 0。机器能力约束（4-43）和（4-44）保证同一时刻每台机器最多只能加工一个工件。

4.6.3　车间调度问题的求解算法

自 20 世纪 50 年代起，对生产调度问题的研究已经有 60 多年的历史。在这几十年的研究中，学者们提出了很多理论与方法，来解决不断变化的各种生产调度问题。但是到目前为止，还是没有形成一套成熟的系统，也没有任何一种或一类算法能够很好地解决所有的生产调度问题。现有的方法主要可分为三类：传统的运筹学方法、启发式规则和智能优化算法。

传统的运筹学方法

传统的运筹学方法大多数都是研究者们在早期求解生产调度问题时提出的方法。它们适合解决一些规模比较小、复杂程度比较低的生产调度问题。这类方法建立在数学和运筹学的基础上，首先对问题进行建模，然后通过精确或近似求解此解析模型获得最优解或次优解，所以此类方法对问题的依赖性非常强，同一种算法求解这一类问题效果很好，但求解另一类问题效果可能就很差。常见的传统运筹学方法有分支定界法、拉格朗日松弛法和动态规划法等。分支定界法的主要思想是对所求问题的所有可行解进行枚举操作，首先确定目标值的上下界，边搜索边减掉搜索树的某些支，对于那些不满足最优解条件的解直接丢弃，提高搜索效率。分支定界法本质上是一种枚举算法，对于大规模的车间调度无能为力。拉格朗日松弛法是求解组合优化问题的一类经典的方法。它的主要思想是松弛原问题中较难的约束，将它吸收到目标函数中，使原问题化为一些比较简单的独立对偶问题，再通过求解这些对偶问题来获得原问题的最优解或近似最优解。自 20 世纪 70 年代起，拉格朗日松弛法被成功用于求解生产调度问题中。动态规划以最优化原理和无后效性为基础，将复杂问题分解为一系列较为简单的子问题，对每一个子问题进行分析求解，获得子问题的最优解，最后再利用各个子问题间的关系，将这些子问题解合并得到原问题的解。

启发式规则

生产调度的启发式规则，或称为调度规则，是由若干个优先规则和启发式组合而成。其中，优先规则是依据某种方法计算等待工序的优先数，并按优先数的大小选择下一道在当前空闲机器上将进行加工的工序，而启发式则是简单的某种经验法则。规则性调度的基本思路是，针对所要优化的调度问题，先制定或选取相应的优先规则，并且按相应规则对生产过程中的每个操作决定下一个需要加工的作业。规则性调度的优点是直观、简单实用、费时较少。目前常用的优先分配规则有最短加工时间优先规则（Shortest Processing Time，SPT）、最早工期优先规则（Earliest Due Date，EDD）、Johnson 规则、CDS 规则、Palmer 规则、NEH 规则、转换瓶颈规则（Shifting Bottle-neck Procedure，SBP）等。

（1）SPT 规则指的是按照工件在所有机器上的总加工时间长短从小到大排序，排在前面的先加工，排在后面的后加工。

（2）EDD 规则指的是按照工期从小到大进行排序，来安排工件先后加工顺序。

（3）Johnson 规则用来最小化包含两台机器的 Flow Shop 调度问题的最大完工时间效果很好。它为后来用启发式规则求解包含多台机器的调度问题奠定了良好的基础，几乎所有的启发式规则都会用到它的思想。

假设有 n 个工件在机器 1 和机器 2 上的加工时间分别为 t_{i1} 和 t_{i2}（$i=1$，2，…，n），Johnson 规则通过下列简单的规则给出了两台机器流水车间调度问题的最短生产周期序列。

Johnson 规则：$\min\{t_{i1}，t_{j2}\}\leqslant\min\{t_{i2}，t_{j1}\}$，则工件 i 排在 j 前。

根据上述规则，可以直接构造最优调度，算法步骤如下。

Step1：将 N 个工件分成 P 和 Q 两组。分组的原则是：P 组的工件在第二台机器上比在第一台机器的加工时间长，其余的工件归 Q 组。

Step2：将 P 组工件按它们在第一台机器上的加工时间递增顺序排列，将 Q 组工件按它们在第二台机器上的加工时间递减顺序排列。

Step3：将 P 组工件和 Q 组工件顺序连接在一起，构成的就是生产周期最短的最优工件顺序。

例 4－3：已知一个两机器流水车间调度问题，加工 6 个工件，加工时间如下表 4－5 所示。

表 4－5　工件的加工时间

工件	1	2	3	4	5	6
机器 1	10	5	11	3	7	9
机器 2	4	7	9	7	10	15

根据算法步骤，首先从表中数据找到在机器 2 上加工时间比机器 1 上长的工件有 P = $\{2，4，5，6\}$，其余的 $Q=\{1，3\}$。然后，将 P 组的工件按在第一台机器上的加工时间递增排序，得到 $P=[4，2，5，6]$。将 Q 组工件按照它们在第二台机器上的加工时间递减排序，得到 $Q=[3，1]$。最后，将 P 组工件和 Q 组工件连接起来，就是最优工件加工顺序 $[4，2，5，6，3，1]$，最短生产周期是 56。

（4）CDS 规则（Campbell-Dudek-Smith）是 Johnson 规则的一种扩展形式，用于求解包含多台机器的 Flow Shop 调度问题。CDS 规则首先将 m 台机器分为 $m-1$ 组，每组包含两台机器；然后利用 Johnson 规则对着 $m-1$ 组机器进行排序，选出其中最好的一个加工序列作为调度解；同理，再考虑包含 3 台、4 台直到 m 台机器的组，获得最终的完整调度解。

（5）Palmer 规则是根据工件在各台机器上的加工时间，按照斜度顺序排列的启发式规则。按照各台机器的顺序，加工时间逐步增加的工件优先权数大；反之，加工时间逐步减小的工件优先权数小。

（6）NEH（Nawaz-Enscore-Ham）规则是一种求解 Flow Shop 调度问题效果非常好的启发式规则。它首先计算各工件在所有机器上的加工时间和，并按照递减顺序排列；然后将最前面两个工件进行调度排列，选出较好的排列；接着将剩余的工件依次插入到已经排好的工件调度序列中，生成新的调度排列，直到所有工件都已参与排序，生成完整的调度解。NEH 启发式算法不把原来的 m 台机器问题转化为一个模拟的两台机器问题，而是通过每一步加入一个新工件，从而求得最好的局部解，最后构造工件的加工顺序。

（7）SBP 规则是目前求解车间调度问题非常有效的一种启发式规则。它将机器逐一进行调度，每次调度时，都把当前机器视为还未调度机器中的瓶颈机，每次调度完一台机器以后，都要对已调度好的机器进行局部优化。其中，瓶颈机器的识别以及局部优化操作都源于求解单机调度问题的方法，是原生产调度问题的一个松弛问题。

智能优化算法

近 30 年来，随着智能优化算法的兴起，车间调度问题的算法研究主要集中在这一领域。一方面是由于运筹学方法和启发式规则对于大规模问题无能为力或求解精度太差，另一方面则是实际工程问题的复杂性、大规模性、不确定性、约束性、非线性、多极小、建模困难等特点，要寻找最优调度解是非常困难的，最有工程意义的求解算法是在合理、有限的时间内寻找到一个近似的、有用的解。目前常用的智能优化算法有禁忌搜索算法、遗传算法、模拟退火算法、蚁群算法、粒子群算法、人工蜂群算法等。

4.7 项目调度问题模型

4.7.1 项目调度问题概述

在科技和生产力不断发展的今天，生产规模也随之不断壮大。再加上由于经济全球化而导致的市场竞争的激烈，这些都使得项目管理对一个企业的作用也越来越大。只有在很短的周期内推出能让客户满意的产品，才能占领市场夺取先机。对活动、资源、时间这三个变量之间的关系进行良好的计划和控制，是确保一个项目顺利完成的关键所在。有数据表明，全球经济活动中有30％以上采用项目化管理方法并取得了良好的效果。世界上一些大型的企业也非常重视项目管理工具的运用，项目管理方法成功地应用于航天、工程建筑、生产制造、新产品开发、交通运输等领域。20世纪20年代，美国的杜邦公司首先提出了项目时间管理的重要工具——甘特图法，如图4-23所示。甘特图是一条线条图，横坐标表示时间，纵坐标表示项目活动，线条表示项目活动的开始时间和结束时间。该方法用图示直观地表示项目的活动顺序和持续时间。甘特图直观清晰，容易理解，被广泛应用于各个企业。随后，美国兰德公司的Kelly和杜邦公司的Walker在1957年为了帮助一个化工厂制定停机期间的维护计划，提出了关键路径法（Critical Path Method，CPM）。CPM将项目分为多个确定工期的活动，然后用逻辑关系（结束－开始、结束－结束、开始－开始和开始－结束）将各个项目活动连接起来，寻找制约项目工期最长的关键路径，得到项目的总工期，再计算各个活动最早、最晚开始时间等。同时期，美国海军特别计划委员会在1958年制定北极星导弹研制计划时，提出了项目计划和评审技术PERT（Program Evaluation and Review Technique），它利用网络分析手段并对计划进行评价，协调项目活动加快项目进度。

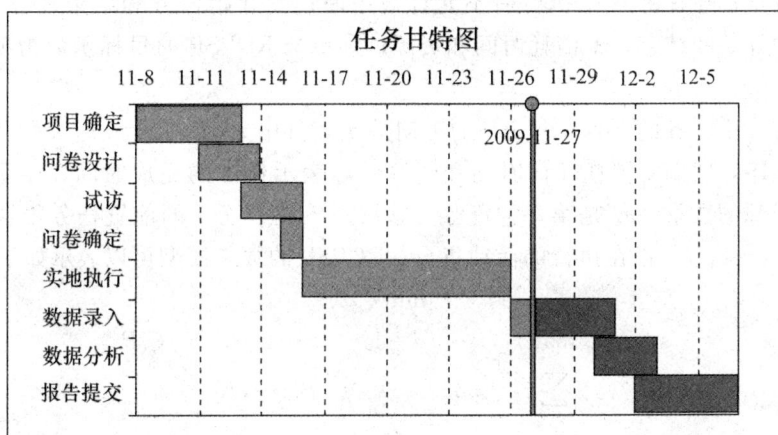

图4-23　项目调度甘特图

计划评审法PERT和关键路径法CPM已被证明是项目调度非常有效的方法，它们均假设项目中工序需求的资源是无限多的，这时只需要考虑工序间的偏序关系，便可求出目标解。然而实际生产中的资源一般是有限的，不能直接使用上述两种方法。因此，很多研究者在项目调度问题中加入了资源约束，构建了新的模型。资源受限项目调度问题RCPSP（Resource-Constrained Project Scheduling Problem）主要研究的是在资源和网络有限关系的约束下，如何合理地安排活动进度以实现特定的项目目标，如工期最短、费用最小等。它最早是由Kelly于1963年在求解资源限制的项目调度问题时提出的。RCPSP 问题是项目管理和运筹学领域的一个重要研究分支，内容涉及管理科学与工程、项目管理、计算机科学、应用数学等众多学科的交叉与融合；同时，RCPSP 问题本质上属于一个组合优化问题，理论上属于 NP-hard 问题，其求解比较困难，对该问题的研究一直是学术界的热点和难点。在实践中，RCPSP 广泛存在于建筑工程、软件开发、飞机和轮船制造等企业中。

4.7.2 项目调度问题的模型和分类

经典资源受限项目调度问题的模型

资源约束项目调度问题广泛存在于现实的场景中，因为环境的不同或多或少会存在不同的约束，但是这些约束，都是建立在经典模型基础之上的。经典资源约束项目调度问题主要存在两个约束：一个是资源约束，即工序的加工过程需要依赖资源，同时资源量是有限制的；一个是工序间的偏序关系约束，即工序之间存在一定的加工顺序。在这些约束下，通过合理的调度，最终实现调度目标的最优化。经典模型是此类问题最基本的抽象模型，在研究扩展模型之前有必要熟悉它。在经典资源约束项目调度问题模型之后，专家学者已提出很多不同的扩展模型，本节后面将会进行介绍，首先来介绍经典问题模型。

经典资源受限项目调度问题主要基于以下的前提假设：①任务只考虑逻辑约束和资源约束，不考虑时间约束；②资源为可更新资源，每个任务所需资源量均小于资源的最大供应量；③任务开始执行后不允许被中断；④开始任务和结束任务为虚任务，代表项目的开始和结束，不消耗时间和资源；⑤传统 RCPSP 的目标函数为项目工期最小化。

对于有 n 个任务的项目，任务 i 的工期是 d_i，其中 $i=1$ 和 $i=n$ 时表示任务开始和结束的虚工序，它们不消耗任何时间和资源。f_i 表示任务的完成时间，r_{ik} 是任务所需要第 k 种资源的数量，a_k 是第 k 种资源的总量，P_i 是任务 i 的前置任务集合，S_t 表示在时间段 $[t-1, t]$ 正在执行的活动集合。RCPSP 的数学模型可以表示如下：

$$\min f_n \tag{4-47}$$

$$\text{s. t. } s_i \geqslant \max f_j, \qquad i=1, 2, \cdots, n, \ \forall j \in P_i \tag{4-48}$$

$$\sum_{i \in S_t} r_{ik} \leqslant a_k \qquad k=1,2,\cdots,K \tag{4-49}$$

式（4-47）表示最小化项目完工时间的目标函数；式（4-48）表示任务的逻辑约束，保证任务之间的优先关系不被破坏；式（4-49）要求任务满足资源约束。

资源受限项目调度问题的扩展

通过对经典的资源约束项目调度问题的介绍可知，该模型中的约束条件及求解目标有很大的扩展空间，因此针对不同的问题需求，研究者对经典模型进行了扩展，提出了许多模型，下面介绍几种常见的模型。

（1）基于约束的扩展。RCPSP 的本质是在满足各种约束条件下，以优化目标为核心，制定各个活动的开始和结束时间，实现调度计划的编制。RCPSP 中的约束可分为三类，即逻辑约束、资源约束和时间约束，具体如表 4-4 所示。

表 4-4　RCPSP 的约束分类

约束类型	约束内容
逻辑约束	结束－开始型：表示工序 j 在工序 i 结束之前不能开始
	结束－结束型：表示工序 j 在工序 i 结束之前不能结束
	开始－开始型：表示工序 j 在工序 i 开始之前不能开始
	开始－结束型：表示工序 j 在工序 i 开始之前不能结束
资源约束	可更新资源：又叫不可消耗性资源，是指可以重新使用的资源，即在某些时间段它们是有限的，只能被固定的工序占用，但在这些时间段后，它们又可以被重新使用，不会伴随着项目进行而消耗。如各种劳动力、常用的机器设备等
	不可更新资源：又叫消耗性资源。它们存在量的概念，并且在调度开始时，环境中的它们是有总量的。随着项目的进行、工序的加工，它们的量会减少，如水、电等不可再生能源以及一些原材料。不可更新资源是通过可更新资源消耗的，如放水设备消耗水、充气设备消耗气等；也可以通过其他环境消耗的，如时间
资源约束	双重约束资源：是指在项目各阶段数量有限，并且在项目环境中的总量也受到限制。如资金就是典型的双重限制资源，在一般项目中，每个项目阶段的资金都会有限制，且整个项目也有具体的总资金预算。双重限制资源可以用一种可更新资源和一种不可更新资源加以描述
	部分可更新资源：指在给定的时间段内资源受到限制。如在一个大的时间段内，因为制度要求，拥有劳动力的工人每周的工作时间存在一定的限制。在包含部分可更新资源的项目中，使用归一化方法处理后，在不同的时间段内可以将部分可更新资源转换为可更新资源和不可更新资源。如果一种部分可更新资源的定义区间扩大到项目的执行区间，该资源就成了不可更新资源。如果在每个时间段对不可更新资源分别定义，则不可更新资源约束就弱化成了可更新资源约束
时间约束	时间窗约束：限制工序在特定时间区域内启动，即工序除了要接受传统的紧前关系限定其开始时间外，还要受时间窗限制其可行的开始时间
	时序约束：规定任务只能在特定的开始时间序列上开始，若一项任务的前置任务都已完成，但该时刻不在给定的时间序列上时，此时任务不能开始，只能等到下一可行时间到来时才能开始

（2）基于优化目标的扩展。一个项目在立项前就已有了基本的项目目标。一般认为项目的目标函数主要包括时间类、资源类、财务类、质量类等目标函数。时间类目标是项目调度中最基本的一类目标。项目工期最小化又是时间类目标中最常见的目标，希望项目能够在最短时间内完成；很多情况下，项目合同对于项目交付时间有要求，进而导致对于任务的开始时间或完成时间有要求，因此对于任务的延迟也是需要考虑的一类时间目标；某些情况下，不需要考虑单个任务的延迟问题，而只需分析整个项目计划结束时间与实际结束时间之间的差距，因此项目延迟最小化也是时间类目标中的一种；另外，当项目处于不稳定的环境中时，项目进度计划的鲁棒性也常作为一种

生产系统建模与仿真
Modeling and Simulation for Manufacturing System

项目目标，希望项目的变动尽可能达到最小。

在项目调度中必然会涉及资源，因此合理利用和分配资源也成为项目需要实现的一个重要目标。资源类目标主要有最小化项目资源总成本和资源均衡两种。最小化项目资源总成本的目标关注的是如何在给定项目截止日期的要求下，确定每种资源的供应量，使项目资源的总成本最小；资源均衡的项目目标关注的是如何在满足资源数量限制和保持工期不变的要求下，设计一个尽可能使各类资源的使用达到均衡的项目进度计划，此时不需要考虑由于资源的使用导致的成本问题。

资金是项目实施过程中必然会涉及的问题，如果资金的流动会对项目的执行造成较大的影响，则必须考虑项目的财务类指标，其中最重要的财务类指标就是项目净现值。考虑了资源约束就必然会导致费用问题的产生，在项目执行过程中，既希望降低费用又希望提高项目的收益；另外项目若要提高客户的满意度，还需关注项目调度的质量。

传统的资源受限的项目调度问题只考虑了单个目标，而在项目实践中，一个项目经常需要考虑多个项目目标，因此就产生了多目标项目调度问题。

（3）基于任务执行模式的扩展。经典的假设每个工序只有一种工作模式，即有固定的加工工期和确定的资源需求。后来研究者在经典模型的基础上提出了工序可以有多种工作模式。每种工作模式是工期与资源需求量的结合，是工序加工的一种方式，工序在加工过程中只能选择一种工作模式。多模式项目调度问题在实际中有广泛的应用前景。

此外，还有任务可中断的项目调度问题，即项目在执行过程中允许中断后再次执行。该问题增加了调度问题的可行解数目，大大增加了项目调度的灵活性，从而增加了项目调度的柔性。

（4）基于不确定理论的项目调度问题的扩展。以往有关资源约束项目调度问题的研究多属于确定型研究。随着研究的不断深入和现实的实际需求，不确定环境下的多项目调度问题逐渐受到国内外学者的重视。项目范围的改变、资源使用量的增减、调度计划执行过程中新增任务以及活动之间逻辑关系的改变、设备故障、恶劣天气导致的工期延误和成本波动等情况都使调度处于不确定环境中。根据处理不确定因素的理论不同，又可以分为随机项目调度问题、模糊项目调度问题、鲁棒项目调度问题、干扰管理项目调度问题等。

除了上述扩展以外，还有多项目调度问题、基于关键链的项目调度问题等。

项目调度问题的分类

项目调度问题的形式多种多样，Herroelen（1999）等仿照车间调度模型的表示方式，采用三元组 $(\alpha \mid \beta \mid \gamma)$ 表示一个项目调度问题。其中 α 描述项目资源特征，β 描述任务特征，γ 描述项目绩效指标。

（1）资源特征。资源特征 α 包含三个参数：α_1、α_2 和 α_3。

参数 α_1 描述了资源的种类，它可以是 1 种资源、m 种资源或者为空。对应的取值分别是 $\alpha_1=1$，$\alpha_1=m$ 或者 $\alpha_1=°$。$\alpha_1=°$ 表示该问题不涉及资源。

144

参数 α_2 描述了资源的特性，即可重用资源、不可重用资源、双重特性资源和部分可重用资源，分别标记为"1""T""$1T$""v"。$\alpha_2 =°$ 表示对资源不加限制。

参数 α_3 描述了资源的使用量，通常用来表达可重用资源。$\alpha_3 =°$ 表示资源供应为常量，$\alpha_3 = va$ 表示资源供应量是变量。

（2）任务特征。β 描述问题的任务属性，包含 9 个参数，具体含义如下表 4 - 7 所示。

表 4 - 7　任务特征参数

参数名称	描　述
β_1	参数 $\beta_1 \in \{°, pmtn, pmtn\text{-}rep\}$ 描述了任务的可中断性。当任务是不可中断时，记为"°"；"$pmtn$"表示任务可以在执行的过程中被中断，并在随后的某一时段恢复执行；"$pmtn\text{-}rep$"表示任务在加工过程中可被中断，但不允许在中断点处继续加工，必须从头开始
β_2	参数 $\beta_2 \in \{°, cpm, min, gpr, prob\}$ 描述了任务时序关系的约束特征。"°"表示任务相互独立，任务之间没有时序约束；"cpm"表示时序关系是严格无延迟的结束—开始关系；"gpr"表示任务之间具有最小和最大延误时间的广义时序约束关系；"min"表示有滞后量的搭接关系；"$prob$"表示随机网络，任务优先关系无法事先确定
β_3	参数 $\beta_3 \in \{°, r_j\}$ 描述任务的准备时间。"°"表示所有任务都已经准备好，"r_j"表示不同任务具有不同的准备时间
β_4	参数 $\beta_4 \in \{°, cont, d, \tilde{d_j}\}$ 描述任务的工期。"°"表示任务的执行周期是离散的整数，"$cont$"表示任务的执行周期是任意实数，"d"表示所有的任务具有相同的工期，"$\tilde{d_j}$"表示任务的工期是随机数
β_5	参数 $\beta_5 \in \{°, \sigma_j, \sigma_n\}$ 描述交货期。"°"表示项目没有交货期约束，"σ_j"表示任务具有交货期，"σ_n"表示项目有交货期
β_6	参数 $\beta_6 \in \{°, vr, \tilde{vr}, dis, cont, int\}$ 描述资源需求的特性。"°"表示任务所需资源为常数，"vr"表示任务所需的资源是变动离散量，"$\tilde{vr}$"表示任务的资源需求量随机离散量，"$disc$"表示任务的资源需求量是任务工期的离散函数，"$cont$"表示任务的资源需求量是任务工期的连续函数，"int"表示资源需求量是供给量的强度或比例函数
β_7	参数 $\beta_5 \in \{°, mu, id\}$ 描述任务的执行模式。"°"表示每个任务的执行模式是唯一的；"mu"表示任务有多个可能执行模式；"id"表示模式约束任务，此时任务集合被划分为不相交的子集，每个子集中的所有任务必须以相同的模式来执行
β_8	参数 $\beta_8 \in \{°, c_j, \hat{c_j}, c_j^+, pre, sched\}$ 描述资金流的性质。"°"表示空，"c_j"表示任务之间的资金流动，"$\hat{c_j}$"表示随机的资金流，"c_j^+"表示任务之间为正的资金流，"pre"表示具有周期性的现金流，"$sched$"表示现金流的时间和流量需要预先确定
β_9	参数 $\beta_5 \in \{°, s_{jk}\}$ 描述转移时间。"°"没有转移时间，"s_{jk}"表示基于序列的转移时间

（3）绩效指标。绩效指标 γ 也就是项目调度问题的优化目标，在项目调度中，优化的目标函数可分为两类。一类为正则目标函数，这类目标函数满足以下两个条件：

①目标函数是求最小值；②目标函数是完工时间的单调非降函数，例如项目总工期最小、项目总成本最低或项目延误最小等。另一类为非正则目标函数，例如最大净现值、提前完工费用和误工费用最小等。表 4-8 为几种目标函数。

表 4-8　目标函数

表　示	含　义	表　示	含　义
$\gamma = C_{\max}$	表示项目工期最小	$\gamma = T_{\max}$	表示项目工期延误最小
$\gamma = n_r$	表示加权误工任务数最小	$\gamma = npv$	表示项目净现值最大
$\gamma = rac$	表示资源总成本最小	$\gamma = E [\cdot]$	表示目标函数期望值最大

基于上面的描述，可以对项目调度问题进行分类，例如经典的项目调度问题可以描述为 $\{m, 1 \mid cpm \mid C_{\max}\}$。$\{m, 1 \mid cpm, ptmn \mid C_{\max}\}$ 则代表项目是单模式，任务加工时允许出现中断，需要 m 种可再生资源，各任务之间的时序是无延迟的结束—开始关系，目标函数为最小化项目总工期。

4.7.3　项目调度问题的求解算法

从上节项目调度问题的分类可以看出，该问题模型丰富，且多属于 NP 问题，求解困难。此类问题的另一特点是适用于某一模型的算法，只要将模型的条件稍加变化，该算法将不再适用。从 20 世纪 60 年代至今，资源受限项目调度问题已吸引了大量学者的注意，大量算法被提出。算法主要分为精确算法、启发式算法和智能优化算法。精确算法主要有分支定界、动态规划等，启发式算法主要有基于优先规则的启发式算法、采样算法等，智能优化算法主要有遗传算法、禁忌搜索算法、蚁群算法、粒子群算法等。本节主要介绍基于优先规则的启发式算法。

基于优先规则的构造型启发式算法具有相当高的求解效率，有很强的应用性。它主要由两部分组成，其中一个是调度生成方案（Schedule Generation Scheme，SGS），另一个是算法中涉及的优先规则。

调度生成方案是很多资源约束项目调度问题求解算法的重要组成部分，它可以通过调度阶段逐步生成项目的调度结果。根据调度阶段方法的不同，调度生成方案可以分为：以任务为阶段变量的调度生成机制，称为串行调度生成机制（Serial Schedule Generation Scheme，SSGS）；以时间为阶段变量的调度生成机制（Parallel Schedule Generation Scheme，PSGS），称为并行调度生成机制。

串行调度和并行调度生成机制都是由 Kelly 提出的。在串行调度生产机制中包含 J 个阶段，对应的每个阶段 n $(n=1, 2, \cdots, J)$，有一个不完全的计划 PS_n 和一个可行的工件计划 $E_n = \{j \mid j \notin PS_n, P_j \in PS_n\}$。在每一个新的调度阶段，选择 E_n 中优先权最大的任务（如果有多个工作优先权一致，则选择编号最小的任务）加入 PS_n，并指定该任务的开始时间是满足紧前关系约束和资源约束的最早开始时间。记 ST_j 是 j 任务开始执行时刻，LS_j 为根据 PERT/CPM 方法计算得到的工作 j 的最晚开始时刻。A_t

是 t 阶段正在执行的工作集合，πR_{kt} 是资源 k 在 t 阶段的剩余量，$\pi R_{kt} = R_{kt} - \sum_{j \in A_t} r_{jk}$；$v(j)$ 为 E_n 中任务 j 的优先权系数，$\overline{D}$ 表示项目工期上限。串行调度方案的算法步骤如下图 4-24 所示。

初始化：$n=1$，$PS_n = \{1\}$，$ST_1 = 0$
While $|PS_n| < J$ do 阶段 n
Begin
　　计算 E_n 和 πR_{kt}，$t=1, 2, \cdots, \overline{D}$，$k=1, 2, \cdots, K$.
　　$j^* = \min_{j \in E_n} \{j \mid v(j) = \max_{i \in E_n} \{v(i)\}$
　　$ES_{j^*} = \max \{ST_i + d_i \mid i \in P_{j^*}\}$
　　$ST_{j^*} = \min \{t \mid ES_{j^*} \leq t \leq LS_{j^*}, r_{j^* k} \leq \pi R_{k\tau}, \tau = t, t+1, \cdots t+d_{j^*}-1, k=1, 2, \cdots K\}$
　　$PS_{n+1} = PS_n \cup \{j^*\}$
　　$n = n+1$
End

图 4-24　串行调度方案生产算法

在算法中，任务的优先权系数是根据优先规则计算的。优先规则在算法中扮演着很重要的作用。调度结果的好坏与优先规则有着密切的关系。优先规则在调度中的作用是优先选择需要调度的工序或者打破平局。对于上述候选调度工序集，在选择一个工序进行调度时，需要采用优先规则，赋予每个工序一个优先权值，然后选择优先权高的工序进行调度。有时在多可用资源的情况下，优先规则还用于为工序选择较优资源。多年来，学者针对调度生成算法提出了许多优先规则。不同的优先规则考虑的因素各不相同，大致可以分为四类：基于项目网络的优先规则，基于关键路线的优先规则，基于资源的优先规则和混合优先规则；根据上述分类，下表 4-9 给出常用的优先规则。

表 4-9　项目调度常用的优先规则

类　　型	优先规则	类　　型	优先规则
基于项目网络的优先规则	最短工期（SPT）	基于关键路线的优先规则	最大秩序权重（GRPW）
	最长工期（LPT）		最早开始时间（EST）
	最多紧后任务（MIS）		最早结束时间（EFT）
	最多后续任务（MTS）		最小总时差（SLK）
基于资源的优先规则	最小总资源需求（TRD）		后续任务平均时差（LFS）
	最小总资源稀缺度（TRS）		资源调度方法（RSM）
	最大总资源需求（GRD）	混合优先规则	加权资源利用率和紧前关系

Kolisch 已经证明，利用串行调度生成机制与任意优先规则产生的项目调度计划，都是积极调度计划。也就是说，在保证紧前关系和资源约束的前提下，要提前某一任

务，必然要延迟其他某些任务。同时，他还证明，并行调度生成机制产生的是非延迟调度计划，也就是说没有任何一个任务可以在不延迟其他任务的条件下提前。并行调度阶段数小于等于串行调度计划的阶段数，因此执行效率较高。也正因为并行调度阶段数小的原因，它的解空间比较小，所以串行调度生成方案可以得出比并行更优的解。有关并行调度生成机制的步骤可以参考相关文献。

思考与练习

1. 查阅文献，学习 Clark&Wright 算法求解 TSP 问题的步骤。

2. TSP 都有哪些扩展类型？

3. 背包问题有哪些类型？

4. 试用线性规划法求解背包问题。

5. 通过查阅文献，查找二次指派问题在车间布局中的应用。

6. 切割与布局问题的分类。

7. 阐述 Bottom Left 算法和 Bottom Left Fill 算法之间的差异。

8. 现有 1 个配送中心（P），10 个客户组成的配送系统（A—J），各客户的需求量如下表 4-10 所示，客户与配送中心和客户间的最短距离已知，如下表 4-11 所示，单位为千米。配送中心可使用的车辆有两种，最大载重量为 2 吨和 4 吨，并限制车辆一次运行距离在 30 千米以内。试用节约里程法给出配送方案。

表 4-10　各客户的货物需求量　　　　　单位：吨

客户	A	B	C	D	E	F	G	H	I	J
需求	0.7	1.5	0.8	0.4	1.4	1.5	0.6	0.8	0.5	0.6

表 4-11　各客户间的距离　　　　　单位：千米

	A	B	C	D	E	F	G	H	I	J
P	10	9	7	8	8	8	3	4	10	7
A		4	9	14	18	18	13	14	11	4
B			5	10	14	17	12	13	15	8
C				5	9	15	10	11	17	13
D					6	13	11	12	18	15
E						7	10	12	18	15
F							6	8	17	15
G								2	11	10
H									9	11
I										8

9. 有一组作业需要在 M_1 和 M_2 两台机器上进行流水作业，他们在 M_1 和 M_2 上的作业时间如下表。试用 Johnson 规则求解调度方案。

	M_1	M_2
J_0	2	5
J_1	4	2
J_2	3	3
J_3	6	1
J_4	1	7

10. 阐述车间调度与项目调度的区别。

第5章

生产系统仿真方法

　　生产系统研究的基本目标是生产系统的效率、质量、交货期和成本。一般情况下，生产系统仿真则是对生产系统的各个组成环节在计算机中建立一个能够在一定程度上体现实际系统本质的仿真模型，通过仿真技术使系统性能优化、效率提升和浪费减少，为系统的分析、规划提供决策支持和科学依据。

　　生产系统仿真是离散事件系统的建模与仿真的其中一个重要应用领域，第三章介绍了生产系统的建模方法，本章在此基础上，介绍怎样将这一类的实际系统模型转化为仿真模型，为后面生产系统的仿真提供理论基础和方法。第二章中介绍了事件、活动、进程是系统仿真时用来描述生产系统变化的三种元素。上述三种元素分别对应三种离散事件系统仿真方法，即事件调度法、活动扫描法、进程交互法。此外，消息驱动法也随着面向程序设计方法的推广而受到重视，在处理复杂离散时间系统上更具有现实意义。仿真时钟记录仿真系统中事件发生的时间，其推进机制不仅和仿真效率有关，还与仿真精度联系紧密。蒙特卡罗方法是仿真中研究比较深入的领域，目前，蒙特卡罗方法已经在物理、工程技术、经济与金融等方面得到广泛应用。本章最后将阐述离散事件系统仿真的一般步骤。

5.1　系统仿真程序的基本结构

　　离散事件系统种类繁多，建模与仿真分析的目标各异，所采用的建模与仿真的方法也不尽相同。但是，在编制仿真程序或采用商品化仿真软件建立仿真模型时还是存在一定的相同点。图5-1所示为离散事件系统仿真程序的基本结构。

　　由图5-1可知，离散事件仿真程序的主要部分如下。

变量、实体属性和系统状态

　　变量、实体属性和系统状态用来记录系统在不同时刻所处的工作情况。通过跟踪变量、实体属性和系统状态的变化可以分析引起系统状态变化的原因，并为系统调度和决策提供依据。

初始化子程序

　　在仿真模型开始运行前完成模型的初始化工作，产生必要的初始参数。

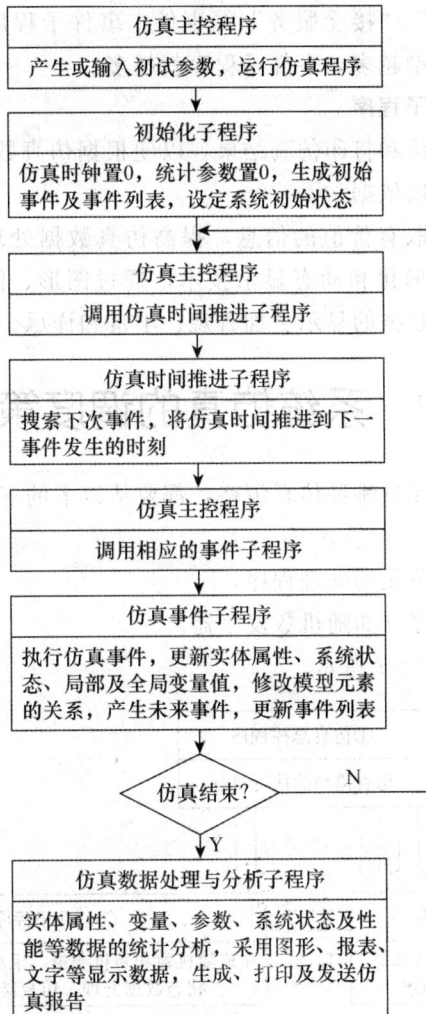

图 5 - 1　离散事件系统仿真程序的基本结构

仿真时钟

用于记录仿真模型的运行时间，它可以作为评价系统性能的依据，也可以作为仿真调度和仿真程序是否结束的依据。

时间列表

将仿真模型运行时发生的时间按照发生的先后顺序建立起来的数据列表，它是仿真模型运行和仿真时钟推进的证据。值得指出的是，事件列表是依据构成系统实体的特征及其依存关系产生的，且事件的发生时间通常服从特定的分布。

定时子程序

根据事件表确定下一个将要发生的事件，并将仿真时钟推进到下一次事件发生的时刻。

事件子程序

根据实际系统抽象出的事件程序，例如制造系统中的零部件"故障""修复"事件，排队系统中的"等待""接受服务"等事件。事件子程序与系统中事件类型相对应。显然，系统中事件类型越多，事件子程序就越多。

仿真数据处理与分析子程序

用于计算、显示、分析和打印仿真结果，以便根据仿真数据进行系统性能的判定，并为系统的优化和改进提供依据。

为了从仿真实验中提取有价值的信息，提高仿真数据处理的质量和效率，目前仿真软件中已经普遍采用图形化和动态显示技术，通过图形、图表、动画等展示实体属性和系统状态，使得仿真数据的显示更加直观、丰富和详尽。

5.2　系统仿真的调度策略

在设计仿真模型时，无论哪种仿真策略，都要从以下的三个层次进行设计：

第一层——总控程序；

第二层——基本模型单元的处理程序；

第三层——公共子程序（如随机数发生器）。

它们之间的关系如图 5-2 所示。

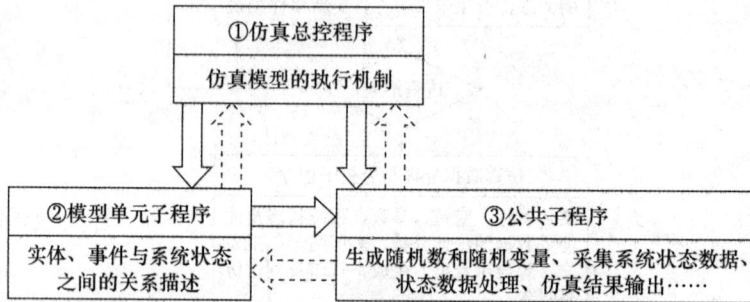

图 5-2　仿真模型的总体架构

仿真模型的最高层是总控程序，负责对第二层（模型单元子程序）实施控制，承担安排下一事件的发生时间且确定该事件发生时完成正确的操作。仿真模型的第二层是模型单元子程序，主要描述实体之间的相互作用、事件与系统状态之间的影响关系等。其程序段的执行及其之间的交互都是由总控程序控制。不同的仿真调度策略，其仿真模型第二层结构也不同。一组供第一层和第二层调用的公共子程序组成了仿真模型的第三层，用于生成随机参数，产生仿真结果报告，收集统计数据等。

5.2.1　事件调度法

如前所述，事件（Event）是描述离散事件系统的基本元素之一，事件是引起系统状态转变的行为和起因，是系统状态变化的驱动力。例如仓储系统中物品的入库到达就是一个事件。此外，仿真模型中还存在程序事件，早在 1963 年美国兰德公司的 Markowitz 等人就已经提出了事件调度法（Event Scheduling）。

　　事件调度法分析系统的基本单元是事件，通过定义事件及每个事件的发生对系统状态的变化，按时间顺序确定并执行每个事件发生时有关的逻辑关系，策划新的事件来驱动模型的运行，这就是事件调度法的基本思想。通过对事件及其发生的时间顺序和系统状态变化进行定义，并以事件来驱动仿真模型的运行。

　　运用事件调度法这种仿真策略建立仿真模型时，仿真模型中的所有时间都存放于"事件表"中，通过一个时间控制模块从事件表中选择最先发生的事件，并将仿真时钟值作为该事件发生的时间；重置仿真时钟，并调用与该事件对应的事件处理模块，更新系统状态，决定未来将要发生的事件；当前事件结束后，返回时间控制模块；重复事件的选择与处理，直到满足终止条件仿真结束。

　　事件调度法的仿真过程如下。

　　（1）初始化。

　　①置仿真的开始时间 t_0 和结束时间 t_f；

　　②置各实体的初始状态；

　　③事件表初始化。

　　（2）置仿真时钟 $TIME = t_0$。

　　（3）如果 $TIME \geqslant t_f$，转至（4），否则，在操作事件表中取出发生时间最早的事件 E；将仿真事件推进到此事件的发生时间，即置 $TIME = t_E$。

　　　　{

　　　　CASE 根据事件 E 的类型：

　　　　$E \in E_1$：执行 E_1 的事件处理模块；

　　　　$E \in E_2$：执行 E_2 的事件处理模块；

　　　　…

　　　　$E \in E_n$：执行 E_n 的事件处理模块；

　　　　END CASE

　　　　};

　　更新系统状态，策划新的事件，修改事件表。

　　重复执行第（3）步。

　　（4）仿真结束。

　　以上是面向事件的仿真模型的基本流程。事件调度法第（3）步采用了下次事件的仿真时钟的推进机制，即将仿真时钟推进到下一最早事件的发生时刻。在实际仿真算法设计中还要考虑更多的细节，还应规定相同发生时间的事情处理的先后顺序。

　　确定了仿真策略之后，仅仅是明确了仿真模型的算法，仿真程序设计之前，还要在仿真策略的指导之下详细设计仿真模型。计算机实现的可行性和可移植性要考虑在仿真模型设计的过程中。

　　面向事件的仿真模型即根据事件调度法建立的仿真模型。在面向事件的仿真模型中，总控程序需要完成以下几项工作：

　　（1）时间扫描。确定下一事件发生时间；同时将仿真时钟推进到下一事件发生的时刻。

（2）事件辨识。正确识别当前要发生的事件。

（3）事件执行。正确地执行当前发生的事件。

以当前事件列表中各个事件发生情况为依据，调用相应的时间程序，处理当前事件。已发生的事件会被移除当前事件列表。该模型的总控程序以事件表（Event List）为核心来完成上述任务。它是一个用来记录将要发生事件的动态数据列表，随着仿真过程的进行，事件不断被列入或移出事件列表。对每一个事件而言，至少要记录事件的基本信息（如其标识和发生时间等）。系统不断地从事件列表中取出具有最早发生时间的事件记录，将仿真时钟推进到该事件发生时刻，并转向该事件处理子程序执行。

面向事件仿真模型总控程序的算法结构如下。

（1）时间扫描。

①扫描事件表，确定下一事件发生的时间；

②推进仿真时钟至下一事件发生的时间；

③从时间表中产生当前事件表（Current Event List，CEL），CEL 中包含了所有当前发生事件的事件记录。

（2）事件执行。依序安排 CEL 中的各个事件的发生，调用相应的事件例程。已发生的某一事件的事件记录将从当前事件表中移出。

上述两个步骤反复进行，直到仿真结束，具体流程如图 5-3 所示。

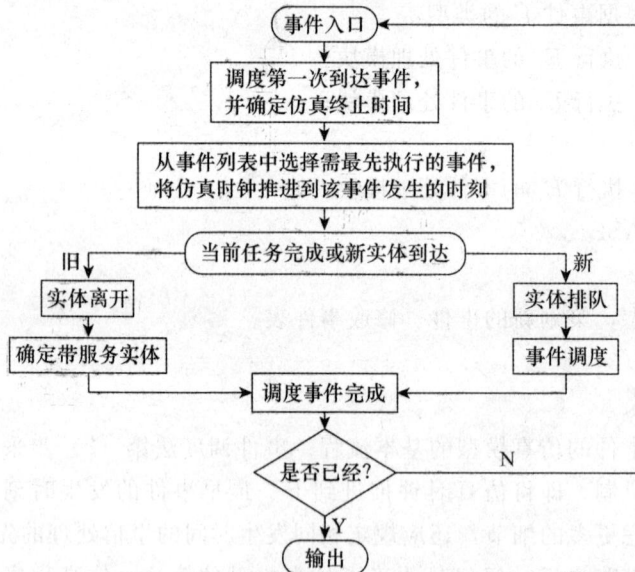

图 5-3 面向事件仿真模型的流程图

显然，如果仿真模型很复杂，那么事件表中可能会存放很多事件，因此，总控程序的设计人员需要表处理技术来减少事件表扫描和操作所占用的时间，包括检索、存取等操作时间，常用的事件表处理技术有顺序分配法和链表分配法。

面向事件仿真模型的第二层由事件例程组成。所谓事件例程，是描述事件发生后所要完成的一组操作的处理程序，其中包括对将来事件的安排。如果某一事件例程中安排了将来事件，就要将该事件的记录添加到事件表中。

5.2.2 活动扫描法

事件调度法是一种预定事件发生时间的策略，仿真模型中必须预定系统中最先发生的事件，以便启动仿真进程。此外，事件处理子程序中除要修改系统状态外，还要预定本类事件的下一事件将要发生的时间。因此，该方法对活动持续时间确定的系统较为方便。当对事件的发生不仅与时间有关，并且只有在满足某些条件才发生的系统而言，由于系统活动的持续时间不确定，无法预定活动的开始或终止时间，事件调度法就存在不足。

1962 年 Buxton 和 Laski 发布的 CSL 语言中最早提出了活动扫描（Activity Scanning）法。活动扫描法可以较好地对应于活动循环图模型，以活动作为分析系统的基本单元，认为仿真系统在运行的每一个时刻都由若干活动构成。

活动与实体有关，主动实体可以主动产生活动。如排队服务系统中的顾客，他的到达产生排队活动或服务活动。被动实体本身不能产生活动，只有在主动实体的作用下才产生状态变化，如排队服务系统中的服务员。

活动的激发与终止都是由事件引起的，每一个活动都可以由活动开始及结束这两个事件来表示。每一活动对应一个活动处理模块，处理与活动相关的事件。一般来说，活动处理的操作要根据一定的测试条件，而这个条件总是与时间和系统状态有关系，且时间条件是优先级最高的条件。一个实体可有几个活动要处理；协同参与的活动处理只能算一个实体（一般为永久实体）。同时，每一个实体都带有标志自身时钟值的时间元，其取值的更新由所属实体的下一确定时间。每一个进入系统的主动实体都处于某种活动的状态。在每个事件发生时，活动扫描法会扫描系统，检验这些活动的状态（或激发或保持或终止）。活动的激发与终止都会策划新的事件。

活动扫描法的基本思想是：用各实体时间元的最小值推进仿真时钟；将仿真时钟推进到一个新的时刻点；按优先顺序执行可激活实体的活动处理，使条件满足的事件得以发生并改变系统的状态，同时安排相关确定事件的发生时间。因此对应与事件调度法中的事件处理模块，在活动扫描法中，活动处理是其基本处理单元。

活动扫描法的仿真过程如下。

（1）初始化。

①设置仿真的开始时间 t_0 和结束时间 t_f；

②设置各实体的初始状态；

③设置各实体时间元 time$-$cell $[i]$ 的初值（$i=1, 2, \cdots, m$），m 是实体个数。

（2）置仿真时钟 TIME$=t_0$。

（3）如果 TIME$\geqslant t_f$，转至（4），否则执行活动处理扫描（假设当前有 n 个活动处理）。

FOR $j=1$ to n（优先级别从高到低）

处理模块 A_j 隶属于实体 E_n；

IF（time-cell $[i]$ ≤TIME）Then

执行活动处理 A_j；

若 A_j 中安排了 E_n 的下一事件，刷新 time-cell $[i]$；

END IF

若处理模块 A_j 的测试条件 $D[j]=true$，则退出当前循环，重新扫描；

END FOR

推进仿真时钟 TIME＝min｛time-cell $[i]$ ＞TIME｝；

重复执行第（3）步。

（4）仿真结束。

从以上仿真算法可知，活动扫描法要求在某一仿真时刻点对所有当前（time-cell $[i]$ ＝TLME）可能发生的和过去（time-cell $[i]$ ＜TIME）应该发生的事件反复进行扫描，直到确认已没有可能发生的事件时才推进仿真时钟。

根据活动扫描法建立的仿真模型称为面向活动的仿真模型。在该模型中，处于仿真模型第二层的每个活动处理模块都由两部分构成：

①探测头：测试是否执行活动例程中操作的判断条件；

②动作序列：即活动处理模块要完成的具体操作，只有测试条件通过后才被执行。

仿真总控程序的主要任务是进行时间扫描，以确定仿真时钟的下一活动的推进时刻。根据活动扫描仿真策略，下一时刻是由下一最早发生的确定事件决定的。在面向事件的仿真模型中，时间扫描是通过事件表完成的。而在面向活动的仿真模型中，是时间元来完成的事件扫描，即是各个实体的局部时钟。时间元的取值方法有如下两种。

（1）绝对时间法。将时间元的时钟值设定为相应实体的确定事件发生时刻。此时的时间扫描算法为：

FOR i＝1 to m

　IF（ time－cell $[i]$ ＞ TIME）THEN

　　IF（ time－cell $[i]$ ＜MIN）THEN

　　MIN＝ time－cell $[i]$

　　END IF

　END IF

END FOR

TIME＝ MIN

（2）相对时间法。将时间元的时钟值设定为相应实体确定事件发生的时间间隔。此时的时间扫描算法为：

FOR i＝1 to m

　IF（time-cell $[i]$ ＞0）THEN

　　IF（time-cell $[i]$ ＜MIN）THEN

　　MIN＝ time-cell $[i]$

```
    END IF
  END IF
  END FOR
  TIME= TIME+ MIN
  FOR i=1 to m
  time-cell ［i］ =time-cell ［i］ − MIN
END FOR
```

本小节前面给出的活动扫描法的仿真过程中采用的是绝对时间法。不同于面向事件的仿真模型，活动扫描法在进行时间扫描时虽然也可采用表的方法，但表处理之后的结果仅是求出最小的时间值，而不需要确定当前要发生的事件。因此，相比于事件表，时间元表中只要存放时间值即可，其结构及处理过程要简单得多。

面向活动仿真模型总控程序的算法结构包括：

①时间扫描。

②活动例程扫描。

活动扫描法要反复进行来排除事件对状态的影响。在活动的处理模块中也要完成对时间元中最新时间值的计算。当时间扫描方法中的活动处理模块扫描时间元的取值为小于 0 的永久实体时，则实体处于等待服务的状态。活动扫描法仿真模型的总控程序算法结构如图 5 - 4 所示。

下面以单服务台排队系统为例，说明活动扫描法仿真模型是如何运行的。对于单服务台排队系统，在面向事件的仿真模型中，一般只考虑两类事件"顾客到达"和"服务结束"，而在面向活动的仿真模型中，由系统的活动循环图可知，模型中包括两项活动，即"顾客到达"和"服务"，其中需要考虑的事件应该有四个，分别为这两项活动的开始事件和结束事件。其中，"顾客到达"活动有一定的特殊性，"顾客开始到达"事件发生时顾客处于系统外部，对系统的状态没有影响，不必建立其活动处理模块，可以忽略。

因此，顾客到达、服务开始、服务结束即为单服务台排队系统需考虑三个活动处理模块。上述三个活动处理模块的流程分别如图 5 - 5 至图 5 - 7 所示。

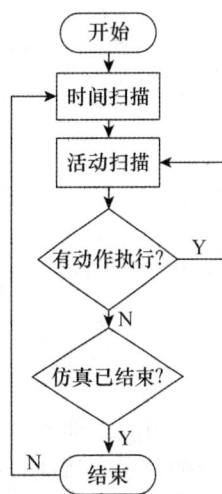

图 5 - 4　活动扫描法的仿真执行机制

由以上流程图可知，每当完成一个活动处理模块后，其控制权都要交还给总控程序。若处理失败，则将控制权立即交还而不再继续。此外，"顾客到达"和"服务结束"的探测头只含时间条件，而"服务开始"的探测头由状态条件组成。其中，条件事件具有独立的处理模块，"顾客到达"处理模块的逻辑关系要比"顾客到达"事件的逻辑关系简单，因为后者隐含了对条件事件的判断和处理。在处理复杂系统问题时，与事件处理模块相比，一般活动处理模块的逻辑关系要简单。

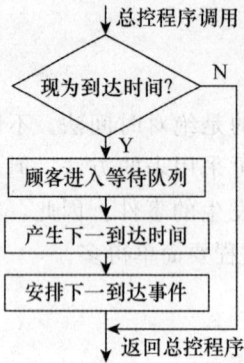

图 5-5　"客户到达"活动处理模块的流程　　图 5-6　"服务开始"活动处理模块的流程

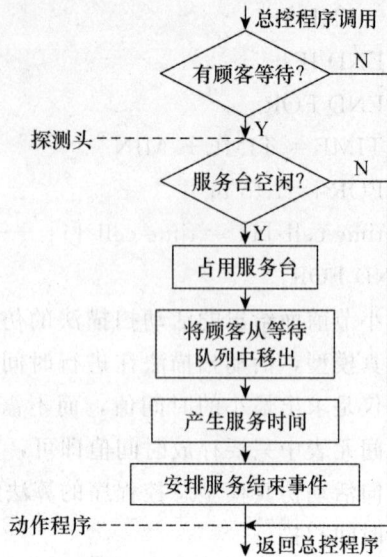

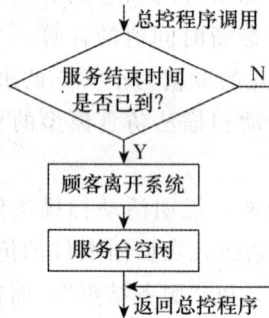

图 5-7　"服务结束"活动处理模块的流程

　　另外，面向活动的仿真模型中需要确定活动的优先级。总控程序按优先级从大到小的顺序对活动处理模块进行扫描。例如，在服务系统中，按优先级从高到低的顺序活动依次为"服务结束""顾客到达"和"服务开始"。时间元中最新时间值的计算是在活动处理模块中完成的。例如，服务员实体的时间元取值（即对应于顾客服务的结束时间）在"服务开始"活动处理模块中计算。值得指出的是，并不是所有活动例程都要刷新时间元的当前值。

5.2.3　进程交互法

　　事件调度法和活动扫描法的基本模型单元是事件处理和活动处理，上述处理都是针对事件而建立的；而且在运行这些仿真方法时，各处理都是独立存在的。这里介绍第三种仿真策略——进程交互（Process Interaction）法，IBM 公司的 Gordon 等人在1961 年在研究 GPSS 仿真语言时开始采用进程交互法。其基本模型单元是进程，进程是针对某类实体的生命周期而建立的，它包含若干个有序的事件和活动。因此一个进程中要处理实体流动中发生的所有事件（包括确定事件和条件事件）。该策略的实现要比前面两个策略要复杂。为每个实体建立一个进程，以反映某个实体从产生开始到结束为止的全部活动是该策略的特点。为了说明进程交互法的流程，下面以单服务台排队服务系统为例。顾客的生命周期可用下述进程描述。

①顾客到达；

②排队等待，直到位于队首；

③进入服务通道；

④停留于服务通道之中，直到接受服务完毕离去。

这一进程可用图 5-8 表示，图中符号"＊"或"＋"标定的是进程的复活点。

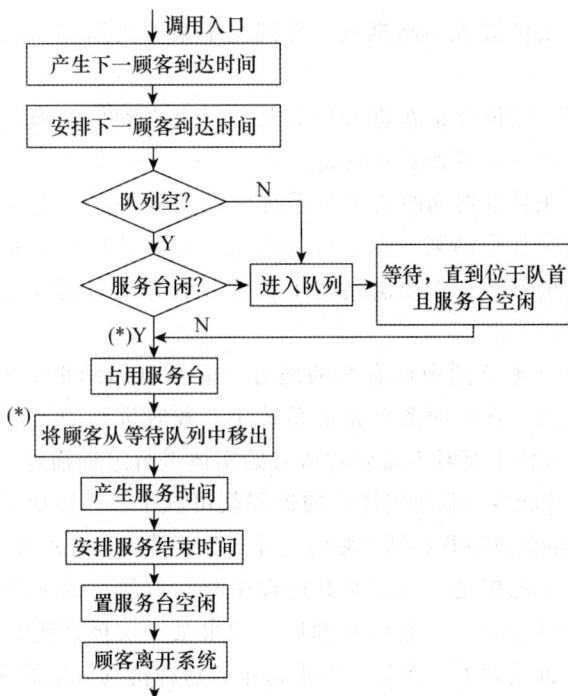

图 5-8　单服务台排队系统的顾客进程

进程交互法的设计特点是为每一个实体建立一个进程，该进程反映某一个动态实体从产生到结束的全部活动。一般来说，进程中出现的实体是指临时实体（如顾客），同时也要包含与这个临时实体有交互关系的其他实体（如服务员，但是服务员的实体不会只出现在一个进程中，多个进程都共享这个实体）。

图 5-9 给出了顾客排队这一进程运行的事件，这里设有两个服务员而排队线只有一条的情形，由于顾客的到达时间和服务员对事物处理的事件均有随机性，在运行中可能出现多个进程并存的情形。图中，符号"△"表示某个顾客产生的时刻，也是相应进程开始运行的时刻；符号"□"表示某个顾客离去的时刻，也是相应进程撤销的时刻；符号"×"表示排队顾客开始接受服务的时刻（若顾客从产生的时刻起立即开始接受服务，这类时刻用符号"△"表示）；虚线表示顾客的排队等待时间；波浪线表示顾客接受服务的时间。

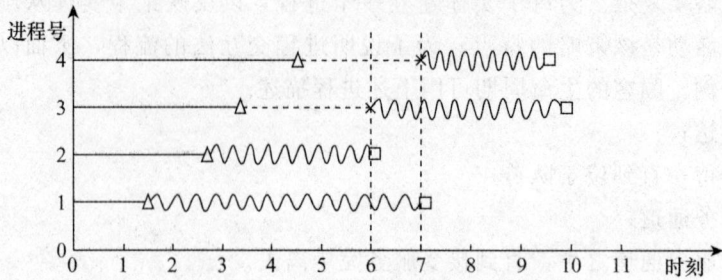

图 5-9 单队列、两服务台系统进程运行时间示意图

进程交互法中，实体进程不断推进，直到发生某些延迟时才暂时停止。主要考虑两种延迟的作用。

（1）无条件延迟。实体停留在进程中的某一点上直到预先确定的延迟期已过。例如，顾客停留在服务地点中直到服务完成。

（2）条件延迟。条件延迟期的长短与系统的状态有关，事先无法确定。当条件延迟发生，实体停留在进程中的某一点，直到满足一定条件以后才能继续进行进程。例如，处于排队队列中的顾客，需要满足两个条件即服务台空闲且自己处于队首时，才能离开队列接受服务。

进程中的复活点（本节图中标有 * 的地方）表示延迟结束后实体所到达的位置，即进程继续推进的起点。在单服务台排队系统中，顾客进程的复活点与事件存在对应关系。在使用进程交互法中有时不需要对所有的实体进行进程描述。比如在单服务台排队例子中，只需要描述顾客（临时实体）的进程就可以了。这体现了进程交互法的一种建模观点，即将系统的演进过程归结为临时实体产生、等待和被永久实体处理的过程。

进程交互法的基本思想是：利用所有进程中时间值最小的无条件延迟复活点来推进仿真时钟；当时钟推进到一个新的时刻后，如果某一实体在进程中解锁，就将该实体从当前复活点一直推进到下一次延迟发生为止。这种仿真策略的一般过程如下。

（1）初始化。

①置仿真的开始时间 t_0 和结束时间 t_f；

②置各进程中每一实体的初始复活点及相应的时间值 $T[i, j]$（$i=1, 2, \cdots, m$；$j=1, 2, \cdots, n[i]$），其中 m 为进程数，$n[i]$ 是第 i 个进程中的实体个数。

（2）推进仿真时钟 $TIME = \min\{T[i, j] \mid j$ 处于无条件延迟$\}$。

（3）如果 $TIME \geqslant t_f$，则转至（4），否则执行如下过程：

    FOR i=1 to m,（优先顺序从高到低）

        FOR j=1 to n[i]

      IF（T[i, j]]=TIME）THEN

           从当前复活点开始推进实体 j 的进程 i，直至下一次延迟发生为止；

           若下一延迟是无条件延迟，则设置实体 j 在进程 i 中的复活时间 $T[i, j]$；

      END IF

      IF（T[i, j]＜TIME）THEN

若实体 j 在进程 i 中的延迟结束条件满足，则

　　〈从当前复活点开始推进实体 j 的进程 i，直至下一延迟发生为止；

　　　如果下一延迟是无条件延迟，则

　　　　〈设置 j 在 i 中的复活时间 $T[i,j]$〉；

　　退出当前循环，重新开始扫描〉；

　　　END IF

　　END FOR

　END FOR

返回（2）。

（4）仿真结束。进程交互法仿真策略中，在初始化过程的第②步，初始状态处于条件延迟的实体的复活时间置为 t_0。

每一次系统状态发生变化都是在事件的发生时刻，进程交互法的复活点对应的就是事件发生的时刻；同样事件调度法搜索下一个最早发生的事件时刻以及活动扫描法中实体的时间元也是指该实体下一个事件发生的时刻。因此，明白在仿真系统中事件与仿真时钟的关系，以及仿真时钟的推进机制对事件产生的影响非常重要。

进程交互法兼有事件调度法和活动扫描法的特点，但其算法复杂程度要比两者更高。根据进程交互法建立的仿真模型称为面向进程的仿真模型。面向进程的仿真模型总控程序设计的最简单方法是采用两个事件表：未来事件表（Future Event List，FEL）和当前事件表（Current Event List，CEL）。

对于 FEL 中的实体，需要满足两个条件：

①实体的进程被锁住；

②已经确定的被锁实体的复活时间。

为了方便，FEL 中除存放实体名外，还存放实体的复活时间及复活点位置。

CEL 含有以下两类实体的记录：

①进程被锁而复活时间等于当前仿真时钟值的实体；

②进程被锁且只有当某些条件满足时方能解锁的实体。

从另一方面理解，FEL 存放的是处于无条件延迟的实体记录；CEL 存放的或者是当前可以解锁的无条件延迟的实体记录，或者是处于条件延迟的实体记录。

面向进程的仿真模型总控程序步骤：

①未来事件表扫描。从 FEL 的实体记录中检出复活时间最小的实体，并将仿真时钟推进到该实体的复活时间。

②移动记录。将 FEL 中当前时间复活的实体记录移至 CEL 中。

③当前事件表扫描。

若情况允许，可以从复活点开始将 CEL 中的实体进程尽量向前推进，直到进程被锁住。如果锁住进程的是一个无条件延迟，则在 FEL 中为其对应实体建立一个含有复活点及其时间值的新记录；否则，在 CEL 中建立该实体的一个含有复活点的新记录。以上两种情况，对满足条件的活动进行处理的同时，将仿真时钟推进到服务结束并把

相应实体从系统中删除。若有已完成全部进程的实体，要删除其全部记录。对 CEL 的扫描要重复进行，直到任一实体的进程均无法推进为止。

5.2.4　消息驱动法

消息驱动法（Message-driving Method）是一种建立在面向对象的程序设计方法和并行计算的基础上的仿真模型策略。与之前三种仿真方法相比较而言，消息驱动法为仿真模型提供一个更加自然的开发环境，更加真实地反映现实中的对象，使用起来也更加灵活和直观。它将被仿真的系统视为实体的集合，实体之间通过消息进行通信，系统中的事件即是实体之间消息的传递。

消息（Message）是消息驱动法中最重要的概念，它是指具有某种特定含义的一维或多维数据的集合。在仿真系统中，根据性质不同可以将消息分为四类：事件消息、统计消息、属性消息和状态消息。表 5 - 1 简单介绍了各个消息类别。

表 5 - 1　四类消息信息介绍表

消息类别	信息作用	消息内容	消息数据结构	特　性
事件消息	这类信息可以导致系统状态发生变化，如一个实体的产生或消失	事件消息主要包括事件的发生时间和事件类别两个元素	事件消息类的数据结构中含有实体链、消息类型、时间标记和事件执行函数等信息。其中，实体链由参加事件的所有实体连接而成，每个实体都有自己的名称和编号	事件信息是仿真模型中的最重要的消息，它是推动整个系统仿真运行的主要驱动信息
统计消息	这是指带有统计数值的信息。这类消息主要用于统计分析	在仿真系统中，仿真结果建立在统计分析的基础上，由统计信息可以判断系统性能	统计消息类的数据结构中含有统计值、时间标记和用于计算统计值的函数等信息	统计消息主要用于统计分析
属性消息	这是指有关实体特性的信息	这类消息用于标记实体所携带的各类属性及特征	属性消息类的数据结构中含有实体、属性名称、属性值、时间标记和属性操作函数等信息	属性消息用于描述实体的特性
状态信息	这是用来表示系统状态的信息	这类消息用于描述系统在某一时刻的特性，包括某时刻系统中所有实体、属性、活动及系统内各要素之间逻辑关系的描述等	状态消息类的数据结构中含有旧信息状态向量、新信息状态向量、时间标记以及状态更新函数等信息	状态信息是对整个系统状态的描述，系统状态往往影响仿真模型的运行，因此状态信息也是重要的模型驱动信息

其中，统计消息一般需要通过各个实体的属性值计算得出，通常是属性消息的函数。统计消息和属性消息对系统状态的变化影响不大，在设计系统仿真算法时，主要考虑事件消息和状态消息的驱动作用。

下面依旧以排队服务系统为例加以说明。顾客到达是一个事件消息，此消息包含顾客到达时间、顾客号以及事件类型等信息。统计消息有平均服务时间、系统内的顾客数、顾客在系统内的平均停留时间等。对顾客实体的特性的描述属于属性消息，它包含实体的时间标记、实体名称、实体编号、实体的到达时间和服务时间等。状态消息是一个多维向量，它包括服务台状态、顾客状态、当前的队列长度、当前系统内的顾客总数等内容。

相对于传统的仿真调度策略，消息驱动法是被动地等待消息，而不是主动地查询系统中是否有事件或活动发生，只有在接受到信息后才做出反应。在仿真模型运行过程中会持续产生各种类型的新消息，这些消息根据各自的性质与特点分类，并以特定的方式汇集到系统的消息池（Message Pool）中。在消息池中，消息队列是依据消息产生的先后次序排列的。

消息队列与系统的执行模块之间有一条通道，形成一个单队列排队系统。在这个系统中，执行模块作为服务台静止地等待接收从消息池中传来的消息。如果消息池中无消息，则执行模块或者将当前的消息处理完毕后转为"闲"状态，或者保持"闲"状态，处理的方式如下图 5-10 所示。

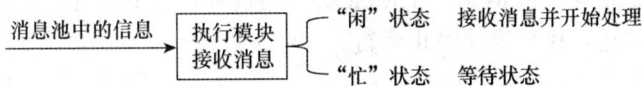

图 5-10 消息池中信息的处理模式

执行模块在接收到消息后，首先要做的便是识别消息类型，以便采取相应的处理措施。消息识别有两种途径：一种是在前面定义的消息类中增加消息类别（Message Type）元素，消息产生便可以将消息类型标注在消息类元素上，执行模块通过检查该元素辨别接收到的消息的类型；另一种途径是通过设立消息类型的识别规则，如具有实体链的消息为事件消息，具有多维状态元素的消息为状态消息，具有属性值的消息为属性消息，其余消息为统计消息。

不同的消息类型会对仿真系统有不同的驱动作用。系统识别出消息类型并做出相应的反应。表 5-2 介绍各种消息类型对仿真系统的驱动作用。

表 5-2 消息类型对仿真系统的驱动作用

消息类型	驱动作用	对系统的影响
事件消息	促使执行模块根据事件类型及系统所处的状态，调用相应的事件子程序对事件消息进行处理	事件消息的处理将产生新的消息，从而引起实体状态及属性的变化，并最终导致系统状态的变化。事件消息还可能引起某些统计数值的变化，从而产生新的统计消息

续表

消息类型	驱动作用	对系统的影响
状态消息	执行模块根据该消息分析现有的系统状态是否要发生变化	如果系统的某个状态发生改变，则可能会改变系统的其他状态，也有可能会改变系统的某些统计属性，此时就应更改原来的系统状态与统计数值，并产生出新的状态消息与统计消息。另外，系统某些状态的改变，有可能使原来条件不满足的事件因条件满足而引起新的事件，此时又将产生新的事件消息
属性消息	使得执行模块更新或修改实体的属性记录，并进行必要的统计计算	实体属性的变化，也可能产生新的事件消息和状态消息
统计消息	通常对系统状态没有太大的影响	但是当某些统计数值满足特定条件时，系统也会产生新的事件，从而使系统状态发生变化

图 5-11 所示为消息驱动法的仿真执行机制示意图。其中："获取消息"是指当执行模块处于"空闲"状态时，从单队列排队系统到达执行模块；"识别消息"是指执行模块识别到达的消息类型并针对其类型做出处理；"处理消息"是指根据消息类型将消息发送到相应的执行子程序中，对到达的消息做出相应的处理；"清除消息"是指消除处理后的消息。不断重复上述过程，直到一个有效的结束消息到达，执行模块终止运行。

5.3　仿真时钟推进机制

在模拟动态系统的运行过程中，必须有一个跟随仿真进程将仿真时间从一个时刻推进到另一个时刻的机制，来知道仿真过程中仿真时间的当前值，即时间推进机制（Time Advance Mechanism）。这个机制不仅直接影响到计算机仿真的效率，甚至影响到仿真结果的有效性。

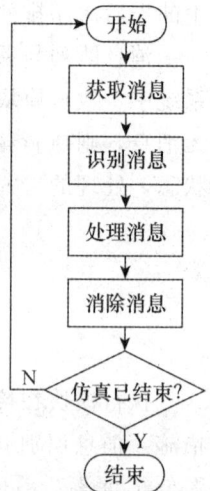

图 5-11　消息驱动的仿真执行法机制示意图

仿真时钟是仿真模型运行时序的控制机构。生产系统中事件发生的时刻具有随机性，活动持续的时间也具有随机性。显然，对于同一个系统而言，不同的仿真时钟推进机制、单位仿真时间所对应的实际时间量的长短会直接影响仿真的效率和精度。仿真时钟在推进时可以按固定的长度向前推进，也可以按变化的节拍向前推进。生产仿真有三种常用的时间推进机制：固定步长时间推进机制（Fixed Increment Time Advance Mechanism）、下次事件时间推进机制（Next Event Advance Mechanism）和混合时间推进机制（Mixed Time Advance Mechanism）。

5.3.1　固定步长时间推进机制

固定步长时间推进机制是指在仿真过程中仿真时钟总是递增一个固定的步长，并保持一个不变的向前推进的长度。这个长度不是随便确定的，在仿真开始之前，这个步长要根据模型特点来确定。所有的活动都需要扫描过了以后才能进行每次的推进，这种推进方式要求每次推进都要扫描所有正在执行的活动。同时要查看此时间段内有无事件发生，若有事件发生要将此事件区间记录下来，得到记录事件的相关时间参数。设 T 为仿真时钟，Δt 为步长，则固定步长时间推进机制的原理可用图 5-12 表示。

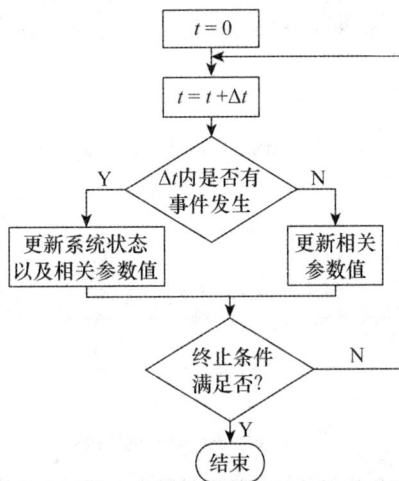

图 5-12 固定步长时间推进机制原理框图

下面以简单排队系统为例说明固定步长时间推进机制的特点。假设某单服务台排队系统中，顾客按泊松流到达，其到达间隔时间分别为 A_1、A_2、A_3、$\cdots$，每个顾客的服务时间服从负指数分布，相应的服务时间分别为 S_1，S_2，S_3，$\cdots$。A_i 和 S_i 都是在仿真过程中按照它们的概率分布而随机地产生出来的。在这种排队系统中只有两类随机离散事件，即顾客到达事件（E_A）和顾客服务结束离开系统事件（E_D），这些事件的发生过程如图 5-13（a）所示。

通过固定步长时间推进机制进行仿真时，令 t 为仿真时钟所指示仿真时间的当前值，开始先从顾客到达过程中随机产生第一个顾客的到达时间 t_{A1}，仿真时钟按照之前设置的固定步长 Δt 不断地向前推进。每推进一个 Δt，仿真系统都要自动扫描所有正在执行的活动，比如到达活动、服务活动等，接着观察在该时间段内是否有事件发生。若在该时间段 Δt 内没有事件发生则推进仿真时钟。而若在第 n 个 Δt 时间间隔内有 E_{A1} 事件发生（即第一个顾客到达），则有下列变换：$t=n\Delta t\approx T_{A1}$。其中，$n$ 为首次发生事件时钟连续推进 Δt 的次数。由于事件 E_{A1} 将引起 E_{D1}（第一个顾客离开事件）和 E_A（第二个顾客到达事件）这两个新的事件，所以仿真时钟不断按步长 Δt 向前推进并不断扫描每一 Δt 中有无事件发生，当有事件发生时，即将 T 更新到与该事件发生的相应时刻上。持续进行以上过程，仿真模型就能动态地模拟系统的运行过程。

上述过程可以分析出，固定步长时间推进机制应注意以下几点。

（1）步长确定后，不论在某段时间内有否发生事件，仿真时钟都只能一个步长接着一个步长地持续推进，并同时要在刚推进的步长里检查有没有发生事件。因而造成

(a) 固定步长时间推进机制

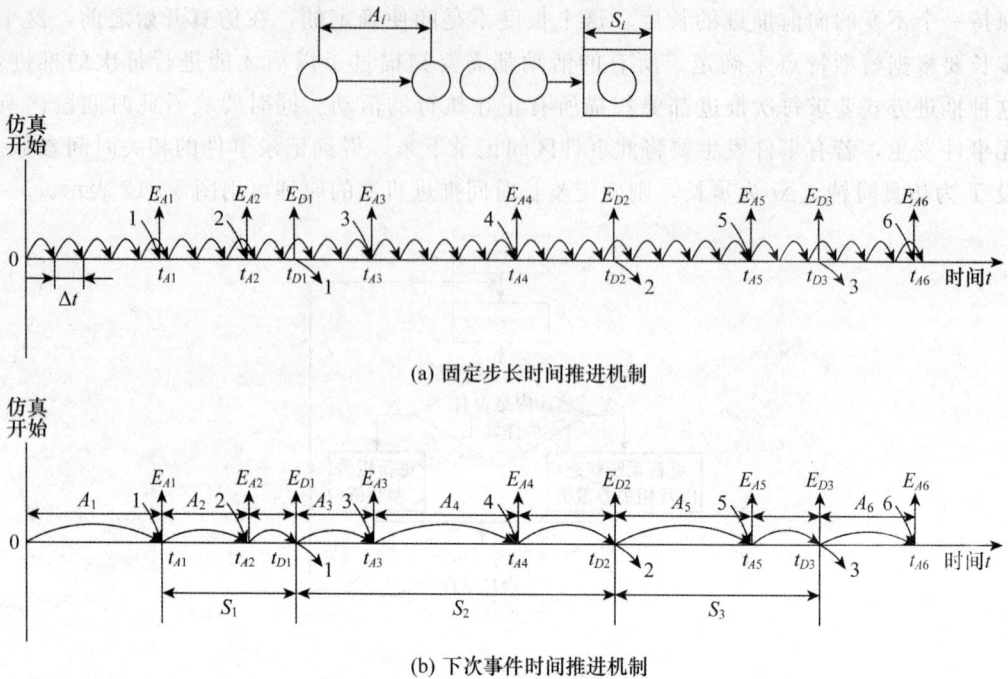

(b) 下次事件时间推进机制

图 5 - 13　固定步长时间推进与下次事件时间推进的比较

了多余的很多计算和判断，大量占用了计算机运行时间，降低了仿真效率。通常步长 Δt 取值越小，这种多余的计算就越多，效率越低；反之，步长 Δt 取值越大则减少了多余的计算和判断，仿真效率越高。

（2）固定步长时间推进机制把发生在同一步长内的事件都看作发生在该步长的结束的时刻，并且把这些事件看作同时事件，但实际上可能并不同时，这势必产生计算误差，影响仿真的精度。因此，步长 Δt 取值越大，则计算误差越大，仿真精度越低。Δt 取值过大，其误差超出某个范围，仿真结果将毫无意义。

（3）固定步长时间推进机制可以通过调整步长取值来调整仿真效率与仿真精度。

因此，将步长 Δt 取得越小，越可以获得较高的仿真的精度，但是从提高仿真效率的角度又要求步长取得越大越好。这就要好好考虑如何平衡效率和精度这对矛盾。实际应用表明：只有在事件发生的平均时间间隔短，且事件发生的概率在时间轴上呈均匀分布的系统，采用固定步长时间推进机制才能在保证一定仿真精度的同时，获得较高的仿真效率。必须注意，采用固定步长时间推进机制时，通过改变步长来调节仿真效率的同时也反方向地调节了仿真的精度。

5.3.2　下次事件时间推进机制

不同于固定步长时间推进机制，下次事件时间推进机制的仿真时钟不是连续推进的，而是按照下一个事件预计发生的时刻，以不等距、跳跃式的时间间隔将仿真时钟推进到下一个事件发生的时刻。仍以上述排队系统为例，仿真机制推进机制可用图 5 - 13（b）表示。

对于下次事件的时间推进方式的仿真时钟，若令 T 为其仿真时间的当前值，W_i 为第 i 个顾客的排队等待时间。仿真开始时，仿真时钟的当前值 $T=0$，当时服务台处于空闲状态。第一个顾客的到达时间可根据到达过程的概率分布随机地产生，如事件 E_{A1} 的发生时刻为 t_{A1}，这时可得 $T=t_{A1}$，即仿真时钟由 0 推进到 t_{A1}。第一个顾客到达以后立即可以得到服务，故 $W_1=0$，服务台也由闲态转为忙态。第一个顾客的服务时间为 S_1，可由服务时间的概率分布随机地产生，故事件 E_{D1} 的发生时刻为 $t_{D1}=T+S_1$。另一方面，在第一个顾客到达以后，即可产生第二个顾客的到达时间，若其到达间隔时间为 A_2，则事件 E_{A2} 的发生时刻为 $t_{A2}=T+A_2$。由上可见，第一个顾客的到达可以引起两个新的事件 E_{D1} 和 E_{A2}，在这种情况下，仿真时钟将推进到下一个紧接发生事件的时刻上，即 $T=\min\{t_{D1},t_{A2}\}$。如果 $t_{D1}<t_{A2}$，即第一个顾客的服务工作在第二个顾客到达之前完成，则 $T=t_{D1}$，即仿真时钟由 t_{A2} 推进到 t_{D1}。如果 $t_{D1}>t_{A2}$，即第二个顾客在第一个顾客服务完成之前到达，则 $T=t_{A2}$，仿真时钟由 t_{A1} 推进到 t_{A2}，如图 5-13（b）所示。由于 E_{A1} 事件的发生将引起 E_{D2} 和 E_{A3} 的发生，又由于在 $T=t_{A2}$ 时，事件 E_{D1} 尚未发生，因此仿真时钟将推进到事件 E_{D1}、E_{D2}、E_{A3} 中最早发生的时刻，即 $T=\min\{E_{D1},E_{D2},E_{D3}\}$。在图 5-13（b）的情况下将有 $T=t_{D1}$。依此步骤不断更新仿真时间的当前值，就可以使仿真时钟按照该排队系统中随机离散事件发生时刻的先后次序，跳跃地向前推进，从而实现离散事件动态仿真的时间推进机制。

从图中可知，仿真时钟的增量可长可短，完全取决于实际仿真系统。仿真时必须将各事件按发生时间的先后次序进行排列，时钟时间则按事件顺序发生的时刻推进。每当某一事件发生时，需要立即计算出下一事件发生的时刻，以便推进仿真时钟。重复这个过程，直到满足仿真运行规定的终止条件，如某一特定事件发生或达到规定的仿真时间等。通过这种时间推进方式，可对有关事件的发生时间进行统计计算。设 T 为仿真时钟，每次计算得到的下次事件发生时间用变量 $\min t$ 表示，则下次时间推进机制的原理可用图 5-14 来表示。

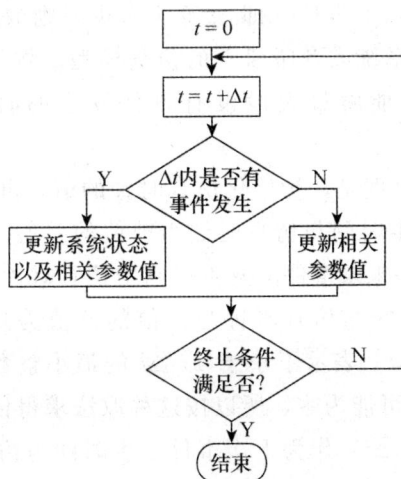

图 5-14　简化的下次事件时间推进机制原理图

　　下次事件时间推进机制能在事件发生的时刻捕捉到发生的事件，也不会导致虚假的同时事件，即没有时间误差，仿真精度较高。同时，下次事件时间推进机制能快速跳过没有事件发生的时间区间，消除了不必要的计算和判断，有利于提高仿真的效率。但该时间推进机制没有调整仿真效率和仿真精度的手段。其仿真效率主要由仿真时间内发生的事件数决定，即完全取决于被仿真的系统，用户无法控制调整。事件数越多，事件发生得越频繁、越密集，仿真效率就越低。因此，当遇到在一定的仿真时间内发生大量事件时，采用下次事件时间推进机制的仿真效率甚至比固定步长时间推进机制的仿真效率还要低。只有对在很长的时间里发生少量事件的系统进行仿真时，采用下次事件时间推进机制才能获得较高的仿真效率。

　　综上所述，固定步长时间推进机制和下次事件时间推进机制各有其特点。固定步长时间推进机制能通过调整步长来调整仿真的效率和精确度，但存在着影响效率的多余计算和影响仿真精确度的因素，在离散－连续混合系统仿真中，一般都采用固定步长的时间推进机制。下次事件时间推进机制不存在多余的计算，具有最高的仿真精确度，但没有调整仿真效率和仿真精确度的手段。两种时间推进机制适用的仿真对象也不同，对事件的发生在时间轴上呈均匀分布的系统在短时间里的行为进行仿真时，固定步长时间推进机制会比较适用；而下次事件时间推进机制则适用于事件发生数小的系统。

5.3.3　混合时间推进机制

　　为了兼具上述两种时间推进机制的优点，人们又提出了一种新的时间推进机制：混合时间推进机制（Mixed Time Advance Mechanism）。

　　混合时间推进机制融合了固定步长时间推进机制和下次事件时间推进机制。在混合时间推进机制中，仿真时钟每次推进一个固定时间步长的整数倍（$m\Delta t$，$n \geq 1$）。步长 Δt 可以在仿真前确定，并能逐步调整以获得必要的仿真精度和仿真效率。而仿真时，仿真时钟每次增加几个步长（即 m 等于多少）则取决于系统中下次事件的发生时间，也即取决于仿真系统或者所建立的仿真模型。像下次事件时间推进机制那样，混合时间推进机制也能跳过大段没有事件发生的时间，避免多余的计算和判断。

　　混合时间推进机制的原理是，初始化仿真时钟的值，再计算出在当前状态下仿真系统中所有未来事件的发生时间与仿真时钟当前值的差值，并取其为步长 Δt 的整数倍。具体取法如下：若某一未来事件的发生时间与仿真时钟当前值的差值为 T_i，步长为 Δt，则取事件的发生时间与仿真时钟当前值的差值为步长的 $[T_i/\Delta t]$ 倍，即为 $[T_i/\Delta t]\Delta t$。其中，$[T_i/\Delta t]$ 表示不小于 $T_i/\Delta t$ 的最小整数，如 $[2.3]=2$，$[2.9]=2$，$[3]=3$。由于 T_i 不可能为零，所以按这种取法求得倍数至少是 1。经过上述处理的最小间隔时间（设为 $m\Delta t$）作为下次事件发生时间与仿真时钟当前值的差，将仿真时钟推进 $m\Delta t$，然后根据 $m\Delta t$ 和与之相对应的下次事件更新系统的状态和有关参数，再进入新循环，直至满足仿真结束条件。

混合时间推进机制下的时间推进方式如图 5－15 所示。

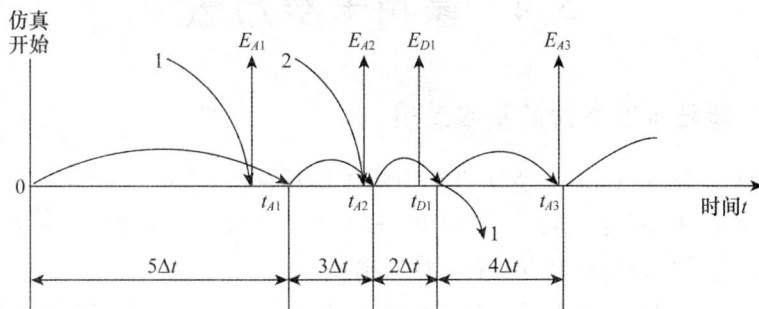

图 5－15　混合时间推进机制的时间推进方式

在仿真模型中，使用混合时间推进机制的具体操作步骤如下。

（1）初始化。设置仿真时钟的初值、系统的初始状态及有关参数的初值，给定结束仿真的条件，确定步长 Δt。

（2）根据系统的当前状态和有关参数，计算出所有可预测发生的未来事件及其发生时间与仿真时钟当前值的差，并按前述方法取为步长 Δt 的整数倍。

（3）取其中一个最小的 $m\Delta t$ 作为下次事件发生时间与仿真时钟当前值的差。将所有发生时间与仿真时钟当前值的差等于 $m\Delta t$ 的事件作为"下次事件集"。显然，下次事件集中事件的发生时间包含在区间 $[T+(m-1)\Delta t，T+m\Delta t]$ 中，其中，T 表示仿真时钟的当前值。

（4）仿真时钟递增 $m\Delta t$。

（5）根据所采用的仿真策略，更新系统的当前状态及有关参数。

（6）判断是否满足仿真结束条件。若不满足，转至第（2）步；若满足，则终止仿真，输出仿真结果。

采用上述三种时间推进机制进行仿真时，在仿真模型和所要仿真的时间长度都相同的情况下，则显然采用下次事件时间推进机制的精度最高。固定步长时间推进机制与混合时间推进机制则因为在确定事件的发生时刻的误差影响了仿真精度，并且仿真精度随着步长的增大而降低。另外，对于固定步长时间推进机制，步长完全决定仿真效率。若要完全消除因步长而导致的误差，则步长趋于零，但此时趋于无穷大的仿真时间会使仿真效率变得很低。混合时间推进机制的仿真效率不仅与步长有关，而且与事件的时间分布有关。越长的步长，在时间轴上越不均匀的事件分布，仿真效率就越高；反之，则效率越低。若固定步长时间推进机制的步长与混合时间推进机制的步长相等，则采用这两种时间推进机制的仿真精度应该一致。

此外，经过分析还可以得出以下结论：对同一实际系统进行仿真时，采用混合时间推进机制的效率不低于采用下次事件时间推进机制的效率。在同样的仿真精度下，采用混合时间推进机制的效率不低于采用固定步长时间推进机制的效率。

5.4 蒙特卡罗方法

5.4.1 蒙特卡罗方法的基本思想

蒙特卡罗（Monte Carlo）方法也称为随机抽样（Random Sampling）方法或统计测试（Statistical Testing）方法，它利用对随机数的统计实验来统计特征值作为待求问题的数值解，与一般数值计算方法有本质区别。

蒙特卡罗方法的基本思想是：当实验次数充分多时，某一事件出现的频率近似等于该事件发生的概率。即当 N 充分大时，在

$$\frac{n}{N} \approx p$$

式中，p 为某一事件发生的概率，N 为实验次数，n 为在 N 次实验中该事件出现的次数。

当所求解的问题是某种事件发生的概率或某一随机变量的数学期望，或者其他数字特征时，通过实验方法可以得到该事件发生的样本频率或样本均值等；当累计到足够多的实验次数时，利用统计推断，就可以获得样本参数代表总体参数的置信度或置信区间等。

一般来说，很难对具有随机性质的复杂系统建立精确的数学模型，或者很难用解析方法求得模型的精确数值解，或者为了简化模型而需要做过多的假设，从而可能会影响模型对系统的代表性。这时，采用蒙特卡罗方法，通过对系统进行一些必要的实验来求得系统的近似解或者一定置信度下的解也是一种不错的解决方法。

蒙特卡罗方法的优点有以下几个。

①收敛速度、计算的复杂性与问题维数无关，计算时间仅与维数成比例。

②受问题条件的限制的影响较小。

③程序结构简单、清晰，便于编制和调试。

④在某些领域（如粒子物理等），该方法具有其他数值计算方法不能替代的作用。

蒙特卡罗方法已经在工程、经济和金融等方面的研究中发挥了重要的作用，并且其应用范围逐渐在扩大。下面以应用蒙特卡罗方法计算单位圆形面积为例来说明蒙特卡罗方法的价值和意义。

例 5-1： 采用蒙特卡罗方法计算单位圆形面积。

在不知道圆周率 π 的情况下求解圆形的面积是很头疼的事情。现在只要有了圆半径 r，根据公式 $S_c = \pi r^2$ 就可以通过计算得出圆形的面积。显然，这里的圆周率 π 是计算圆形面积的关键。但 π 是一个无理数，从本质上说是无法得到圆形面积的精确值的。

而若采用蒙特卡罗方法，就可以巧妙地避开如何计算 π 的问题。如图 5-16 所示，给定一个半径为 1 的单位圆形，并且选取圆心为坐标系的原点，利用蒙特卡罗方法求解圆形面积的基本思路可概括如下：

①对要计算的圆形构造一个外接正方形。该正方形的面积可以很容易地得到，即

$$S_s = (2r)^2 = 4$$

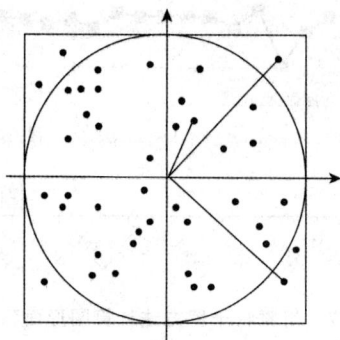

图 5－16　运用蒙特卡罗方法来求解圆面积的原理

②在该正方形区域中随机采样 N_s 个点，则从图中看有些点落在圆形内，有些点落在了圆形的外面。记某一个点的坐标为 (x, y)，则可以通过下面的不等式来判断该点是否落在圆形内：

$$x^2 + y^2 \leqslant 1$$

如果采样点的个数 N_s 非常大，能够密密麻麻地覆盖整个正方形区域，则就可以认为落在圆形内的点的个数与采样点的总数 N_s 的比值应该非常接近于圆形面积 S_c 与正方形面积 S_s 的比值，并且采样点的个数越多，这两个比值就越接近。由此可以得到近似的表达式：

$$\frac{S_c}{S_s} \approx \frac{N_c}{N_s}$$

③根据上式即可得到圆形面积的计算表达式：

$$S_c \approx S_s \times \frac{N_c}{N_s}$$

上述就是应用蒙特卡罗方法计算圆形面积的一般过程。对这一过程进行仿真实验，图 5－17 给出了当采样点的个数从 500 增加到 20000 时，所对应计算出的单位圆形面积的值。可以看到，一开始在一定范围内随着采样点个数 N_s 的增加，S_c 计算结果不断变化，且变化比较大，但是后来很明显，波动的幅度呈逐渐下降的趋势，并收敛于理论值 π 的附近。

从以上结果可以看出，通常需要做大量的独立、重复实验才能利用蒙特卡罗方法求解。这在处理大型的复杂系统问题时，需要十分昂贵的资源和非常多的时间。计算机的出现使得人们可以模仿复杂随机系统的行为，按系统的运行过程，建立仿真模型。采用蒙特卡罗方法对仿真模型进行的大量独立、重复的实验，都可以交给计算机去处理计算，只需通过统计推断，便可以在较短的时间内得到足够精确的估计值。因此，系统仿真是在计算机支持下对蒙特卡罗方法的应用和发展。系统仿真，尤其是离散事件系统仿真，可以说是在蒙特卡罗方法支持下的实验思考的方法论，是一种求解复杂系统的十分重要的途径。

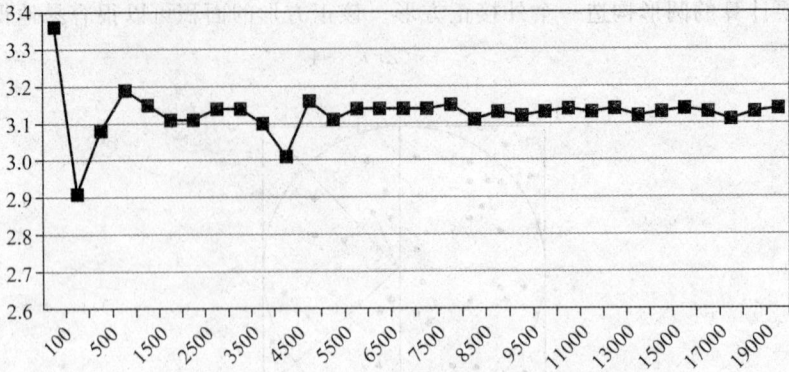

图 5 - 17　用蒙特卡罗方法计算圆形面积的结果

5.4.2　蒙特卡罗方法的应用

应用蒙特卡罗方法进行仿真分析的原理是：利用各种不同分布随机变量的抽样序列来模拟实际系统的概率模型，给出问题数值解的渐近统计估计值。其要点如下：

第一，对问题建立一个简单且易于实现的概率统计模型，使要求的解恰好是所建模型的概率分布或数学期望。

第二，要对模型进行改进，根据概率统计模型的特点和实际计算的需要来进一步提升模型的仿真度，减小仿真结果的方差，并降低成本及提高效率。

第三，建立随机变量的抽样方法，其中包括产生伪随机数及各种分布随机变量抽样序列的方法。

第四，给出问题解的统计估计值及其方差或标准差。

具体来说，蒙特卡罗方法的应用或实施过程，主要包括如下三个步骤。

（1）构造概率过程。对于本身就具有一定随机性质的问题，主要是正确描述和模拟这个概率过程，如某种产品订单的到达；而对于一些本来不具有随机性质的确定性问题，要将不具有随机性质的问题转化为具有随机性质的问题，如例 5 - 16 中单位圆形面积的计算，就必须事先人为构造出一个概率过程，使得它的某些参量正好是所求问题的解。

（2）以已知概率分布的方式进行抽样。蒙特卡罗方法也被称为随机抽样方法，其构造出来的概率模型都可以看作是由一些概率分布构成的，因此产生已知概率分布的随机数或随机变量就成为实现蒙特卡罗方法仿真实验的基本手段。

（3）建立各种估计量。一般来说，实现了仿真实验后，就需要确定出一个随机变量来作为所求问题的解，这种已知概率分布的随机数或随机变量是在构造了概率模型以后并从中进行抽样生成，这类随机变量称为无偏估计量。即考察和记录仿真实验的结果，并从中得到所求问题的解。

5.5　离散事件系统仿真的一般步骤

阐明问题与设定目标

在建模与仿真开始之前都要求必须直观和明确地预先理解所研究的对象（不管是针对已有的系统还是待建系统）。只有深入地了解了该系统，知道需要解决的问题以及应实现的目标，并且在这些问题上取得了决策者的一致性同意后，才能为仿真建模与仿真运行提供可靠的前提与基础。

因此，需要在问题阐述阶段首先判断应用仿真方法是否能够得到所研究问题的答案和实现预期的目标等这些基本问题。通常还需要制定一种非仿真建模的方案，以切实可行的方式比较不同方法所得到的结果，以便验证仿真模型的正确性、有效性和经济性。

在确定了一致认可的目标之后，还需选择描述这些目标的主要环节和状态变量，对所研究问题的范围和边界进行明确定义。另外还要求给出仿真所需要的初始条件及其对系统主要性能的大概影响。

仿真建模

仿真模型抽象描述了所研究的实际系统运行过程，实际系统的本质属性也能在其中反映出来。仿真建模有着其自身所固有的一些特点，通常是面向问题和运行过程的一种建模方式。在对离散事件系统仿真的建模过程中，主要根据随机发生的一系列离散事件、代表实际系统中所描述主要对象的实体流和仿真时间的推进方式等，按照系统实际运行的进程来建立相应的模型。

但需要说明的是，仿真建模，特别是对于离散事件系统的仿真建模来说，由于仿真建模人员不同的知识背景和偏好，不同人员在对问题描述的逻辑、繁简程度以及模型结构等都可能有差异，因此，即便是针对同一实际系统的同一个问题，最后所构建的模型往往也不是唯一的。但是，这些各不相同的模型的运行出来的结果却有可能比较接近，均能够满足仿真目标的基本要求。因此，仿真建模不是单纯的技术，在不同程度上可以被认为是一种"艺术"。本质上，仿真过程仍是一种科学的实验过程，仿真模型必须能够经受得起理论和实践的检验来保证仿真建模的正确性和有效性。这就是仿真模型的校核和验证问题。

数据采集

在构建出仿真模型以后，调动模型内部的逻辑关系和属性关系进行相应的运算和统计必须需要输入正确的数据，才能够得到准确的仿真输出结果。错误的输入数据，输出的错误仿真结果会误导决策。数据采集工作在建模与仿真过程中所占的份额随着系统随机性与复杂性的增强也越来越大。数据采集的工作应该从确定仿真目标开始，并使其贯穿于整个系统建模与仿真的全过程。通常需要对输入数据进行必要的分布拟合、参数估计以及假设检验等步骤，才能将所采集到的数据输入仿真模型，接着实施仿真运行，并确定随机变量的概率密度函数或经验分布函数。除此之外，往往还要求必须采集与仿真初始条件及系统内部变量有关的一些数据。这些数据往往是某种概率分布的随机变量的抽样结果，因此需要大量系统运行的历史数据，或对类似现实系统进行大量实验才能够获得。

仿真模型的验证

在仿真建模过程中，决定仿真成败的关键是所建立的仿真模型能否代表所研究的实际系统。模型的验证是以特定的统一标准对仿真模型及其代表性进行衡量。目前常用的是由内勒（T. H. Naylor）和芬格（J. M. Finger）于1967年提出的仿真模型验证"三步法"。仿真模型的验证是一个不断反复的过程，并且其理论和方法在当前都尚未达到完善的程度，这个方面在今后仍有很大的研究空间。

程序的编制与校核

仿真模型只是所考察的实际系统的一种抽象和运行框架，不能直接运用，还必须将仿真模型转化成计算机能够识别和执行的程序代码才能通过计算机进行必要的仿真实验。早期的仿真编程往往采用通用的程序语言，如 FORTRAN 语言、BASIC 语言和 ALGOL 语言等。由于仿真器本身的复杂性和用户对仿真输入/输出数据的苛刻要求，广大的管理人员、科技人员和决策者无法掌握，只有少数的程序设计专家可以使用这些工作量一般都非常巨大的通用程序设计语言进行编程。

随着仿真技术的应用和发展，一大批适用于不同需要的仿真语言被开发出来，如面向事件的 SIGMA、GASP 等仿真语言，面向过程的 GP SS/H、SIMAN/V，面向对象的 SIMPLE++、SIMULIN 等。这些仿真语言的问世，极大地方便了用户的编程工作。特别是许多以图片/图标输入方式建模和仿真程序自动生成技术为主流的仿真软件，如 AutoMod、ProModel、Taylor/II 和 Arena 等，它们都能够提供友好的图形用户界面，并能根据用户输入的图形流程自动生成无错误的仿真程序，从而可免去烦琐的程序编制和调试工作，为非仿真专业人员有效地应用仿真技术提供了方便。

然而，仿真程序的编制过程完全依靠编程人员对仿真模型的理解，并将这种理解转变为相应的仿真程序，如果这个转变过程发生偏差或者错误，则所编制的仿真程序就不能代表仿真模型，因此也将使仿真结果失去意义。这就要求必须对仿真程序进行校核，即对仿真程序的逻辑和数学关系以及输入/输出响应与仿真模型的一致性进行测试和检验，以保证仿真程序的正确性和有效性。

仿真模型的运行

验证和校核仿真模型以及仿真程序之后，仿真模型就可以正式运行。由于仿真模型中往往包含多种随机变量，每次仿真运行仅是对系统运行的一次抽样，因此需要设置相同的初始条件和输入数据（包括输入随机变量）进行多次独立的重复仿真运行，才能得到仿真输出的统计规律。这种独立的重复仿真运行应采用相互独立的随机数流以便模拟一种独立的随机抽样过程。在这种情况下才能应用经典统计方法，由仿真输出结果对系统的总体性能做出正确的推断。

此外，在仿真运行中确定主要的决策变量往往需要根据仿真的目的，从大量不同决策变量取值的组合中找出一种满意的决策参考方案。由于变量数和变量取值范围增大的同时，这种变量组合的数目往往随之呈现出指数级的增大关系，所以在仿真运行之前需要做好仿真的实验设计，达到以最少的仿真运行次数得到合适的仿真输出数据的目标，以便设计和安排决策变量的取值组合，提高仿真运行的效率。

仿真输出结果的统计分析

对仿真模型进行多次独立的重复运行后，可以得到一系列仿真输出响应和系统性能测度的均值、标准差、最大和最小值、变异系数等。但是，这些基本数据也仅是对所研究系统仿真实验的一个样本。在仿真输出样本的基础上，对其进行必要的统计分析和统计判断才能估计系统的总体参数及其分布特征。根据仿真输出数据的统计分析结果，评价系统方案，并形成正式的仿真分析报告，以供上级领导部门进行决策时参考。

以上所述就是离散事件系统仿真过程中一般应当经历的主要步骤，它们的执行顺序和关系可用图 5 - 18 来表示。

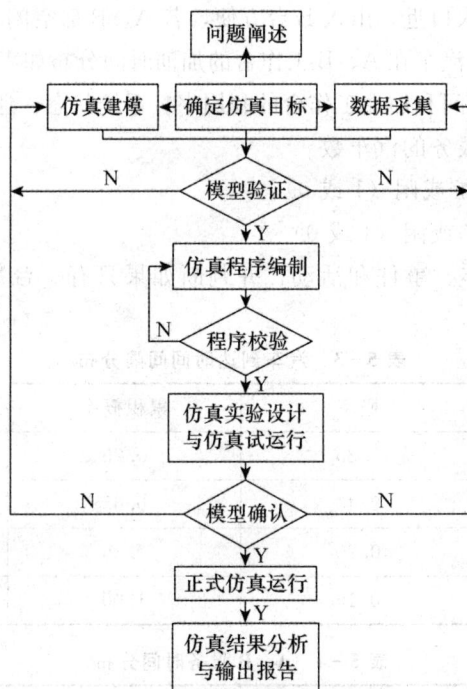

图 5 - 18 离散事件系统仿真的一般步骤

思考与练习

1. 离散事件系统仿真中常用的基本概念有哪些？简述它们的含义，并结合某一具体的生产线系统，谈谈你对这些基本概念的理解和认识。

2. 分析事件调度法、活动扫描法、进程交互法和消息驱动法等这些仿真调度方法的特点，分析每一种方法之间的区别和联系，并结合具体的生产系统分析其仿真模型中的建模元素与仿真调度流程，并绘制每种仿真方法的流程图。

3. 根据不同的功能，仿真模型（程序）可以分为哪三个层次？分析三个层次之间的关系。

4. 什么叫仿真时钟？它在系统仿真中有什么作用？什么叫仿真时钟推进机制？常用的仿真时钟推进机制有哪些？它们的主要特点是什么？分别适合于怎样的系统？

5. 结合具体的实际生产系统，分析若采用固定步长时间推进机制、下次事件时间推进机制或混合时间推进机制时，具有哪些优点和缺点，以图形或文字等形式表达时钟推进流程。

6. 从仿真精度与效率的角度分析与比较三种仿真时钟推进机制的特点，分别阐述各个推进机制适合什么样的实际具体系统。

7. 什么叫仿真效率？什么叫仿真精度？分析影响仿真效率和仿真精度的因素以及它们之间的关系。

8. 有一个汽车加油站，有 A、B 两个加油工作台，汽车随机到达，到达间隔时间分布如表 5-3。A 台距入口近，出入 B 台方便，若 A、B 都空闲，A 优先被占用；A、B 都忙则汽车将排队等待。汽车在 A、B 工作台的加油时间分布如表 5-4。仿真的目的是分析系统中车辆平均排队时间和加油工作台的利用率。系统状态：通过一组变量来描述

LQ$_{(t)}$ 在 t 时刻等待服务的汽车数

LA$_{(t)}$ 在 t 时刻 A 台忙或闲（1 或 0）

LB$_{(t)}$ 在 t 时刻 B 台忙或闲（1 或 0）

分析该例子中的实体、事件和活动，并判断如果只有一台加油设备时系统运行是否平稳。

表 5-3　汽车到达时间间隔分布

到达间隔时间（分）	概率	累积概率	随机数
1	0.25	0.25	01～25
2	0.40	0.65	26～65
3	0.20	0.85	66～85
4	0.15	1.00	86～00

表 5-4　A、B 服务时间分布

A 服务时间分布（分钟）				B 服务时间分布（分钟）			
服务时间	概率	累积概率	随机数	服务时间	概率	累积概率	随机数
2	0.30	0.30	01～30	3	0.35	0.35	01～35
3	0.28	0.58	31～58	4	0.25	0.60	36～60
4	0.25	0.83	59～83	5	0.20	0.80	61～80
5	0.17	1.00	84～00	6	0.20	1.00	81～00

9. 上网查阅有关蒙特卡罗方法的基本思想及其应用的一般步骤，以及仿真时钟推进机制的具体案例。

第6章

随机数与随机变量的产生

6.1　随机数的生成及其性质

随机数是包括生产系统在内的所有离散事件系统仿真中一个必不可少的基本元素，是整个仿真过程得以运行的基础。对于包括生产系统在内的几乎所有离散事件系统来说，其仿真程序或模型都要求必须具备完善的，能够产生指定分布随机变量的模块或子程序。大多数计算机语言都提供能够产生随机数的子程序、对象或函数。同样，仿真语言也能产生用于事件发生时间和其他随机变量的随机数。

在仿真程序或模型运行过程中，当用户赋予某一随机变量以确定参数的分布时，仿真系统就可以通过调用这些模块或子程序来生成相应的随机变量，以便在仿真运行的过程中复现系统的随机特征。而各种分布类型的随机变量，都可以通过采用某种方法对 $[0，1]$ 区间上的均匀分布 $U（0，1）$ 随机数进行相应的转换来得到。在不引起混淆的前提下，本书后面所提到的随机数，均是特指在 $[0，1]$ 区间上的均匀分布 $U（0，1）$ 随机数；而把其他各种分布的随机数称为随机变量。

目前，在用计算机生成随机数的方法中，一类使用最广、发展较快的方法是数学方法，其特点是占用内存少、速度快并且便于检查。用数学方法生成随机数是指按照一定的算法（递推公式），来生成"随机"数列（也称随机数流）。用户只需任意给定一个初始值（或称为种子值），当调用该算法时，就可以按照确定的关系计算出下一个随机数。最后，以这个新生成的随机数作为第二个种子值，再计算出下一个新的随机数。多次调用该算法就可以生成一个随机数的序列。这种用算法生成的随机数，只要给定初始的种子值，则以后所生成的"随机"数都是确定的数值，从本质上说这并不具有真正的随机性，因此称这种方法为伪随机数 PRN（Pseudo Random Number）。相应地，称这种用数学方法生成随机数所依赖的算法和程序为（伪）随机数发生器。

通过对算法的精心设计，可以使所生成的伪随机数具有和真正的随机数相同的一些统计性质。通常，只要所生成的伪随机数能通过一系列统计检验（如独立性、均匀性等），就可以把它们作为真正的随机数来使用。迄今为止，人们已经设计出各种随机数发生器以供仿真模拟使用。而优良的随机数发生器一般具有以下特征：

①生成的随机数序列要尽可能地逼近理想的均匀总体随机样本所具有的随机性、均匀性和独立性等统计性质。

②生成的随机数序列必须要有足够长的周期，以满足仿真计算的需要。这里的周期是指随机数序列以先前的顺序再次出现之前的序列的长度。例如，如果需要产生5 000个随机数，那么就要求相应随机数发生器所生成随机数序列的周期必须为5 000的若干倍。

③产生随机数的速度要快，占有内存小，以控制整个仿真运行的总成本。

④所生成的随机数序列必须是完全可重复的。也就是说，对于给定的初始条件，应当能够产生相同的随机数序列，而且与被仿真的系统或仿真所使用的编程语言等其他因素完全无关。

6.2 几种常用的随机数发生器

6.2.1 平方取中法

该方法由冯·诺依曼于1940年提出，是最早的随机数发生器。基本原理是：将一个 N 位数平方后，取中间 N 位数为第一个随机数，然后再平方取中间 N 位数为第二个随机数，递推公式如下：

$$\begin{cases} x_n = \left[\dfrac{x_{n-1}^2}{10^k}\right] \bmod (10^{2k}) \\ u_n = \dfrac{x_n}{10^{2k}} \end{cases} \quad (n=1, 2, \cdots) \tag{6-1}$$

式中，x_0（正整数）为初始值，k 为 x_0 位数的一半；$[x]$ 表示取 x 的整数部分；$N \bmod M$ 表示对 N 进行模为 M 的求余运算，其含义为

$$N \bmod M = N - \left[\dfrac{N}{M}\right] \times M \tag{6-2}$$

例 6-1：取 $k=1$，$x_0=76$，求由"平方取中法"可以得到如表6-1随机数。

表 6-1 平方取中法得到的随机数序列

n	1	2	3	4	$\cdots$	10	11	12	13	14	$\cdots$
x_{n-1}^2	5776	5929	8464	2116	$\cdots$	0841	7056	0025	0004	0000	$\cdots$
x_n	77	92	46	11	$\cdots$	84	5	2	00	00	$\cdots$
u_n	0.77	0.92	0.46	0.11	$\cdots$	0.84	0.05	0.02	00	00	$\cdots$

由上例可以看出，由于 k 取值较小，很快进入退化状态；当 k 取值较大时，将使退化现象延迟，但最终还是会进入退化状态。平方取中法易退化且均匀性差异显著，因此目前该方法已经很少被采用。除平方取中法以外，早期比较有代表性的随机数发

生器还有乘积取中法、基于斐波那契（Fibonacci）序列的 Fibonacci 法等。

6.2.2 线性同余法

此方法是由莱默尔于 1948 年提出的，是目前在离散系统仿真中应用最广泛的随机数发生器，基本公式如下：

$$\begin{cases} x_n = (ax_{n-1} + c) \bmod m \\ u_n = x_n/m \end{cases} \quad (n=1,\ 2,\ \cdots) \qquad (6-3)$$

式中，a 是乘子，c 是增量，x_0 是初值，m 是模数，且均为正整数。这里，如果 $c \neq 0$，则通常称该方法为混合线性同余法；如果 $c=0$，则称之为乘同余法。

显然，根据式（6-3）可知，由该线性同余法得到的随机数 x_n 满足 $0 \leqslant x_n < m$，因此 x_n 至多只能取 m 个不同的整数。则称所得到的数列 x_n 重复数之间的最短长度为该数列的周期，记为 T。若 $T=m$，则称之为满周期。

例 6-2：取 $a=3$，$c=1$，$m=8$，$x_0=1$，由线性同余法产生随机数得到数列 x_n 和 u_n，如表 6-2 所示。

表 6-2 例 6-2 得到的随机数序列

n	1	2	3	4	5	6	7	8	9	10	$\cdots$
$3x_{n-1}+1$	4	13	16	1	4	13	16	1	4	13	$\cdots$
x_n	4	5	0	1	4	5	0	1	4	5	$\cdots$
u_n	0.5	0.625	0	0.125	0.5	0.625	0	0.125	0.5	0.625	$\cdots$

由表 6-2 可以看出，从 $n=5$ 开始，$u_2 = u_6 = 0.625$，$u_1 = u_5 = 0.5$，u_n 循环取从 u_1 到 u_4 的值，周期 $T=4<8=m$，不是满周期的。

例 6-3：取 $a=5$，$c=5$，$m=8$，$x_0=5$，则由线性同余法可以得到不同的随机数，如下表 6-3。

表 6-3 例 6-3 得到的随机数序列

n	1	2	3	4	5	6	7	8	9	10	$\cdots$
$5x_{n-1}+5$	30	35	20	25	0	5	40	5	30	35	$\cdots$
x_n	6	3	4	1	2	7	0	5	6	3	$\cdots$
u_n	0.75	0.375	0.5	0.125	0.25	0.875	0	0.625	0.75	0.375	$\cdots$

由表 6-3 可知，从 $n=9$ 开始，$u_9 = u_1 = 0.75$，$u_{10} = u_2 = 0.375$，u_n 循环取从 u_1 到 u_8 的值，周期 $T=8=m$，此时是满周期的情形。

从上述两个例子可以看出，参数 m、a、c 以及初值 x_0 的选取十分关键，若参数 m、a、c 选得合适，周期 T 可以达到最大值 m，即是满周期的。在实际应用中，通常希望所得到的随机数序列是均匀分布的，并且具有最大可能的周期。这可以通过选取适当的 m、a、c 种子值 x_0 来实现。综上所述，可以得到如下结论。

①如果 $m=2^b$，并且 $c\neq0$，当 c 是相对于 m 的素数（即 c 与 m 的最大公约数 1），且 $a=1+4k$（k 为整数）时，所得随机数序列的最大可能周期为 $T=m=2^b$。

②如果 $m=2^b$，并且 $c=0$，当初值 x_0 为奇数，且乘子 a 满足 $a=3+8k$ 或者 $a=5+8k$（$k=0$，1，2，…）时，所得随机数序列的最大可能周期为 $T=m/4=2^{b-2}$。

③如果 m 为素数，并且 $c=0$，在乘子 a 具有如下性质时：a^k-1 能被 m 整除的最小 k 为 $k=m-1$，所得随机数序列的最大可能周期为 $T=m-1$。

6.2.3 取小数法

取小数法分为两种，分别是平方取小数法和开方取小数法。其中：平方取小数法是将前一次随机数平方后的数，取其小数点后第一个非零数字后面的尾数作为下一个要求的随机数；开方取小数法是将前一次随机数开方后的数，取其小数点后第一个非零数字后的尾数作为下一个要求的随机数。开方取小数法产生随机数的流程，如图 6-1 所示。

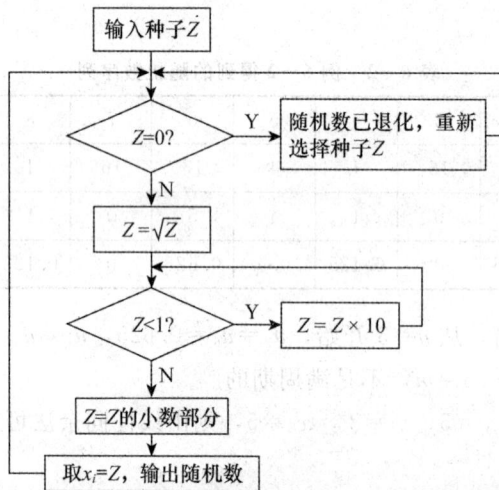

图 6-1 开方取小数法产生随机数流程图

取小数法的周期可以很长，只要种子选择得当不发生退化，这是同余法等发生器所不能比拟的。另外，取小数法对种子的选择没有太多限制，也给程序设计提供了方便。但是，与加减乘除相比，开方运算要占用大量的计算机资源（时间和内存），因此，开方取小数法的计算效率要比同余法低。

6.2.4 组合发生器

把两个或者更多个独立的随机数发生器（通常是两个不同的线性同余发生器）以某种方式组合起来，使得新组合的随机数发生器具有更长的周期和良好的统计性质。

最著名的是麦克拉伦（M. D. Maclaren）和马尔萨利亚（G. Marsaglia）于 1965 年提出的组合同余法，它由两个线性同余发生器 LCG1 和 LCG2 构成。具体步骤如下：

①采用第一个线性同余发生器 LCG1 生成 k 个随机数，一般取 $k=128$，把这 k 个数

按序依次存放在某一向量 T 中，$T=(t_1, t_2, \cdots, t_k)$，并置 $n=1$。

②采用第二个线性同余发生器 LCG2 生成一个随机的整数 j，满足 $1\leqslant j\leqslant k$。

③令 $x_n=t_j$，然后再采用第一个发生器 LCGI 生成一个新的随机数 y 来替代 t_j，即令 $t_j=y$，并置 $n=n+1$。

④重复②～③，得到随机数序列 $\{x_n\}$，此即组合同余发生器生成的数列。若第一个发生器 LCG1 的模为 m，令 $u_n=x_n/m$，则 $\{u_n\}$ 即为由该组合发生器生成的均匀随机数序列。

现有的研究表明，这种组合同余发生器具有随机性增强、周期增大的特点，并且它一般对构成组合发生器的线性同余发生器的统计特性要求较低，但仍然能够得到统计特性比较好的随机数序列。组合发生器的不足之处在于，由于需要产生两个或多个基础的随机数位并执行一些辅助操作，才能得到一个随机数，因此该方法的计算速度相对较慢一些，成本比较高。

6.3　随机数发生器的性能检验

6.3.1　检验方法概述

如果我们产生一组随机数，那么还需要检验这组随机数质量如何，即伪均匀随机数的有效性在于它们与真正的 [0，1] 区间上均匀随机数的性质是否有显著差异。这是一个重要的问题，因为二者若有显著差异，这时以这种随机数发生器产生的随机数为基础的随机变量所得到的样本就不能够反映该随机变量的性质，从而无法得到可靠的随机模拟结果。因此随机数发生器的检验是一项很重要的工作。但是，即使这组随机数通过了几种不一样的检验方法，也不能断定这样获得的随机数就是真正随机的，只是说通过的检验越多，这样得到的结果越可靠。

一般情况下，会有两种不同的检验方法：经验检验和理论检验。经验检验是一种统计检验，根据 [0，1] 区间上均匀总体简单随机样本 $\{u_n\}$ 的性质，如特征向量、均匀性、随机性等，研究我们产生的随机序列 $\{x_n\}$ 的相应性质，进行比较、借鉴，视其差异是否显著决定取舍。理论检验从统计意义上说并不是一种检验，它用一种综合的方法来评估发生器的 m、a 和 c 等参数值，而根本不必产生任何随机数序列 $\{x_n\}$，即它只是一种理论上的研究。由于理论检验方法需要专门学科的知识，数学上又相当难，我们这里只讨论经验检验的几种方法，通常称为统计检验。

6.3.2　参数检验

均匀随机数的参数检验是检验由某个发生器产生的随机数序列 $\{u_n\}$ 的均值、方差和各阶矩阵等与均匀分布的理论值是否有显著差异。

若由某发生器生成一组随机数序列为 $u_1, u_2, \cdots u_n$，并假定 $\{u_n\}$ 独立同 $U(0，1)$ 分布，则其样本均值和样本方差为

$$\overline{u} = \frac{1}{n}\sum_{i=1}^{n} u_i, s^2 = \frac{1}{n-1}\sum_{i=1}^{n}(u_i - \overline{u})^2$$

则有：

$$E(\overline{u}) = \frac{1}{2}, \ Var(\overline{u}) = \frac{1}{12n}, \ E(s^2) = \frac{1}{12}, \ Var(s^2) = \frac{1}{180n}$$

所以统计量为

$$v_1 = \frac{\overline{u} - E(\overline{u})}{\sqrt{Var(\overline{u})}} = \sqrt{12n}\left(\overline{u} - \frac{1}{2}\right) \sim N(0, 1) \tag{6-4}$$

$$v_2 = \frac{s^2 - E(s^2)}{\sqrt{Var(s^2)}} = \sqrt{180n}\left(s^2 - \frac{1}{12}\right) \sim N(0, 1) \tag{6-5}$$

给定显著水平 α 后，从标准正态分布表可查得

$$P = \{Z > z_{\alpha/2}\} = \frac{\alpha}{2}$$

由式（6-4）和（6-5）计算出 v_1、v_2 的值，若 $|v_i| \leqslant z_{\alpha/2}$（$i=1, 2$），则可以认为该随机数序列 $\{u_n\}$ 均值和方差与均匀总体的均值和方差不存在显著差异。反之，则存在显著差异，且不能认为随机数序列 $\{u_n\}$ 独立同服从均匀分布 $U(0, 1)$。

6.3.3 均匀性检验

均匀性检验是校验所产生的随机数落在各子区间的频率和理论频率之间的差异是否显著，是为确认随机数发生器的有效性而必须要进行的基本检验之一。常用的均匀性检验方法主要有柯尔莫戈罗夫-斯米尔诺夫检验（K-S 检验）和 χ^2 检验两种。这两种方法都是基于样本分布与理论分布之间不存在显著差异的假设，来对所产生的随机数序列样本的分布与理论上的均匀分布之间的一致程度进行度量的。

K-S（柯尔莫戈罗夫-斯米尔诺夫）检验

柯尔莫戈罗夫-斯米尔诺夫（Kolmogorov-Smirnov）检验，简称 K-S 检验，是对连续分布的拟合性进行检验。它将均匀分布的连续累积分布函数 $F(x)$ 同 N 个观测样本的经验累积分布函数 $F_N(x)$ 相比较，具体步骤如下：

①将所生成序列中的随机数 u_1，u_2，$\cdots u_n$，按照从小到大的顺序进行重新排序，并重新标记为 $u_{(1)}$，$u_{(2)}$，$\cdots$，$u_{(n)}$，其经验分布函数为

$$F_N(x) = \begin{cases} 0 & x < u_{(i)} \\ \dfrac{i}{n} & u_{(i)} \leqslant x \leqslant u_{(i+1)} \qquad (i=1, 2, \cdots, n-1) \\ 1 & x \geqslant u_{(n)} \end{cases} \tag{6-6}$$

②将 $F_N(x)$ 与 $U(0, 1)$ 的分布函数 $F(x) = x$（$0 \leqslant x \leqslant 1$）相比较，计算其最大偏差

$$D_n = \max\{D_n^+, D_n^-\} \tag{6-7}$$

则统计量 D_n 渐近服从 K-S 分布。

其中

$$D_n^+ = \max_{1 \leqslant i \leqslant n} \{F_N(u_i) - F(u_i)\} = \max_{1 \leqslant i \leqslant n} \left\{\frac{i}{n} - u_{(i)}\right\} \qquad (6-8)$$

$$D_n^- = \max_{1 \leqslant i \leqslant n} \{F(u_i) - F_N(u_{(i-1)})\} = \max_{1 \leqslant i \leqslant n} \left\{u_{(i)} - \frac{i-1}{n}\right\} \qquad (6-9)$$

③给定显著水平 α 后，查 K-S 分布表可得临界值标

$$P = \{D_n > D_\alpha(n)\} = \alpha$$

④若 $D_n \leqslant D_\alpha(n)$，则可以认为该随机数序列 $\{u_n\}$ 的经验分布函数与均匀分布 $U(0，1)$ 的分布函数之间不存在显著的差异；否则，存在显著差异。

χ^2 检验

χ^2 检验是对随机数发生器生成的随机数序列 $\{u_n\}$ 进行均匀性检验的另一种比较常用的方法。假定某发生器生成的随机数序列 $\{u_n\}$ 独立且服从均匀分布 $U(0，1)$，χ^2 检验的具体步骤如下。

①将 $[0，1]$ 区间划分成 m 个互不相交的小区间 $\left[\dfrac{i-1}{m}，\dfrac{i}{m}\right]$

②根据均匀性假设，某随机数 u_j 落入第 i 个小区间内的概率为 l/m，计算

$$\mu_i = n \cdot \frac{1}{m} = \frac{n}{m} \qquad (i=1，2，\cdots，m) \quad \text{称为理论频数。}$$

③计算数列 $\{u_j\}$ 中落在区间 $\left[\dfrac{i-1}{m}，\dfrac{i}{m}\right]$ 内的随机数的个数 $n_i(1，2，\cdots，m)$ 称为经验频数。

④令

$$\chi^2 = \sum_{i=1}^m \frac{(n_i - \mu_i)^2}{\mu_i} = \frac{m}{n} \sum_{i=1}^m \left(n_i - \frac{n}{m}\right)^2 \qquad (6-10)$$

则统计量 χ^2 渐进服从 $\chi^2(m-1)$ 分布

⑤对给定的显著水平 α，查 χ^2 分布表可得临界值

$$P\{\chi^2 > \chi_\alpha^2(m-1)\} = \alpha$$

根据④中的式（6-10）计算得到 χ^2 的值，若 $\chi^2 \leqslant \chi_\alpha^2(m-1)$，则可认为经验频数与理论频数不存在显著的差异；否则，存在显著差异。

一般来说，对于 K-S 检验和 χ^2 检验这两种方法，如果样本数足够多，则对于检验数据样本的均匀性来说，它们的结果都是可以接受的，但 K-S 检验是两者中较好的方法，因此推荐使用 K-S 检验方法。并且 K-S 检验可以应用到小样本的场合，而 χ^2 检验却只有在大样本（如 $n \geqslant 50$）时才比较有效。

6.3.4 独立性检验

一个均匀分布的随机数序列 $\{u_n\}$ 还必须满足独立性的要求。独立性检验就是通过检验各随机数之间的统计相关性是否显著，来判定该数列 $\{u_n\}$ 是否满足独立性的要求。检验独立性的最常用方法之一是相关系数检验方法，该方法首先计算随机数序列 $\{u_n\}$ 中相邻一定间隔的随机数之间的相关系数，然后通过相关系数来判定它们的相关程度。具体的步骤如下：

设 u_1，u_2，$\cdots u_n$ 是一组待检验的随机数，若它们相互独立，则必有 k 阶自相关系数 $\rho_k = 0$（$k = 1$，2，$\cdots$，m）。现考察样本的 k 阶自相关系数

$$\hat{\rho}_k = \frac{\frac{1}{n-k}\sum_{i=1}^{n-k}(u_i - \overline{u})(u_{i+k} - \overline{u})}{\frac{1}{n-1}\sum_{i=1}^{n}(u_i - \overline{u})^2} = \frac{\frac{1}{n-k}\sum_{i=1}^{n-k}u_i \cdot u_{i+k} - (\overline{u})^2}{S^2} \qquad (j = 1,\ 2,\ \cdots,\ m)$$

$$(6-11)$$

当 $n-k$ 充分大，且 $\rho_k = 0$ 成立时，统计量

$$v_k = \hat{\rho}_k\sqrt{n-k} \sim N(0,\ 1) \qquad (k = 1,\ 2,\ \cdots,\ m)$$

在实际应用中，通常取 $m = 10 \sim 20$，利用统计量 v_j 可对随机数序列 $\{u_n\}$ 进行相关性检验。即：对于给定的显著性水平 α，当 $|v_k| \leqslant z_{\alpha/2}$ 时，可以认为随机数序列 $\{u_n\}$ 是满足统计上的独立性要求的；反之，则相关性显著。

除上述比较常用的检验方法以外，还有许多其他检验，如组合规律性的检验、连续检验、间断检验和子序列检验等。正如本章前面所提到的，为了保证所得到的随机数序列具有良好的统计性质，在研究和开发新的仿真软件时，对所设计的随机数发生器进行检验是一个必不可少的环节。虽然目前各种高级语言和仿真语言中都已具备通过检验的、性能优秀的随机数发生器，当需要在不同机器，特别是在字长不同的计算机之间移植仿真软件时，往往需要对现有的随机数发生器进行修改。这时，对修改后的发生器进行各种检验就是十分必要的了。

最后，这些统计检验方法都是带有一定局限性的。而且，对于所生成的一组随机数序列，即使已经通过多种检验，从理论上说也仍然存在如下的可能：它实际上存在着某种不够理想的统计性质，只是未被检验出来。

6.4 随机变量的生成方法

6.4.1 反变换法

给定了随机数的生成方法，只是构建随机变量的第一步。理论上说，可以通过构造函数根据均匀分布 $U(0,1)$ 随机数来构造包括非均匀分布的其他任意分布随机变量。因此，如何来构造适当的函数关系就成为了关键。对于不同分布随机变量的要求，有多种生成方法，如反变换法、组合法等等。

反变换法是利用拟合分布函数的反函数来产生随机变量。它基于概率积分变换定理，通过对分布函数进行反变换来实现，因此称为反变换法。设随机变量的分布函数为 $F(x)$，则 $F(x)$ 的取值范围为 $[0,1]$。为了得到随机变量的抽样值，可以先产生在 $[0,1]$ 区间上均匀分布的独立随机变量 U，根据分布函数的性质，可知其分布函数的反函数 $F^{-1}(U)$ 必然满足：$P\{F^{-1}(x) \leqslant x\} = F(x)$。因此，由 $F^{-1}(U)$ 得到的值即为所需要的随机变量 $X = F^{-1}(U)$，如图 6-2 所示。

其原理即：纵坐标表示累计分布值，范围 $[0,$

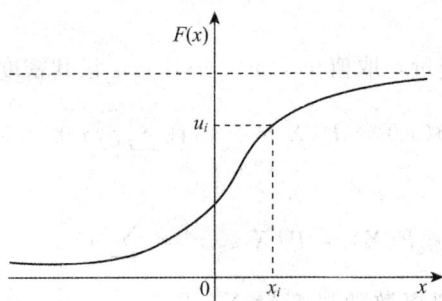

图 6 - 2　反变换原理

1] 间均匀分布的随机数，相当于在纵坐标上随机地找到一个点 u_i，从这一点利用反函数就可以求得该分布在这一点上的随机变量 x_i。

连续型随机变量

(1) 均匀分布 $U[a, b]$ 随机数的生成。

均匀分布 $U[a, b]$ 的概率密度函数为：

$$f(x) = \begin{cases} \dfrac{1}{b-a} & a \leqslant x \leqslant b \\ 0 & \text{其他} \end{cases} \tag{6-12}$$

对应的分布函数为：

$$F(x) = \begin{cases} 0 & x < a \\ \dfrac{x-a}{b-a} & a \leqslant x \leqslant b \\ 1 & x > b \end{cases} \tag{6-13}$$

故 $F(x)$ 的反函数 $F^{-1}(x)$ 为 $x = F^{-1}(x) = (b-a)u + a$。因此均匀分布随机变量生成的一般步骤为：

①产生独立的 $U(0, 1)$ 随机数 $u_1, u_2, \cdots u_n$；

②令 $x_i = (b-a)u_i + a$ $(i = 1, 2, \cdots, n)$，则 $x_1, x_2, \cdots, x_n$ 即为 $U[a, b]$ 随机数。

(2) 指数分布 $E(\lambda)$ 随机数生成。

指数分布 $E(\lambda)$ 的分布函数为

$$F(x) = \begin{cases} 1 - e^{-\lambda x} & x \leqslant 0 \\ 0 & \text{其他} \end{cases} \tag{6-14}$$

令 $u = F(x) = 1 - e^{-\lambda x}$，可得其反函数 $x = F^{-1}(x) = -(1/\lambda)\ln(1-u)$。由于 u 与 $1-u$ 均为 $[0, 1]$ 区间上的均匀分布的随机变量，因此公式可写为：$x = F^{-1}(x) = -(1/\lambda)\ln u$。由此可得出指数分布随机变量生成的一般步骤为：

①产生独立的 $U(0, 1)$ 随机数 $u_1, u_2, \cdots u_n$；

②令 $x = -\left(\dfrac{1}{\lambda}\right)\ln(u)$ $(i = 1, 2, \cdots, n)$，则 $x_1, x_2, \cdots, x_n$ 即为指数分布随机数。

离散型随机变量

设 x 是离散型随机变量，取值 x_1，x_2，$\cdots$，x_n，记其密度函数为：

$$p(x_i) = P\{X = x_i\}, 且 \sum_{i=1}^{n} p(x_i) = 1$$

相应的分布函数为：

$$F(X) = P\{X \leqslant x\} = \sum_{x_i < x} p(x_i) \tag{6-15}$$

为了用反变换法得到离散随机变量 X，先将 $[0，1]$ 区间按 $p(x_1)$，$p(x_2)$，$\cdots$，$p(x_n)$ 的值分成 n 个子区间

$$(0, p(x_1)], (p(x_1), p(x_1 + x_2)], \cdots, (\sum_{j=1}^{n-1} p(x_j), \sum_{i=1}^{n} p(x_i)] \tag{6-16}$$

若 U 是 $[0，1]$ 区间上的均匀分布随机变量，则某个 u_i 的值落在哪个子区间上，相应子区间对应的随机变量 x_i 就是所需要的，如由随机数发生器产生的 $u_i \leqslant p(x_1)$ 则令 $x = x_1$，若 $p(x_1) < x \leqslant p(x_1) + p(x_2)$。如图 6-3 所示。

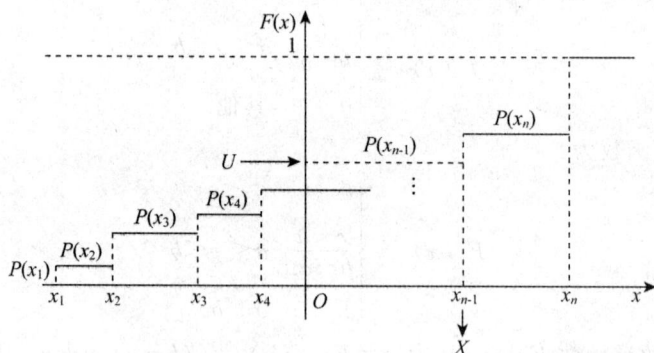

图 6-3 反变换法生成离散随机性变量

已知 $\{1，2，\cdots n\}$ 上的离散均匀分布，其分布函数为

$$F(x) = \begin{cases} 0 & x < 1 \\ \dfrac{1}{n} & 1 \leqslant x < 2 \\ \dfrac{2}{n} & 2 \leqslant x < 3 \\ \vdots \\ \dfrac{n-1}{n} & n-1 \leqslant x < n \\ 1 & x \geqslant n \end{cases} \tag{6-17}$$

令 $x_i = i$，$F(x_i) = p(1) + p(2) + \cdots + p(x_i) = i/n$，如果均匀分布 $U(0，1)$ 的随机数 u_i 满足

$$\frac{i-1}{u} < u_i \leqslant \frac{i}{n}$$

则可以通过取 $X = i$ 来生成随机变量 X。

6.4.2　卷积法

若随机变量可表示为若干个独立同分布的随机变量 Y_1，Y_2，$\cdots$，Y_m 之和，即 $X = Y_1 + Y_2 + \cdots + Y_m$ 则 X 的分布函数与 $\sum_{i=1}^{m} Y_i$ 的分布函数相同,此时称 X 的分布为 Y_i 分布的 m 重卷积。为生成随机变量 X 可先独立地从相应分布函数生成随机变量 Y_1，Y_2，$\cdots$，Y_m，然后利用 $X = Y_1 + Y_2 + \cdots + Y_m$ 得到 X 值这就是卷积法的基本思想。

例 6 - 4：埃尔朗分布

设 X 的概率密度函数为

$$f(x) = \frac{\lambda (\lambda x)^{n-1}}{(n-1)!} e^{-\lambda x} \quad (x > 0，\lambda > 0) \tag{6-18}$$

若 Y_1，Y_2，$\cdots$，Y_m 独立且同服从指数分布 $E(\lambda)$，令 $X = Y_1 + Y_2 + \cdots + Y_m$，则 X 服从 n 阶埃尔朗分布。所以生成埃尔朗分布的随机变量步骤如下：

①生成独立的均匀分布 $U(0，1)$ 随机数 u_1，u_2，$\cdots$，u_m。

②计算 u_1，u_2，$\cdots$，u_m。

③令 $x = -\left(\frac{1}{\lambda}\right) \ln (u)$，则 x 即为服从 n 阶埃尔朗分布的随机变量。

6.4.3　组合法

当某一分布函数可以表示成若干个其他分布函数的凸组合时，即

$$F(x) = \sum_{j} p_j F_j(x)，其中 p_j \geqslant 0，\sum_{j} p_j = 1 \tag{6-19}$$

那么其密度函数可写成

$$f(x) = \sum_{j} p_j f_j(x) \tag{6-20}$$

$f_j(x)$ 是某种类型的概率密度函数，与之相应的分布函数为 $F_j(x)$。那么，当每个 $F_j(x)$ 的随机变量都比较易于抽样时，常采用组合法，通过 $F_j(x)$ 的随机变量来生成 $F(x)$ 的随机变量。其具体步骤如下：

(1) 随机地生成一个正整数 J 使得

$$P\{J = j\} = p_j \quad (j = 1，2，\cdots)$$

(2) 生成一个满足分布函数 $F_j(x)$ 的随机变量 x，则 x 就是 $F(x)$ 的随机数。

(3) 重复 (1) (2)，就可以得到所求的分布函数为 $F(x)$ 的随机变量数列。

例 6 - 5：双指数分布

设随机变量的概率密度函数为 $f(x) = 0.5 e^{-|x|}$ $(-\infty < x < +\infty)$，如图 6 - 4 所示。

可以将函数 $f(x)$ 看作是由一个正指数函数和一个负指数函数分段组成的，则有

$$f(x) = 0.5 e^{-x} I_{(-\infty,0)}(x) + 0.5 e^{-x} I_{(0,\infty)}(x) = 0.5 f_1(x) + 0.5 f_2(x)$$

$$\tag{6-21}$$

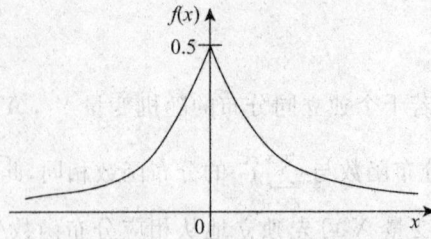

图 6 - 4 双指数分布的概率密度函数

这里 $I_A(x)$ 为集合 A 的指示函数，定义为

$$I_A(x) = \begin{cases} 1 & x \in A \\ 0 & \text{其他} \end{cases} \tag{6-22}$$

因此可用两个密度函数 $f_1(x)$ 和 $f_2(x)$ 的组合来生成服从密度函数 $f(x)$ 的随机变量 X。其步骤如下：

(1) 产生均匀分布 $U(0, 1)$ 的随机数 u_1 及 u_2。

(2) 如果 $u_1 < 0.5$，则生成服从与密度函数 $f_1(x)$ 相应的分布函数的随机变量，根据反变换法，可得 $X = \ln u_2$。

(3) 如果 $u_1 \geqslant 0.5$，则生成服从与密度函数 $f_2(x)$ 相应的分布函数的随机变量，同样，有 $X = \ln u_2$。

从上述分析易知，采用组合法生成分布函数 $F(x)$ 的随机变量，至少需要两个均匀分布 $U(0, 1)$ 的随机数。但该方法在某些情况下可以避免反变换法中对一些复杂分布函数的处理。因此，在实际中究竟采用哪种方法，还要视具体分布函数的性质来确定。

6.4.4 舍选法

前面介绍的三种方法都有一个共同的特点，即以反变换法为基础，直接面向分布函数，因而又称为直接法。然而，当反变换法难于使用（利用随机变量的分布函数不存在封闭形式等）或者效率不高时，有时就需要使用非直接的方法。舍选法就是其中最主要的一种。该方法由于具有计算简单、抽样灵活和使用方便等特点而得到了比较广泛的应用。

设 $f(x)$ 为所求随机变量的概率密度函数，舍选法要求选定一个覆盖函数 $t(x)$，满足

$$f(x) \leqslant t(x), \text{且} C = \int_{-\infty}^{+\infty} t(x) dx < +\infty \tag{6-23}$$

令 $r(x) = t(x)/C$，则有 $\int_{-\infty}^{+\infty} r(x) dx = 1$，故 $r(x)$ 是一个概率密度函数。

如果 $X \sim r(x)$，$U \sim U(0, 1)$，并且 X 与 U 相互独立，当 $u \leqslant f(x)/t(x)$ 时，令 $X^* = X$，则 X^* 即所求的随机变量：$X^* \sim F(x)$。

这一方法的基本思路是：从以覆盖函数 $t(x)$ 为顶的曲边梯形中随机地抽取一点 $P[x_0, Ut(x_0)]$ 若该点 P 落在以 $f(x)$ 为顶的曲边梯形内，则选取该点，该点的横

坐标即所求；否则就舍弃该点。相关情况如图 6-5 所示。

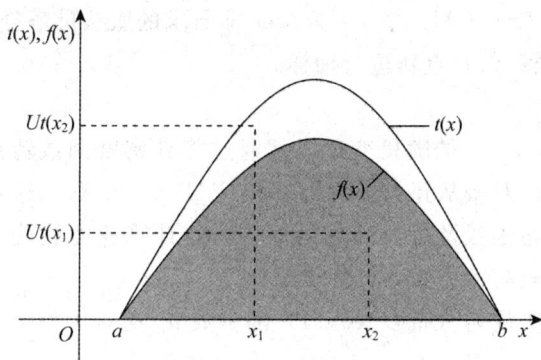

图 6-5 舍选法的原理

因此，在舍选法中，不被舍弃的点的概率为

$$p = \frac{\int_a^b f(x)dx}{\int_a^b t(x)dx} = \frac{1}{C} \qquad (6-24)$$

称 p 为抽样概率。为了提高算法的效率，希望抽样概率 p 尽可能大。故应选取适当的覆盖函数 $t(x)$，以使得 C 值尽可能小，同时希望与密度函数 $r(x) = t(x)/C$ 相应分布的随机变量 X 容易生成。一般地，对有限区间 $[a, b]$ 上的概率密度函数 $f(x)$，常取

$$t(x) = M = \sup_{a \leqslant x \leqslant b} f(x) \qquad (6-25)$$

此时，$r(x)$ 就是 $[a, b]$ 区间上均匀分布的密度函数。

综上所述，采用舍选法生成分布函数为 $F(x)$ 的随机变量的步骤如下：

（1）生成密度函数 $r(x)$ 对应分布的随机变量 x。

（2）生成均匀分布 $U(0, 1)$ 随机数 u，且 u 和 x 独立。

（3）若 $u \leqslant f(x)/t(x)$，则令 $x^* = x$；否则返回步骤（1），重新进行抽样。

（4）最后得到的 X^* 就是所求的分布函数为 $F(x)$ 的随机变量。

例 6-6：贝塔分布

设随机变量 X 的概率密度函数为

$$f(x) = \frac{1}{B(a, b)} x^{a-1}(1-x)^{b-1} \qquad (0 < x < 1; \ a > 0, \ b < 0)$$

其中，$B(a, b)$ 为贝塔函数

$$B(a,b) = \int_0^1 x^{a-1}(1-x)^{b-1}dx$$

计算可知，当 $x = (a-1)/(a+b-2)$ 时，$f(x)$ 取得最大值：

$$M = \frac{1}{B(a, b)}\left(\frac{a-1}{a+b-2}\right)^{a-1}\left(\frac{b-1}{a+b-2}\right)^{b-1}$$

若取 $t(x) = M$，则显然 $r(x)$ 为均匀分布 $U(0, 1)$ 的密度函数。由此可得舍选法抽样的步骤如下：

（1）生成独立的均匀分布 U（0，1）随机数 u_1 及 u_2。

（2）如果 $u_2 \leqslant f(x) / M$，令 $x = u_1$，x 即所求的服从贝塔分布 $B(a, b)$ 的随机变量；否则，返回步骤（1）重新进行抽样。

2. 正态分布

对正态分布 N（0，1）的随机变量，常通过将其密度函数转换到极坐标后，再应用反变换法，可生成一对服从正态分布的随机变量 X_1 和 X_2。这种方法直观、易于理解，但由于要进行三角函数及对数函数运算，因此计算速度较慢。后来，人们基于舍选法给出了一种效率较高的方法，具体步骤如下：

（1）独立生成两个均匀分布 U（0，1）随机数 u_1 及 u_2。

（2）令 $Y_1 = 2u_1 - 1$，$Y_2 = 2u_2 - 1$，$Y_3 = Y_1 + Y_2$

（3）若 $Y_3 > 1$，返回步骤（1）重新进行抽样；否则，令

$$x_1 = Y_1 \left(\frac{-2\ln Y_3}{Y_3} \right)^{\frac{1}{2}}, \quad x_2 = Y_2 \left(\frac{-2\ln Y_3}{Y_3} \right)^{\frac{1}{2}}$$

那么 x_1 和 x_2 即两个服从正态分布 N（0，1）的随机变量。

思考与练习

1. 取 $a = 5$，$c = 4$，$m = 8$，$x_0 = 5$，求线性同余法产生随机数和其周期。

2. 根据线性同余法的原理，开发一个周期大于 300 且为满周期的随机数发生器。

3. 设 U_1 和 U_2 是相互独立的均匀分布 U（0，1）的随机变量，令

$$X_1 = \sqrt{-2\ln U_1} \cos(2\pi U_2), \quad X_2 = \sqrt{-2\ln U_2} \sin(2\pi U_2)$$

试证明：X_1 和 X_2 为相互独立的标准正态分布 N（0，1）的随机变量。

4. 超指数分布是指数分布的一种组合分布，其概率密度函数为

$$f(x) = \sum_{i=1}^{k} p_i \lambda_i e^{-\lambda_i x} \quad (x > 0)$$

其中 $\lambda_i > 0, p_i > 0 (i = 1, 2, \cdots, k)$，且 $\sum_{i=1}^{k} p_i = 1$。试采用组合法，给出生成该超指数分布的随机变量 X 的算法步骤。

5. 伽玛分布的概率密度函数为

$$f(x) = \frac{b^a}{\Gamma(a)} x^{a-1} e^{-bx} \quad (x > 0; \ a > 0, \ b > 0)$$

其中，$\Gamma(a) = \int_0^\infty x^{a-1} e^{-x} dx (a > 0)$ 为伽玛函数，具有性质 $\Gamma(1+a) = a\Gamma(a)$。试采用舍选法，给出生成伽玛分布的随机变量 X 的算法步骤。

第7章

系统建模与仿真的校核、验证与确认

借助于计算机的手段对生产系统进行建模与仿真，研究其相应模型输出，揭示所关注的实际系统的行为及结构特征，从而指导生产系统设计及运行管理的具体实践。上述仿真模型必须对其应用目的具有足够的可信性，才能为决策提供支持，避免由模型失效而导致的重大损失。因此，仿真模型的校核、验证与确认（Verification，Validation and Accreditation，VV&A）是模型可信性的重要保证。如何来保证所构建的系统模型具有较高的可信度与真实性？如何保证正确地实现仿真模型？本章将针对这些问题，系统地介绍仿真模型的校核、验证与确认基本概念和知识。

7.1 校验、验证及确认概述

7.1.1 系统建模与仿真的校核、验证与确认概述

目前，国内外仿真界已经达成了共识：没有经过验证的仿真模型没有任何价值，没有经过可信性评估的仿真系统也没有任何价值。必须要采用必要的措施来保证仿真模型的可信性与逼真度。系统建模与仿真提出的模型的置信度问题应当要高度关注，通常要求所构建的仿真模型必须满足下列三个条件以保证应用上的有效性（Validity）和可信度（Credibility），如下图 7-1 表示。

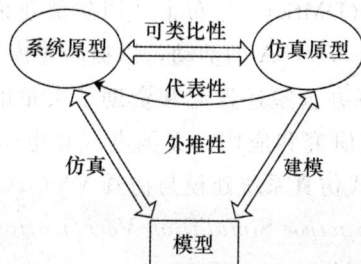

图 7-1　系统原型与仿真模型组成与满足条件

（1）仿真模型能够得以存在的基础便是仿真模型与系统原型之间的可类比性，即两者具有一定程度上的相似关系。

（2）仿真过程能够得以进行的前提条件是仿真模型具有代表性，即在一定程度上应该能够代替系统原型，能够利用仿真模型来进行实验研究。系统模型与仿真置信度可以通过 VV&A 可以得到有效保证。

（3）仿真技术要实现的目标需要仿真模型具有外推性，即通过对仿真模型的研究，能够得到关于系统原型的一些准确信息。

那么，当为某一生产系统建立了仿真模型之后，需要对所构建的仿真模型进行一系列相关的检验，即 VV&A，考察它是否满足上述三个条件。

仿真模型的 VV&A 是对仿真模型的可信度进行评估的基础。系统建模与仿真的 VV&A 研究的主要作用包括以下几点：

（1）有利于大大减少仿真系统开发的费用。通过 VV&A，可以及时发现系统模型与仿真程序与仿真开发中存在的错误和缺陷，便于设计开发人员提前修改。减少因为错误的模型、仿真逻辑以及仿真结果给系统带来的损失，降低系统建模与仿真的成本，避免或减小其所带来的风险。

（2）保证所建立的仿真模型具有足够的精确程度，能够准确地描述真实系统的行为，代替真实系统进行实验研究，并在此基础上分析真实系统的行为及其性能指标预测值。

（3）对系统模型与仿真程序的可信度评估提出依据，使仿真模型的可信度能够为人们所接受，并有助于决策者决策。

（4）VV&A 工作贯穿仿真系统建模的全生命周期中，良好的工作计划与详细的执行记录可以保留，为以后的仿真系统开发提供重要的数据资料。

在国外，人们在仿真技术发展的初期就注意到了模型评估的问题。比格斯（A. G. Biggs）和考桑（A. R. Cawthore）等在 1962 年全面地评估了"警犬"导弹系统仿真，标志着可信性评估工作的萌芽。接着在 1968 年，菲仕曼（J. S. Fishman）和基维亚特（P. J. Kiviat）给出了仿真模型 V&V 的定义。20 世纪 70 年代，一些学者和学术组织开始倡导将 V&V 问题纳入仿真模型可信的研究中。同时在这一时期成立了美国计算机仿真学会下属的模型可信性技术委员会（Technical Committee on Model Credibility，TCMC），建立了与模型可信性相关的概念、术语和规范。1966 年 4 月美国国防部建模与仿真办公室（DMSO）公布了"国防部建模与仿真的校核、验证与确认"指南，大力推行应用有关 VV&A 的活动，以提高建模与仿真的可信性水平。与此同时，美国国防部建模与仿真办公室还发起和资助了大量的有关仿真可信度的研究计划，有力地推动了 VV&A 的研究和应用。美国电气和电子工程师协会（IEEE）也于 1997 年通过了关于分布交互式仿真系统建模与仿真 VV&A 的建议标准（IEEE127824：*Practice for Distributed Interactive Simulation-Verification, Validation, and Accreditation*），大大促进了 VV&A 发展。

国内对仿真模型 VV&A 的研究起步比较晚。直到 20 世纪 80 年代才有建模与仿真可信性方面的论述。到目前为止，仍尚未成立类似于美国的 TCMC 这样的专门机构来负责各种协调性的工作，也没有组织专家对系统仿真的可信性及 VV&A 技术等开展一些专门研究。总体来说，我国与国外的先进水平相比，还存在较大差距。

7.1.2　VV&A的基本概念

VV&A贯穿于整个系统建模与仿真过程中，而不是孤立的方法就可以解决的。校核、验证与确认的共同目标是提高模型与仿真的可信度，这三者的字面意思比较接近，但在系统建模与仿真中的定义是不相同的。校核、验证与确认定义如下。

校核（Verification），是确定仿真模型和有关数据代表开发者的概念描述和技术要求准确程度的过程。校核关注的是"是否正确地建立模型及仿真系统"的问题。其任务是证实模型在转化的过程中足够的精确度要求，即问题的陈述转化为模型阐述是否准确，是否正确地将仿真系统的目标和需求放入模型中，模型的逻辑结构与输入的各种数据参数是否精确。例如，评估所求解的实际问题转化为相应的模型描述，或者把流程图形式的模型转化为可执行的计算机程序代码的过程，这两者的转化精度就是模型的校核问题。

模型与实现概念模型的计算机程序相对照，考察的是人员是否遵照仿真模型应用目标和功能需求的具体要求，对仿真系统的模型进行了正确的设计，仿真软件开发人员是否按照设计人员提供的仿真模型进行了正确的实现。

验证（Validation），是从仿真系统应用的目的出发，确定仿真系统代表真实世界的准确程度的过程。验证关注的是"所建立的模型和仿真系统是否正确"的问题。其任务是根据模型开发者特定的建模目的考察模型，在其任务空间内是否准确地表达，在其适用范围内保证模型的正确性。这里要对以下两个方面进行核实。

（1）首先要核实概念模型是否正确地描述了实际系统（原型）。

（2）进一步检验所建立的模型系统与实际系统的输入/输出行为是否充分地接近。

但需要指出的是，由于模型只是对实际系统（原型）的一种近似，所以模型系统100%地复现实际系统（原型），也是完全没有必要的。因此在对模型运行结果与实际系统反复比较的基础上，验证只要求模型精度可以让人接受即可。即只根据特定的仿真目的使得模型系统能够在某种程度上复现实际系统（原型）的行为就可以了，而并不是要求二者完全一致。它将仿真模型与实际系统（原型）相对照，考察的是模型在具体的应用中，究竟在多大的程度上反映了真实世界的情况。

确认（Accreditation），是官方或权威对某一模型、仿真系统或者一系列的模型和仿真系统及其相关数据能够适用于特定仿真目的的一种认证活动。确认关注的是"仿真模型是否可以使用"的问题。也就是说，通过组织相关领域的专家或决策部门等，对整个建模与仿真的过程及其结果的可信度进行综合性的评估，以认定仿真模型和模型仿真结果相对于某一特定的研究目的来说是否能够被接受。在校核与验证的基础上，由仿真模型的主管部门和用户组成验收小组，对仿真模型的可接受性和有效性做出一种正式的验收。

校核、验证与确认之间有着密切的联系。其关联如图7-2所示。

①校核侧重于对建模过程的检验，为模型系统的验收提供依据；

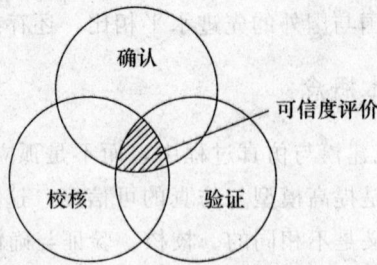

图 7－2 仿真模型的 VV&A 之间的概念关系

②验证侧重于对仿真结果的检验，为模型系统的有效性评估提供依据；

③确认则是建立在校核与验证的基础上，指的是由权威机构来确定仿真模型对某一特定应用对象是否可以被接受的过程；

对仿真模型进行 VV&A 的共同目标，都是为了提高仿真模型的可信度水平。在实际的应用中，与 VV&A 相关的一些概念还有以下几个。

（1）模型测试（Model Testing），是指用以检验模型中是否存在错误的性质或情况的过程。一般情况下是借助于给定的某些数据和案例，判断模型输出的结果是否与实际系统（原型）相吻合。但是在使用模型测试之前，首先要保证测试方法和手段是正确的，然后才能根据测试结果来匹配查看模型是否正确。

（2）仿真精度（Simulation Accuracy），是指仿真模型能够达到的性能指标与所规定或期望的参考值之间的误差。其中，性能指标包括静态与动态指标。影响仿真精度的因素包括硬件、软件环境以及人的因素等。而硬件引起的误差有仿真设备误差、设备接口误差等，软件引起的误差有原始数据误差、建模误差、算法误差等。

（3）仿真置信度（Simulation Fidelity），是指在特定的建模目的和条件下，模型系统逼近实际系统原型的程度。

VV&A 活动贯穿于系统建模与仿真的整个生命周期，它们之间的关系可以用图 7－3 来表示。

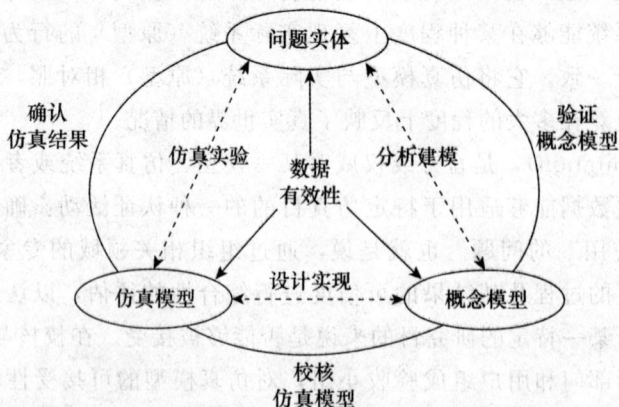

图 7－3 VV&A 和建模与仿真过程

在图 7－3 中，对几个相关的术语说明如下。

①问题实体（Problem Entity）。即所研究的对象，它可以是一个真实的系统，也可以是一种概念、一种构思、一种情景、一项决策或政策，或者是其他各种待研究的事物或现象。

②概念模型（Conceptual Model）。是指在问题分析和建模阶段，针对某一特定的研究目的，对问题实体所做出的数学的、逻辑的或自然语言的表述，以便于最终的仿真实现。

③仿真模型（Simulation Model）。也称为计算模型（Computerized Model），是指通过程序设计，在仿真设备（主要是指计算机）上对概念模型的实现。

7.1.3 VV&A 的基本原则

为了更好地开展 VV&A 工作，经过长期的实践，不同领域总结了不同的 VV&A 原则，这些原则大同小异。基于对 VV&A 问题的研究，Balci 提出了仿真模型 VV&T 的 15 条原则，这 15 条原则可以作为仿真 VV&A 的重要参考。综合现有的文献资料，仿真 VV&A 应遵循以下 15 个主要原则。

（1）VV&A 活动必须贯穿于系统建模与仿真的整个生命周期。仿真模型在系统建模与仿真的整个生命周期中，要经过如下五个阶段的测试：

第一阶段：非正式测试。

第二阶段：子模型（模块）测试。

第三阶段：集成测试。

第四阶段：模型（产品）测试。

第五阶段：可接受性测试。

VV&A 是贯穿于仿真模型整个生命周期的一项连续性的活动。应该根据所研究的内容及其对应用目标的影响，在仿真模型生命周期的每个阶段中都安排适合的 VV&A 活动，以便及时发现可能存在的问题。通过 VV&A 活动发现已有仿真模型的缺陷后，就有必要返回到前期的过程并重新开始。VV&A 活动到仿真模型的开发工作基本完成之后再对仿真系统进行检验，那么一些早期的错误可能造成严重的后果，导致整个系统不可接受。

（2）没有绝对正确的模型。在某种程度上，模型是对真实系统的抽象，由于受各种条件的约束，比如气候、场地等，模型不可能完全描述真实系统。所以 VV&A 给出的结论不应该是非对即错，而应该有一个可信度，模型 VV&T 的结果可被看作是可信度为 0~100 之间的数值，其中 0 表示绝对错误，100 表示绝对正确。针对具体系统，当可信度超过给定值时，认为模型是可接受的。

（3）应该根据实际系统的目的及要求来制定相应目标，同时其可信度也应由建模与仿真的相应目标来评判

VV&A 的实施应围绕其应用上的目标和功能需求。对于那些同应用目标无关的项目，可以不进行 VV&A 活动，以减少 VV&A 的成本。在问题形成阶段，就应确定系统建模与仿真的目标，并在后续阶段进一步地具体化。决策对仿真结果的依赖程度决

定其模型的描述精度，不同的研究目标对仿真模型的描述精度有不同的要求。所以模型的可信度不是单独存在的，仿真模型的可信度需要根据研究的具体目标来评判。

（4）VV&A 工作在一定程度上应保持独立性。VV&A 的开展要满足"独立无偏好"的要求。为了防止根据开发者的偏好来判断结果，在整个 VV&A 过程中，模型测试的工作通常应由一些无偏见的人员来完成，但同时也需要有开发人员的相互配合，以加深对仿真模型的理解。

（5）必须制订仿真模型 VV&A 计划并进行相应的文档记录。VV&A 活动的实施应有计划性，同时要做好记录工作，这样有利于提高仿真系统的正确性和仿真结果的可信性。并且计划性和文档记录有助于优化和安排其活动的实施过程，能够最大限度地发现缺陷，提高仿真质量，为后续 VV&A 工作提供一些必要的信息。

（6）每个子模型测试都可信，整个系统不一定可信。每个子模型的可信度根据研究对象可接受的容许误差可以判断其充分程度。即使每个子模型都是充分可信的，也并不意味着由此就能够得出整个模型也是充分可信的。每一个模型都有自己的可信度，但是各个模型不是独立存在的，而是相辅相成的，所以综合起来不一定满足整体的可信度，因此子模型测试满足要求以后，还要对整个系统进行测试。

（7）应防止第Ⅰ、Ⅱ、Ⅲ类错误的发生。在仿真研究中，通常尽量避免发生如下三种类型的错误：

第Ⅰ类错误，指的是实际上充分可信的仿真结果，却可能被否定了；

第Ⅱ类错误，指的是实际上根本就是无效的仿真结果，却可能被当作有效而得以接受；

第Ⅲ类错误，指的是求解了一个错误的问题，而原本所提出的问题可能并没有被完全包含在实际所求解的问题中。

第Ⅰ类错误的出现不会增加模型开发的费用，而第Ⅱ、Ⅲ类错误出现所带来的后果可能是灾难性的，特别是当重要决策的做出要以该仿真结果作为基础时。第Ⅲ类错误意味着求解了错误的问题，从而使得到的仿真结果与真正要求解的问题不相关。

（8）应尽可能早地发现仿真生命周期中存在的错误。急于进行模型的具体实现是仿真研究中的一个通病。有时通过编程语言直接实现的仿真模型不带或带有很少的正式模型指标。这种有害的方法，使得实验模型 VV&A 变成了仅有的主要置信度评估阶段，而在这一阶段诊断和纠正建模错误是一件非常耗时、复杂和高代价的工作。

在整个生命周期中，VV&A 活动可以为仿真研究项目提供一些尽可能早地检测错误，并以较少的花费和风险对错误进行纠正的机会。越是到生命周期的后期阶段，纠正所发现的错误将可能会耗时越多，代价也越高。而有些至关重要的错误在后期阶段是很难被发现的，这将可能会导致上条第Ⅱ或第Ⅲ类错误的发生。

（9）仿真模型的可信度只适用于进行 VV&A 时所限定的条件范围内。模型的输出受输入条件和初始条件的影响，对某一种情况，仿真模型可信，但对于另一种情况，仿真模型可能不可信，所以可信性结论只是在一定的范围内适用。通常把仿真模型可信度的描述条件称为实验仿真模型的应用域。仿真模型的可信度仅是针对其特定的应用域而言的，一个绝对有效的仿真模型在实际应用中是不存在的。

（10）VV&A 活动需要评估人员具备足够的创造力和洞察力。仿真本身就是一门创造性很强的科学技术。必须对整个仿真模型有一个系统、全面的了解，才能设计和完成有效的测试工作并确定合适的测试案例。特别是对于那些较为复杂的仿真模型中的 VV&A 活动是一项难度非常大的任务，它需要评估人员必须具备足够的创造力和洞察力。

（11）不可能对仿真系统进行完全的测试。完全意义上的测试工作要求在所有可能的输入条件下，对模型进行测试。校核与验证的目的是使用一系列输入来对仿真模型进行测试，以辨识和判断一些异常的结果，并确定哪里有问题。但由模型输入变量各种可能取值所构成的组合可能会造成极多的仿真运行次数，因此，通常要根据仿真系统的应用目标判断模型与仿真系统可接受的程度。可依据测试数据涵盖有效输入域的比例来分辨仿真系统的可信性。涵盖的百分比越大，仿真模型的可信性也就越高。

（12）仿真模型的验证并不能保证仿真结果的可信度和可接受性。模型验证对仿真结果的可信度和可接受性来说也是一个必要非充分条件。根据仿真研究的目的，通过对仿真模型与所定义系统的比较来进行模型验证。如果对仿真研究目的的确认不正确，或者对真实系统的定义不恰当等，都将可能导致仿真结果是无效的。然而，在这种情况下，通过将仿真结果同定义不恰当系统以及没有得到正确确认的研究目的等相对比，仍然有可能得出仿真模型是充分有效的结论。

（13）输入数据须检测。VV&A 活动使用的输入数据必须是经过校核、验证与确认并证明其正确性和充分性的。如果采用了无效的输入数据，仍有可能发现模型和系统输出相互充分匹配，从而将导致得出仿真模型充分有效的错误结论。

（14）难以通过系统测试的问题应进行分析。VV&A 不仅要利用系统测试所获得的数据，更依赖于系统分析人员的知识和经验，需要对一些难以通过测试来检验的问题做进一步的分析。例如对于多响应问题（带有两个或输出变量的验证问题）在比较中，必须要把各输出变量之间的相关性包含在内，采用多变量的统计方法。

（15）问题描述应准确。仿真的最终目的重点并不是所描述问题的解，而是需要为决策人员所用并提供一些充分可信和可接受的信息。对所研究问题的准确描述是求解成功的一半，有时候甚至比问题求解的过程本身更为关键。缺少发起人员的介入，错误的问题都将可能出现在不充分的问题定义和在定义问题中，导致最后仿真结果出现偏差。

7.1.4　VV&A 的过程

VV&A 是保证每一个模型仿真及其数据适宜于特定应用的过程。它不单单是建模与仿真过程中一个简单的阶段或者步骤，VV&A 必然是持续地贯彻于建模与仿真的整个周期。Balci 等将仿真生命周期概括为 10 个阶段和 13 个 VV&A 过程的模型；加拿大国防部发表的建模与仿真 VV&A 指南将 VV&A 过程划分为定义和区分应用需求、定义应用标准、裁剪应用需求、定义确认需求、定义客观性标准、计划/实施/报告

V&V、评估可信度以及确认应用模型和仿真方法 8 个步骤；美国国防部制定的 VV&A 建议指导规范，它把仿真系统生命周期中的 VV&A 工作划分为校核需求、制定 V&V 计划、验证概念模型、校核设计、校核实施、验证结果和确认评审七个主要阶段。王景会和张明清（2007）基于现有文献资料的综述，将 VV&A 活动的实施过程归纳概括为如下 9 个阶段：

（1）需求定义与校核。完整、正确的需求定义是仿真模型 VV&A 的基础和前提。通过对需求的定义，校核验证人员可以尽可能详细地理解用户所要解决的问题，并通过这个理解过程进一步地验证用户所指定的资源能否真正地解决他所期望解决的问题。从确定 VV&A 需求开始，正确清晰无歧义地描述和理解系统建模与仿真所要解决问题，可以使建模与仿真的需求（如仿真输出、具体功能和交互关系）定义变得简单。

需求校核与验证阶段的主要活动包括对需要报告进行重新审核。重新审核的重点应放在系统仿真与建模预期的应用、可回溯性、配置管理信息以及 M&S 想要达到的逼真度等指标上，以确保所有的需求被一致、完整、清晰、可测试地定义。另外一项该阶段的重要工作是明确模型逼真度（Fidelity）的可接受标准。这里的逼真度即是通过建模与仿真重现现实事物状态或行为所能达到的程度，是模型或系统现实化的方法。逼真度可接受标准一般由投资商或用户定义。

通过对上述因素的分析，得到仿真模型的预期使用目标、回溯测度标准和模型逼真度的可接受标准，并通过对整个过程的信息记录得到风险审查和模型逼真度的相关文档，为下一阶段的 VV&A 计划开发提供必要的资料。

（2）启动 VV&A 计划。VV&A 计划的开发是一个复杂的设计过程，在计划过程中，要考虑到 M&S 各阶段所包含的与 VV&A 技术和方法相关的各种不同因素。一般来说，VV&A 计划的主要内容一般包括：记录仿真模型的预期应用，确定对建模与仿真结果的要求等，将用户提出的仿真模型可接受性标准形成文档，以及确定能够达到可接受性标准的 VV&A 方法等。

（3）数据的校核与验证。数据对大多数仿真模型的成功应用都起到十分关键作用，影响着 VV&A 结果的精确度和可信度。在实际的仿真模型应用中，数据往往是被转化成其所需要的格式。在对数据进行校核和验证时，不仅要对数据产生和维护过程进行校验，还应该对数据如何转化的具体过程进行校验。其中，数据校核的目的是保证对仿真应用和仿真模型系统中的应用而言所选择的数据确实是最合适的，数据验证则主要是为了保证数据确实能够比较精确地反映真实系统某些方面的特性。

依据整个 VV&A 过程对数据的需要，将 M&S 整个周期中的数据校核与验证工作分成以下几类。

①元数据的精度校核；

②各阶段数据转化方式的校核；

③概念模型、编码模型和集成模型的输入数据校核；

④输出数据的有效性校核；

⑤编码模型和集成模型的输出数据验证。

（4）概念模型验证。概念模型是将建模要求转化为详细设计框架的具体方法，它表述的是仿真模型设计中的前提假设、算法、数据和各阶段之间的结构关系，另外，它是将建模要求转化为详细设计框架的一种具体方法，概念模型还对 M&S 中可能的状态任务和事件等进行了描述。

执行概念模型验证的目的在于说明建模与仿真从功能上能够完整精确地反映系统设计的需求。通过对概念模型的验证也能够进一步指明哪些假设、限定条件会对仿真模型的应用产生重大影响。概念模型的验证工作主要由用户、领域专家、开发人员和 VV&A 工作人员等共同完成。

从验证的内容来考察，概念模型验证是从"总体"和"部分"两个方面来证明系统的可信性：在"总体"方面，主要考察的是模型的完备性和模型满足特定应用需求的能力。这一部分验证工作分成两步：首先是验证用户的必要条件是否能够转换成概念模型，第二步是校验执行人员验证算法、假设、限定条件和结构的正确性。从对系统"部分"验证的角度来讲，概念模型检验工作主要针对各子系统模型的划分是否合理，各子系统间的关系描述是否完善、正确（主要指参数传递），假设、限制条件的描述是否合理等方面来开展。

（5）设计过程的校核。在概念模型验证工作完成之后，开发者将就如何对概念模型的软件编码和硬件环境构造进行详细的设计，设计过程的工作是基于概念模型给出仿真模型的组件、元素和功能函数，并确定它们的特定表达形式。设计过程的校核是指为保证设计转化过程相对于概念模型保持一致性和精确性，在软件代码编写或硬件环境构造之前对整个详细设计过程的审核过程。

设计过程校核的主要工作是检查一些规范和功能上的设计方案。这些规范和方案定义了构成仿真模型的性能需求以及相关的软硬件环境。利用设计过程的校核，保证在概念模型中定义的所有特性、功能、行为、算法和交互作用在设计过程中都能得到正确、完整、保持一致的反映。在对功能设计过程进行校核时，为了保证设计过程确能反映 M&S 的需求，满足确认过程的可接受性标准，要考虑到已被验证的概念模型所提供的各类信息。

（6）执行过程验证。经过对整个设计过程进行详细的审核之后，概念模型及其相关设计被开发人员转化成了相应的软件代码或硬件结构。执行过程验证的主要工作就是借助于已经验证过的数据，对软件代码、硬件结构以及二者的集成体（Integration）进行测试，从而使得从功能的角度来保证系统的软/硬件及其集成体能够精确地代表开发人员以及概念规范和设计的预期需求。

对于软硬件结构的独立校核中，软件代码的验证一般通过详细的程序员自查（desk checking）和软件代码测试过程，并将之与概念模型和设计过程相对比，记录二者之间存在的差异和发生问题的部分。硬件核查需要通过设计审查、过程审核和组件会审等方法，将硬件结构与其设计相比较，记录差异和故障设备。

对于软硬件的集成体，测试是对其进行校核验证的主要手段。其中，对集成体校核的目的是确保 M&S 精确地代表开发者需求、概念规范和设计的正确性。在集成校核测试中又有两种方式：接受测试和依从度测试。其中的接受测试决定了需求是不是已被满足，而依从度测试则是判断仿真是否满足了安全需要和标准规范的依据。软硬件集成体的验证测试是从预期应用的角度测试建模与仿真精确代表现实世界的程度。这是一个非常重要的阶段。通过验证测试可以给出固定的证据以帮助分析 M&S 在多大程度上代表了现实世界。同时，我们对在仿真过程中用于提供可接受性结果的证据的详细程度有多高、仿真结果与现实事物相一致的程度有多大的评估也都是通过验证测试来实现的。

(7) 结果验证。确认系统的仿真结果，即从功能、指标、动作行为以及仿真系统的精度和交互能力上验证结果是否满足应用目标的需求。作为 VV&A 中最关键的一项内容，结果验证是指通过数值进行比较，来确定仿真结果是否满足应用上的需求。进行结果验证的目的在于：①确定仿真模型满足需求的程度；②确定仿真输出的逼真程度；③确定仿真模型适合于预期用途的好坏程度等。

结果验证是一个系统的过程，除了要执行对仿真结果与已知的或者是所期望的数据比较之外，还要对相关的信息进行记录以便后续工作的展开，这些信息如：指出用于结果验证的数据，对测试的输入数据给出预期输出，指出参与结果验证过程开发的主要领域专家。

对于用来同仿真的结果进行对照的参考数据而言，来自仿真模型所对应的实际系统的运行数据无疑是最为理想的情况。但在大多数情况下，这些数据通常是难以获取的。这时，由专家所给出的经验数据，以及一些相似系统的输入和输出数据等，也可以被用作为同仿真结果相比较的参考数据。

(8) 对校核验证结果进行确认。作为 VV&A 的最后一道工序，确认是使用者对仿真模型适应预期应用能力和限定不会影响到正确结论获得的官方认可过程。总体来说，确认执行是由一系列动作组成的。其主要内容是依据在计划过程中给定的确认标准，对 VV&A 过程中每一阶段的校核、验证结果和记录进行评估。如果 VV&A 活动的结果以及对反常信息的处理建议等与确认人员的意见相一致，就可以根据相应的信息完成确认报告，并将其提交给权威机构；否则，则进行额外的调查，如果出现不期望的结果，那么 VV&A 人员需要进行更详细的测试，有些情况下需要将 M&S 结果回溯到执行阶段、设计阶段、概念模型阶段，甚至回溯到计划与需求分析阶段，然后再对整个过程进行重新确认。

(9) VV&A 过程信息整理并归档。在整个 VV&A 活动的过程中，对相关信息进行整理和记录是十分必要的。为了保证 VV&A 信息完整性的最低要求，VV&A 文档中应至少包括确认计划、V&V 计划、V&V 报告、确认报告以及确认决定说明等。此外，在确认过程中还要求对建模与仿真中所使用的全部历史数据进行详细的记录，作为对 VV&A 活动的证明和未来应用的参考。

最后，VV&A 以报告的形式提交给权威确认机构或投资方，以支持决策者做出决定。至此，从需求定义到确认决定的整个 VV&A 过程就全部完成了。VV&A 的一般过程如图 7-4 所示。

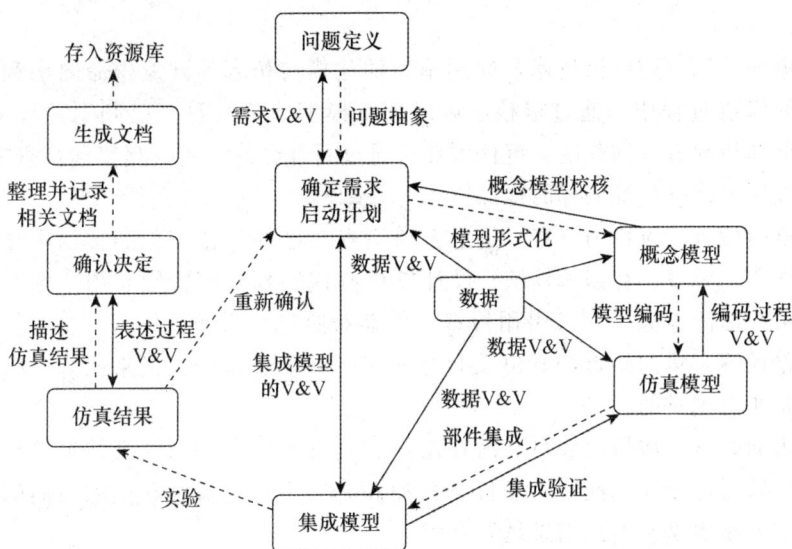

图 7-4 VV&A 的一般过程

7.2 建模与仿真校核、验证的基本方法

7.2.1 VV&A 的技术与方法

VV&A 的技术与方法是指在系统建模与仿真的过程中，为了完成 VV&A 工作的各阶段目的而采取的各种技术、方法和工作策略等的总称。建模与仿真融合了建模技术、系统科学、信息技术、软件工程和其他有关专门领域知识，因此对建模与仿真的校核与验证应该充分吸收有关领域成功的测试与评估方法。美国国防部建模与仿真办公室发表的 VV&A 建议实践指南对仿真模型校核与验证相关的 76 种技术和方法进行了系统的归纳和总结。其中大部分是基于软件工程学的，其余的则主要专用于建模与仿真领域。这些 VV&A 方法又可被分为非正式方法、正式方法、静态方法和动态方法四个大类。尽管各类技术方法之间具有相似的特征，而且它们在技术上既有重叠，但同时其复杂性、数学和逻辑上的正规性在总体上又是逐渐增加的，存在一些显著的差异。

非正式方法

在 VV&A 活动中，非正式方法使用最为广泛。这里所谓的"非正式"并不是说这些技术的运用缺乏特定的组织性或正式的指导原则，而是指所利用的工具和方法更加依赖于人主观的推理和评估，而不是严谨的数学推理。非正式的 VV&A 方法实施起来简易、直观、省时、省力，如果使用得当，非常有效。这种方法的缺点是主观性大，在理论上不严格，所得结论缺乏必要的可信性。实际上，这些方法的运用靠规范的指导原则下有着良好的组织形式，如果应用得当，非正式方法同样能够得到很高的效率。常用的非正式方法主要有审核、检查、表面验证和图灵测试等。常用的非正式方法有以下几项：

（1）审核。是一种校核技术，应用于新的建模与仿真的开发生命周期和对已有建模与仿真的修改过程中。通过审核，可以评价模型或仿真符合已制定的计划、政策、规程、标准和指导方针的程度。审核主要是通过召开会议、进行观察和检查来实施的。审核还可被用来建立仿真内部的跟踪性。

（2）桌前检查。也称为自查，是指主动检查自己的工作产品和文档，确保其正确性、完整性和一致性。在需求校核、设计校核和代码校核中特别有用。典型的桌前检查活动包括：语法审查、交叉引用检查、详细对照规格说明、代码浏览、控制流图分析和激活路径等。桌前检查最好由没有介入实际开发工作的人员来执行，因为发现自己的错误是非常困难的。

（3）表面验证。项目组成员、潜在用户和同行专家对仿真输出结果的合理性进行审查。他们通过比较在相同输入条件下模型和真实系统的行为，凭借他们的估算和直觉，主观地判断模型和输出结果是否合理。

（4）检查。通常在仿真开发的特定阶段由仿真设计检查小组来实施。检查包括5个阶段：浏览、准备、检查、重做和后续措施。①浏览，将仿真设计大纲和建模与仿真需求等相关文档分发给检查组所有成员。②准备，检查组成员审查提供的所有文档。③检查，主持人计划和主持会议。检查的目的是识别问题，而不是纠正它们。在检查的最后，记录员准备一份问题发现报告并提交给设计组。④重做，设计组解决报告中发现的每个问题。⑤后续措施，主持人检查所有缺陷和问题是否已被解决。所有修改都应进行仔细检查，以确保没有在纠正问题时引入新的问题。

（5）走查。其主要目的是检查和证明缺点，并不是进行性能评价。走查由走查组负责进行，分为两个阶段：①走查小组每个成员认真研究项目材料；②开会讨论发现的问题。相对于检查，走查显得比较容易实施。但走查不太规范，步骤更少，并不使用检查表来指导工作，也并不用书面报告记录走查组工作。

（6）评审。是比检查和走查更高级的方法，其目的是评价模型与仿真相对于规格说明和标准的符合程度，记录存在的缺陷和不足。在评审之前，V&V代理应该收集文档并将文档分发给所有评审组成员进行检查。评审的主要内容是：问题定义和M&S需求是否适当，所有基本假设是否充分，是否遵守标准，建模的方法，仿真表现的质量，模型的结构，模型的一致性，模型的完整性以及文档。评审结果应该记录成文档，包括发现的缺陷和评审组建议。随后，项目开发组应该采取适当的行动，纠正缺陷，解决所有建议。

（7）图灵测试。通过比较被仿真的实际系统和仿真之间的差别，判定仿真的正确性。其方法是：在相同的输入条件下，将以下两组产生的输出数据提供给同行专家，其中一组来自仿真系统，另一组来自实际系统，请专家指出两者的差别。如果专家无法区分两者的差别，模型的可信度就增加了。如果他们能够区分两者的差别，那么请专家描述区别，并提供关于仿真表示的正确性和适当性的信息。

正式方法

正式方法的基础是用数学形式证明模型的正确性。如果条件允许，可得到的数学证明是模型 V&V 最有效的手段。成功应用正规方法，要求模型开发过程必须是良好定义的和结构化的。为了获得最大的效益，正规方法应该在模型开发早期阶段应用。因为当前的正式数学证明技术的局限性以及正规技术需要付出很大的努力，它们最好用于那些无法用简单方法解决的复杂问题。正式方法主要有归纳、推理、逻辑演绎、谓词运算、谓词变换和正确性证明等。

（1）归纳法、推导法与逻辑演绎法。是在给定的前提下证明结论正确性的方法。如果从前提到结论的每一步都符合建立的推论规则，那么论点就是正确的。它们既是校核与验证常用的方法，也是建模和仿真常用的方法。

（2）归纳断言。归纳断言基于一种非常接近于正规的模型证明方法来评价模型的正确性。它分三步实施。

①确定所有模型变量的输入—输出关系。

②这些关系被转换成断言声明，并被对应于模型运行路径，因而在每条模型运行路径的开始和结束都有断言声明。

③如果证明每条路径开始的断言是真，并且沿着路径的所有声明都被运行，那么路径终点的断言就是真，也就实现了验证。如果所有路径加上模型终点能够通过归纳证明，那么就证明了模型是正确的。

（3）谓词微积分。所谓谓词，是指简单关系的组合。一个谓词可以是"真"也可以是"假"。谓词微积分提供了演算谓词的规则，是所有正规描述语言的基础。模型可以按照谓词的形式进行定义，使用谓词微积分规则进行演算。

（4）谓词变换。校核模型正确性，是通过将模型输出状态映射到所有可能的输入状态，正规地定义模型的语义。这种表示法是证明模型正确性的基础。

（5）正确性证明。正规的正确性证明，用准确的符号表达模型，然后用数学方法证明模型运行正确并能够满足需求。实现正确性证明的优点是显而易见的，然而，获得正确性的证明在现实意义上是很难实现的。

（6）频谱分析。是将时域信号变换至频域并加以分析的方法。频率及谱值可以很清晰地反映系统性能和暴露系统问题指标。其中，平稳随机过程或广义平稳随机过程的频谱集中反映了过程本身在频域中的统计特性。两个随机过程中的差异可以通过其频谱分布特性敏感地反映出来。因此，通过分析仿真模型与实际系统这两者的频谱的一致性，以验证模型的有效性。

此外，通过时域到频域的转换过程可以突破假设检验和统计判断中的诸多约束，如大样本等。由于在某一频率点的谱估计量一般不依赖与其相邻频率点的谱估计量，此时可方便地使用常规的统计推断方法检验和推导各频率点的谱值分布规律。同时，该方法还存在一些缺点：①频谱分析的对象受限制，应为二阶平稳过程，实际系统不一定可以满足；②该方法计算量大；③在时域与频域的转换过程中不可避免地会丢失部分信息。

静态方法

静态方法主要关注于评价静态模型设计和源代码的准确性。静态技术不要求生成模型的可执行的应用，而是用想象去推断它的执行结果。该类方法可以校核和验证大量的信息如模型的结构、所采用的建模技术和操作、模型中的数据、控制流以及语法等。借助于某些可用于辅助的自动化工具，如仿真语言编译器等，静态技术可得到广泛的应用。常用的静态方法主要有语法分析、语义分析、结构分析、因果图、控制分析和数据流分析等。

（1）语法分析。由仿真编程语言编译器进行语法分析，以确保正确地使用语法。

（2）语义分析。利用仿真编程语言编译器实施语义分析，产生丰富的信息，帮助建模者确定其真实意图是否被准确地转化为可执行代码。

（3）结构分析。用于检查模型结构，确定它是否符合结构规则。结构分析的实施是通过构造模型结构的控制流图来检查图形的异常，如多入口和出口、结构内部过多的嵌套层次和可疑的操作。

（4）因果图。描述在模型表示中的因果关系，用于测试用例生成。该方法首先在被建模的系统中标识原因和结果，然后在模型规格说明中检验它们的表示。一旦建好因果图，通过追踪导致每个结果的原因组合，一个判定表就生成了。然后将判定表转换成测试用例，并使用测试用例对模型进行测试。

（5）控制分析。该技术包括调用结构分析、并行过程分析、控制流分析和状态转移分析。调用结构分析：通过识别谁调用谁和谁被谁调用，来评价模型的正确性。"谁"可能是一个过程、子程序、函数、方法，或者是一个子模型。并行过程分析：通过分析在并行或分布式仿真中重叠或同时执行的动作，来评价模型的正确性。这类分析可以揭示同步和时间管理方面的问题。控制流分析：通过构建一个模型图，检查控制传输流程，进而识别模型表示的内部错误或效率低下的模型结构。状态转移分析：利用状态转移图显示模型从一个状态向另一个状态的转移，通过标识模型运行经过的有限状态，分析发生状态变化的条件，评价模型的正确性。

（6）数据分析。V&V活动中的数据分析技术包括数据依赖性分析和数据流分析。

数据依赖性分析，确定哪些变量依赖于其他变量。数据依赖性分析对于评价并行和分布式仿真的同步精确性是非常重要的。

数据流分析，评价有关模型变量使用的正确性，包括变量的定义、引用和未引用，即变量空间被分配、存取和释放。数据流图可以辅助进行数据流分析。

（7）缺陷/错误分析。缺陷（即不正确的模型成分）和错误（即模型成分不正确的行为）分析利用模型输入—输出转换描述，检查模型设计规格说明，来确定模型逻辑上可能发生的错误以及错误会在什么样的环境和条件下发生。

（8）接口分析。该技术对于交互式和分布式仿真的校核与验证特别有用。它包括模型接口分析和用户接口分析。

模型接口分析，检查模型内的各子模型之间的接口，确定接口结构和行为是否正确。

用户接口分析，检查用户与模型的接口，确定是否符合人机工程要求，以防止在用户与模型的交互过程中出错。

动态方法

动态方法需要运行仿真系统，根据仿真运行的表现来评定仿真系统。动态方法是一类在实际中相对较为有效的方法，主要应用于校核和验证建模与仿真的动态方面。与静态方法不同，动态方法需要模型的执行并根据模型执行的结果来对模型进行评估。大多数的动态方法都需要加入模型探测器（Model Instrumentation），即在执行的模型中加入一些附加的代码，以便收集模型执行中相关的信息。常用的动态方法主要有自顶向下、自底向上、黑盒法、白盒法、执行追踪、执行检测接受测试、回归测试、统计技术和图形比较等。

（1）接受测试。将原型系统的输入数据作为仿真系统的输入并运行，根据输出结果确定仿真系统的所有开发需求是否得到满足。

（2）Alpha 测试与 Beta 测试。Alpha 测试是由开发者对最初版本的完整模型和仿真进行的操作测试。Alpha 测试可以由一个用户在开发环境下进行，也可以是内部用户在模拟实际操作环境下进行的受控测试。

Beta 测试是由用户在实际使用环境下对软件产品进行试用性的测试，属于第三方测试。测试内容是检查软件需求规格说明、用户手册和程序的执行文件的一致性和可操作性。

（3）断言检查。断言，是指在模型运行中应该保持为"真"的声明。断言检查，是检查与建模者的假设相反的事件以防止发生潜在错误的校核方法。断言被置于模型的各个部位，作为整个模型的全局声明、子模型的局部声明或内部声明，或者子模型的出入口声明，监视模型的运行情况。

（4）自底向上测试与自顶而下测试。自底向上测试：首先测试最底层的模块，然后逐层向上执行测试。同一层次的模块连接的选择则有多种，往往选择最关键部分先进行。自顶向下测试：与自底向上相反，首先测试最顶层的模块，按层次逐层往下执行测试。同一层次的模块连接的选择则有多种，可视具体情况进行选择。

自顶向下、自底向上的测试方法均属渐增式测试方法，在实际应用时可混合使用。

（5）比较测试。当一个模型或仿真有多个版本可用于测试时，可以采用比较测试（背靠背测试法）。例如，不同军种开发了几个不同的仿真来模拟同一个战斗机，所有建立的仿真代表的恰是相同的系统，运行在相同的输入数据条件下，模型的输出就可以进行比较。输出的差别暴露了模型精确度问题。

（6）一致性测试。比较仿真与有关的安全和性能标准，包括权限测试、性能测试、安全测试和标准测试等，常用于测试分布交互仿真中的子模型。

在建模与仿真中，权限测试技术用于测试各种访问权限等级的设置是否安全，及这些权限与有关安全规则和规范的符合程度；性能测试技术用于测试建模与仿真所有的性能特征是否正确，是否满足制定的性能需求；安全测试技术用于测试建模与仿真是否符合有关的标准和规范。

（7）回归测试。用于研究模型变量之间的关系，确保对模型的修改不会产生其他错误或带来不利影响。修改过的模型常常用先前的测试数据集来重测。

(8) 图形比较。是一种主观的启发式的但实用的方法，用于检查模型有代表性的质量变量。将模型变量随着时间变化的图形值与系统变量的图形值做比较，研究其中的特征，如周期、变化趋势、数量和缺陷点位置等。

(9) 接口测试。比接口分析（静态技术）要严格。包括三类接口测试：

数据接口测试，用于评价模型输入数据或模型运行中得到的数据的正确性。

模型接口测试，用于检测模型组件之间、联邦成员之间的接口错误，或者是关于接口的无效假设。在开始模型接口测试之前，应完成每个子模型或联邦成员的正确性。

用户接口测试，用于评价用户和仿真之间的交互，以检测由用户－模型接口错误或用户接口的无效假设引起的模型表示错误。它对于测试人在回路的和交互式的仿真特别重要。

(10) 对象流测试。通过研究一个对象在模型运行过程中的生命周期来评价模型的精确度。在模型运行时，检查动态对象的活动、处理和与环境的交互从开始到结束的流动方式，发现模型行为错误。

(11) 统计技术。使用统计技术验证模型的方法是在相同的输入数据条件下，比较模型运行和真实系统的输出数据。利用统计技术比较模型和系统的输出结果，获取输出变量的关联关系，验证模型的正确性或精度。

(12) 特殊输入测试。特殊输入测试通过向模型输入各种各样的值来评价模型精确性，它包括 8 类测试。

边界值输入测试：通过使用输入等价类边界上的测试用例来检验模型的精确度。软件通常最容易在边界上出现错误，所以，要特别注意数据结构、控制流、数值使用恰好小于、等于、大于最大和最小值时出现的错误。

等效区间测试：将模型输入域划分为几个等价类，模型在每个等价类的活动相同。用等价类中一个值的测试代替该类所有值的测试。

极值输入测试：仅用模型输入变量的最小值、最大值，或者最小值与最大值的任意组合来运行模型或仿真。

无效输入测试：在输入错误的数据条件下运行模型或仿真，确定模型是否如预期一样运行。无法解释的行为可能揭示出模型表示中的错误。

实时输入测试：使用从真实系统采集来的实时输入数据进行测试，用于评价为嵌入式实时系统而构建的仿真的精确性。

自驱动输入测试：从代表系统的随机现象的概率模型中随机抽取样本，作为输入数据运行模型或仿真。模型随机输入条件下概率分布应与收集的数据相符合，如果缺少数据可以采用三角或 Beta 概率分布。

强度测试：在极端负载条件下测试模型的有效性。在强度测试条件下，模型可能显示出无效的行为；不过，这种行为应该是预料中的。

路径驱动输入测试：在输入从真实系统中收集的路径数据条件下运行模型或仿真。可在系统中插入监视器，通过跟踪所有系统事件来收集数据。

（13）结构测试。与功能测试属于黑盒测试不同，结构测试利用数据流图和控制流图等来评价模型内部结构的精确性，为白盒测试。结构测试包括 6 种测试方法：分支测试、条件测试、数据流测试、循环测试、路径测试、语句测试。

（14）符号调试。通过设置断点，使建模者与整个模型在某个时刻、在预定的位置或在指定条件下进行一步一步的交互。使用符号调试工具时，建模者可以改变模型数据值，或替换模型的一个部分，在同样条件下再次执行模型。典型的做法是建模者利用运行测试技术收集的信息来隔离问题或接近问题。然后，使用调试器决定错误如何发生和为什么发生。使用符号调试方法，在提高效率的同时，还可以大大减少调试的工作量。

（15）可视化/动画。仿真的可视化与动画对模型的 V&V 具有很大的辅助作用。在运行过程中图形化显示仿真内部和外部的动态行为，帮助揭示错误。

（16）敏感度分析。其实施是通过在一些感兴趣的范围内系统地改变模型输入变量的值，观察对模型行为的影响程度；也可以改变输入值以引起错误，判断模型行为对该错误的灵敏度。灵敏度分析可以确定输入变量和参数对哪个模型行为很敏感。然后，通过保证那些值具有足够的精确度来提高模型的有效性。

面向对象技术、人工智能技术、模糊技术、计算机网络技术和虚拟现实/环境技术等这种信息领域的各种新技术在系统建模与仿真中的应用和发展，大大增强了仿真系统的功能和性能。但它们同时也对仿真系统的校核与验证提出了更高的要求。因此，很有必要对仿真模型的校核与验证的一些新方法和新技术进行更加深入的研究，以满足系统建模与仿真 VV&A 活动的需要，具体模型方法分类如图 7-5 所示。

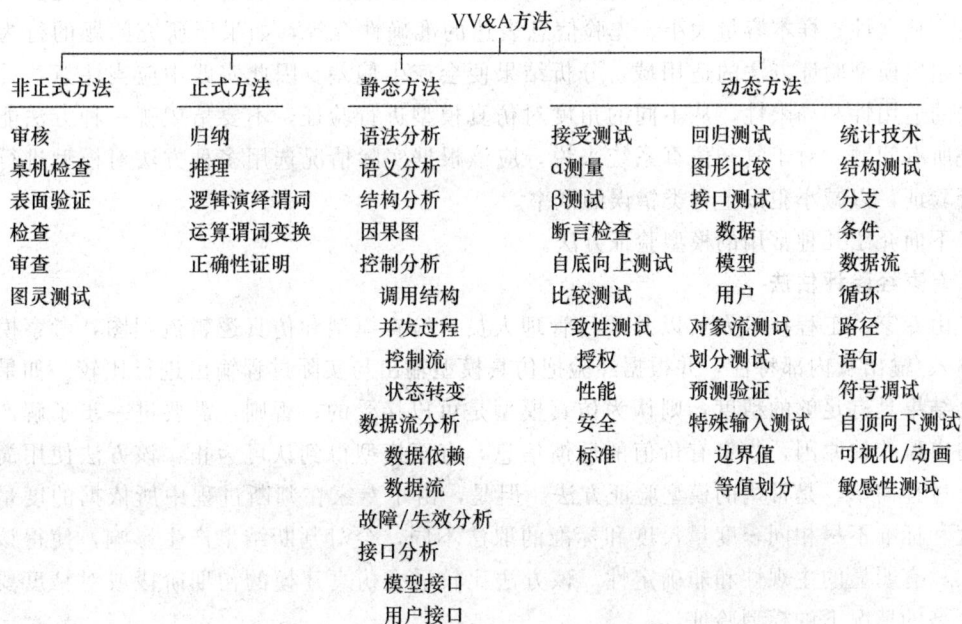

图 7-5 仿真模型 VV&A 方法的分类

7.2.2 仿真模型验证的常用方法及其步骤

多年来，VV&A 研究的主要工作都集中在仿真模型的验证方法上，而针对仿真模型校核的研究却很有限，而且主要集中在对计算机程序的校核上。表 7-1 对现有的一些仿真模型验证方法进行了总结。

表 7-1 模型验证方法

动态关联分析法	数理统计方法			时、频分析法	其他方法
	参数估计法	参数假设检验	非参数假设检验		
TC 不等式系数	点估计	t 检验	符号检验	时间序列	经验评估
灰色关联分析	区间估计	F 检验	秩和检验	古典谱分析	灵敏度分析
回归分析	最小二乘估计	χ^2 检验	游程检验	现代谱分析	模糊方法
……	极大似然估计	Bayes 方法	序贯检验	小波分析	……
	Bayes 估计	……	……	……	
	……				

仿真模型的验证过程，实质上就是对模型系统和实际系统进行反复比较的过程。模型验证方法有定性和定量之分。定性方法通过计算某个性能指标值（如不等式系数、灰色关联系数等）来考核仿真输出与实际系统输出之间的一致性，只能给出定性结论。定量方法可以给出仿真输出与实际系统输出之间的一致性的定量分析结果。各种方法都有其自身的适用性和局限性，在具体应用时对采样数据的性质有严格要求，比如平稳性、独立性、样本容量大小、先验信息表达的准确性等等，如果所研究问题的行为特性超出模型验证方法的适用域，分析结果便会产生偏差。因此实践中应当注意各种方法的适用性和局限性，从不同的角度对仿真模型进行验证，不要指望哪一种方法能解决所有问题。对于复杂仿真系统来说，应该根据实际情况选用多种方法对模型进行综合验证，以减小犯以上各类错误的概率。

下面介绍几种常用的模型验证方法。

专家经验评估法

由专家、工程技术人员以及项目管理人员，检查模型和仿真逻辑流程图，考察模型输入/输出及内部特性，并根据经验把仿真模型输出与实际过程输出进行比较。如果仿真结果具有足够的精度，则认为仿真模型是可以接受的；否则，需要进一步了解产生输出偏差的原因，收集有价值的反馈信息，直至模型得到认可为止。该方法使用简便、过程简单，是常用的模型验证方法。但是，由于专家在判断过程中所依据的度量尺度和标准不尽相同，度量尺度和标准的取法不同，会对判断结果产生影响，使得该方法具有明显的主观性和非确定性。该方法比较适合仿真建模的初期阶段或对精度要求不高的情况下的模型验证。

动态关联分析法

根据先验知识提出关联性能指标，利用该性能指标对仿真输出与原型系统输出进行定性分析、比较，据此给出两者一致性的定性结论。在某些情况下，可以结合某种性能指标或通过拟合某一指数特性的方法来验证模型输出和原型系统输出之间的动态关联性，其中性能指标的选取具有多样性。此外，从模型输出数据与原型系统实验数据相关性的角度考虑，还可以用相关函数（互相关、灰色关联等）来分析两类输出的相关性，进而确定其一致性及模型输出的有效性。

1970 年，Theil 等提出不等式系数（Theil's Inequality Coefficient，简称 TIC）方法。1978 年，Naim A. Their 和 Willard M. Holmes 等将 TIC 方法成功地用于导弹系统仿真模型的验证中。此外，还可以用相关函数来分析两类输出的相关性以及一致性，并以此判断模型输出的有效性，具体介绍如下。

（1）TIC 方法。该方法具有以下特点：①TLC 方法对所考虑的时间序列的要求较低，没有太多的限制条件，不需基于统计分析和推断的方法，对样本序列没有独立性和正态性的要求，应用简便。② TIC 公式有明显的几何意义，便于对结果进行解释，形象直观。③TLC 方法不服从某一特定的分布规律，难以确定模型验证结果的统计特性。因此，采用 TIC 方法只能对仿真结果进行定性分析，而非定量分析。④ TIC 方法原理简单，计算量小，便于计算机实现。⑤TIC 方法适合于处理小样本序列。

（2）灰色关联分析。对于任何一个系统而言，建模时的首要工作是分析对系统产生影响的各种因素，弄清各因素之间的关系，抓住影响系统的主要矛盾、主要特征及主要关系，为分析和研究系统提供必要条件。实际上，构成和影响真实系统的因素是多种多样的，因素之间的关系千差万别。因此，要了解因素之间的全部关系既不可能，也不必要，而是关注那些与研究目的最相关的主要因素。在系统静态分析中常采用数理统计法，如回归分析（包括线性回归、多因素回归、逐步回归、非线性回归等）、方差分析及主分量分析等，这些方法大多适用于因素较少，并且因素与参考变量之间的关系为线性或可线性化的情况，该方法难以处理多因素或者非线性关系的情况。此外，回归分析还存在以下不足：

①要求样本容量大，否则难以找到统计规律，这就要求做大量的重复性实验。

②要求影响因素与系统参考变量之间为线性或可化为线性的关系。

③计算量大。

④受到数据样本量和计算误差等因素影响，可能会出现计算结果差错较大和反常的情况。

灰色系统理论利用灰色关联分析方法，可以克服上述不足和局限。该方法可以在不完全的信息中通过必要的数据处理完成因素的分析和研究，在随机的因素序列中寻找它们的关联丝，找到主要特性和主要的影响因素。灰色关联是指事物之间不确定性联系或系统因子与主行为因子之间的不确定性关系。

关联度分析法实质上是对几何曲线之间几何形态的分析与比较，它认为几何形状越接近，则它们的变化趋势就越接近，关联程度也越高。该方法对样本容量没有太高要求，分析时无须对样本序列进行典型分布检验。一般情况下，灰色关联分析的结果与其他定性分析方法得出的结论吻合，具有较好的实用性。

灰色关联分析法在模型验证中具有以下特点：

①对样本容量没有限制，不必考虑样本序列的统计分布规律。

②方法原理简单，计算机实现方便。

③特别适合于小样本序列的情况。

④该方法只能定性分析，没有定量结果，因而在判断时往往有一定的风险性。

⑤灰色关联分析法强调两个序列所形成的空间曲线形态的相似程度，即动态形态发展趋势的一致性，而不考虑两条曲线之间距离的大小。

在模型验证时，该方法一般不单独使用，而是与其他方法配合使用。

灵敏度分析

灵敏度分析（Sensitivity Analysis）也可以用来对模型进行验证。根据对实际系统的观察和运行经验，仿真模型的用户和建模人员通常都具有一种直观上的概念，即当某些输入变量增大或减小时，仿真模型的输出结果应该向着哪个方向变化。通过仿真模型运行的灵敏度分析可以大致判断其结构上的合理性。尤其对于多数大规模复杂的仿真模型来说，由于输入/输出变量都比较多，因此更十分有必要对其中最为关键或者灵敏度最高的一些输入变量进行灵敏度测试，以确定它们的合理性。通过考察模型中一组敏感系数（Sensitivity Coefficient）的变化给模型输出造成的影响来分析判断模型的有效性。主要内容包括：

（1）定性分析。模型参数（如敏感参数或系数）与真实值有误差的情况下，模型输出集合是否与真实系统输出集合具有近似性？是不是输出参数与真实值的误差越小，输出的近似程度就越高？当模型参数在允许值附近变化时，模型输出是否在原型系统输出附近波动？当模型参数接近于原型系统给定值时，两者的输出是否也越接近？

设 S 为原型系统的某一给定的敏感系数集合，S_m 为相应的模型参数集，y 为原型系统输出集，k 为相应的模型输出集。灵敏度分析可以解决以下定性问题。

①当 $0<|S_m-S|<\varepsilon$ 时，是否满足

$$|Y_m-Y|<\delta$$

式中 ε——给定的允许值；

δ——可接受的允许值。

②设 R_1、R_2 均是模型敏感系数，与真实系统敏感系统 R 相对应，满足

$$0<|R_1-R|<|R_2-R|<\varepsilon$$

那么，是否满足

$$0<|Y_m(R_1)-Y(R_2)|<|Y_m(R_2)-Y(R_2)|<\delta$$

（2）定量分析。若定性关系成立，就可以进一步找出输出的近似程度与输入（敏感系数）近似的定量依赖关系，即给出一种误差的定量分析表达式，以此来判断系统模型是否有效。定量分析的过程如下。

（A）建立模型输入/输出关系的回归模型。

①根据模型主要的输入/输出变量和灵敏度分析的实际需要，确定回归分析的输入/输出向量 X 和 Y。

②确定自变量 X_i 的取值范围 Ω_i：

$$x_i \in \Omega_i, \quad i = 1, 2, \cdots, p$$

Ω_i 一般是输入变量可能取值范围的子集。Ω_i 越小，越可能建立起拟合性良好的回归模型。它反映了分析者所关心的输入变量的变化程度和范围。

③输入采样。为了建立精度较高的回归模型，输入变量的采样值选取至关重要。基本原则是：使采样值尽可能充分包含自变量变化对因变量影响的信息。

④建立回归模型。用逐步回归法建立回归模型。除自变量 x_1，x_2，$\cdots$，x_n 外，回归模型中还应该包括 x_i^2，$x_i y_i$（$i, j = 1, 2, \cdots, p$）。

（B）选择最优回归模型。在逐步回归中，每步可得到一组回归模型，即

$$y_k = \beta_{0k} + \beta_{1k} + \cdots + \beta_{qk} x_{qk} \qquad (k = 1, 2, \cdots, K)$$

式中 x_{1k}，x_{2k}，$\cdots x_{qk}$ 是集合 $S = \{x_i, x_i x_j\}$（$i, j = 1, 2, \cdots, p$）的子集。

为了得到预测性能优良的回归模型，必须在上述 K 个模型中进行选择，以得到一个最优者。选择过程依据以下指标进行。

①复相关系数 R。R 越大，回归模型的子变量对因变量的影响就越显著。

②方差估计量 δ^2。δ^2 越小，回归模型对数据源的拟合效果就越好。

③预测残差平方和 $PRESS$。$PRESS$ 越小，回归模型的预测能力就越强。

（C）检验回归模型的有效性。回归模型的有效性是指回归模型与仿真预测数据的一致性。

检验回归模型计算结果与仿真模型结果是否一致，可利用主观比较法。将二者绘制在同一坐标系中，当两条曲线相距较近时，则回归模型是有效的；否则，模型的有效性值得怀疑。

（D）输入/输出变量影响曲线。根据回归模型，有选择地做出输入变量对输出变量的影响关系图。

（E）灵敏度分析。设关于输出 y 的回归模型为

$$y = f(x_1, x_2, \cdots, x_k) = \beta_k + \beta_1 x_1 + \cdots + \beta_k x_k$$

式中，x_1，x_2，$\cdots$，$x_k \in S$。不妨假设 x_1，x_2，$\cdots$，x_t（$0 \leqslant t \leqslant K$）是通过逐步回归入选到 f 的输入变量（未入选的变量对输出无显著影响），则输入 x_i 影响输出 y 的灵敏度系数为

$$S_i = S_i(x_1, x_2, \cdots, x_n) = f / x_i + \alpha_i \qquad (i = 1, 2, \cdots, t)$$

式中，当 $x_i^2 \notin \{x_1, x_2, \cdots, x_k\}$ 时 $\alpha_i = 0$；当 $x_i^2 \in \{x_1, x_2, \cdots, x_k\}$ 时 $\alpha_i = x_i^2$ 的系数。

采用灵敏度分析法对模型进行验证的不足之处有：对于复杂系统而言，难以定量地分析模型结构参数变化对模型输出的影响，难以获得定量的分析结果。

接下来，介绍仿真模型验证的步骤，该方法是由内勒（T. H. Naylor）和芬格（J. M. Finger）于1967年提出的，目前已经得到了较为广泛的应用。

（1）从直观上考察仿真模型的有效性。建立一个能够让用户和其他了解实际系统的人员在直观上认为合理的仿真模型是系统建模与仿真的首要目标。因此，在仿真建

模的过程中，尤其是在概念构模和模型执行阶段，最好能够有用户代表的参与，以确保通过对模型结构的合理假设和可信的数据，最终建立一个高度符合实际的仿真模型。用户以及相关的专业人员还可以对仿真模型输出的合理性进行评价，并帮助识别其存在的不足之处。让用户参与也有利于在直觉上增加仿真模型的正确性和可信度；否则，管理者将可能不愿意相信仿真结果并将其作为决策的基础。

（2）验证模型的假设。仿真模型的假设一般可划分为两大类：一类是结构假设，结构假设通常涉及对实际系统的简化和抽象，或者说系统最低限度运行的条件，如排队系统中的队列以及服务设施等。这些结构上的假设应该通过和管理者及相关人员的讨论，并在恰当的时间周期内进行观测的基础上加以验证。另一类是数据假设。数据假设包括规定所有输入数据的数值和概率分布。这些规定必须与实际系统的运行条件基本相符，并且应当在对实际系统可靠的运行参数进行收集的基础上，借助于必要的统计分析来加以确定。此外，仿真模型的数据假设还应在收集实际系统的随机样本数据的基础上，识别其概率分布类型，估计其假设理论分布的各项分布参数，并进行适当的拟合性检验（如 χ^2 检验或 $K\text{-}S$ 检验等），以便得到定量性的验证。尤其是拟合性检验，是对数据假设进行验证的重要组成部分之一。

（3）模型输出数据与实际数据的比较。将仿真模型的输出数据与真实系统中的实际数据做比较，是模型验证中最具有决定性的一个步骤。如果仿真输出数据与实际数据吻合得很好，所建立的仿真模型是有效的，是有理由相信。虽然这种比较并不能确保仿真模型的完全正确，但可以认为通过比较将会使仿真模型获得更大的可信度。

如果现有的实际系统与所构模的系统比较相似，则可以先构造出一个与现有的实际系统相一致的仿真模型，并将仿真运行结果与实际系统的输出数据进行比较。当两者十分接近时，表明该仿真模型对于现有的实际系统来说已被验证。然后，通过对该仿真模型做适当的修改，就能够使其同所构模的系统在结构和数据上都有较好的一致性。如果现有的实际系统与所构模的系统并不相同，但在内部结构上又有大部分相同的子系统，则可以先对各子系统分别建立相应的子模型，对这些子模型逐一地进行验证，然后再将这些已经被验证的子系统组合起来，构成所需要的仿真模型。如果所要求建立的仿真模型与现有的实际系统是相同的，则可以充分利用现有系统的历史数据来进行模型的输入/输出验证。例如，可以利用某组历史数据输入模型，以观察其输出响应，并将此输出响应与对应的实际系统的输出数据进行比较。

思考与练习

1. 谈谈对仿真模型 VV&A 基本概念的理解，以及校核、验证、确认三者之间的相互关系。并试举例说明 VV&A 活动在生产系统建模与仿真过程中的重要作用。

2. 通过因特网登录相关的专业网站（如 Balci 等人建立的 VV&A 网上数据库 http://mant.cs.vt.edu/balci/等），查阅有关仿真模型 VV&A 的文献资料，了解 VV&A 的基本原则及其含义。

3. 论述在生产系统建模与仿真的过程中，实施 VV&A 活动的一般过程和步骤，并以流程图的形式进行描述。

4. 建模与仿真的校核与验证有哪些实现技术。

5. 通过因特网查找相关的文献中找出几个仿真模型 VV&A 的应用案例，分析它们所用到的 VV&A 技术和方法，并对这些技术和方法的主要特征进行归纳总结。

6. 结合具体实例，论述如何在生产系统建模与仿真的过程中应用仿真模型验证的步骤。

第8章
面向生产系统的仿真软件

8.1 仿真语言与仿真软件的发展

系统仿真语言与仿真软件的发展，可以概括为如下六个阶段：

（1）1955—1960（探索阶段）。这一时期的仿真一般由 FORTRAN 或其他通用编程语言来实现，缺乏专业仿真程序的支持。为促进仿真技术的发展，人们在探索统一概念和开发可重用例程等方面付出了巨大的努力。

（2）1961—1965（仿真语言出现阶段）。在这一时期，出现了大量的仿真编程语言，如基于 FORTRAN 的包（如 SIMSCRIPT 和 GASP）、由 ALGOL 派生的 SIMULA 以及 GPSS 等。

（3）1966—1970（仿真语言形成阶段）。许多仿真编程语言在这一时期变得日益成熟和完善，并且得到了更加广泛的应用。例如，伴随着硬件的飞速发展和用户需求的不断变化，GPSS 经历了重要的修订；SIMSCRIPT II 的出现，代表了仿真编程语言的重要发展；SIMULA 增加了类和继承的概念，成为现代面向对象编程语言的先驱等。

（4）1971—1978（仿真语言发展阶段）。在这一时期，GPSS 得到了进一步的发展，相继推出了 GPSS/NORDEN 和 GPSS/H 等新的版本。前者提供了一个交互式、可视化的在线环境；而后者在增加了包括交互式调试器等在内的新特性后，成为目前应用的 GPSS 标准版本。此外，GASP IV 的推出，在事件调度策略之外，增加了对活动扫描策略的支持。

在发展仿真语言的同时，人们还努力简化仿真建模的过程。例如通过 SIMULA，人们开始尝试从高级用户的视角来进行系统定义的开发，以便能够将其自动翻译为一个可执行的模型。

（5）1979—1986（仿真语言巩固和改进阶段）。在这一时期，一些比较有影响的仿真编程语言在保持自身基本结构的情况下，扩展到可在许多计算机和微处理器上实现。由 GASP 派生出了 SLAM II（Simulation Language for Alternative Modeling II）和 SIMAN（Simulation Analysis）。其中，SLAM 基于事件调度法，具有多种建模视角和组合式建模的功能。SIMAN 则是第一种可以在个人计算机及 MS DOS 系统下运行的主流仿真语言。它采用事件调度法，基于 FORTRAN 语言提供了一个 FOR-TRAN 子程序集，既具有通用的建模能力，同时又具有在某些方面类似 SLAM 和 GPSS 的块图组件。

（6）1987 年至今（仿真集成环境阶段）。在这一时期，仿真编程语言在个人计算机上得到了迅速的发展，并出现了具有输入数据分析器和输出结果分析器等模块，以及图形化用户界面和动画等多种可视化工具的仿真集成环境。一些软件包还试图通过使用进程流或块图等来简化建模的过程。

此外，智能化建模技术、基于 Web 的仿真、智能化结果分析与优化技术等也成为仿真软件发展的一个重要趋势。许多仿真软件还提供了二次开发，具及开放性的程序接口，以增强软件的适用性。

综合来说，可以将应用于仿真模型开发的软件概括为三大类型：第一类是通用编程语言，如 C、C++ 和 Java 等；第二类是仿真编程语言，如 GPSS/H、SIMAN V 和 SLAM II 等；第三类是仿真环境。

目前，面向对象的编程技术、图形化用户界面（Graphical User Interface，GUI）、动画（Animation）技术以及可视化工具（Visualization Tools）等成为仿真软件的基本设置。另外，仿真建模软件还提供输入数据分析器（Input Data Analyzer）、输出结果分析器（Output Result Analyzer）等模块，以简化建模过程，为用户提供高效的数据处理功能，使用户能够将主要精力用于系统建模的构建中。

近年来，仿真软件开始由二维动画向三维动画转变，提供虚拟现实的仿真建模与运行环境。此外，智能化建模技术、基于 Web 的仿真（Web-based Simulation）、智能化结果分析与优化技术也成为仿真软件开发的重要趋势。

目前，市场上已经有大量的商品化仿真软件，它们面向制造系统、物流系统、服务系统、医疗系统或产品开发的某些特定领域，成为提高产品及系统性能、提升企业竞争力的有效工具。表 8-1 列举了常用的面向制造系统、物流系统以及机械产品的仿真软件。

表 8-1　面向制造系统、物流系统以及机械产品的仿真软件

软件名称	公司名称	主要领域
Flexsim	美国 Flexsim Software Products. Inc	物流系统、制造系统仿真
MATLAB	美国 MathWorks. Inc	数值计算、控制及通信系统仿真
SIMPACK	德国 INTEC GmbH	机械系统运动学、动力学仿真系统
Witness	英国 Lanner Group	汽车、物流、电子等制造系统仿真
Moldflow	英国 Autodesk 公司	注塑模具成型仿真
DEFORM	美国 Scientific Forming Technologies Corp	金属锻造成型仿真
MSC. Nastran	美国 MSC. Software Corp	结构、噪声、热及机械系统动力学仿真
MSC. ADAMS	美国 MSC. Software Corp	机构运动学、动力学仿真与虚拟样机分析

续表

软件名称	公司名称	主要领域
ANSYS	美国 ANSYS. Inc	结构、热、电磁、流体、声学等仿真
COSMOS	美国 Structural Research & Analysis Corp	机械结构、流体及运动仿真
ITI—SIM	德国 ITI GmbH	机械、液压气动、热能、电气等系统仿真
Flow Net	美国 Engineering Design System Technology	管道流体流动仿真
Pro Model	美国 PROMODEL Corp	制造系统、物流系统仿真
Service Model	美国 PROMODEL Corp	服务系统、物流系统仿真
VisSim	美国 Visual Solutios Inc	控制、通信、运输、动力等系统仿真
WorkingModel	美国 MSC. Software Corp	机构运动学、动力学仿真
Simul8	美国 Simul8 Corp	物流、资源及商务决策仿真
HSCAE、SC-FLOW	华中科技大学	注塑模具仿真分析
Automod	美国 Brooks Automation 公司	生产及物流系统规划、设计与优化
Teamcenter	美国 UGS 公司	产品全生命周期管理仿真
ABAQUS	法国 DASSAULT 公司	结构强度及应力分析
VERICUT	美国 CGTech 公司	数控加工的编程与优化仿真
EXTEND	美国 Imagine That. Inc	生产及物流系统仿真
Z-MOLD	郑州大学	塑料成型数值分析与仿真
Arena	美国 Rockwell Software. Inc	制造、物流及服务系统建模与仿真
PAM-STAMP/OP-TRIS	法国 ESI Group	冲压成型仿真
PAM-CAST/PRO-CAST	法国 ESI Group	铸造成型仿真
PAM-SAFE	法国 ESI Group	汽车被动安全性仿真
PAM-CRASH	法国 ESI Group	碰撞、冲击仿真
PAM-FORM	法国 ESI Group	塑料、非金属与复合材料热成形仿真
SYSWELD	法国 ESI Group	热处理、焊接及焊接装配仿真

8.2　主流生产制造系统仿真软件介绍

目前，市场上已有大量面向生产系统的商业化仿真软件。其中应用较为广泛的主要有美国 Systems Modeling 公司开发的 Arena、英国 Lanner 公司开发的 Witness、美国 Flexsim Software Products 公司开发的 Flexsim、美国 Brooks Automation 公司开发的 AutoMod、美国 Imagine That 公司开发的 Extend、美国 ProModel 公司开发的 Pro-Model、美国 SIMUL8 公司开发的 SIMUL8 等。本节接下来对这几种常用仿真软件做概要性的介绍。后面的章节将重点围绕 Flexsim 软件，详细论述其在生产系统建模与仿真中的具体应用。下面简要介绍几种主流生产系统的仿真软件。

8.2.1 Arena

Arena 是美国 System Modeling Corporation 研发的仿真软件，1993 年进入市场，现为美国 Rockwell Software 公司的产品。Arena 软件基于 SIMAN/CINEMA 仿真语言，它提供可视化、通用性和交互式的集成仿真环境，兼具仿真程序语言的柔性和仿真软件的易用性，并可以与通用编辑语言（如 Visual Basic、FORTRAN 和 C/C++等）编写的程序连接运行。

Arena 软件在仿真领域具有很高声誉。"Introduction to Simulation Using SIMAN"以及"Simulation with Arena"等以 Arena 仿真软件为基础的教材，成为美国制造类及工业工程类专业仿真课程的主要教材之一。Arena 软件的主要特点为：

（1）可视化柔性建模。Arena 将仿真编程语言和仿真器的优点有机地整合起来，采用面向对象技术，并具有完整的层次化体系结构，保证了其易于使用和建模灵活的特点。在 Arena 中，对象是构成仿真模型的最基本元素，由于对象具有封装和继承的特点，使得仿真模型具有模块化特征和层次化的结构。

（2）输入/输出分析器技术。Arena 提供了专门的输入/输出分析器来辅助用户进行数据输入处理和输出数据的预加工，十分有助于保证仿真研究的质量和效果。输入分析器能够根据输入数据来拟合概率分布函数，进行参数估计，并评估拟合的优度，以便从中选择最为合适的分布函数。输出分析器提供了方便易用的用户界面，以帮助用户简便、快捷地查看和分析输出数据。

（3）定制与集成。Arena 与 Windows 系统完全兼容。通过采用对象链接与嵌入（OLE）技术，Arena 可以使用 Windows 系统下的相关应用程序的文件和函数。例如，将 Word 文档或 AutoCAD 图形文件加载到 Arena 模型中，对 Arena 对象进行标记以便作为 VBA 中的标志等。此外，Arena 还提供了与通用编程语言的接口，用户可以使用 C++、Visual Basic 或 Java 等编程语言，或者通过 Arena 内嵌的 Visual Basic for Application（VBA）编写代码，来灵活地定制个性化的仿真环境。

针对不同需求的用户，Arena 开发了 Arena Basic Edition、Arena Standard Edition 和 Arena Professional Edition 三个不同类型的版本。

Arena 在制造系统中的应用领域包括：制造系统的工艺计划、设备布置、工件加工轨迹的可视化仿真与寻优、生产计划、库存管理、生产控制、产品销售预测与分析、制造系统的经济性和风险评价、制造系统改进、企业投资决策、供应链管理、企业流程再造等。此外，Arena 还可以应用于物流、社会和服务系统的仿真。例如，医院医疗设备/医护人员的配备方案、兵力部署、军事后勤系统、社会紧急救援系统、高速公路的交通控制、出租车管理与路线控制、港口运输计划、车辆调度、计算机系统中的数据传输、飞机航线分析、电话报警系统规划等。

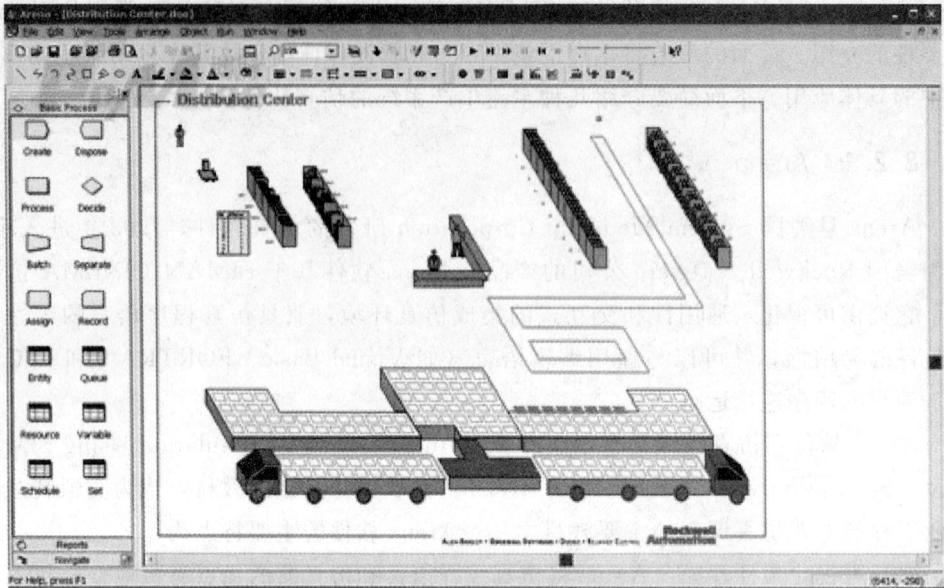

图 8 - 1 Arena 仿真软件的界面

8.2.2 AutoMod

AutoMod 是由美国 Brooks Automation 公司推出的一款主要应用于离散事件系统 3D 仿真的比较成熟的软件之一，它由仿真包 AutoMod、用于实验和分析的 AutoStat 模块、用于制作内置 3D 动画的 AutoView 模块以及一些辅助模块组成。AutoMod 适用于大规模复杂系统的计划、决策及其控制实验，主要面向各类制造和物料储运系统的建模与仿真，并可借助于其 Tanks 和 Pipes 等模块，提供对液体和散装材料流等连续系统建模与仿真的支持。AutoMod 软件的主要特点如下：

（1）采用内置的模板技术。AutoMod 提供了物流及制造系统中常用的多种建模元素，如各类运载工具、传送带、堆垛机、仓库和自动化仓储系统（AS/RS）等，用来快速地构建各类生产系统的仿真模型。

（2）具有强大的统计分析工具。在用户定义测量和实验标准的基础上，AutoStat 模块能够自动对 AutoMod 仿真模型进行统计分析，得到诸如生产成本和设备利用率等各类数据及相关的图表。

（3）提供了灵活的动态场景显示方式。用户通过 AutoView 模块可以实现对场景的定义和摄像机的移动，产生高质量的 AVI 格式动画文件，并且还可以对视图进行缩放或者平移等操作，或使用摄像机对某一个物体（如叉车或托盘）的移动进行跟踪等。

使用时，首先要建立系统中的对象，通过编程定义作业流程，通过编译源程序运行模型。由于需要采用程序语言对所有对象进行编程，建模人员需要具备必要的编程知识。根据仿真结果，可以判定是否存在瓶颈工位、流程是否合理、设备能力能否满足需求等，并调整方案或者参数，直至得到满足实际需求的方案。

AutoMod 软件的主要应用对象是制造系统以及物料处理系统等。图 8 – 2 所示为 AutoMod 仿真软件的界面。

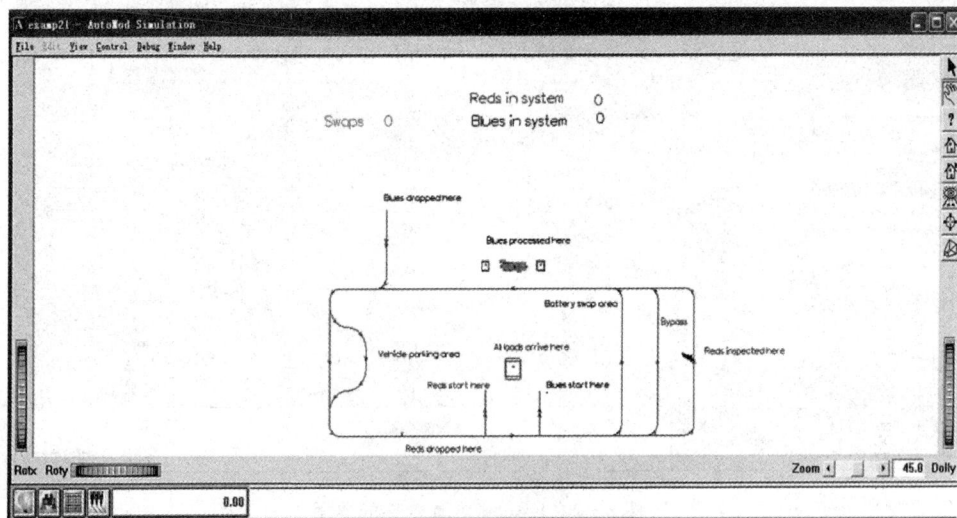

图 8 – 2　AutoMod 仿真软件的界面

8. 2. 3　Extend

Extend 仿真软件由美国 Imagine That 公司开发，1988 年进入市场。它基于 Windows 操作系统，采用 C 语言开发，可以对离散事件系统和连续系统进行仿真，具有较高的灵活性和可扩展性。Extend 采用交互式建模方式，具有二维半动画仿真功能，利用可视化工具和可重用的模块组快速地构建系统模型。Extend 仿真软件具有以下特点：

（1）采用多层次模型结构，模型条理清晰、逻辑分明，使复杂系统模型得以简化。

（2）提供开放源代码和二次开发引擎，充分利用 Windows 操作系统的资源。

（3）采用开放式结构，用户可利用自带的编程工具修改已经存在的模块，也可以创建新的模块，使系统具有良好的可扩展性。

（4）采用拖拉式建模和"克隆"技术，所有模块都可以重复使用。

（5）采用模块化结构，与第三方公司共同开发模块库。模块之间采用基于消息的传递机制，提供多种复杂数据传递方式。模块化有利于提高建模效率。

Extend 软件中的基本模块包括发生器（Generator）、队列（Queue）、活动（Activity）、资源地（Resource Pool）以及退出（Exit）等。

（6）提供多用途、多功能的集成仿真环境，适应于连续系统和离散系统的仿真。

（7）具有良好的统计功能和图形输出功能，采用拖拉等方式可以快速建立和显示各种图表。

（8）采用三维建模和动画技术，增强了软件的可视化效果。图 8 – 3 为 Extend 仿真软件的界面。

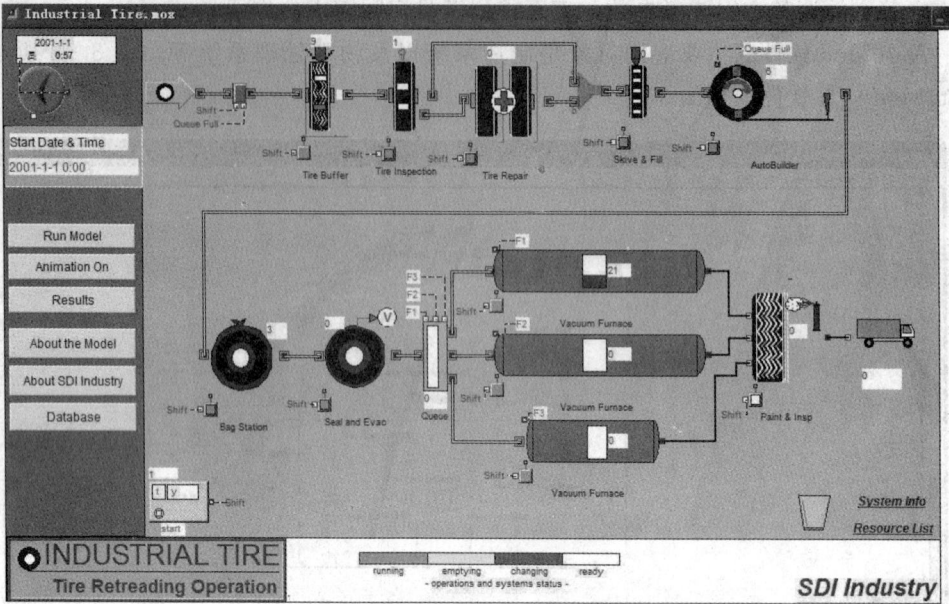

图 8-3　Extend 仿真软件的界面

Extend 软件的应用领域涉及生产制造业、物流业、银行、金融、军事等，具体应用对象包括半导体生产系统调度、钢铁企业物流系统规划、医疗流程规划等。通过对系统绩效指标的仿真分析，如制造周期、采购周期、配送周期、客服周期、库存水平等，可以直观地评价和改进影响系统性能的因素，已优化配置、运行模式或经营策略等。

8.2.4　ProModel

ProModel（Production Modeler）是由美国 PROMODEL 公司开发的离散事件系统仿真软件，它可以构造多种生产、物流和服务系统模型，是美国和欧洲地区使用最为广泛的系统仿真软件之一。

ProModel 软件易于 Windows 操作系统、采用图形化用户界面，并向用户提供人性化的操作环境。ProModel 提供二位图形化建模和动态仿真环境，并可以构建模拟的三维场景。根据项目需求，用户可以利用键盘或鼠标选择所需的建模元素，建立相应的仿真模型。

ProModel 采用基于规则（Rule）的决策逻辑，并提供丰富的参数化建模元素。ProModel 软件主要的建模元素包括实体（Entities）、位置（Locations）、资源（Resource）、到达（Arrivals）、加工处理（Processing）、路由（Routing）、班次（Shift）和路径（Path Networks）等。其中：实体在制造系统中可用来表示零件、毛坯等加工对象，在服务系统中可以表示等待服务的顾客；位置可以用来表示机床等加工设备或服务台等；资源用来表示在不同位置之间传递实体的元素，它沿着指定的路径运动，并具有一定的速度、加速度、取货时间和卸货时间等特性；实体按一定的规律到达系统，并且需要指定到达位置、到达时间、批量以及到达频率等参数；路由以及加工处理等用来描述实体在不同未知的操作、与资源的内在关系以及系统状态变化等，这些特性主要通过 ProModel 软件中内嵌的仿真编程语言加以定义；班次主要用来定义系统每天的作息时间，包括故障停机时间（Downtime）等。

在定义系统的输入输出、作业流程和运行逻辑时，ProModel 提供了多种手段，既可以借助参数或利用条件变量进行弹性调整，也可以利用程序语言实现控制，从而改变系统的设置和运行逻辑。对生产制造和物流系统中的人员、机器、物料、夹具、机器手、输送带等动态建模元素，可以设定元素的速度、加速度、容量、运作顺序、方向等属性。图 8-4 是 ProModel 仿真软件界面。

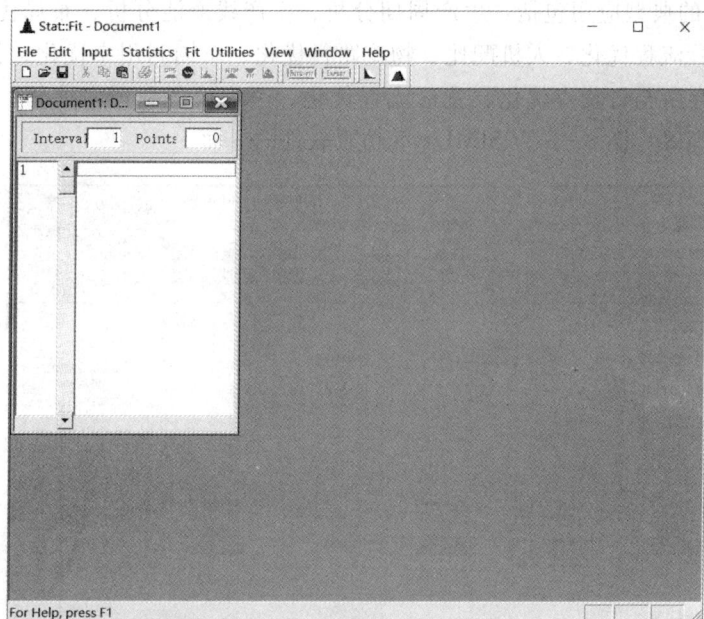

图 8-4　ProModel 仿真软件的界面

ProModel 能够准确建立系统配置和运行过程模型，分析系统的动态和随机特性。它的应用领域包括评估制造系统资源利用率、车间生产能力规划、库存控制、系统瓶颈分析、车间布局规划、产品生产周期分析等。

8.2.5　SIMUL 8

SIMUL 8 由美国 SIMUL 8 公司开发，1995 年推向市场。SIMUL 8 软件利用一系列代表系统中的资源和队列的图标和箭头，通过鼠标绘制工作流程，建立系统模型。图标均具有缺省的属性值，用户可以根据实际修改和定义图标的属性。

SIMUL 8 软件主要关注由人参与其中的制造业和服务业。它提供"模板"和"组件"的概念，其中，"模板"着重于特定的重复发生的决策类型，该类型元素可以通过参数化以适应特定对象的研究需求；"组件"是用户定义的图标，该图标可以重用并在仿真中共享，以减少仿真建模的时间。

SIMUL 8 软件将仿真模型和数据存为 XML 格式，可以方便地在不同应用软件之间相互转换。它还可以为建模者提供电子数据表格、对话框以及向导表等，以便建立客户化的用户界面。SIMUL 8 具有 VBA 界面并支持 ActiveX/COM，可以创建外部应用并控制 SIMUL8 仿真。

此外，该软件还具有以下特性：提供"拖拉式"建模功能，易于使用；具有丰富的数据分析工具；可以与 Excel、Visio、Access、Oracle、Sybase 等数据库及软件集成；通过 VBA、VB、C++、Delphi 以及 ActiveX/COM 技术，可以与外部应用程序或软件进行通信及数据交换；提供优化器 OptQuest 和统计拟合软件 Stat Fit；具有三维建模功能；支持图形化库文件和定制设备；支持 XML 规范的仿真模型。

SIMUL 8 的典型应用包括：生产周期分析、生产线产能分析、布局优化、资源规划、瓶颈分析、流程优化、人机配比、物流路径优化、车辆利用率优化、供应商选择、仓库布局、库存量与订货点优化、就诊流程优化、医疗设备利用率评估、医院布局优化、候诊室管理等。图 8-5 为 SIMUL 8 仿真软件的界面。

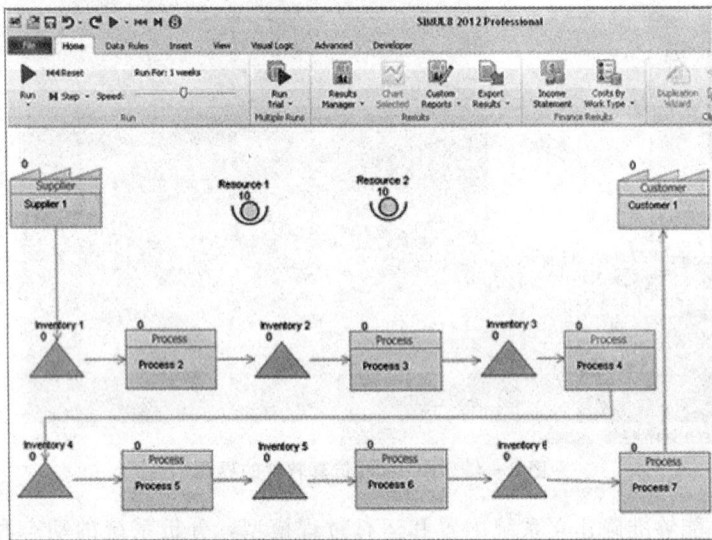

图 8-5   SIMUL 8 仿真软件的界面

8.2.6   Witness

Witness 是由英国 Lanner 公司开发的一款功能强大的仿真软件系统，它既可以应用于离散事件系统仿真，同时又可以应用于连续流体（如液压、化工和水力等）系统的仿真，应用领域包括了汽车工业、食品、化学工业、造纸、电子、银行、财务、航空、运输业及政府部门等。Witness 软件的主要特点如下：

（1）采用面向对象的交互式建模机制。Witness 提供了大量的模型元素和逻辑控制元素。前者如加工中心、传送设备和缓冲存储装置等，后者如流程的倒班机制以及事件发生的时间序列等。用户可以很方便地通过使用这些模型元素和逻辑控制元素建立起工业系统运行的逻辑描述。在整个建模与仿真过程中，用户可以根据不同阶段的仿真结果随时对仿真模型进行修改，如添加和删除必要的模型元素。并且，在修改完毕后，仿真模型将继续运行，而不需要重新返回到仿真的初始时刻。

（2）直观、可视化的仿真显示和仿真结果输出。Witness 提供了非常直观的动画展示。在仿真模型运行的过程中，可以实时地用动画显示出仿真系统的运行过程，并以报表、曲线图和直方图等形式将仿真结果实时地输出，以辅助建模和系统分析。

（3）灵活的输入/输出方式。Witness 提供了与其他系统相集成的功能，如直接读写 Excel 表、与 ODBC 数据库驱动相连接以及输入描述建模元素外观特征的 CAD 图形文件等，以实现与其他软件系统的数据共享。

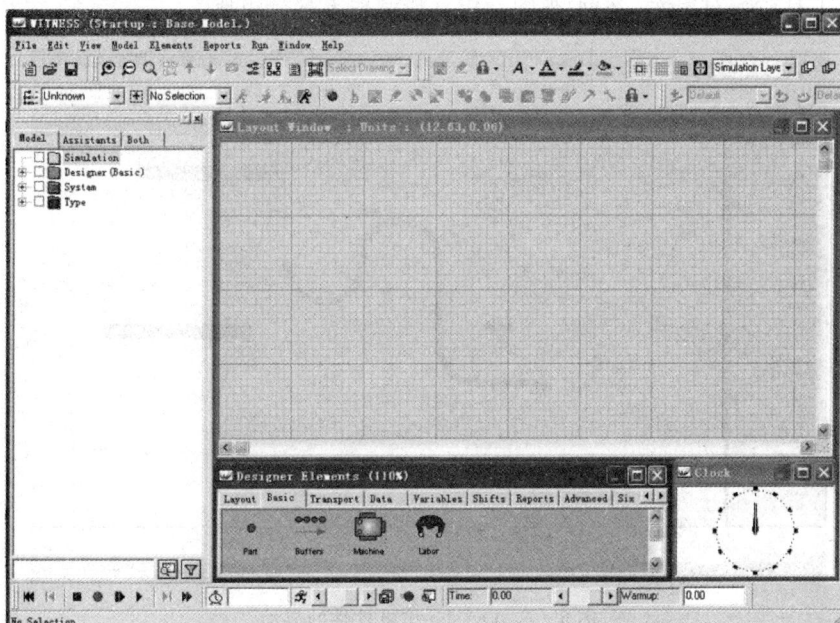

图 8 - 6 Witness 仿真软件的界面

（4）建模功能强大、执行策略灵活。Witness 提供了 30 多种系统建模元素以及丰富的模型运行规则和属性描述函数库，允许用户定制自己领域中的一些独特的建模元素，并能够通过交互界面定义各种系统执行的策略，如排队优先级和物料发送规则等。可以说，Witness 代表了最新一代仿真软件的水平。

8.2.7 Flexsim

Flexsim 是由美国 Flexsim Software Products 公司推出的一款主要应用于对生产制造、物料处理、物流、交通和管理等离散事件系统进行仿真的软件产品。该软件提供了输入数据拟合与建模、图形化的模型构建、虚拟现实显示、仿真结果优化以及生成 3D 动画影像文件等多种功能，并提供了与其他工具软件的接口。

在这个软件环境，C++不但能够直接用来定义模型，而且不会在编译中出现任何问题。这样，就不再需要传统的动态链接库和用户定义变量的复杂链接。Flexsim 应用深层开发对象，这些对象代表着一定的活动和排序过程。要应用模板里的某个对象，只需要用鼠标把该对象从库里拖出来放在模型视窗即可。每一个对象都有一个坐标（x，y，z）速度（x，y，z）、旋转以及一个动态行为（时间）。对象可以创建、删除，而且可以彼此嵌套移动，它们都有自己的功能或继承来自其他对象的功能。这些对象的参数可以把任何制造业、物料处理和业务流程快速、轻易、高效地描述出来。同时 Flexsim 的资料、图像和结果都可以与其他软件公用（这是其他仿真软件不能做到的），而且它可以从 Excel 表读取资料和输出资料（或任何 ODBC DATABASE），可以从生产线上读取现时资料以做分析功能。Flexsim 也允许用户建立自己的实体对象（Objects）来满足用户自己的要求。图 8 - 7 为 Flexsim 仿真软件的界面，Flexsim 软件的主窗口包括菜单、工具栏、对象库、模型视图、仿真控制栏五部分组成。

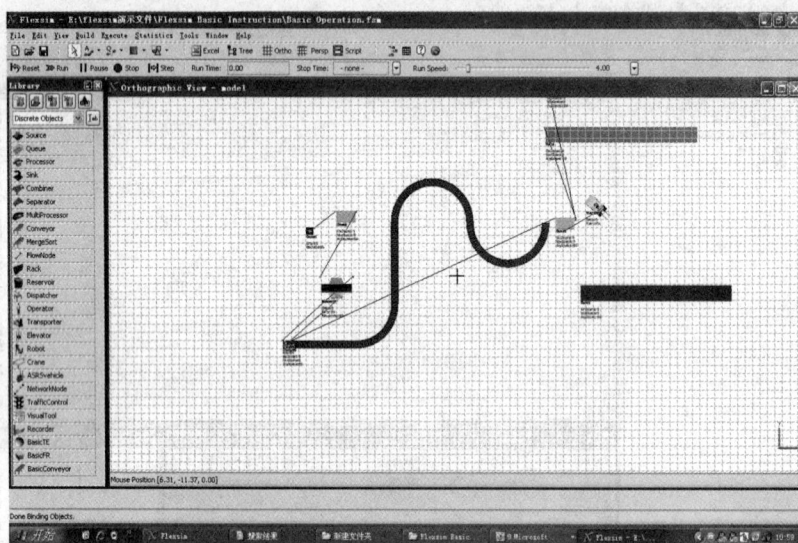

图 8 - 7　Flexsim 仿真软件的界面

Flexsim 软件采用面向对象编程和 Open GL 技术，具有如下几个突出的特点：

（1）使用对象来构建真实世界的仿真模型。Flexsim 提供了多种对象类型的模板库，用户利用鼠标的拖放操作就能够确定对象在模型窗口中的位置，根据模型的逻辑关系进行连接，然后设定不同对象的属性。同时，用户还可以根据自己行业和领域特点对系统提供的对象进行扩展，来构建自己的对象库。

（2）突出的 3D 图形显示功能。用户可以在 Flexsim 中直接导入 3D Studio、VRML、DXF 以及 STL 等图形类型，并根据内置的虚拟现实浏览窗口，来添加光源、雾以及虚拟现实立体技术等。借助于 Open GL 技术，Flexsim 还提供了对 ADS、WRL、DXF 和 STL 等文件格式的支持，帮助用户建立逼真的仿真模型，从而可以有助于对仿真模型的直观上的认识和仿真模型的验证。此外，Flexsim 还提供有 AVI 录制器，用来快速生成 AVI 文件。

（3）开放性好、扩展性强。Flexsim 提供了与外部软件的接口，用户可以通过 ODBC 与外部数据库相连，通过 Socket 接口与外部硬件设备相连等，并且可以与 Microsoft Excel 和 Visio 等软件配合使用。除此之外，用户还可以通过建立定制对象，利用C++语言创建、定制和修改对象，控制对象的行为活动；甚至还可以完全将其当作一个C++语言的开发平台来开发特定的仿真应用程序。

利用Flexsim仿真软件可以快速构建系统模型，通过对系统动态运行过程的仿真、实验和优化，以达到提高生产效率、降低运营成本等目的。Flexsim软件可用于评估系统生产能力、分析生产流程、优化资源配置、确定合理的库存水平、缩短产品上市时间等。

8.3　Flexsim仿真软件的使用及案例

8.3.1　Flexsim仿真模型的基本组成

Flexsim仿真模型主要由对象（Objects）、连接（Connections）和方法（Methods）构成。Flexsim采用对象对实际过程中的各元素建模，Flexsim中通过对象之间的连接定义模型的流程，对象中的方法定义了模型中各对象所需要完成的作业。

Flexsim的对象库

Flexsim采用面向对象的技术，大部分Flexsim对象都是Fixed Resource或Task Executor对象的子对象，子对象拥有其父对象所有的接口和相应的功能，用户相对比较容易掌握子对象的使用。Flexsim的对象主要分为以下几类：资源类（Fixed Resources）、执行类（Task Executer）、网络类（Node）、图示类（Visual Object）、连续类（Fluid Objects）。

（1）资源类（Fixed Resources）。资源类对象包括：发生器Source、暂存区Queue、处理器Processor、吸收器Sink、合成器Combiner、分解器Separator、复合处理器MultiProcessor、输送机Conveyor、分类输送机MergeSort、流节点Flow Node、货架Rack和储液罐Reservoir。资源类对象一般是仿真模型中的主干对象，此类对象决定了模型的流程。

（2）执行类（Task Executer）。执行类对象包括：分配器Dispatcher、操作员Operator、运输机Transporter、升降机Elevator、机器人Robot、起重机Crane、堆垛机ASRSvehicle。执行类对象Task Executer对象可从固定资源对象中获取并执行任务，如物料搬运或生产操作等。一个执行类对象可以向其他对象指派任务。

（3）网络类（Node）。网络类对象NetworkNode包括如下图8-8所示的两种，一般用来设定执行类对象Task Executer的行动路线。

（4）图示类（Visual Object）。图示类包括Visual Tool与Recorder，可用在仿真模型中显示各种信息、标识、图片或图表等。Visual Tool和Recorder对象可用来提高仿真模型的直观感，同时可用来实时显示和搜集模型的输出数据。

（5）连续类对象（Fluid Objects）。连续类的对象主要是用于设计具有流体类的系统仿真，但它又不仅仅局限于流体，事实上它能够仿真的具有连续属性的事件，如测量重量、容量的变化。作为连续类的11个对象中提供了两个Item To Fluid、Fluid To Item具有连续与离散之间接合功能的对象。

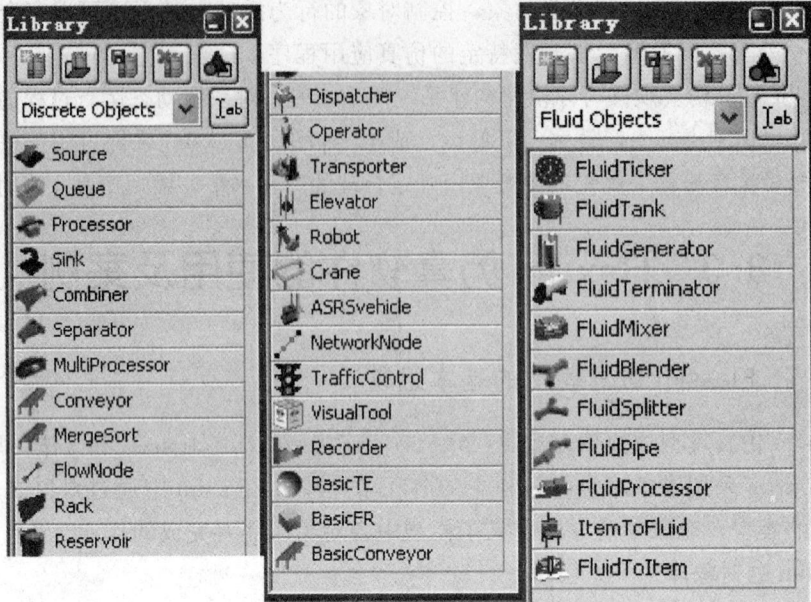

图 8-8 对象库

连接与端口

Flexsim 模型中的对象之间是通过端口来连接的。存在三种类型的端口和两种类型的连接：

输入端口（input ports）：固定资源之间的连接，输出端口显示在对象的右上角。

输出端口（output ports）：固定资源之间的连接，输入端口显示在对象的左上角。

中心端口（center ports）：连接执行类对象和固定资源，中心端口显示在对象底部中心。

（1）"s"连接。按下"s"键的同时用鼠标从一个对象拖拉到另一个对象上以连接二者。"s"连接仅用于中心端口之间的连接（即连接执行类对象 Task Executer 和固定资源 Fixed Resource）；"s"连接用"w"连接取消（按下"w"键的同时用鼠标从一个对象拖拉到另一个对象上以连接二者）。

（2）"a"连接。按下"a"键的同时用鼠标从一个对象拖拉到另一个对象上以连接二者。"a"连接用于除中心端口之外的所有其他的连接，"a"连接用"q"取消。

方法（Method）

方法是用来完成一项任务的一系列规则集。好的方法应是可以重复使用的。Flexsim 采用一系列方法集来完成所建模型的作业，包括到达方法、触发方法、流方法、导航方法等。

8.3.2　Flexsim 软件的基本概念

Flexsim 基础术语

（1）Flexsim 实体。Flexsim 实体模拟仿真中不同类型的资源。暂存区实体就是一个例子，它扮演储存和缓冲区的角色。暂存区可以代表一队人、CPU上一个空闲过程的队列、工厂中地面上的一个储存区或客户服务中心的一队等待的呼叫等等。另一个Flexsim实体例子是处理器实体，它模拟一段延迟或一个处理过程的时间。这个实体可以代表工厂中的一台机器、一个正在给客户服务的银行出纳员、一个邮政分检员等等。Flexsim实体放在对象库栅格中。对栅格进行了分组管理，默认显示最常用的实体。

（2）临时实体。临时实体是流经模型的实体。临时实体可以表示工件、托盘、装配件、文件、集装箱、电话呼叫、订单或任何移动通过仿真过程的对象。临时实体可以被加工处理，也可以由物料处理设备传输通过模型。在Flexsim中，临时实体由发生器产生，在流经模型之后被送到吸收器中。

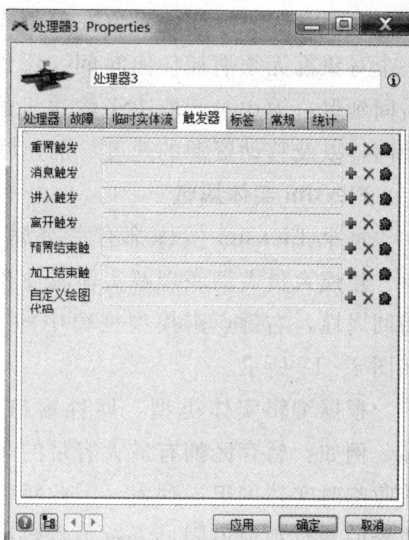

图8-9 触发器选项框

（3）临时实体类型。临时实体类型是一个放在临时实体上的标志，它可以代表条形码号、产品类型或工件号等等。在临时实体寻径中，Flexsim使用实体类型作为引用。

（4）触发器。当资源对象上发生重要事件时，触发器被触发用户指定当触发发生时产生一系列动作（触发器逻辑）。可以定义的触发器包括当实体被生成时、当实体进入或离开固定资源时、当处理过程完成时等等，每类资源对象都有自己的一套触发器。

（5）模型视图。Flexsim应用3D建模环境。建模时默认的模型视图叫作正投影视图。你也可以在一个更真实的透视视图中查看模型。尽管透视视图表达得更真实，但是通常在正投影视图中更容易建立模型布局。当然，任一视图都可以用来建立和运行模型。Flexsim允许根据需要打开多个视图视窗。不过请记住，当打开多个视窗时会增加对计算机资源的需求。

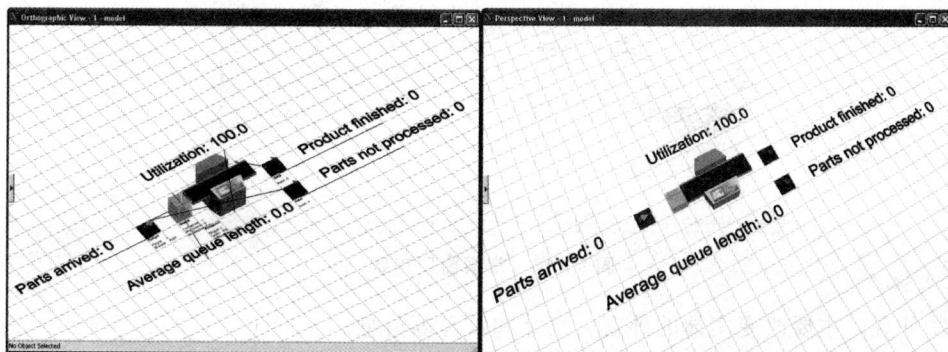

图8-10 正视图和透视图

（6）实体流。无论对象在模型布局中处于什么位置，实体从一个对象被传递到下一个对象都无须消耗任何时间。添加输送机或移动资源用于运输，可以给实体流产生时间延迟；输送时间取决于输送机的长度和速度；对象间的运送时间取决于对象间的距离，以及移动资源的速度、加速度和减速度。

Flexsim 实体属性

每个 Flexsim 实体都有一个属性视窗和一个参数视窗。建模人员需彻底理解实体属性和实体参数的不同。要访问属性，右键点击模型视窗中的一个实体并选择属性，如图 8 − 11 所示。

根据编辑实体类型，属性窗口可以用来配置实体属性。例如：暂存区拥有最大容量的属性、而合成器有一个接收临时实体的组成列表，因此暂存区的参数视窗就与合成器的参数视窗不同。不过，参数视窗之间也有共同的地方，例如暂存区和合成器都有一个"发送至"策略。有共性的实体其参数视窗通常有相同的地方，这一点能使读者

更快学会这些视窗。根据不同的实体类型，属性窗口由多个选项卡组成。通常多个实体拥有相同的选项卡。参考此模块获得更多属相选项卡的文档信息。其中常规、标签、统计和触发器四个选项卡是每种实体都有的选项卡。

（1）常规选项卡。常规选项卡如图 8 − 12 所示。

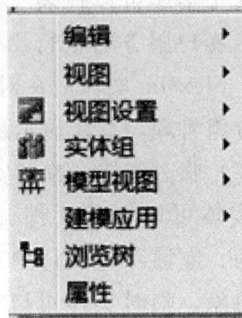

图 8 − 11　右键弹出窗口

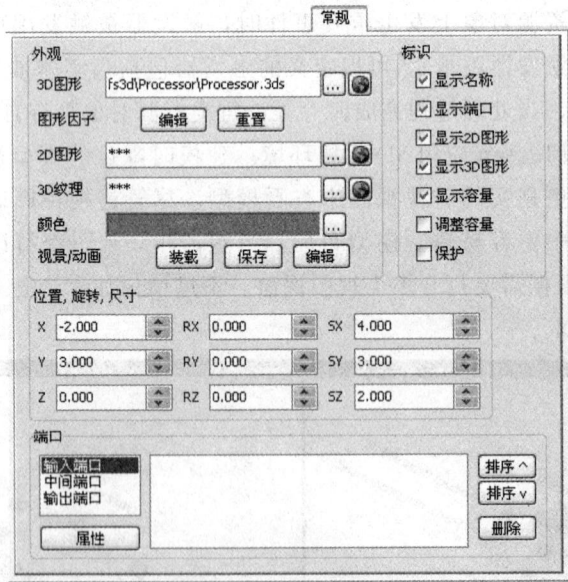

图 8 − 12　常规窗口内容

①外观。主要改变实体的外观、尺寸和纹理等信息。

②标识。可以在这里选择不同的选项从而显示/隐藏实体的不同部分，如实体中的临时实体、名称、端口等。

③位置、旋转、尺寸。此模块可基于 X 轴、Y 轴、Z 轴的值，定位、旋转实体以及更改其尺寸。

④端口。此模块用来编辑实体的链接。在最左边的组合框中选择输入端口、中间端口或者输出端口。右边的组合框中显示实体的当前连接。一旦编辑完成实体的链接，你需在在运行模型之前，重置模型。

（2）标签选项卡。标签是自定义变量，可以在实体上指定。例如，如果需要跟踪进入某实体的类型为 3 的临时实体的数量，可以使用一个标签来记录这个值。使用 set-labelnum（）、getlabelnum（）和 label（）命令来与所创建的标签进行交互。可在命令集中找到更多关于这些命令的信息，具体如图 8-13 所示。

图 8-13　标签属性窗口

（3）统计选项卡，如图 8-14 所示。

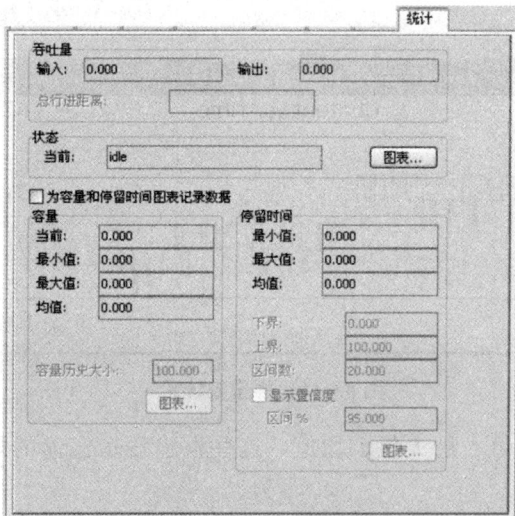

图 8-14　统计选项卡

①吞吐量。输入，此框显示出进入此实体的临时实体数量。输出，此框显示出从此实体输出的临时实体的数量。

总行进距离（仅用于任务执行器）：此框显示出实体行进的总距离。

②状态。当前状态值，此框内显示实体当前状态值。每一状态的意义取决于所涉及的实体的类型，参见库实体以获得关于每一状态的含义的更多信息，参见状态列表可以快速得到每一个状态的数字和宏定义。

图表：点击此按钮，弹出显示实体状态饼状图的窗口（图8－15）。

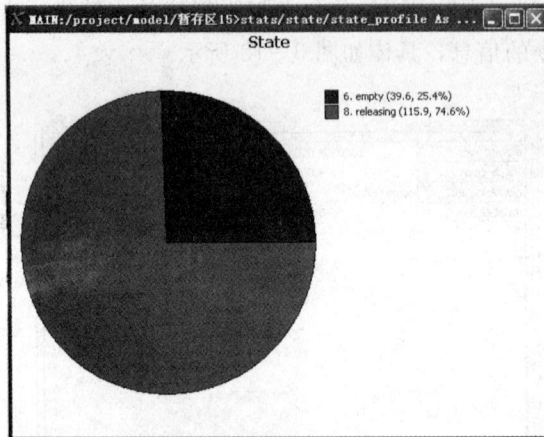

图8－15　状态统计图

③容量。当前、最小值、最大值、平均值，这些框内显示实体当前、最小、最大和平均容量值。平均容量是根据时间计算的，而不是根据某给定容量出现的次数来计算的。

容量历史大小：此值可限制储存在容量历史中的点数。

图表：点击此按钮，弹出实体的容量 vs. 时间图表（图8－16）。要生成此图表需打开"统计收集"。

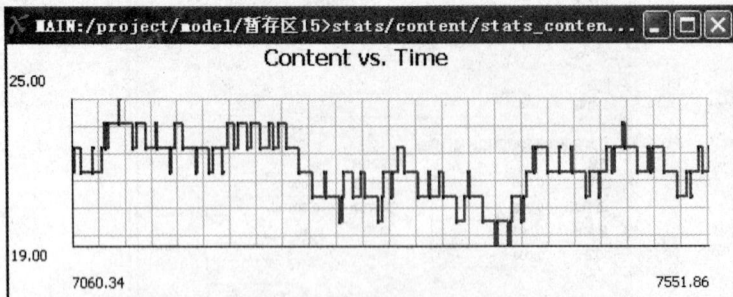

图8－16　容量统计图

④停留时间。最小值、最大值、均值，这些框中显示实体的最小、最大和平均的停留时间。

下界：此值为停留时间直方图的 Y 轴的最低边界。在此图中，任何低于此边界的

值都将显示为下溢（Underflow）

上界：此值为停留时间直方图的 Y 轴的最高边界。在此图中，任何高于次边界的值都将视为溢出（Overflow）。

区间数：此值为停留时间直方图 X 轴上"水桶柱"的数量。

显示置信区间：此框用来显示平均停留时间的置信区间。

区间%：此框可以用来为平均停留时间编辑置信区间。置信区间百分比值的选项分为 90%、95%、99%。

图表：点击此按钮，可以弹出显示实体停留时间直方图的窗口（图 8-17）。要生成此图表需打开"统计收集"。

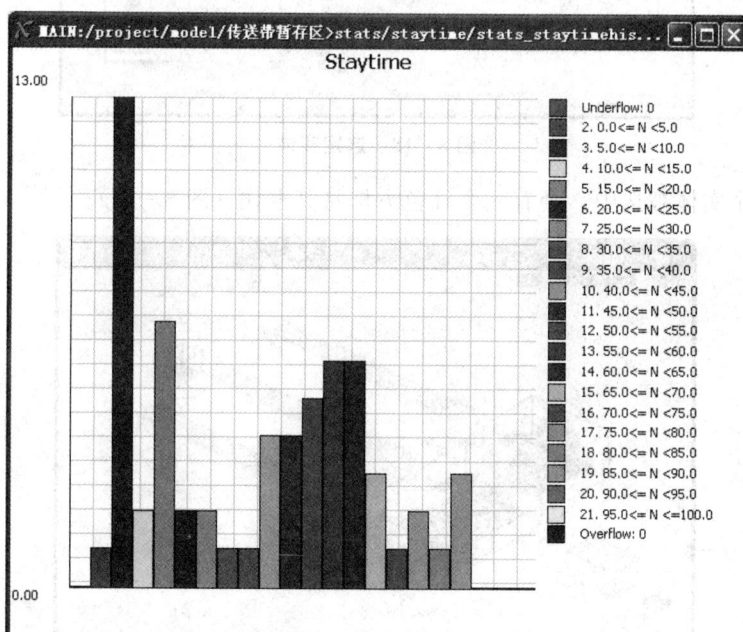

图 8-17　停留时间统计图

注释：要查看仿真报告、当前数量图表和停留时间柱状图，建模人员必须打开该实体的统计收集选项。由于历史数据储存需要大量硬盘空间，因此历史记录统计是默认关闭的。需要按照下列步骤打开"统计收集"。

第 1 步：选择实体进行统计

需在模型视窗中选择你想要进行统计记录的实体。按住键盘 Shift 键，拖动鼠标框选要进行统计的实体实现图 8-18 步骤。按住 Ctrl 键，然后点击一个实体，可以添加到选定集合中，或者从集合中删除。

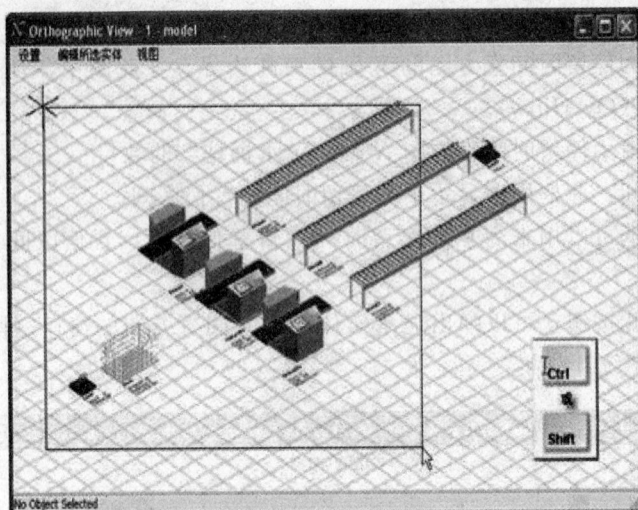

图 8 - 18　选定实体

一旦一个实体被选中，会有一个红色方框将其框住（图 8 - 19）。

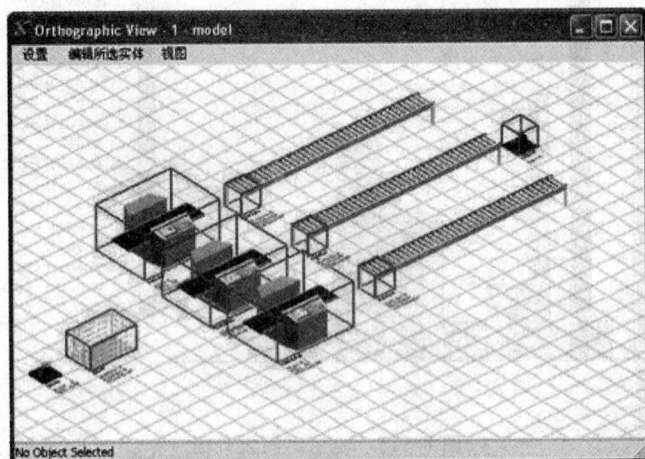

图 8 - 19　实体被选中

第 2 步：开始统计

要收集所选实体的历史统计记录，点击统计＞实验图形数据＞打开选中实体（图 8 - 20）。

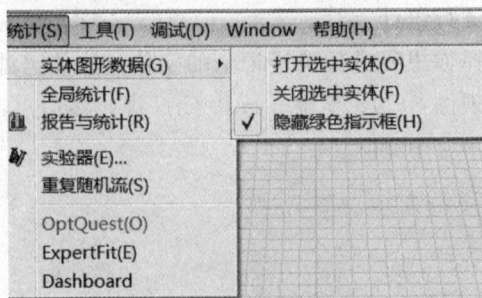

图 8 - 20　隐藏指标框

现在可以运行此模型，并可收集已选定实体的历史统计记录了。

（4）触发器选项卡。每个实体可能拥有一套不同的触发器。了解更多的有关触发器和下拉列表是如何起作用的相关信息，请参考下拉列表分页（图8-21）。

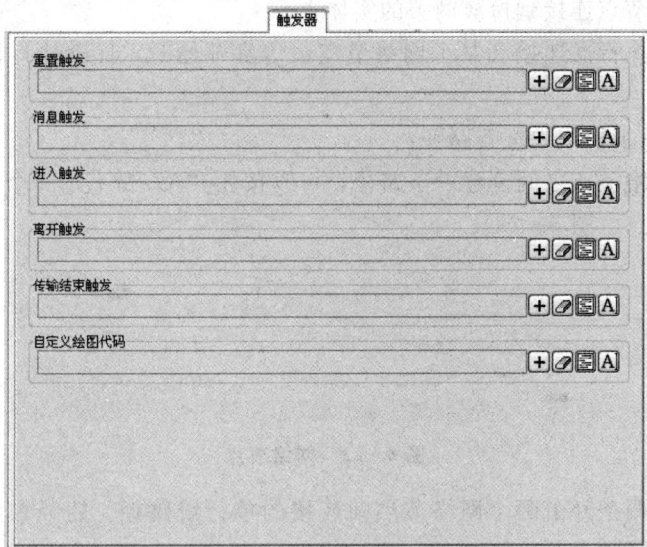

图8-21 触发器选项框

常见的触发有以下几种：

进入触发：当一个临时实体进入某实体时，该实体调用此函数。参见进入/离开触发器下拉菜单。

离开触发：当一个临时实体离开某实体时，该实体调用此函数。参考进入/离开触发器下拉菜单。

创建触发：生成器创建新的临时实体时调用此函数。参见创建触发器下拉菜单。

装载触发：当装载临时实体完成时，操作员或行进物调用此函数。参见装/卸载触发器下拉菜单。

消息触发：当其他实体使用 sendmessage()或 senddelayedmessage()命令给某实体发送一个消息时，该实体调用此函数。参见消息触发器下拉菜单。

加工结束触发：当某实体的加工时间完成时，该实体调用此函数。参见处理完成触发器下拉菜单。

自定义绘图触发：此下拉菜单用来为实体定义绘图代码。如果此区域返回1，将不绘制实体的默认图形代码。需要注意的是实体的绘图代码和绘制的实体的3D图形是有区别的。然而，大部分实体仅仅显示它们的3D图形，没有任何的绘图代码，有些实体，比如传送带和货架，需要更加动态的绘图能力，而不是仅仅绘制静态的3D图形。返回1，则会在原3D图形的基础上调新的绘图代码，原实体的3D图形不会消失。要隐藏3D图形，则不能选择常规选项卡上的显示3D图形复选框。

网络节点

网络节点用来定义运输机和操作员遵循的路径网络。通过使用样条线节点增加路径弯曲部分来修改路径。在默认情况下，在网络上行进的实体将沿着起始位置和目标位置之间的最短路。连接网络有如下三个步骤：

（1）将网络节点相互连接。

（2）将网络节点连接到扮演网关的实体上。

（3）将任务执行器连接到某个网络节点，仿真开始时，任务执行器将待在被连接的网络节点上。

在正投影/透视视图中配置路径：

要在两个网络节点之间创建一条路径，可以按住"A"键点击一个网络节点，然后拖动到另一个节点（图 8 - 22）。

图 8 - 22　网络节点

这将会创建两条经由两个网络节点间连接的单行线路径。路径在两节点之间用绿色带子画出。带子被分为两侧，每侧描述出路径的一个方向。使用 A 键拖动的连接，可以将单行线在允许超车和禁止超车两种模式（黄色和绿色）之间切换。切换的方向取决于操作是从哪个节点拖到哪个节点。图 8-23 显示了两条路径。第一条是两个方向都允许超车的，第二条是一条从右向左允许超车、从左向右禁止超车的路径。路径带的两个侧边和它们所代表的方向是由美国公路系统的规则确定的：沿路的右边行驶。

图 8 - 23　网络节点操作 1

使用 Q 键拖动将会把路径的一个单行方向切换为"无连接"，它意味着不允许行进物沿那个方向行进。这种类型的连接用红色绘制。图 8-24 显示了一个从左到右禁止超车而从右向左为无连接的路径。如果在两个方向上都进行 Q 连接，则整个连接将被删除。

图 8 - 24　网络节点操作 2

也可以通过右键单击给定颜色方块，在下拉菜单中选择合适的选项（图 8 - 25），或者按住 X 键，点击方块等方式来改变连接类型。

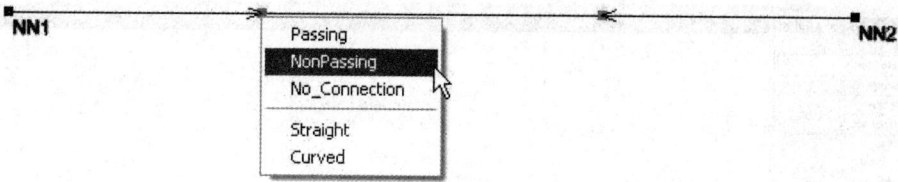

图 8 - 25　网络节点操作 3

　　默认状态下，两个节点之间的链接为直线连接。通过右键单击颜色方框，然后在下拉菜单中选择弯曲，就可以使连接弯曲（图 8 - 26）。将会出现另外两个更小的被称为样线控制点的框出现，可以通过移动它们，创建弯曲路径。

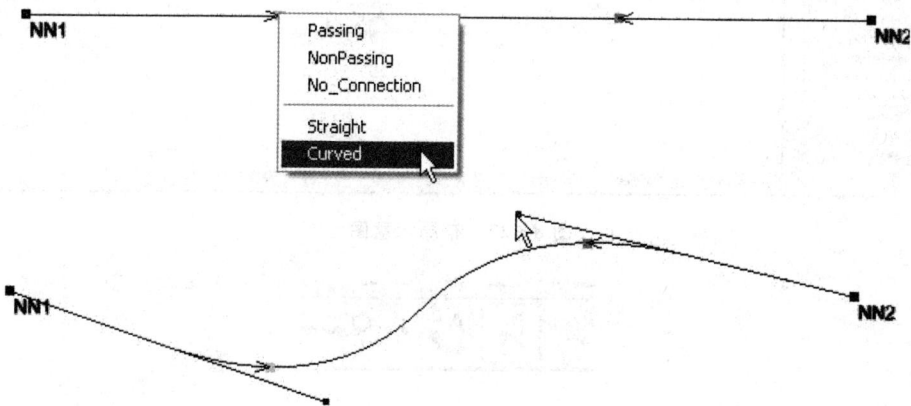

图 8 - 26　网络节点操作 4

　　你也可以通过正视视图或者透视视图工具栏中的运输网络工具面板来设置默认的节点连接。

8.3.3　应用 Flexsim 建模的基本步骤

　　应用 Flexsim 建模的基本步骤包括：

构建模型布局

将仿真所需要的对象模型从对象库中拖拽到仿真视图窗口中的适当位置（图 8 - 27）。

定义流程

根据连接类型，按下 a 或 s 键的同时用鼠标从一个对象拖拉到另一个对象上以连接二者。连接两个对象端口所需按键：

a 键：用来将对象 1 的输出端口连接到对象 2 的输入端口上

q 键：用来取消对象 1 的输出端口与对象 2 的输入端口之间的连接

s 键：用来连接对象 1 与对象 2 的中心端口

w 键：用来取消对象 1 与对象 2 的中心端口的连接

在新版本中也可通过鼠标选择，来进行连接（图 8 - 28）。

编辑对象参数

打开对象的参数对话框。

图 8 - 27　布局示意图

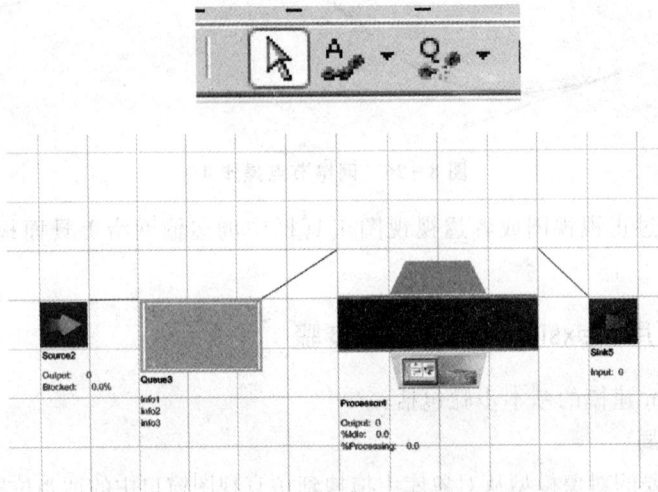

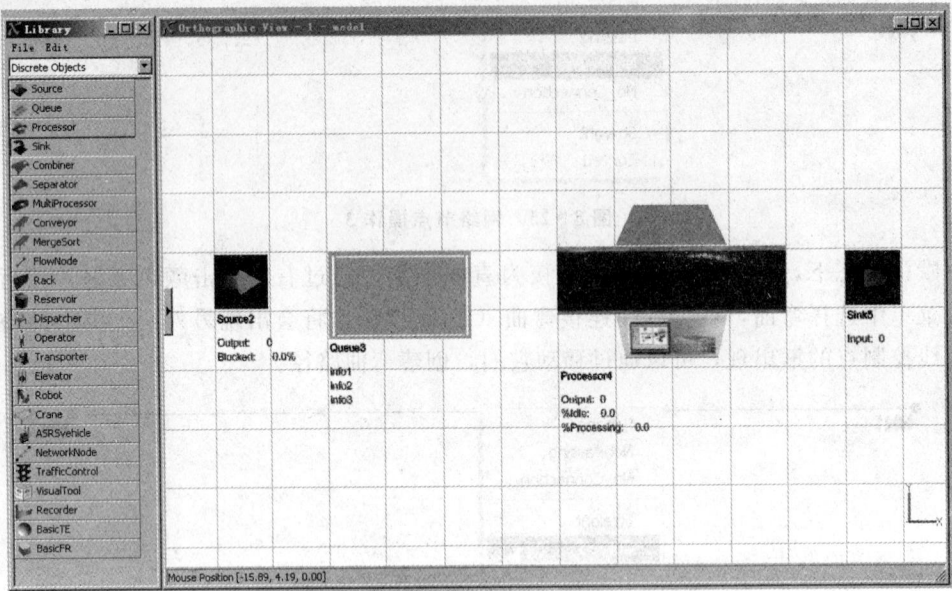

图 8 - 28　连接图

　　（1）属性/参数。用于编辑和查看所有对象共同的一般性的信息，包括：①外形、尺寸、转角、位置；②显示模式；③端口连接；④标签；⑤统计数据；⑥用于编辑对象特定的性能特征。

　　（2）每个对象类都有自己的参数选项。参数影响实体在对象中的停留时间和在对象间流动的线路（图 8 - 29）。

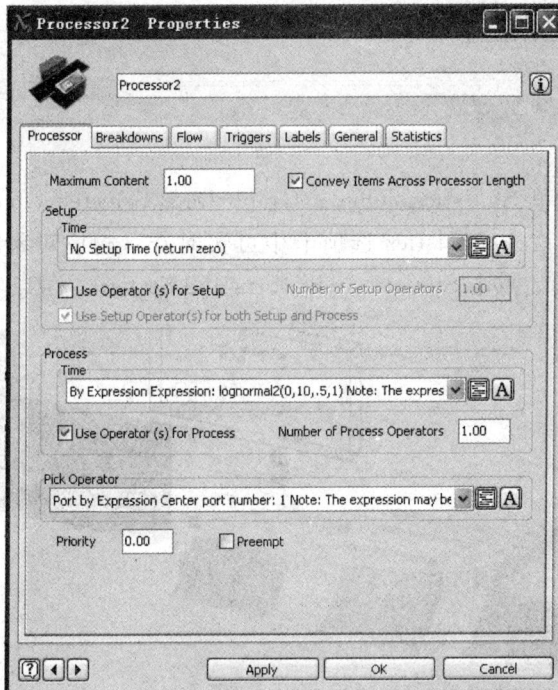

图 8 - 29 参数设置

下拉菜单:

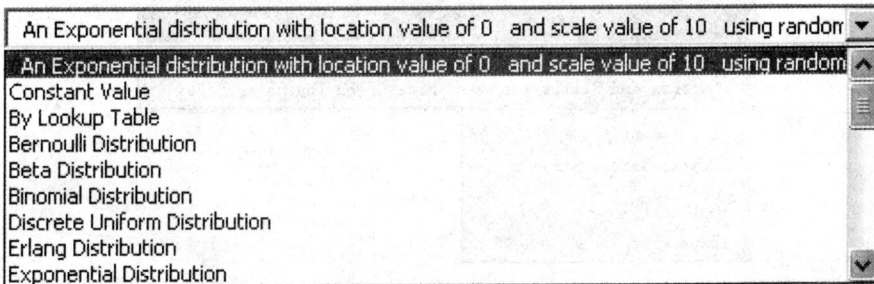

代码模版(适合修改参数):

代码编辑(修改 C++代码): **AI**

编译运行仿真

编译模型:F2 键。

重置模型:

控制动画速度:

运行仿真：　　

分析仿真结果

仿真之前通过菜单 Statistics /Object Graph Data/Selected Objects On 进行选择。仿真时在对象属性对话框 Statistics 选项卡中可实时查看相应对象的统计数据和图表（图 8-30、图 8-31）。点击 Statistics→Reports and Statistics 可以生成数据统计报告。

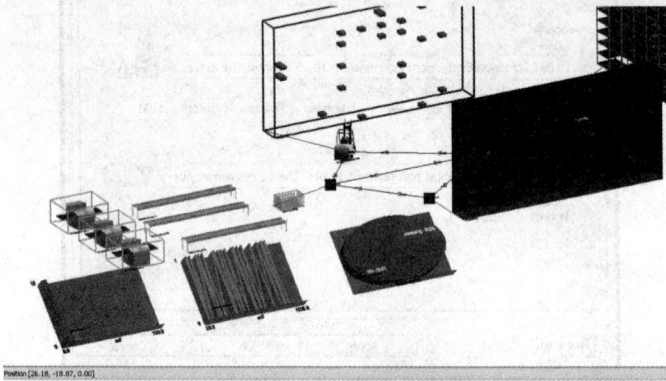

图 8-30　仿真示意图

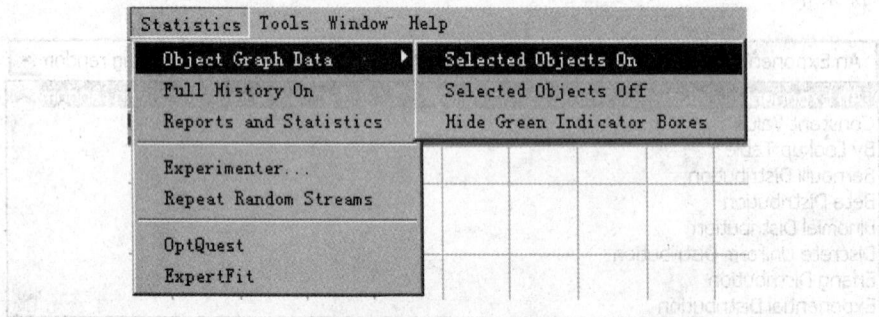

图 8-31　统计示意图

8.3.4　基于 Flexsim 的客车维修企业业务流程仿真实例

建立模型

以某客车维修企业为例，其业务流程主要包括三个：客车维修、客车保养以及加装净化器装置。其中，客车维修和客车保养的流程有较大区别：客车维修是一个不确定的事件，虽然客车的维修也有固定的维修流程，但是修车时间是无法预知的，短则一个小时，长则几个月，所需人力财力也是不确定的。而客车保养拥有一套完整的计划，一般来说客车的保养可以分配固定的时间和固定的人力。虽然对客车进行维修和保养相当于实施项目，项目实施建立的过程可能涉及不同的部门不同的人员，但是在客车维修企业里 Flexsim 建模是可行的，因为客车维修企业拥有一种固定的业务流程，而且对它进行建模既能得到合理的分析，也可以利用仿真数据进行研究。

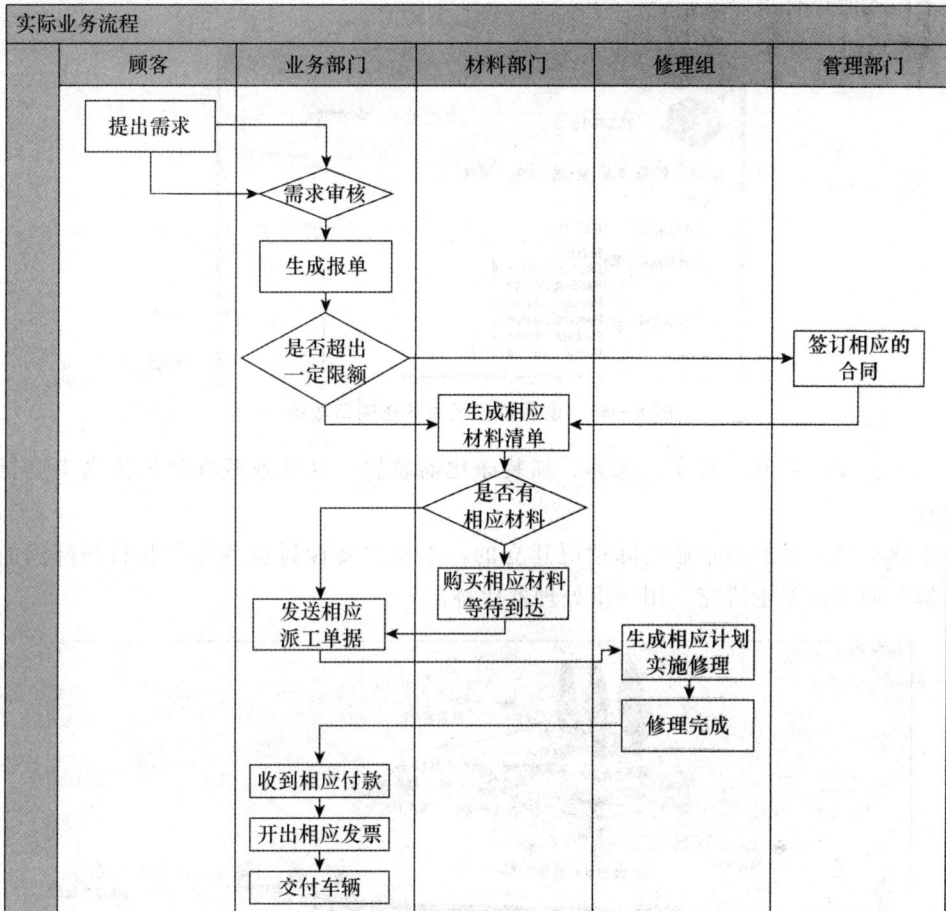

实际业务流程				
顾客	业务部门	材料部门	修理组	管理部门

图 8 - 32　客车维修企业业务流程

　　使用 Flexsim 建模软件对企业业务流程建模分析。首先，弄清企业的业务流程。根据现实中的实际情况，整理各个实体之间的逻辑顺序。针对企业的人员效率、流程工序的位置布局、业务流程走下来所需时间等进行考虑。模拟整体业务流程的过程：发产器产生顾客→业务部门业务处理→查看车辆情况→返回业务部门进行报单→材料部门填写相应报单→领取相应的材料→修理部门进行相应的操作→返回业务部门进行结算业务。并且使用 A 连接和 S 连接把实体连接起来。在建模中，根据企业近一个月的工作量，来设置发生器产生的参数。

　　整个企业的业务流程运营主要是由业务部门、材料部门和修理组完成的。了解企业的信息流、物料流是如何移动和处理的、每个流程指派相对应的人员进行处理。每个业务流程的处理过程用时间来替代、把时间作为建模的基础单位。根据流程进行的不同情况来设置处理器的时间，例如订货流程，在修车过程中，有需要订货和不需要订货两种情况，所以根据这两种情况，设置上级端口按百分比发送，分别发送两种端口，一种端口时间为普通的搬运时间，另外一种端口就有预制订货时间和订货时间。

在下图 8-33 中，第一个端口是不需订货直接去材料室领取材料修车，其余端口为需要订货之后才能进行维修。

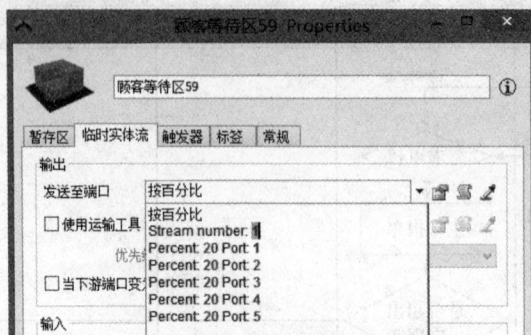

图 8-33　设置暂存区的发送端口数据

三个主要的业务：修车、保养、加装净化器装置。这些业务在建模仿真中进行单独设置。

下面的建模是根据企业实际情况建立的，本文主要探讨业务部门和材料部门的效率对修车的过程不予研究，用一个处理器代替。

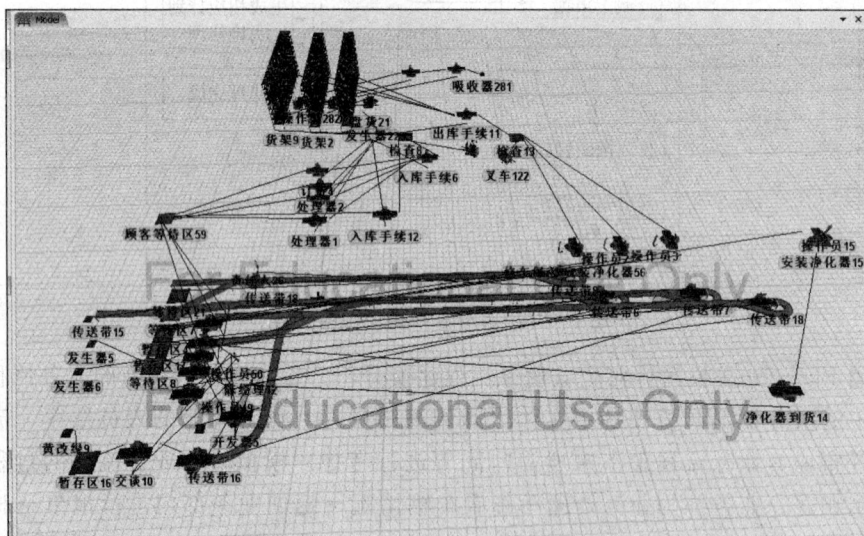

图 8-34　公司整体业务流程布局图

Flexsim 整体布局如图 8-34 所示。主要分为三个区域——业务部门、材料部门和修理部门，这个仿真模拟也包括三个主要业务——修理客车、保养客车和加装净化器装置。

业务部门布局如图 8-35 所示。业务部门的职责是负责跟顾客对外交流，对内跟材料部门、修理组部门进行沟通。流程如下：交流沟通→查看车辆→返回业务室前台报修→修理完毕后→业务室前台结算。优化前业务室人员分配为三人，两个业务员一个经理。

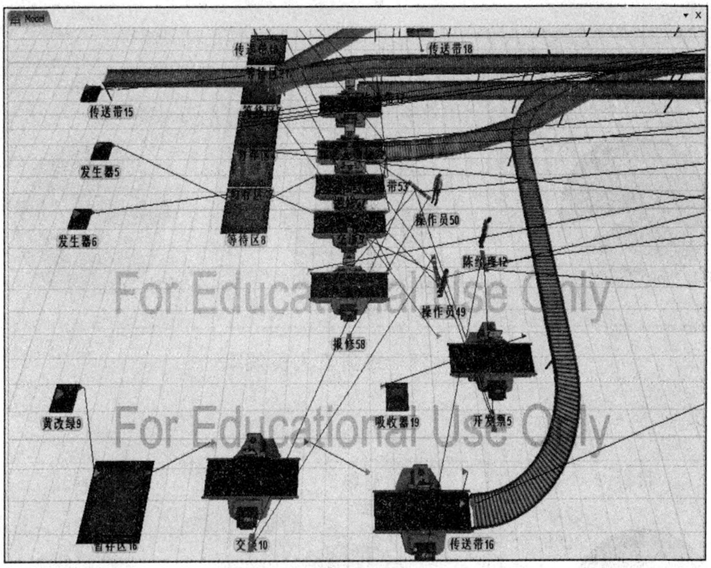

图 8 - 35　业务部门布局图

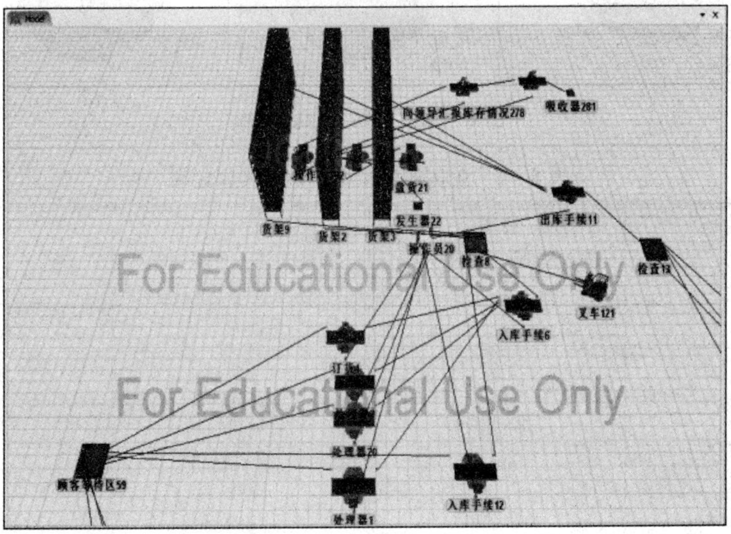

图 8 - 36　材料部门布局图

材料部门布局如图 8-36 所示。材料部门的职责是负责材料的进出库，定时对现有库存进行盘点，并且按时跟领导汇报。一个人负责订货和盘货，另外一个人负责办理出库手续，除此之外有一人专门负责搬运。

问题分析

建模后，通过仿真运行，发现以下几个问题：

（1）人员效率。（选取 1.1ws 时效率研究）

业务室人员效率：

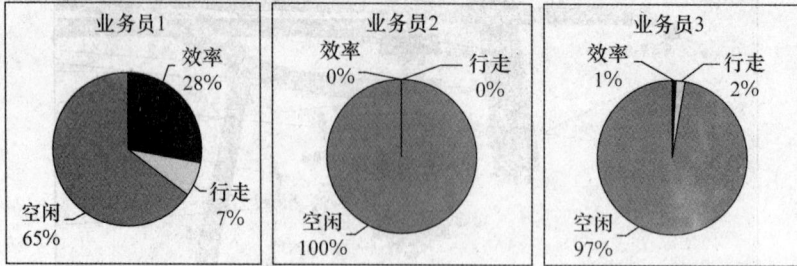

图 8 - 37　业务室人员效率

材料室人员效率：

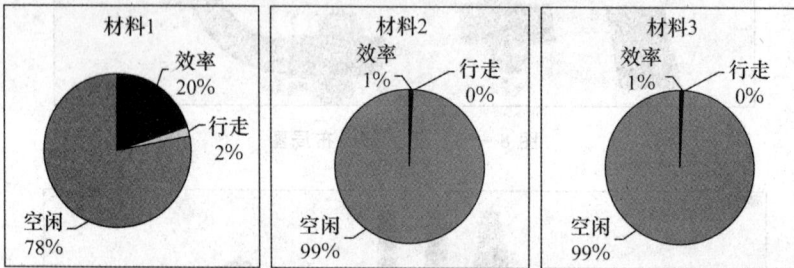

图 8 - 38　材料室人员效率

表 8 - 2　业务部门和材料部门具体效率

人员	效率	行走	空闲
业务员 1	27.7	7.1	65.2
业务员 2	0	0	100
业务员 3	1%	2%	97%
材料员 1	20.2%	1.7%	78.2%
材料员 2	1%	0.5%	98.5%
材料员 3	1.2%	0%	98.7%

从统计数据中发现人员的效率没有得到很好的利用，并且任务和工作量分配不当。业务部门业务员 1 分配的任务工作量远远大于其他人，并且从仿真中发现业务室人员，他们行走的时间约是效率时间的 1/4。

除了建模里面所发现的问题以外，这个企业还存在以下几个问题。从人的角度来说，①人员任务分配不均衡问题。②部门之间沟通不及时问题。③做事比较死板，无柔性。④责任划分过于细致。⑤安排人员较多，人力成本较高，利用的效率不足。

从机器角度来说：①机器设备较为落后。②软件过多并没有整合。缺少较为先进的修车设备，修车效率低成本高。从材料角度来说成本高，价格昂贵，供应不及时。从方法角度来说，管理思想落后，使用方法并没有与时俱进。从环境角度来说，修车地面脏乱差，布局并不合理。采用鱼骨图对企业问题进行研究，结果如下图 8 - 39 所示。

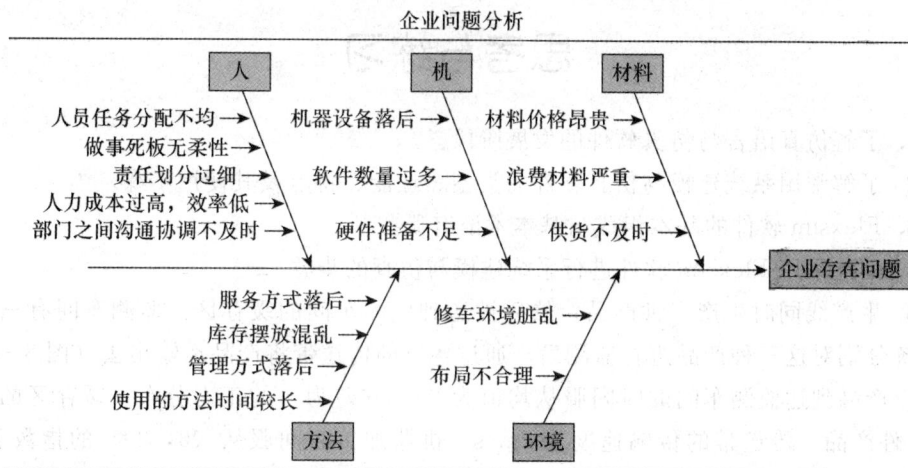

图 8 - 39　企业存在的问题

优化

①从整体的角度出发，首先研究整体业务流程，根据 ECRS 原则对原有业务流程进行优化，取消、合并、调整和简化没有必要的业务流程。②对三个主要业务流程下手，结合自身实际情况优化。③对自身信息系统进行整合。④服务方式从先来后到改为有计划地制定，最大效率地减少顾客等待时间。⑤引进适合自己的先进管理理念和方法。⑥制定合理的奖惩计划。⑦改善布局。优化后 FLEXSIM 建模：

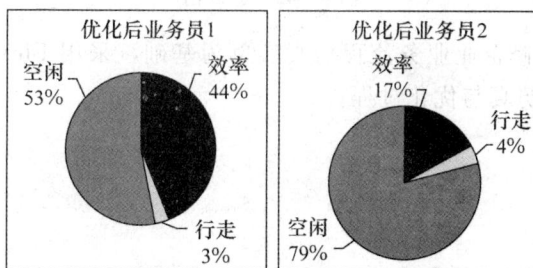

图 8 - 40　优化后的业务室人员效率

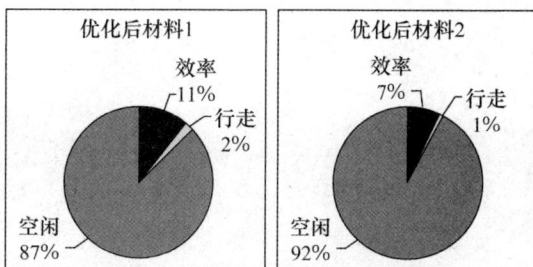

图 8 - 41　优化后材料室人员效率

在业务流程中，删除了和优化了部分没有必要的业务流程，增加了部分电话反馈和顾客沟通的流程，也适当地重新分配任务达到较为公平的目的。

思考与练习

1. 了解仿真语言与仿真软件的发展阶段。

2. 了解常用系统建模与仿真软件的类型、功能、特点及其使用步骤。

3. Flexsim 软件的基本组成与基本术语有哪些？

4. 简述采用 Flexsim 软件进行系统建模与仿真的步骤。

5. 生产线同时生产三种产品，然后被送到监测车间的缓存区。监测车间有三台监测系统分别对这三种产品进行监测后，通过各自的传送带将产品运输出去（图 8 - 42）。其中，产品到达监测车间的时间服从均值为 20，方差为 4 的正态分布，缓存区的容量为 25 件产品，传送带的传输速度为 2m/s，机器加工时间服从（0，30）的指数分布。要求利用 Flexsim 软件，根据模型要求，给出产品监测建模过程。

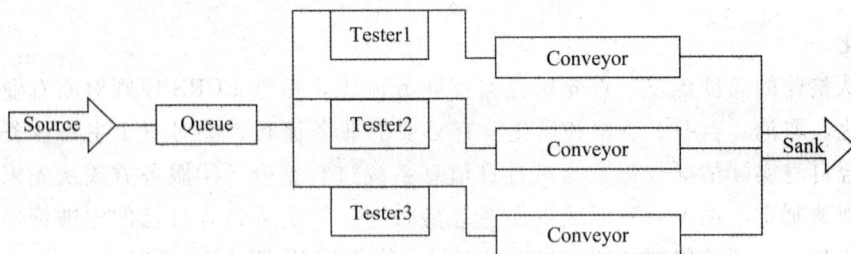

图 8 - 42　题 5 图

6. 以本章客车维修企业业务流程仿真实例为基础，采用 Flexsim 仿真软件，实现某一生产系统的建模仿真与优化过程。

参考文献

[1] Jerry Banks, John S Carson, Barry L Nelson et. al. *Discrete-event System Simulation* (4nd)[M]. Cambridge: Pearson Education, 2005.

[2] Guy L Curry, Richard M Feldman, *Manufacturing Systems Modeling and Analysis* (2nd)[M], Springer-Verlag GmbH, 2011.

[3] Li Jingshan, Semyon M Meerkov, *Production System Engineering*[M]. Springer Science+Business Media Deutchland GmbH, 2009.

[4] 武福,李忠学,等. 生产系统建模与仿真[M]. 西安:西安电子科技大学出版社,2014.

[5] 孙小明. 生产系统建模与仿真[M]. 上海:上海交通大学出版社,2006.

[6] 周泓,邓修权,高德华. 生产系统建模与仿真[M]. 北京:机械工业出版社,2012.

[7] 罗亚波. 生产系统建模与仿真[M]. 武汉:华中科技大学出版社,2014.

[8] 苏春. 制造系统建模与仿真(第2版)[M]. 北京:机械工业出版社,2014.

[9] 齐欢,王小平. 系统建模与仿真(第2版)[M]. 北京:清华大学出版社,2013.

[10] 赵雪岩,李卫华,等. 系统建模与仿真[M]. 北京:国防工业出版社,2014.

[11] 刘兴堂. 现代系统建模与仿真[M]. 西安:西北工业大学出版社,2010.

[12] 廖瑛,邓方林. 系统建模与仿真的校核、验证与确认 VV&A 技术,国防科技大学出版社,2006.

[13] 江志斌. Petri 网及其在制造系统建模与控制中的应用[M]. 北京:机械工业出版社,2004.

[14] 原菊梅. 复杂系统可靠性 Petri 网建模及其智能分析方法[M]. 北京:国防工业出版社,2011.

[15] 袁崇义. Petri 网应用[M]. 北京:科学出版社,2013.

[16] 卢虎生. 多智能体计划调度系统的理论与应用[M]. 北京:冶金工业出版社,2003.

[17] 焦李成,刘静,钟伟才. 协同进化计算与多智能体系统[M]. 北京:科学出版社,2006.

[18] 任海英. 多智能体方法在作业车间调度中的应用[M]. 北京:北京工业大学出版社,2013.

[19] 高阳,安波,陈小平,毛新军. 多智能体系统及应用[M]. 北京:清华大学出版社,2015.

[20] 王万良. 人工智能导论(第3版)[M]. 北京:高等教育出版社,2011.

[21] 陈雯柏. 人工神经网络原理与实践编[M]. 西安:西安电子科技大学出版社,2016.

[22] 陈文宇,桑永胜,李曼. 神经网络在路径优化问题中的应用[M]. 成都:电子科技大学出版社,2014.

[23] 徐选华,何晓洁,刘智勇. 管理运筹学(第2版)[M]. 武汉:武汉理工大学出版

社,2016.

[24] 马良.高等运筹学教程[M].上海:上海人民出版社,2015.

[25] 陈荣军,范新华.运筹学教程[M].南京:南京大学出版社 2014.

[26] 姚恩瑜,等.数学规划与组合优化[M].杭州:浙江大学出版社,2001.

[27] William J. Cook(美).迷茫的旅行商——一个无处不在的计算机算法问题[M].隋春宁译,人民邮电出版社,2013.

[28] 刘光远,贺一,温万惠.禁忌搜索算法及应用[M].北京:科学出版社,2014.

[29] 梁艳春,等.群智能优化算法理论与应用[M].北京:科学出版社,2009.

[30] 高尚.分布估计算法及其应用[M].北京:国防工业出版社,2016.

[31] 谢政.网络最优化[M].北京:科学出版社,2014.

[32] Vijay V. Vazirani(美).近似算法[M].郭效江,方奇志译,高等教育出版社,2010.

[33] 越民义.组合优化导论[M].杭州:浙江科学技术出版社,2001.

[34] 肖玉杰.基于设施布局问题的启发式算法研究[M].南京:江苏科学技术出版社,2013.

[35] 张旭,铁军,张军.布局优化的理论算法及应用[M].大连:大连理工大学出版社,2013.

[36] 孙金岭,王松.物流系统建模、优化与仿真[M].成都:西南交通大学出版社,2012.

[37] 沈显君.自适应粒子群优化算法及其应用[M].北京:清华大学出版社,2015.

[38] 高亮,潘全科,李新宇.流水车间调度及其优化算法[M].武汉:华中科技大学出版社,2013.

[39] 王万良,吴启迪.生产调度智能算法及其应用[M].北京:科学出版社,2007.

[40] 王凌.车间调度及其遗传算法[M].北京:清华大学出版社,2003.

[41] 吴斌.物流配送车辆路径问题及其智能优化算法[M].北京:经济管理出版社,2013.

[42] 寿涌毅.资源受限多项目调度的模型与方法[M].杭州:浙江大学出版社,2010.

[43] 刘士新,项目优化调度理论与方法[M].北京:机械工业出版社,2007.